NATUR in DEUTSCHLAND

© 2013 Fackelträger Verlag GmbH, Köln
Emil-Hoffmann-Straße 1
D-50996 Köln
Alle Rechte vorbehalten

Satz und Gestaltung: e.s.n Agentur für Produktion und Werbung GmbH
Gesamtherstellung: VEMAG Verlags- und Medien AG, Köln

ISBN 978-3-7716-4517-5

www.fackeltraeger-verlag.de

Hans Otzen

NATUR in
DEUTSCHLAND

ENTDECKEN, ERLEBEN, GENIESSEN

INHALT

EINLEITUNG	Naturschauspiel Deutschland	12
DIE KÜSTE	An der Waterkant	22
	Land zwischen den Meeren	44
	Die Ostseeküste Mecklenburg-Vorpommerns	58
DIE NORDDEUTSCHE TIEFEBENE	Das Weser-Ems-Gebiet	70
	Die Westfälische Bucht	78
	Die Niederrheinische Tiefebene	88
	Die Norddeutschen Heidelandschaften	100
	Das Elbe-Urstromtal	108
	Die Mecklenburgische Seenplatte	116
	Brandenburg	126
	Die Magdeburger Börde	134
	Die Leipziger Bucht	138
DIE MITTELGEBIRGE	Das Rheinische Schiefergebirge	144
	Das Weserbergland	162
	Der Harz	168
	Das Thüringer Becken	176
	Der Thüringer Wald	182
	Das Hessische Bergland	188
	Die Sächsischen Mittelgebirge	198
	Die Bayerischen Mittelgebirge	208
DAS SÜDDEUTSCHE SCHICHTSTUFENLAND	Der Oberrheingraben	224
	Das Pfälzisch-Saarländische Schichtstufenland	238
	Die Mainfränkische Bergländer	248
	Der Kraichgau	258
	Der Schwarzwald	262
	Das Neckar- und Tauberland	276
	Die Schwäbisch-Fränkische Alb	286
ALPENVORLAND UND ALPEN	Das Donautal	312
	Der Bodensee	322
	Oberschwäbisches Alpenvorland	332
	Bayerisches Alpenvorland	338
	Das Voralpengebiet	344
	Die Alpen	370
	Karten	404
	Auswahlbibliografie	407
	Register	408
	Bildnachweis	412

> Wen anders als die Natur können wir fragen,
> um zu wissen, wie wir leben sollen, um wohl zu leben?
>
> *Christoph Martin Wieland (1733–1813)*

Naturschauspiel Deutschland

Unsere Heimat hat eine grandiose Vielfalt an unterschiedlichen Landschaftsformen zu bieten. Hier gibt es so unterschiedliche Naturräume wie Küsten mit Dünen und Kliffs, das Tiefland mit Heiden und Seen, die bewaldeten Mittelgebirge mit Vulkanen und Maaren, das Alpenvorland mit seinen großartigen Seen und die Alpen mit dem höchsten Berg Deutschlands. Es ist die Mischung aus Ebenen, Mittelgebirgen und Hochgebirgen, aus Becken und Senken, aus Seen- und Flusslandschaften, die den ganzen Reiz unseres Landes ausmacht. Es gilt, dieses Naturerbe zu erkennen, zu schätzen und zu bewahren – immerhin bedurfte es mehrerer hundert Millionen Jahre, um dieses „Naturschauspiel Deutschland" entstehen zu lassen.

Als sich die Erde vor 4,2 Milliarden Jahren abgekühlt hatte, bildeten sich auf ihrer Kruste Kontinentalplatten, die sich in tektonischen Kreisläufen aufeinander zu und wieder voneinander weg bewegen. Vor 350 Millionen Jahren waren diese Platten in zwei Großkontinenten vereinigt, die sich zu verschmelzen begannen. Auf diese Weise wurden Gesteine zusammengeschoben und Meeresablagerungen aufgefaltet. Diese Faltung spielte sich in drei großen Phasen der Gebirgsbildung ab, die das heutige landschaftliche Erscheinungsbild Deutschlands maßgeblich prägten: Die Phase der kaledonischen Gebirgsbildung vor etwa 500 bis 400 Millionen Jahren, die Phase der variskischen Gebirgsbildung vor 370 bis 250 Millionen Jahren und die Phase der alpidischen Gebirgsbildung, die vor knapp 200 Millionen Jahren ihre ersten Anzeichen setzte und bis heute andauert. Während die kaledonischen Ereignisse inzwischen weitgehend überdeckt sind, bildet das Variskische

Vorangehende Doppelseite links: Blick auf den Eibsee gegen die Zugspitze bei Grainau.

Linke Seite: Damhirsch (Dama dama) im Veldensteiner Forst, einem der größten zusammenhängenden Waldgebiete Bayerns.

EINLEITUNG

Gebirge, das vor Jahrmillionen Höhen wie die des heutigen Himalaja erreichte, den Kern der europäischen Landmasse. Deutschland lag zu dieser Zeit noch am Äquator, denn als sich im Erdzeitalter des Karbon vor 300 Millionen Jahren der Meeresboden anhob, wuchsen in den weiten sumpfigen Flächen der Flachwasserzonen tropische Wälder heran, die damals aus riesigen Baumfarnen, Bärlappgewächsen und Schachtelhalmen bestanden. Absterbende Pflanzenreste schichteten sich aufeinander und verdichteten sich zu Steinkohle, die bis heute noch im Ruhrgebiet abgebaut wird. Bis zum Erdzeitalter des Perms vor gut 250 Millionen Jahren war das Variskische Gebirge wieder weitgehend abgetragen; der Meeresspiegel schwankte, und in Norddeutschland wurden immer wieder Meeresarme abgeschnitten, ihr Meerwasser verdunstete und hinterließ Salzlagerstätten. Diese Salzdome werden seit Jahrhunderten bergbaulich ausgebeutet, doch ihre Nutzung als mögliche Atommüll-Endlagerstätte ist heftig umstritten.

Fossilien wie dieses versteinerte Farnblatt (Callipeteris) gewähren uns heute einen Einblick in eine uns ferne und sehr fremde Lebenswelt.

Mit dem beginnenden Erdmittelalter, in dem sich die Dinosaurier zur beherrschenden Lebensform entwickelten, schob sich die europäische Landmasse vom Äquator nordwärts. Das Klima blieb heiß, wurde aber trockener. Flüsse transportierten zu dieser Zeit große Sedimentmassen aus höher gelegenen Gebieten in die Tiefebene, aus denen sich der in vielen Regionen noch anstehende Buntsandstein bildete. Gleichzeitig drang über die Burgundische Pforte Meerwasser, das kalkhaltige Sedimente hinterließ, nach Süddeutschland vor. So bildete sich zwischen Rhön und Donau eine Schichtstufenlandschaft, die insbesondere in der Schwäbischen Alb reichhaltige Fossilienreste hinterließ.

Die beginnende Erdneuzeit war durch wieder einsetzende tektonische Ereignisse gekennzeichnet. Im Erdzeitalter des Tertiärs begann vor 65 Millionen Jahren die eigentliche Auffaltung der europäischen Alpen als Ergebnis der Kollision der Afrikanischen mit der Eurasischen Kontinentalplatte. Im Zuge dieser Faltung hob sich das Variskische Grundgebirge wieder an, dafür senkte sich an anderer Stelle der Grund ab. Auf diese Weise entstanden Bruchschollen und Grabenbrüche, von denen einer der Oberrheingraben ist, der faktisch von Südfrankreich bis zum Niederrhein reicht. Diese heftigen Erdbewegungen waren mit starken vulkanischen Aktivitäten verbunden, wie sie sich in der Eifel oder im Vogelsberg manifestierten, aber auch im Westerwald, der Rhön, im Erzgebirge und in der Lausitz. In dieser – im wahrsten Sinne des Wortes – bewegten Zeit drang das Meer immer wieder in das norddeutsche Tiefland vor und sorgte in seinen Buchten für Braunkohlenmoore. In riesigen Braunkohlentagebauen wird dieser überwiegend energetisch genutzte Rohstoff heute vor allem im Rheinland und in Mitteldeutschland gewonnen. Im Süden Deutschlands sorgten die sich auffaltenden Alpen für gewaltige Schuttmassen, die durch Erosion in das Alpenvorland verfrachtet wurden.

Schon zum Ende der Tertiär-Zeit trat eine allmähliche Klimaverschlechterung ein, die dann –

NATUR IN DEUTSCHLAND

Das Wettersteingebirge erstreckt sich südlich von Garmisch-Partenkirchen über eine Fläche von 300 Quadratkilometern auf einer Länge von 25 Kilometern zwischen Ehrwald am Fuß der Zugspitze bis Mittenwald am Fuß der Wettersteinwand. Sein Hauptkamm mit der 2962 Meter hohen Zugspitze als höchstem Berg Deutschlands bildet die Grenze zu Österreich.

beginnend vor 2,5 Millionen Jahren – in die vorläufig letzte Eiszeit der Erdgeschichte überging. Dieser Übergang in das Erdzeitalter des Pleistozäns war zunächst mit einer lang anhaltenden Kälteperiode verbunden und ist seit etwa einer Million Jahre durch den Wechsel von lang anhaltenden Kalt- und kürzeren Warmzeiten charakterisiert. Während der Kaltzeiten wurde das nördliche Mitteleuropa mehrfach von Skandinavien und von den Alpen aus mit Gletschern bis zu 200 Meter Mächtigkeit überfahren. Vier solcher Kältephasen werden unterschieden: Die Elbe-Kaltzeit im Norden, der die Günz-Kaltzeit im Alpenraum gegenüber steht, dann die Elster-Kaltzeit (Mindel-Kaltzeit), Saale-Kaltzeit (Riß-Kaltzeit) und schließlich die Weichsel-Kaltzeit (Würm-Kaltzeit). Dieser letzte Eisvorstoß begann in Süddeutschland etwa vor 115 000 Jahren und endete vor 12 000 Jahren. Die Moränen der älteren Kaltzeiten sind bis heute

weitgehend eingeebnet. Sie bilden die Altmoränengebiete. Die gewaltigen Schubkräfte der späteren Gletscher türmten neue Moränenzüge auf, mit denen sie die Eiszungen der vorletzten und letzten Kaltzeit überformten und vorangegangene Landschaftsmodellierungen einebneten. So sind die Formen der Jungmoränenzeit aus den Saale- bzw. Riß-Kaltzeit und vor allem die aus der Weichsel- bzw. Würm-Kaltzeit noch deutlich vorhanden. Neben eigentlichen Moränen und Wallbergen zeugen Zungenbecken, Rinnen und Toteisseen, wie sie sowohl in Mecklenburg als auch im Alpenvorland vorkommen, von der Tätigkeit des Gletschereises.

Das Klima der Kaltzeiten war nicht nur durch niedrige Temperaturen, sondern vor allem auch durch große Trockenheit geprägt. Flora und Fauna nahmen seit der beginnenden Eiszeit immer wieder tundrenhafte Formen

EINLEITUNG

Naturschutz hat in Deutschland weit zurückreichende Wurzeln. Kein geringerer als der große deutsche Naturforscher Alexander von Humboldt (1769-1859) prägte den Begriff des „Naturdenkmals", hier in einem Bildnis von Friedrich Georg Weitsch (1758-1825) aus dem Jahr 1806.

an. Aufgewirbelte Feinpartikel der trockenen, vegetationsarmen Eisrandböden wurden vom Wind als ausgeblasener Lössstaub im Windschatten der Mittelgebirge abgelegt und segneten so weite Teile Deutschlands mit fruchtbaren Böden. Davon profitieren bis heute die norddeutschen Börden, das Thüringer Becken, die Leipziger Bucht und die Gäulandschaften Südwestdeutschlands.

Mit dem Ende der vorerst letzten Kaltzeit vor 12 000 Jahren begann die Wiederbewaldung Deutschlands, Moore entstanden genauso wie die Marschen an der Küste und an den Flüssen. Die wieder anschwellenden Flüsse trugen erneut Sedimente in die Täler und flacheren Gebiete ein. Doch gleichzeitig begann der Mensch mit der Umstellung seiner Lebensweise vom Jagen und Sammeln zur Sesshaftigkeit die Wälder zu roden, den Boden landwirtschaftlich zu nutzen, Flüsse zu begradigen und immer größere Flächen für Industrie, Wohnen und Verkehr zu beanspruchen. Aber die Kräfte der Natur lassen sich nicht so ohne Weiteres bändigen, wie die aktuell vom Menschen selbst verursachte Klimaerwärmung zeigt – den gewaltigen Kräften der Natur stehen wir weiterhin weitgehend machtlos gegenüber. Überschwemmungen mehren sich, Stürme nehmen zu und die tektonischen Kräfte sind nicht zu bändigen. Immer wieder erschüttern Erdbeben das Land, der letzte Vulkanausbruch in der Eifel ist gerade einmal 12 000 Jahre her. Die Magmablase unter der Oberfläche des Laacher Sees verspricht in erdgeschichtlich kurzer Zeit einen neuerlichen Ausbruch. Wie wenig abwegig diese Vorstellung ist, zeigen die im Laacher See aufsteigenden Kohlesäureblasen vulkanischen Ursprungs.

Der Umdenkungsprozess im Umgang mit der Natur ist in vollem Gange. Angesichts der wachsenden Erkenntnis, dass der Mensch die Natur nicht beherrschen kann, sondern dass die Natur ihren Lauf nimmt und Eingriffe in den natürlichen Ablauf in der Regel zu einer Verschlechterung der Umweltbedingungen führen, ist das Bewusstsein über den Wert gewachsen. Dieses Bewusstsein hat auch – und gerade angesichts der Globalisierung, die alle Ziele auf der Erde erreichbar erscheinen lässt – zu einer neuen Sichtweise der natür-

NATUR IN DEUTSCHLAND

Felsnadeln im Nationalpark Sächsische Schweiz: Zu den Höhepunkten eines Besuches im Elbsandsteingebirge gehört der Blick von der Bastei, der meistbesuchten Touristenattraktionen in der Sächsischen Schweiz, auf das Elbtal.

lichen Schätze des eigenen Landes geführt. Eine Ausdrucksform dieser neuen Sichtweise besteht in den zunehmenden Anstrengungen zum Naturschutz. Dieser beinhaltet weit mehr als den reinen Landschaftsschutz – es geht um den Erhalt der Vielfalt, Eigenart und Schönheit von Natur, den Erhalt der Biodiversität sowie auch um den Erhalt der Leistungsfähigkeit der Natur im weitesten Sinne durch ihre nachhaltige Nutzung. Der Naturschutz in

EINLEITUNG

Das Oderbruch erstreckt sich westlich der Oder ab Frankfurt flussabwärts bis zum Eberswalder Urstromtal. Das heutige Landschaftsbild des Oderbruchs wurde durch die Begradigung der Oder seit dem 18. Jahrhundert geprägt. Seither ist mit Eindeichung und Entwässerungsgräben die Trockenlegung des bisherigen Feuchtgebietes erfolgt. Einzelne verbliebene Altarme zeigen aber noch den ursprünglichen Zustand.

Deutschland hat weit zurückreichende Wurzeln. So geht der Gedanke der nachhaltigen Nutzung der Wälder, nach dem nicht mehr Holz eingeschlagen werden darf als nachwächst, auf Schriften des 18. Jahrhunderts zurück. Als der preußische König 1836 den Drachenfels erwarb, um die durch den Steinbruch für die Fertigstellung des Kölner Doms gefährdete Burg zu retten, war das erste offizielle Zeichen für spätere Naturschutzbemühungen gesetzt. Heute gibt es ein breites nationales und internationales Regelwerk, das die Natur und die Umwelt vor weiteren menschlichen Eingriffen schützen, spezielle Landschaftsbereiche sogar in den Urzustand zurückführen soll mit dem Ziel, die Lebensräume gefährdeter Pflanzen- und Tierarten zu erhalten, um sie so vor dem Aussterben zu retten – mit dem aber auch die in Deutschland und weltweit so vielfältige Natur- und Kulturlandschaft gepflegt werden soll. Die Vielfältigkeit des Erscheinungsbildes der Natur erfordert dabei auch den Umständen angepasste Schutzmaßnahmen. In Deutschland sind dies im Kern die eigentlichen Naturschutzgebiete, aber auch Nationalparks und Naturparks, Landschaftsschutzgebiete und nicht zuletzt geschützte Naturdenkmale. Ein europäisches Regelwerk ist beispielsweise die Flora-Fauna-Habitat-Richtlinie, mit der unter anderem auch die Vernetzung der Lebensräume bewerkstelligt werden soll. Auf internationaler

Basis hat die UNESCO von den Mitgliedsstaaten übernommene Leitlinien für sogenannte Biosphärenreservate, die zum Erhalt und zur Entwicklung der Biodiversität auch durch wirtschaftliche Nutzung der Schutzräume durch die Menschen beitragen, erarbeitet. Trotz aller formellen Vorgaben wird es aber immer darauf ankommen, dass – nicht nur die unmittelbar betroffenen – Menschen aktiv daran mitarbeiten, das Lebensumfeld auch für die nachfolgenden Generationen zu erhalten.

GEOLOGISCHE FORMATIONEN

Ammoniten (Ammonoidea) – wie dieses versteinerte Exemplar – bevölkerten unseren Planeten über einen Zeitraum von annähernd 350 Millionen Jahren. Sie starben am Ende der Kreidezeit vor etwa 65 Millionen Jahren aus.

ZEITALTER	FORMATION	DAUER (MILL. JAHRE)
Erdurzeit		vor 1000
Erdfrühzeit	Präkambrium	590–1000
Erdaltertum	Kambrium	490–590
(Paläozoikum)	Silur	390–490
	Devon	390–340
	Karbon	260–340
	Perm	215–260
Erdmittelalter	Trias	2–60
(Mesozoikum)	Jura	125–170
	Kreide	60–125
Erdneuzeit	Tertiär	2–60
(Känozoikum)	Quartär	0,0015–2
Gegenwart (Halozän)	Alluvium	seit 0,0015

DIE KÜSTE

An der Waterkant

Vorangehende Doppelseite: Basstölpel (Morus bassanus) im Flug vor Helgoland.

Linke Seite: Die Düneninsel Baltrum vor der Küste Ostfrieslands ist die kleinste der sieben bewohnten Ostfriesischen Inseln.

Im Nordwesten grenzt Deutschland an die Nordsee – der Küste vorgelagert sind das Wattenmeer sowie die Ostfriesischen und Nordfriesischen Inseln. Die Entstehungsgeschichte dieses Randmeeres des Atlantischen Ozeans, das im Durchschnitt noch nicht einmal 100 Meter tief ist, geht auf das Erdzeitalter des Karbons vor 350 Millionen Jahren zurück, obwohl es seine endgültige Form dem Ende des Eiszeitalters vor 11 000 Jahren verdankt. Das heutige Erscheinungsbild der Nordsee ist nur die Momentaufnahme eines dynamischen Prozesses aus der Wechselwirkung von Gezeiten, Wind und Wetter, Sedimentablagerungen der einmündenden Flüsse und dem Anstieg des Meeresspiegels. Zum Höhepunkt der Eiszeit lag der Nordseespiegel an die 100 Meter tiefer, Rhein und Themse mündeten als gemeinsamer Strom nördlich der Doggerbank. In den letzten 7500 Jahren betrug der Anstieg des Nordseespiegels im Durchschnitt von einhundert Jahren 33 Zentimeter, im letzten Jahrhundert waren es immer noch an die 25 Zentimeter. Die dynamischen Gestaltungsprozesse an der Nordseeküste, die als Flachküste ausgebildet ist, sind weiterhin aktiv und machen sie zu einer der interessantesten Landschaftsformen Europas.

DIE OSTFRIESISCHEN INSELN

Die Entstehung der dem Festland vorgelagerten Ostfriesischen Inseln ist Teil des wechselvollen Gestaltungsprozesses, mit dem die Nordsee auf das Land einwirkt. Diese Inseln sind junge Strandwall- und Dünenbildungen am Rand des Wattenmeers, die bis heute durch Sturmfluten, Westwinde und Strömungen ständig ihre Form verändern und weiter

LANDGEWINN und KÜSTENSCHUTZ
DEICHBAU AN DER NORDSEE

Kupferstich mit einer zeitgenössischen Darstellung der „Burchardiflut", auch als „Zweite Grote Mandränke" bezeichnet.

Die im Mittelalter stark anwachsende Bevölkerung machte die ständige Erweiterung von Landwirtschaftsflächen erforderlich. Die Küstenstriche schienen dafür wegen ihrer hohen Fruchtbarkeit besonders geeignet, waren aber immer wieder den Gefahren des Meeres ausgesetzt. Steigender Meeresspiegel und zunehmende Abtorfungen der Küstenmoore erhöhten die Gefahr von Überschwemmungen. Zunächst begegneten die Menschen diesen Gefahren, indem sie Warften bauten, auf die sie sich bei Hochwasser zurückziehen konnten. Um auch den Ackerboden besser zu schützen, wurden die ersten Deiche angelegt – kaum mehr als einen Meter hoch, aus dem Marschboden angehäuft, hielten sie nur den Sommer über. Erst im späten Mittelalter begann der eigentliche Deichbau, der das Land ganzjährig schützen sollte. Es waren sogenannte Stackdeiche, Palisaden aus zwei Meter hohen Baumstämmen, die zur See hin flach abfallend mit Erdmaterial angehäuft wurden.

Als die zweite große „Mandränke" 1634 nicht nur Alt Nordstrand zerriss und die gesamte Westküste Schleswig-Holsteins aufbrach, begann ein neues Kapitel des Deichbaus. Nun holte man erfahrene Deichbauer aus Holland, die das spekulative Geschäft mit Erfolg betrieben. Sie lehnten den Bau von Stackdeichen ab und sorgten dafür, dass die Deiche flachere Profile erhielten, damit sich an den Böschungen das Wasser totlaufen konnte – als Lohn für die Arbeit lieferten die ganzjährig geschützten Köge beachtliche Überschüsse. Am Ende des 18. Jahrhunderts wurden die Deiche auch noch mit einem Steinfundament an der Stirnseite versehen.

Im Zuge der Industrialisierung wurde auch der Deichbau mechanisiert. War er bis dahin weitgehend Handarbeit mit Schaufel und Schubkarren gewesen, so wurden zum Bau der Deiche jetzt Loren und dampfgetriebene Eimer eingesetzt. Nach den Sturmfluten des Jahres 1953, die in Holland so verheerende Schäden angerichtet hatten, und des Jahres 1962 mit großen Schäden für Hamburg, setzte ein völlig neues Bewusstsein für den Küstenschutz ein. Deichlinien wurden begradigt, die Deiche erhöht, ihr Profil flacher zum Wasser hin abfallend und mit Asphalt als Deckmaterial versehen.

Das Eidersperrwerk ist das aufwändigste Ergebnis dieser neuen Küstenschutzphilosophie. Es entstand in den Jahren 1967-1973 nach dem Vorbild des niederländischen Delta-Plans und verkürzte die Deichlinie von 60 auf fünf Kilometer. Das Sperrwerk besteht aus zwei separaten Reihen mit jeweils fünf Toren. Angegliedert ist eine ebenfalls mit Doppeltoren gesicherte Schleuse für den Schiffsverkehr. Zwischen den Toren führt eine Straße in einen 236 Meter langen Tunnel hindurch, darüber führt ein Fußweg entlang.

AN DER WATERKANT

verändern werden. Die Brandung schüttet Sedimente auf, die hinter den brechenden Wellen zu Sandbänken aufgetragen werden, die wiederum im Verlauf der Zeit von Pionierpflanzen besiedelt werden, was die Inselbildung herbeiführt. Durch die Weststörmung, die vom Ärmelkanal kommend an der Küste bis Jütland entlang streift, werden die Inseln tendenziell nach Osten verschoben. Während der Ebbe sind die Inseln zum Teil landfest und können dann über das Watt vom Festland aus erreicht werden. Seeseitig kennzeichnen Dünenbildungen die Inseln. Die den Dünen vorgelagerten Strände und das anregende Seeklima ziehen immer mehr Urlauber an, sodass sich die sechs Ostfriesischen Inseln Borkum, Juist, Norderney, Baltrum, Langeoog, Spiekeroog und Wangerooge zu attraktiven Ferienzielen entwickeln konnten.

größte Ostfriesische Insel. Durch die Hochseelage ist die Insel besonders pollenarm und verfügt deshalb über eine lange Tradition zur Behandlung von Atemwegserkrankungen – Borkum ist seit 1830 anerkanntes Seebad. Östlich von Borkum liegt Lütje Hörn, eine Sandbank, die als Vogelschutzgebiet ausgewiesen ist.

Juist

Als die Allerheiligenflut im Jahre 1170 die lange Sanddünenbank vor der Emsmündung auseinanderbrach, entstand Juist, deren Inselname 1398 zum ersten Mal auftauchte. 1651 wurde Juist durch eine weitere Sturmflut zweigeteilt und wuchs erst 250 Jahre später endgültig wieder zu einer Einheit zusammen – 17 Kilometer lang, aber nur 500 Meter breit. Auch hier findet sich an der Nahtstelle der Hammer-

*Nördlich der Emsmündung und in 55 Kilometer Entfernung vom niedersächsischen Festland entfernt liegt Borkum als westlichste der Ostfriesischen Inseln.
(unten links)*

*Juist wird vor allem während der Vogelflugsaison von tausenden Zugvögeln als Rastplatz genutzt.
(unten rechts)*

Borkum

Noch 1863 bestand Borkum aus zwei durch einen Priel getrennten Inselteilen, das Tüskendör (= Zwischendurch) zeigt als kleiner Süßwasserteich die Nahtstelle an. Mit einer Fläche von 36 Quadratkilometern ist Borkum die

see, der größte Brackwassersee aller Inseln. Durch die natürliche Ostverlagerung der Insel musste das Inseldorf immer wieder aufgegeben werden, bis 1779 hatte man bereits die fünfte Dorfkirche errichtet. Vor dem Westende erstreckt sich die Bill, eine große Sandbank,

DIE KÜSTE

Bereits zu Beginn des 19. Jahrhunderts setzte der Bädertourismus auf Norderney ein (kolorierte Postkarte, um 1890/1900).

die von Zugvögeln als Rastplatz genutzt wird. Im Südosten liegt die größte der Vogelschutzinseln im Watt.

Norderney

Norderney, mit 26 Quadratkilometern Fläche die zweitgrößte der Ostfriesischen Inseln, verfügt über 14 Kilometer Sandstrand. Der westliche Inselkopf ist inzwischen durch ein Befestigungswerk gesichert, das die weitere Ostverschiebung der Insel verhindert. Als zusammenhängende Insel existiert Norderney seit der Mitte des 16. Jahrhunderts, damals bestanden 18 Häuser auf der Insel. Zu Beginn des 19. Jahrhunderts, als der Bädertourismus einsetzte, gab es 500 Einwohner, hauptsächlich Fischer, aber auch Walfänger – wie auf den anderen Inseln. Heute sind es 6000 ständige Bewohner in dem wohl mondänsten Ort aller Ostfriesischen Inseln.

Baltrum

Baltrum ist mit nur 6,5 Quadratkilometern die mittlere und kleinste der Ostfriesischen Inseln. Zwei Dörfer bestanden auf der Insel, bis 1825 eine Sturmflut die Insel teilte und nur ein Dorf auf dem heutigen, östlichen Teil übrig blieb. Der Tourismus setzte erst zögerlich ein, 1876 wurde Baltrum offiziell Seebad.

Langeoog

20 Quadratkilometer groß ist die Lange Oog (= Insel) und hat 14 Kilometer Sandstrand. Bis zum Ende des 18. Jahrhunderts war sie noch durch

das Watt geteilt, das allmählich verlandete. 1830 kamen die ersten Badegäste. Die über 20 Meter hohe Melkhörndüne auf Langeoog zählt zu den höchsten Erhebungen Ostfrieslands.

Spiekeroog

Spiekeroog liegt mit knapp sechs Kilometern Entfernung am dichtesten am Festland. Vor einigen Jahren war die Insel noch kleiner, erst durch die gemeinsame Versandung mit den Wattinseln Lütjeoog und Oldeoog und Eindeichungen erhielt sie ihre heutige Größe. Die Inselkirche wurde als ältestes noch erhaltenes Inselgotteshaus 1696 erbaut und weist eine sehenswerte Renaissanceausstattung auf, darunter eine Pieta, die von einem 1588 vor Spiekeroog gestrandeten Schiff der spanischen Armada stammen soll.

Spiekeroog: Die Sandbank vor der Nordwestküste fällt bei Ebbe trocken

Wangerooge

Wangerooge ist die östlichste und mit knapp acht Quadratkilometern Fläche die zweitkleinste der der Ostfriesischen Inseln. In der Mitte liegt das Dorf, eine sich verbreiternde Sandbank zieht sich ostwärts bis zum Ende der Insel. Die Naturkräfte wirken auf diese Insel besonders intensiv ein, die in den letzten Jahrhunderten sowohl eine Ost- als auch eine Südbewegung vollzog. 1586 wurde der Kirchturm der Westsiedlung durch Sturmflut zerstört, seine Reste waren über 100 Jahre später noch bei Ebbe zu sehen. Der im damaligen Osten neu errichtete Kirchturm stand später im Westen der Insel.

LAND ZWISCHEN JADE UND ELBE

Ein breiter Watt- und Sandbankstreifen kennzeichnet das Gebiet zwischen der Ostküste Ostfrieslands und der Halbinsel Eiderstedt. Eingebettet in diese einzigartige Gezeitenlandschaft sind eine Reihe von Inseln, von denen nur eine, nämlich Neuwerk, bewohnt ist – alle anderen sind Vogelschutzinseln.

Vogelschutzinseln

Mellum liegt weit nördlich von der Halbinsel Butjardingen auf der Mellumplatte, der Nordspitze des Wattrückens Hoher Weg zwischen Jade und Weser. Sie ist erst am Ende des 19. Jahrhunderts auf der Wasserscheide zwischen den beiden Flüssen durch Sandanlandung und Sandanwehung entstanden. Im Jahr 1903 wurde hier offiziell eine erste Grünlandentstehung kartiert, inzwischen beträgt die Grünlandfläche fast 100 Hektar. Im Zweiten Weltkrieg wurde für eine Flakstation ein Ringdeich angelegt, der eine vor dem Hochwasser sichere Fläche von vier Hektar umfasst, wo sich auch schon Bäume angesiedelt haben; hier finden sich Reste gesprengter Bunker und die Naturschutzstation. Mellum steht bereits seit 1921 unter Naturschutz.

DIE KÜSTE

Scharhörn – abgesehen von einem Vogelwart ist die Insel unbewohnt. (links)

Einer der populationsstärksten europäischen Seevögel: die Silbermoewe (Larus argentatus). (rechts)

Verschiedene Sandbänke kennzeichnen das Wattgebiet zwischen Weser und Elbe. Die größte Fläche wird vom Großen Knechtsand eingenommen. Inmitten dieses Gebietes liegt der Hohe Knechtsand, ein Hochsand, der einst eine richtige Insel war, aber immer noch meist trocken fällt. Hier besteht eines der wichtigsten Mausergebiete der Brandgans und eine der größten Kolonien der Brandseeschwalbe.

Scharhörn, verwaltungsmäßig zur Stadt Hamburg gehörig, liegt an der Nordseite des Neuwerker Watts, dem östlichen Teil des Wattgebietes zwischen Weser und Elbe. Es handelt sich um eine sogenannte mobile Sandplatte, die schon in einer Urkunde aus dem Jahr 1466 erwähnt wird. Später verschwand diese Sandplatte wieder, um dann Mitte des 19. Jahrhunderts erneut aufzutauchen. 1929 bildete sich ein sturmflutfreier Dünenkern, der bis 1936 eine Größe von vier Hektar erreicht hatte. Scharhörn wächst auf der Ostseite, gleichzeitig geht allerdings im Westen bei Sturmfluten Sand verloren. Damit Scharhörn nicht eines Tages ganz in der Elbe verschwindet, wurde seit 1989 westlich benachbart die Sandplatte Nigehörn aufgeschüttet – mit einer Höhe von fünf Metern hochwassersicher.

Trischen liegt vor der Meldorfer Bucht nördlich der Elbmündung im Schleswig-Holsteinischen Wattenmeer. Erste urkundliche Erwähnung fand Trischen – vor annähernd 400 Jahren durch die Zusammenlagerung mehrerer Sandbänke entstanden – im Jahre 1610.

Sie hat keinen festen Kern, da der in ihr abgelagerte Sand kontinuierlich von Wasserströmung und Wind bewegt wird, sodass sich die Insel durchschnittlich 30 bis 35 Meter pro Jahr in Richtung Osten bewegt. Eine auf Stelzen gebaute Hütte gibt dem Vogelwart Schutz und Unterkunft.

Neuwerk

„Insel Neuwerk" ist der „bewohnte Stadtteil" des Bezirks Hamburg-Mitte, genau auf halbem Weg zwischen Scharhörn und Cuxhaven auf dem Neuwerker Watt gelegen. Der 13 Kilometer lange Weg zur Insel kann bei Niedrigwasser mit dem Wattwagen, einem Pferdefuhrwerk, oder zu Fuß zurückgelegt werden. Das imposanteste Bauwerk der Insel ist der Leuchtturm, übrigens Hamburgs ältestes Gebäude, das als Wehrturm zum Schutz gegen die Seeräuber im Jahre 1310 errichtet und 1814 entsprechend ausgebaut wurde. 40 Menschen stellen die Bevölkerung der 300 Hektar großen Insel, die zu einem Drittel aus eingedeichtem Ackerland und ansonsten aus Weiden besteht.

DIE NORDFRIESISCHEN INSELN

Zwischen der Halbinsel Eiderstedt und der deutsch-dänischen Nordseegrenze erstrecken sich die deutschen Nordfriesischen Inseln, deren Entstehungsgeschichte von denen der Ostfriesischen Inseln abweicht. Geografisch kann man die dänischen Nordseeinseln auch den Nordfriesischen Inseln zurechnen. Während die Ostfriesischen Inseln ihre Entstehung Strandwallbildungen verdanken, sind die Nordfriesischen Inseln im Verlauf der letzten Jahrhunderte aus zusammenhän-

genden Landmassen entstanden, die durch Sturmfluten auseinander gerissen wurden. Allergrößten Schaden an den Landmassen richteten die als Grote Mandränke bezeichnete Zweite Marcellusflut am 16. Januar 1362, bei der der sagenumwobene Ort Rungholt (siehe Kasten Seite 43) unterging, und die Buchardiflut im Jahr 1634 an.

Die Nordfriesischen Inseln Sylt, Amrum und Föhr enthalten sogar Geestkerne, deren Westseite immer weiter vom Meer angegriffen wird, wohingegen sich an ihrer Ostseite junge Marsch angelagert hat. Neben den großen Inseln gibt es noch die kleineren Halligen, die keine Deiche zum Schutz vor Hochwasser haben, sondern deren Bebauung auf Warften steht. An der Hochwasserkante befinden sich die Inseln Sylt und Amrum, zum Festland hin die großen Inseln Föhr, Pellworm und Nordstrand sowie die zwölf Halligen.

Sylt

Sylt kann auf eine lange, bis in die Bronzezeit vor 4000 Jahren reichende Siedlungsgeschichte zurückblicken. Fast 50 Megalithgräber

DIE KÜSTE

Nördlich von List auf Sylt läuft die Insel im sogenannten Ellenbogen aus – hier ist nicht nur der nördlichste Punkt der Nordfriesischen Inseln, sondern zugleich auch der nördlichste Landpunkt Deutschlands. Die dänische Insel Rømø schließt sich in nur knapp vier Kilometer Entfernung an.

legen Zeugnis von dieser Zeit ab. Seit der Wassereinbrüche der „Groten Mandränke" des Jahres 1362 ist Sylt endgültig zur Insel geworden.

Mit knapp 100 Quadratkilometern Fläche ist Sylt die größte und touristisch bedeutendste der deutschen Nordseeinseln. Mit der Schmalseite erstreckt sie sich über 38 Kilometer Länge in Nord-Süd-Richtung zur offenen Nordsee hin. Im Zentrum verläuft ein breiter Ausläufer ostwärts, von dem aus die Insel durch den 1927 errichteten Hindenburg-Eisenbahndamm mit dem Festland verbunden ist. Eine mehr oder weniger breite Dünenkette mit der 52,5 Meter hohen Uwe-Düne bei Kampen als höchster Erhebung kennzeichnet die langen Nord- und Südarme Sylts, wohingegen im Mittelteil im Bereich der berühmten Badeorte Westerland und Wenningstedt ein Geestkern mit der als Rotem Kliff bezeichneten Abbruchkante den Abschluss zur Nordsee bildet. Dass sich die Form der Insel weiterhin angesichts der gestaltenden Kräfte der Natur wandelt, wird an den nördlichen und südlichen Nehrungshaken deutlich, wo sich der im Zentrum durch Erosion abgetragene Strand ablagert. Dies ist am Ellenbogen, dem nördlichsten Teil Deutschlands, der in einem großen Bogen in das Wattenmeer hinein reicht, besonders gut zu erkennen. Das Rantumbecken auf der Wattseite südlich von Westerland wurde 1938 durch den Reichsarbeitsdienst künstlich als Landeplatz für Wasserflugzeuge angelegt. Es war schon bei Fertigstellung militärisch unbedeutend. Heute ist das Rantumbecken Naturschutzgebiet und darf nicht betreten werden.

AUSTERNZUCHT STATT -FISCHEREI

SYLTER ROYAL

Die Austernfischerei hat auf den nordfriesischen Inseln eine über tausendjährige Tradition, die im 20. Jahrhundert allerdings durch Überfischung zum Erliegen kam. Auch in Frankreich als Hauptproduzent ging der Fangertrag zurück, sodass man zur Austernzucht überging. In Deutschland wurden entsprechende Bemühungen eines Nahrungsmittelkonzerns im Jahr 1986 in der Sylter Blidselbucht südlich von List realisiert.

Als Austern-Zuchtmaterial entschied sich der Konzern für die Pazifische Felsenauster, die schnellwüchsig auf eine Größe von 20 Zentimetern heranwächst und nach drei Wachstumsjahren ein Verkaufsgewicht von 70 bis 80 Gramm erreicht. Die in Irland erworbenen, 20 Gramm schweren Anzuchtaustern werden in grobmaschige Säcke gepackt und im Wattenmeer auf Stahltische gelegt, wo sie in Aquakultur heranwachsen. Im Winter holt man die Austern aus dem Watt und quartiert sie in Becken ein, nicht weil sie zu erfrieren drohen, sondern weil Eisschollen die Anlagen beschädigen würden. Inzwischen haben sich die Pazifischen Austern im Wattenmeer vermehrt und beginnen, die heimische Miesmuschel in ihren angestammten Lebensräumen zu bedrängen. Sie dürfen nicht gefischt werden, weil dies im Nationalpark nicht gestattet ist. Die meisten Seevögel, die sich von Miesmuscheln ernähren, können aber die harte Schale der Auster nicht knacken. So sehen Umweltschützer dem Phänomen der neuen Sylter Austern mit Sorge entgegen.

Heute reifen in der Blidselbucht jährlich drei Millionen Austern heran und werden unter der Bezeichnung „Sylter Royal" vermarktet. Ihr Geschmack wird als zart-nussig und wenig salzig beschrieben.

Gegen die kontinuierlichen Landverluste durch die von Westen angreifende See haben die seit Ende des 19. Jahrhunderts quer zur Insel in das Meer hinein gebauten Buhnen – zunächst aus Holz, später aus Beton – nichts bewirkt. Als einzig wirksame, aber sehr aufwändige Maßnahme werden Sandvorspülungen durchgeführt, mit denen vor allem die Abbruchkante des Geestrückens, wie etwa am Roten Kliff bei Westerland, vor weiterem Abbrechen geschützt wird.

Amrum

Auf Amrum gibt es jungsteinzeitliche Siedlungsspuren, bronzezeitliche Gräber und Reste eines eisenzeitlichen Dorfes. Amrum hat touristisch immer im Schatten der eher mondänen „Schwester"-Insel Sylt gelegen, was aber gleichzeitig auch ihren Vorzug ausmacht, geht hier doch alles etwas gemächlicher zu. Es sind fünf kleine Ortschaften, in denen sich der Fremdenverkehr abspielt. Wie Sylt besitzt das 20 Quadratkilometer große Amrum einen

Auf WAL FANG

FÖHRS GOLDENES ZEITALTER

Atlantischer Hochseefischfang wurde seit dem 14. und 15. Jahrhundert vom Baskenland, von der Bretagne und der Normandie aus betrieben. Als die Fischerboote größer wurden, begann zunächst auch der küstennahe Walfang. Als Poole und Barents auf der Suche nach der Nordpassage in die Arktis vordrangen, berichteten sie über große Grönlandwalbestände. Daraufhin rüsteten Anfang des 17. Jahrhunderts Engländer und Holländer Walfangschiffe aus, denen 1644 erste deutsche Walfänger von Hamburg und von der Unterelbe aus folgten. Vor allem die holländischen Walfänger bestückten ihre Besatzungen mit Seefahrern von den westfriesischen, den ostfriesischen und den nordfriesischen Inseln. So brach für Föhr ein goldenes Zeitalter an, das Ende des 18. Jahrhunderts seinen Höhepunkt erreichte, als an die 1000 Seefahrer und 150 Kapitäne von der Insel im Walfang tätig waren. Manch aufwändig ausgestattetes „Commandeurshaus" zeugt noch heute vom Wohlstand der erfolgreichen Kapitäne. Und auf den Föhrer Friedhöfen an den romanischen Dorfkirchen stehen außergewöhnliche Grabsteine mit Darstellungen von Walfangschiffen und aufgemeißelten Lebensbeschreibungen der gestorbenen Walfänger.

Walfang im Nordmeer fand im Sommer statt. Hierfür begaben sich die Inselfriesen im zeitigen Frühjahr nach Amsterdam, wo die Walfangschiffe Anfang April in See stachen. War der Fang erfolgreich, das Schiff voll, ging es manchmal nach wenigen Wochen, ansonsten im Herbst zurück nach Amsterdam. Die Besatzungen wurden entsprechend ihres Dienstgrades am Fang beteiligt. So kehrten die friesischen Seeleute in manchen Jahren reichlich entlohnt auf

Der Friedhof von Süderende auf der Insel Föhr. Die sogenannten sprechenden Grabsteine erzählen die Biografien der Toten, hier von Walfängern.

ihre Inseln zurück, um dort den Winter zu verbringen. Aber nicht immer war der Fang erfolgreich, manches Schiff fiel dem Eis zum Opfer – dann mussten die Walfängerfamilien den Winter über hungern. Mit dem Höhepunkt des Walfangs war auch sein Ende eingeläutet. Die Walbestände waren überfischt, es war am Walfang immer weniger zu verdienen. Die Föhrer Seefahrer, die inzwischen einen hohen Ausbildungsstandard besaßen, wandten sich daraufhin der Handelsschifffahrt zu.

Mit Walfangbildern verzierter Walzahn (um 1825)

AN DER WATERKANT

Geestkern. Dieser erstreckt sich in Nord-Südrichtung und ist mit Wald und Heide bewachsen. Nach Westen vorgelagert ist das 500 bis 1000 Meter breite Dünengebiet mit der 32 Meter hohen Großen Düne a Siatler (friesisch = Setzerdüne) bei Norddorf als höchster Erhebung. Nach Norden hin läuft das Dünengebiet zur Odde aus, die als Vogelschutzgebiet nicht betreten werden darf, lediglich die Umrundung an der Wasserlinie es mehrere Marschgebiete. Bei Ebbe ist der Zugang zur östlich gelegenen Insel Föhr möglich.

Föhr

Die 83 Quadratkilometer große Insel Föhr liegt inmitten des Wattenmeeres und ist wie Sylt durch die Grote Mandränke zur Insel geworden. Durch Sylt und Amrum vor den schweren Nordseestürmen geschützt, ist sie durch

Amrum erstreckt sich südlich von Sylt vor Föhr an der offenen Nordsee.

ist möglich. Zwischen Dünen und der offenen See erstreckt sich der Kniepsand, Deutschlands breitester Strand, der bis in die 1960er-Jahre durch einen Priel von der Insel getrennt war. Der Kniepsand wandert kontinuierlich nach Norden und trägt zur Verlängerung der Odde bei. An der Ostseite der Insel gibt eine reiche Vegetation gekennzeichnet. Die Geografie der Insel ist zweigeteilt, im Norden breitet sich Marschland aus, im Süden der Geestrücken, wo sich mit 13 Metern Höhe auch die höchste Erhebung der Insel befindet. Auf dem Geestrücken befinden sich die Inselortschaften, in der Marsch die Aussiedlerhöfe.

DIE KÜSTE

Der Hauptort Wyk breitet sich mit seinen hübschen Altstadtgassen und dem Fährhafen in der Südostecke aus.

Pellworm

Die 37 Quadratkilometer große Insel Pellworm mit kaum mehr als 1000 Einwohnern und die weiter südlich liegende Insel Nordstrand sind Überreste der früheren Insel Strand, die infolge der großen Sturmfluten von 1632 und 1634, die als „Erste" und „Zweite Grote Mandränke" in die Geschichte eingingen, zerbrach. Ursächlich für diese Wassereinbrüche war unter anderem der Torfabbau, der das Bodenniveau absenkte, und so den Wasserfluten den Weg in das Land freigab.

Die Besiedlung des Gebietes war zwischen dem 8. und 9. Jahrhundert erfolgt. Der Bau einer Dammverbindung zum Festland, wie sie in Nordstrand besteht, wird nicht weiter verfolgt. Die Insel selbst ist ohne Strand – der Fremdenverkehr spielt eine nur geringe Rolle.

Nordstrand

Tief in der Husumer Bucht erstreckt sich unmittelbar vor Husum die 49 Quadratkilometer große Insel Nordstrand. Nach der zweiten Großen Sturmflut des Jahres 1634 begann man auf der Insel mit dem Bau von Deichen, die bis heute die Insel vor den Nordseefluten schützen. Der Nordstrander Damm zum Festland wurde 1935 fertig gestellt. Seit der Eindeichung des Beltringharder Kooges (siehe Kasten rechts) im Jahre 1987 ist Nordstrand viel unmittelbarer an das Festland angebunden und damit faktisch zu einer Halbinsel geworden.

St. Salvator in Pellworm. (unten links)

Schafe auf dem Deich von Pellworm. (unten rechts)

UMSTRITTENES DEICHBAUPROJEKT
BELTRINGHARDER KOOG

Die Vordeichung der Hattstedter Marsch durch den Bau des Beltringharder Kooges bis zum Jahr 1987 ist das größte jemals an der deutschen Nordseeküste in Angriff genommene Deichprojekt. Durch diese Deichmaßnahme hat Nordstrand seinen Inselcharakter verloren und ist zu einer Halbinsel geworden.

Die Vordeichung der Hattstedter Marsch war nicht nur das größte, sondern auch das umstrittenste Deichbauprojekt. Hier befanden sich Küstenschutz und Naturschutz in heftigem Konflikt. Beim Küstenschutz ging es in diesem Fall nicht um Landgewinnung, sondern um Deichverstärkung und Deichverkürzung unter dem Eindruck der Sturmflut von 1962, die eine umfangreiche zweite Deichlinie vor den vorhandenen Deichen bis hinüber nach Ockholm vorsah. Den Naturschützern ging es um den Erhalt der einmaligen Naturlandschaft des Wattenmeeres, einem komplexen Ökosystem mit Bedeutung für die gesamte Nordsee.

Immerhin führten die Auseinandersetzungen dann zu einer „kleinen" Lösung als Kompromiss zwischen Küsten- und Naturschutz. Die Vordeichung beschränkte sich auf die Hattstedter Marsch, das Gebiet der Hamburger Hallig wurde nicht mit eingedeicht. Ein geplantes Freizeitgebiet mit Jachthafen wurde nicht gebaut. Heute dient der Beltringharder Koog neben seiner Funktion als Speicherbecken dem Naturschutz mit Salzwasserbiotop, in das Wasser durch das Holmer Siel ein- und ausströmen kann. Weidewirtschaft ist nur auf den unmittelbar hinter den alten Deichen liegenden ehemaligen Vorlandflächen möglich.

Der Koog ist längst zu einer wichtigen Brut- und Raststätte für Vögel geworden, wie für diesen Rothalstaucher (Podiceps grisegena), eine besonders vom Klimawandel betroffene Vogelart.

DIE HALLIGEN

Zehn kleine Halligen gruppieren sich als nicht eingedeichte Inseln kreisförmig um die Insel Pellworm. Während Hochfluten werden die Halligen überschwemmt, einzig die von den Menschen künstlich angelegten Warften mit den Bauernhäusern darauf ragen aus dem Wasser heraus. „Landunter" heißt es dann, und das Vieh musste rechtzeitig im Stall in Sicherheit gebracht werden.

Die zehn bis 1000 Hektar großen Halligen Gröde-Appelland, Habel, Hamburger Hallig, Hooge, Norderoog, Nordmarsch-Langeneß, Nordstrandischmoor, Oland, Süderoog und Südfall stellen ein weltweit einzigartiges Phänomen dar – nur in Dänemark gibt es noch drei solcher Halligen. Sie entstanden teils durch den Wechsel von Ebbe und Flut als Aufschwemmungen, teils sind es Reste des Festlandes oder von Inseln, die bei früheren Sturmfluten stehen blieben. Weil das Meer ständig an ihnen zehrt, schützt

DIE KÜSTE

man ihre Ufer inzwischen durch Steinkanten. Die Hallig Hooge erhielt einen Sommerdeich.

Die Halligböden speichern kein Süßwasser, weshalb sie ihren Wasservorrat aus Regenwasser generieren müssen, das sie in sogenannten Fethingen sammeln, die als Viehtränken dienten. Heute ist allerdings der Fremdenverkehr die Haupteinnahmequelle der 300 Halligbewohner.

Langeneß ist die größte der Halligen und mit zehn Kilometern Länge ungewöhnlich lang gestreckt, sie weist 18 bewohnte Warften mit etwa 140 Bewohnern auf. Die Salzwiesen im Osten stehen unter Vogelschutz, im Sommer als Brutgebiet, im Frühjahr und im Herbst als Rastplatz für die Zugvögel. Die Hallig Hooge ist eine hohe Hallig – höher als die übrigen. Und durch den Sommerdeich gibt es hier nur ein- oder zweimal im

Rechte Seite:
Die Hallig Hooge – sie ist die zweitgrößte der zehn Halligen im Schleswig-Holsteinischen Wattenmeer.

ROBBEN
BÄNKE

Im Watt eingebettet und dem Watt wie auch den Inseln vorgelagert gibt es viele Sandbänke, die gerne von Robben als Rastplatz genutzt werden. Bei den größten dieser Sandbänke handelt es sich um die den Halligen vorgelagerten Nordfriesischen Außensände Japsand, Norderoogsand und Süderoogsand, deren Rücken etwa einen Meter über Normalhochwasser aus dem Meer ragen. Im Sommer werden auf den Sänden Dünen aufgeweht. Ihre Entstehung ähnelt denjenigen der Ostfriesischen Barriereinseln, aber soweit konnten sie sich nicht entwickeln.

Die Außensände gehören zu den wenigen von Menschen völlig unbeeinflussten Gebieten und haben im Wattenmeer grundsätzliche Bedeutung für den Naturschutz. Ihre Fläche beträgt zurzeit 30 Quadratkilometer, aber sie verändern laufend Größe und Lage. In der Tendenz vergrößern sie sich und wandern nach Osten ab, wobei eine Zusammenführung von Japsand und Norderoogsand in Zukunft wahrscheinlich ist. Auf Süderoogsand besteht seit 1985 ein Leuchtturm auf einer Holzbalkenunterkonstruktion mit einem Zufluchtsraum für Schiffbrüchige.

Neben ihrer Funktion als Mausergebiete für Eiderenten werden die Außensände vor allem von Robben aufgesucht. Hier an der Nordsee sind dies Seehunde und auch die selteneren Kegelrobben. Bei den Seehunden handelt es sich um kleine und schlanke Robben, deren Männchen 170 Zentimeter, die Weibchen 140 Zentimeter groß und die 150 beziehungsweise 100 Kilogramm schwer werden. Die Färbung ist regional sehr variabel; in der deutschen Nordsee sind sie dunkelgrau gefärbt und haben unregelmäßig über den Körper verteilte schwarze Flecken. Die Kegelrobbe ist wesentlich schwerer als der Seehund – es handelt sich um das größte frei lebende Raubtier Deutschlands, das ein Gewicht von 300 Kilogramm erreichen kann. Die massive Gestalt und der spitz zulaufende Kopf kennzeichnen sie. Die Männchen sind auf dunkelgrauem Grundfell hell, die Weibchen dagegen auf silbergrauen Grund dunkelgrau gefleckt.

Kegelrobbe (Halichoerus grypus) *am Strand vor Helgoland.*

AN DER WATERKANT

DIE KÜSTE

> Geruch von Salz, Tang und Heu.
> Die Tümpel des Wattenmeeres gleißen
> Wie Scherben unter dem Mond.
>
> *Max Frisch (1911–1991)*

Jahr „Landunter". Hier leben auf neun Warften ständig 120 Menschen. Die Hallig Oland ist 100 Hektar groß, weist nur eine Warft auf und ist durch einen Steindamm mit Gleisbett mit dem Hafen Dagebüll verbunden, das über Oland hinaus bis Langeneß führt. Die Lorenbahn zieht offene Waggons, mit denen nicht nur Einkäufe transportiert, sondern auch Gäste vom Festland abgeholt werden. Die 3,6 Hektar große Hallig Habel ist unbewohnt und darf als Vogelschutzgebiet nur von Vogelschutzwarten betreten werden.

DAS WATTENMEER

Der gesamten deutschen Nordseeküste ist das Wattenmeer vorgelagert, ein einzigartiger Lebensraum, der der Dynamik der Gezeiten durch Wechsel von Überflutung und Trockenfallen ausgesetzt ist. Es ist das Übergangsgebiet zwischen mittlerem Tideniedrigwasser und mittlerem Tidehochwasser, gekennzeichnet durch Schlickwatt, Mischwatt und Sandwatt. An der deutschen Nordseeküste gibt es sowohl offene Watten ohne seeseitigen Schutz durch Düneninseln zwischen Jade und Eiderstedt, des Weiteren Buchtenwatten wie im Dollart und im Jadebusen als auch Rückseitenwatten wie zwischen den Inseln und dem Festland. Zwischen den Inseln stellen Seegatten die Verbindung des Watts zum offenen Meer her, die zur Landseite hin in Priele übergehen. Dazu teilen die großen Flussmündungen von Ems, Weser und Elbe das Watt in unterschiedliche Abschnitte auf.

Der Lebensraum des Watts ist hochinteressant und so speziell, dass er mit einer völlig eigenständigen Flora und Fauna aufwarten kann. Viele Pflanzen und Tiere haben sich so angepasst, dass sie nur noch hier leben können, weil sie auf das zweimal täglich auf- und ablaufende Wasser angewiesen sind. Dies gilt insbesondere für Wattwürmer und Muscheln. Was die Flora anbetrifft, so findet man im Watt über 250 Pflanzenarten, meist auf den etwas höher gelegenen Arealen, vor allem durch Queller, Schlickgras und Salzwiesenpflanzen gekennzeichnet. Was die Wattfauna anbetrifft, so können nur einige beschalte Tiere dem unmittelbaren Einfluss der Gezeiten mit dem ständigen Wechsel von Überflutung und Trockenfall an der Wattoberfläche widerstehen. Die meisten dieser Arten leben im Wattboden verborgen, und viele von ihnen sind mit dem sauerstoffreichen Oberflächenwasser durch besondere Atemrohre verbunden. Der prominenteste Vertreter dürfte der Wattwurm sein, der sandige Wattböden besiedelt. Die Herzmuschel lebt im Mischwatt, mit Hilfe ihres wendigen Fußes und unter Kontraktion ihrer Schalenklappen kann sie sich schnell im Wattboden vergraben. Die Sandklaffmuschel

Die Schalen der Herzmuschel (Cerastoderma edule) und die Schwertmuschel (Ensis ensis) sind häufig an den Stränden der Nordsee anzutreffen.

AN DER WATERKANT

Luftansicht eines Schwarms Eiderenten (Somateria mollissima), der auf einer Sandbank rastet.

Perfekt an das Leben im Watt angepasst: die Flunder (Platichthys flesus). (unten rechts)

ist die größte Wattmuschel. Sie besiedelt das Schlickwatt und das obere Mischwatt. Ein langes, rückziehbares Atemrohr verbindet sie mit der Wattoberfläche. Der Schlickkrebs errichtet seinen U-förmigen Wohnbau im sandigen, lagebeständigen Schlickwatt. Die zu den Zehnfußkrebsen zählende Nordseegarnele ist farblich der Umgebung angepasst, wobei der Körper in grauen, gelben oder grünen Tönen gehalten ist. Sie werden ein paar Zentimeter lang und sind auf Schlamm- und Sandgrund anzutreffen. Gleichermaßen an die Bedingungen des Wattenmeeres angepasst ist die Flunder, die sich mit ihren dornigen Hautwarzen von den ähnlichen Schollen, die eine glatte Haut haben, unterscheiden lässt. Wenn sich die Larve der Flunder zum Plattfisch verwandelt, wandert das ursprünglich rechte Auge auf die ursprünglich linke Körperseite, die damit zur Oberseite wird. Bei Ebbe graben sich die Tiere in den Sand ein, dann sehen nur noch ihre Augen hervor. Die Färbung dieser bis 30 Zentimeter langen Plattfische ist je nach Stimmung und Untergrund variabel, an der Augenseite meist grau, braun oder olivfarben mit dunklen oder manchmal rötlichen Flecken.

WEITE HORIZONTE
NATIONALPARK
WATTENMEER

Das Wattenmeer der Nordsee erstreckt sich entlang der gesamten Küste der Deutschen Bucht vom niederländischen Den Helder über die niedersächsische, Hamburger und schleswig-holsteinische Nordseeküste bis nach Blåvand in Dänemark. Der weitaus größte Teil des Wattenmeeres entfällt auf den deutschen Küstenbereich. Es unterteilt sich in drei Zonen. Die sublitorale Zone liegt dauerhaft unter Wasser. Hier finden sich die großen Gezeitenströme und Seegatts, die das Wattenmeer mit der offenen See verbinden und flachere Gebiete um diese Gezeitenströme. Die eulitorale Zone ist das eigentliche Watt. Sie liegt über dem Wasserstand bei Niedrigwasser, fällt aber bei Hochwasser zweimal am Tag trocken. Die sublitorale Zone liegt über dem mittleren Hochwasser, wird allerdings bei Springtiden und Sturmfluten überschwemmt. Hier breiten sich Salzwiesen mit einer wiederum eigenständigen Flora und Fauna aus.

Die wesentlichen Teile des Wattenmeeres stehen heute unter Naturschutz. In Deutschland sind dies der Nationalpark Niedersächsisches Wattenmeer, der Nationalpark Hamburgisches Wattenmeer und der Nationalpark Schleswig-Holsteinisches Wattenmeer, deren Schutzfläche über 500 000 Hektar umfasst. Die Verkehrsflächen der großen Ströme und die Siedlungsflächen der Inseln sind ausgenommen. Drei Zonen mit unterschiedlichem Schutzstatus kennzeichnen die drei Nationalparks, die am stärksten geschützte große Ruhezone, die Zwischenzone, die nur außerhalb der Brut- und Rastzeit offen ist, und die verbleibende kleine Erholungszone, die durchgängig für die Menschen offen ist.

Hauptaufgabe des Nationalparks ist der Schutz der von Ebbe und Flut geprägten Wattlandschaft, dem nach dem tropischen Regenwald zweitproduktivsten Ökosystem der Erde. Das Wattenmeer bietet die Lebensgrundlage für viele bedrohte Arten und Millionen von Vögeln, die hier mausern, brüten oder als Zugvögel Rast einlegen. Hier geben sich Ringelgänse, Spießenten, Kiebitzregenpfeifer, Knutts, Alpenstrandläufer

Ringelgans (Branta bernicla)

und auch Brandgänse, für die das Watt das größte Mauserzentrum ist, ein Stelldichein. Seehunde und Kegelrobben sind hier zuhause – wie tausende anderer Tier- und Pflanzenarten. Schutzziel ist aber gleichermaßen auch der Erhalt des sensiblen Systems der ständig Wasser führenden Seegatts, Balgen, Priele und Rumen sowie der Salzwiesen des Deichvorlandes.

Im Jahr 2009 wurden große Teile des Wattenmeeres als eine der letzten ursprünglichen Naturlandschaften Mitteleuropas von der UNESCO zum Weltnaturerbe erhoben.

Rechte Seite:
Watt mit Prielen bei
Sankt Peter-Ording. (oben)

Grenze zwischen Land
und Meer im Nationalpark
Schleswig-Holsteinisches
Wattenmeer. (unten)

Helgoland

Helgoland ist die einzige deutsche Hochseeinsel. Die Geschichte dieser dem Festland in 65 Kilometern Entfernung vorgelagerten Insel reicht bis in das Erdzeitalter des Tertiärs zurück, als sich hier ein Meer ausbreitete, in dem sich dicke Sedimentschichten ablagerten. Die Sedimente verfestigten sich, Dichte und Druck auf die unteren Schichten nahmen zu, wobei der Helgoländer Buntsandsteinfelsen herausgehoben wurde. Mit dem Beginn der jetzigen Warmzeit und dem Anheben des Meeresspiegels begann sich Helgoland vor rund 4000 Jahren vom Festland zu lösen. Seither nagt Verwitterung am Felsgestein Helgolands, die Brandung durchbrach immer wieder den Felsen, und dort, wo die Bogenverbindung einstürzte, entstanden sogenannte Stacks, von denen nur noch die 48 Meter hohe Lange Anna erhalten geblieben ist.

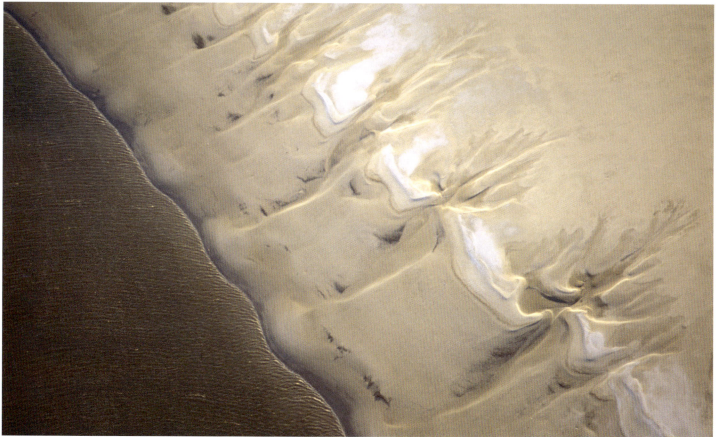

DIE KÜSTE

Helgoland ist Deutschlands einzige Hochseeinsel und gleichzeitig die am weitesten vom Festland entfernte Insel. Helgoland gliedert sich in das Ober- und Unterland sowie die abgetrennte Düne. (links)

Basstölpel (Morus bassanus) auf Deutschlands einzigem Vogelfelsen. (rechts)

Helgoland wurde im Mittelalter von Friesen besiedelt. Es stand unter dänischer und englischer Oberhoheit, bis es 1890 im Helgoland-Sansibar-Vertrag an das Deutsche Reich kam. Ein britischer Bombenangriff vernichtete im April 1945 den Ort Helgoland, die Bevölkerung wurde nach dem Zweiten Weltkrieg ausgewiesen und die Insel diente danach britischen Bomberpiloten als Übungsziel. Am 1. März 1952 wurde Helgoland an Deutschland zurückgegeben.

Heute gehört Helgoland mit seinen 1500 Einwohnern zum Kreis Pinneberg in Schleswig-Holstein. Die Insel mit einer Größe von 2,09 Quadratkilometern besteht aus dem bis zu 60 Meter hohen Oberland, dem an der Südseite künstlich aufgeschütteten sandigen Unterland mit den Hafenanlagen sowie der 1,5 Kilometer östlich gelegenen, bis 1720 mit der Insel zusammenhängenden Düneninsel. Die bröckelnden Kliffkanten des Oberlandes sind längst durch Betonmauern geschützt. Heute ist Helgoland in erster Linie ein Seeheilbad, hat eine Vogelwarte, eine meeresbiologische Anstalt, eine Erdbebenwarte, Wetterdienst und eine Seenotrettungsstation. Die Besucher der Insel sind überwiegend Tagestouristen, vor allem auch Naturfreunde zieht die Insel an. So ist der Lummenfelsen das kleinste Naturschutzgebiet der Welt und Deutschlands einziger Vogelfelsen. Jeweils im April wird Helgoland zu einem großen Brutgebiet mit mehr als 5000 Vogelpaaren, so neben den Lummen auch Drei-zehenmöwen, Eissturmvögel, Basstölpel und Austernfischer. Dazu präsentiert sich das Naturschutzgebiet Helgoländer Felssockel, das mit einer Fläche von 5138 Hektar das größte Schleswig-Holsteins ist. Das Felswatt stellt einen außergewöhnlichen Lebensraum mit einer großen Artenvielfalt an Algen, wirbellosen Tieren, Fischarten und Vögeln dar. Viele der hier vertretenen Pflanzen- und Tierarten kommen ausschließlich im Helgoländer Felswatt vor. Und auf der Düne wachsen Strand-Quecke, Strandhafer und Strandroggen, die seltene Dünen-Quecke, die Stranddistel und die Strand-Segge neben Scharfem Mauerpfeffer und dem Gemeinen Sanddorn. Außerdem kann man auf der Sandbank Robben beobachten.

RUNGHOLT
DIE VERSUNKENE STADT

Dort, wo sich vor der westholsteinischen Küste die Insel Strand erstreckte, die durch die Erste Grote Mandränke am 16. Januar 1362 in die heutigen Inseln Pellworm und Nordstrand nebst der Hallig Nordstrandischmoor zerbrach, standen einst die Häuser der sagenumwobenen Stadt Rungholt. Erst als das Watt in den 20er- und 30er-Jahren des vorigen Jahrhunderts bei Ebbe in der Nähe der Hallig Südfall Überreste von Warften, Häusern, Brunnen und Werkzeugen freigab, konnte man entsprechende Angaben auf alten Karten bestätigen. Die genausten geografischen Angaben stammen von dem niederländischen Kartografen Joan Bleau, der den Standort der versunkenen Stadt Rungholt in einer Karte des Jahres 1662 in einer südlichen Bucht der großen Insel Strand, von ihm Alt-Nortstrand genannt, einzeichnete.

Die ungezügelten Kräfte der Nordsee, die ihre Küstenbewohner bis weit in das 20. Jahrhundert hinein in Angst und Schrecken versetzten, einst vom Büsumer Deichgrafen als Blanker Hans bezeichnet, hatten seit dem Wiederanstieg des Wasserspiegels der Nordsee den Küstenverlauf immer wieder neu gestaltet. Erst nach der letzten großen holländischen Sturmflut des Jahres 1953 wurden die Deiche soweit erhöht, dass seither Schutz vor erneuten Überflutungen besteht. In den Niederlanden wurde dies mit dem Delta-Plan mit zusätzlichen Verkürzungen der Küstenlinie und Absperrungen von Flussarmen erreicht. In Deutschland löste die Hamburger Sturmflut des Jahres 1962 entsprechende Deichbaumaßnahmen an der Deutschen Bucht aus.

Die mündliche Überlieferung machte übrigens aus dem Untergang Rungholts ein Strafgericht Gottes. Bei Windstille sollen die

Glocken von Rungholt bis heute unter der Wasseroberfläche zu hören sein und alle sieben Jahre soll die Stadt in der Johannisnacht aus der Erde auftauchen. Detlev von Liliencron, der große Lyriker der Romantik, griff diese Thematik in seiner Ballade

> **Trutz, Blanke Hans**
>
> *Heut bin ich über Rungholt gefahren,*
> *Die Stadt ging unter vor sechshundert Jahren.*
> *Noch schlagen die Wellen da wild und empört,*
> *Wie damals, als sie die Marschen zerstört…*

auf. In der Tat erfuhr Liliencron im Jahre 1882 bei der Überfahrt mit einer Fähre von Husum nach Pellworm von der Rungholt-Sage. Tatsächlich ist er aber nicht über Rungholt gefahren, sondern über die nahe liegende Sandbank Rungholtsand.

Rekonstruktion der Karte von Rungholt (oben) aus dem Jahr 1652 von dem Karthographen Johannes Mejer (1606–1674). Trotz großer Ungenauigkeiten lässt die Karte die ungeheuren Landverluste in Bereichen der norddeutschen Küstengebiete erahnen.

Das undatierte historische Foto (unten) zeigt den Landwirt und Heimatforscher Andreas Busch (1883–1972) bei der Vermessung von Brunnenresten im Nordfriesischen-Watt.

Land zwischen den Meeren

Marsch, Geest und Hügelland bilden die drei charakteristischen Landschaftselemente des schleswig-holsteinischen Festlandes. Wie insgesamt in Norddeutschland haben hier die Eiszeiten das Erscheinungsbild der Region geprägt. Geest und Hügelland sind als Endmoränenlandschaft Produkte der letzten Kaltzeit, die Marschen entstanden nacheiszeitlich als Schwemmländer.

DIE MARSCHEN

Der Westküste Schleswig-Holsteins vorgelagert ist das Watt mit den Nordfriesischen Inseln, den Halligen und Sandbänken. Im Übergang zwischen Watt und eigentlichem Festland erstreckt sich ein breiter Streifen Marschland. Dabei handelt es sich um flache Gebiete, die in der Regel von der Flut nicht überschwemmt werden, bei starkem Hochwasser oder gar bei Sturmflut aber untergehen. Der Blanke Hans, wie die Gewalt der Nordseewellen von den Küstenanrainern genannt wird, hat in den zurückliegenden Jahrhunderten immer wieder Küstenlinien verändert, Menschen sind dabei umgekommen, Land ging verloren, das heute zum Watt geworden ist. Um besser gegen die Unbill der Natur geschützt zu sein, errichteten die Menschen Dämme gegen die Nordseefluten. Doch diese im Mittelalter gebauten Deiche waren noch nicht widerstandsfähig genug, um das Land hinter den Deichen effektiv zu schützen. Die anhaltende leichte Landabsenkung an der Nordsee, der Anstieg des Meerwasserspiegels aufgrund der Klimaerwärmung und nicht zuletzt die offensichtliche Zunahme der Gewalt der Nordseewellen bilden weitere Gefahren für die schleswig-holsteinischen Marschen. Inzwischen ist die

Ganz im Westen des Schleswig-holsteinischen Festlands erhebt sich der Leuchtturm Westerheversand vor der Halbinsel Eiderstedt.

DIE KÜSTE

Nebel liegt über der Eider in der Region Dithmarschen, einer Landschaft zwischen der Nordsee, den Flüssen Eider und Elbe sowie dem Nord-Ostsee-Kanal. Der größte Teil von Dithmarschen ist durch Marschland und Geest gekennzeichnet.

gesamte Küstenlinie mit so starken und ausreichend hohen Deichen versehen, dass die Wassereinbruchsgefahr gebannt ist. Trotzdem müssen Maßnahmen zur permanenten Entwässerung der hinter dem Deich liegenden Marschen getroffen werden, die in der Regel unter dem Meerwasserspiegel liegen.

Die Seemarschen an der Westküste und die Flussmarschen an der Elbe sind durch abwechselnde Landhebungen und -senkungen entstanden, wobei Sturmfluten ständig Land weggerissen. Auf diesen Flächen siedelten sich Salz resistente Pionierpflanzen wie beispielsweise der Queller an. Mit jeder Überflutung lagerten sich neue Sedimente auf den Salzwiesen ab, die so allmählich verlandeten und durch die mitgeführten Nährstoffe sehr fruchtbar wurden. Deshalb versuchten die Küstenbewohner diese stets gefährdeten Landstriche landwirtschaftlich zu nutzen. Wurtsiedlungen, wie sie etwa in Eiderstedt anzutreffen sind, stellen eine Antwort der Bewohner dieser der Gewalt der Meere ausgesetzten Siedlungsräume dar, ansonsten versuchten sie, das Land einzudeichen, um es dauerhaft bewirtschaften und besiedeln zu können. In dem auch Koog genannten, eingedeichten Marschland sind Marschhufendörfer und Einzelhofsiedlungen für diese Landesteile Schleswig-Holsteins typisch.

Der Prozess der Sedimentation spielt sich heute vor den Deichen ab. Hier entsteht durch den immerwährenden Prozess von Ebbe und Flut sogenanntes Vorland, das früher auch zu Landgewinnungsmaßnahmen eingedeicht wurde, heute aber als wertvoller Lebensraum für Pflanzen und Tiere weitgehend unter Schutz gestellt ist.

Die Marschgebiete Schleswig-Holsteins zeigen ganz unterschiedliche Erscheinungsformen. Ganz im Norden erstreckt sich Nordfriesland.

LAND ZWISCHEN DEN MEEREN

> Die Nordsee bietet einen überwältigenden Eindruck und verhält sich zur Ostsee wie diese zum Sternberger See.
>
> *Katja Mann (1883–1980)*

Im Kern handelt es sich um das Siedlungsgebiet der Nordfriesen, die um die Wende zum zweiten Jahrtausend diesen Landstrich in Besitz nahmen und bis heute ihre eigene Sprache pflegen. Ganz im Süden begrenzt Husum die nordfriesischen Marschen. Die Stadt erhielt erst im Jahr 1362 Zugang zum Meer, als die „Grote Mandränke" genannte „Zweite Marcellusflut" die Küste soweit einriss, dass sie in der Folge zur Hafenstadt werden konnte.

Südlich von Nordfriesland schließt sich die weit nach Westen ins Meer hinausragende Halbinsel Eiderstedt an. Diese 30 Kilometer lange und 15 Kilometer breite Halbinsel wurde bereits in der Bronzezeit besiedelt und erhielt ihre heutige Form durch Landgewinnung seit der Wende zum zweiten Jahrtausend. Den Kern der Eindeichungen bildeten die drei Geestinseln Utholm um das heutige Tating, Eiderstedt um Tönning und Everschop bei Garding. Die Schwemmlande um diese Geestinseln bilden die fruchtbare Eiderstädter Marsch, die eine einträgliche Landwirtschaft ermöglichen. Die Westküste Eiderstedts wird von zwei herausragenden Landzungen gebildet. Auf dem nördlichen Vorland erhebt sich der weltberühmte Leuchtturm von Westerhever. Die breite südliche Landzunge wird vom Badeort Sankt Peter-Ording eingenommen, dessen ausladend breiter Strand die Hauptattraktion des Ortes bildet.

Südlich der Eider erstreckt sich Dithmarschen bis zur Elbmündung in etwa dort, wo der Nord-Ostsee-Kanal (siehe Kasten Seite 51) mündet. Im späten Mittelalter konnten sich die Bewohner dieses Marschlandes weitgehend selbständig halten, da es die Bremer Erzbischöfe als oberste Lehnsherren nicht vermochten, dieses von Mooren, anderen Feuchtgebieten und Wasseradern durchzogene Land unter Kontrolle zu halten. So konn-

*Europäischer Queller (*Salicornia europaea*)*

GEZÄHMTES MEER
DAS KATINGER WATT

Das Katinger Watt entstand als Landfläche durch den Bau des Eidersperrwerkes (siehe Seite 24) im ehemaligen breiten Mündungsarm der Eider. Bis dahin bildete die trichterförmige Eidermündung das letzte große naturnahe Ästuar mit den für diese Übergangslandschaft aus Salz- zu Süßwasser so typischen biologischen Besonderheiten an der Nordseeküste. Vormals gab es, besonders an der nördlichen Eiderseite, Vorländer mit Inselbildungen wie der sogenannten Grünen Insel. Die Vorländer auf der südlichen, der Dithmarscher Eiderseite, waren demgegenüber recht schmal. Der Übergangsstreifen des Watts wurde mit der Grünen Insel und den nördlichen Eiderwatten zum Naturschutzgebiet „Grüne Insel und Eiderwatten" zusammengefasst – die Grüne Insel ist zum Naturschutzgebiet erklärt worden. Am Südufer der Eider liegt das Naturschutzgebiet Dithmarscher Watt, das aus dem vergrößerten Naturschutzgebiet „Vogelfreistätte Schülper Neuensiel" hervorging. Das unter erweiterten Schutz gestellte Gebiet wurde geschaffen, um den Verlust von Watt- und Salzwiesenflächen infolge des Baus des Eidersperrwerks wenigstens etwas auszugleichen.

Heute wird das 800 Hektar große Katinger Watt zu einem Drittel landwirtschaftlich genutzt, der Rest ist bewaldet oder wird von Wasserflächen eingenommen.

*Rechte Seite:
Bis heute bietet der Hafen von Husum ein reizvolles Bild, der im Übrigen Hauptanlandeplatz für Krabbenfischer ist.*

ten sich in Dithmarschen auch keine feudalen Strukturen bilden, wie sie für Ostholstein so typisch sind. In mehreren Schlachten des 14. und 15. Jahrhunderts schlugen sie sogar die Truppen der Holsteiner Herzöge, die sich dieses „herrenlosen" Landes bemächtigen wollten. Doch hatte die Bauernrepublik Dithmarschen keinen dauerhaften Bestand, im Jahr 1559 war es schließlich am Ende einer letzten Fehde mit der Selbständigkeit vorbei. Am schleswig-holsteinischen Nordufer der Elbe breiten sich die Elbmarschen aus. Die Wilster Marsch zwischen Brunsbüttel, Itzehoe und der Stör, die unterhalb von Glückstadt in die Elbe mündet, ist durch ihren gleichnamigen Käse bekannt. Niederländische Siedler ermöglichten ab dem 12. Jahrhundert die Bewirtschaftung des Gebietes, genau wie das der sich südlich bis zur Krückau anschließenden Kremper Marsch. Zwischen den kleinen Flüssen Krückau und Pin-

LAND ZWISCHEN DEN MEEREN

DIE KÜSTE

Der Neufelderkoog, der in den 20er-Jahren des vorigen Jahrhunderts eingedeicht wurde, bildet den letzen Landzipfel am Nordufer der Elbe – hier geht der Fluss in die Nordsee über.

Pinnau erstreckt sich die Seestermüher Marsch, von dem große Teile unter Naturschutz stehen. Als vierte der schleswig-holsteinischen Elbmarschen reicht dann die Haseldorfer Marsch fast bis vor die Tore Hamburgs.

DER GEESTRÜCKEN

Der Geestrücken bildet den mittleren Landesteil Schleswig-Holsteins zwischen Marsch im Westen und Hügelland im Osten, er wird in die als Niedere Geest bezeichnete Vorgeest und die Hohe Geest unterschieden.

Die Geest war als Mittelrücken Schleswig-Holsteins während der letzten Eiszeit nicht vom Eis bedeckt, ihre Böden bestehen aus den durch Schmelzwasserströme abgelagerten Sanderflächen, Flugsandablagerungen und Moränen der vorangegangenen Vereisung. Sie sind folglich relativ sandig und wenig fruchtbar. Die tief gelegene Vorgeest umfasst die der Jungmoränenlandschaft vorgelagerten Sanderflächen, deren Böden primär sandig und tonarm sind, durchsetzt von Niedermooren und darauf aufwachsenden nährstoffarmen Hochmooren. Die Böden der Hohen Geest haben sich aus den Moränen und Schmelzwassersanden der mittleren der drei großen zurückliegenden Kaltzeiten entwickelt. Sie sind weitgehend versauert, mit mehreren Meter tiefen und breiten Frostkeilen durchsetzt, die im Zuge der Entwicklung mit Sand verfüllt worden sind.

Charakteristisch für die schleswig-holsteinische Geest sind die sogenannten Knicks, jene heckenförmige Landschaftselemente, die ursprünglich zur Begrenzung von Feldern und als Windschutz angelegt wurden und heute bedeutsame Rückzugsräume für Insekten und Vögel sind. Nach dem schleswig-holsteinischen Landesnaturschutzgesetz sind sie als besonders geschützte Biotope ausgewiesen.

DER NORD-OSTSEE-KANAL

Schon die Wikinger kürzten die Verbindung von der Ostsee zur Nordsee von ihrem Handelshafen Haithabu an der Schlei über die Treene und die Eider ab. Nur über die Landbrücke zur Treene mussten sie ihre Boote von Ochsen ziehen lassen. In der Tat war diese Strecke gut 900 Kilometer kürzer als durch den Skagerrak, allerdings angesichts der zunehmenden Warenströme auf Dauer nicht mehr praktikabel. Es sollte aber noch Jahrhunderte dauern, bis ein erster Eiderkanal fertig gestellt werden konnte. Dies geschah unter dem Dänenkönig Christian VII., der ihn 1784 anlegen ließ. Er begann in Kiel und mündete bei Rendsburg in die Eider, über die man die Nordsee erreichte. Damals dauerte eine Fahrt durch den Kanal und die Eider noch drei bis vier Tage.

Unter Bismarck entstanden neue Pläne für eine angemessene Schifffahrtsverbindung zwischen Nord- und Ostsee. Angesichts des deutsch-dänischen Krieges 1864 wurde die militärische Option für einen solchen Kanalbau deutlich – deutsche Kriegsschiffe sollten auf ihrem Weg von der Nord- in die Ostsee nicht dänischem Kanonenfeuer ausgesetzt sein. Bismarck konnte nach der Reichsgründung Kaiser Wilhelm I. für das Projekt interessieren. Unter dem von Kriegsflotten begeisterten Kaiser Wilhelm II. nahmen dann die Kanalbaupläne konkrete Formen an und 1887 begann man mit dem Bau des knapp 100 Kilometer langen Kanals, der Schleswig-Holstein von der Kieler Förde bis Brunsbüttel an der Elbe durchquert. 1895 wurde der Kaiser-Wilhelm-Kanal, wie er damals noch hieß, eröffnet. Bis heute ist er die meist befahrene künstliche Wasserstraße der Welt

Die Kriegs- und Handelsschiffe wurden um die Wende zum 20. Jahrhundert so viel größer, dass die Ausmaße des Kanals den neuen Anforderungen längst nicht mehr genügten. Seit der Fertigstellung ist er mehrmals verbreitert und vertieft worden. Bis zu 325 Meter lange, über 30 Meter breite und bis zu 40 Meter hohe Schiffe können nunmehr die inzwischen Nord-Ostsee-Kanal genannte Wasserstraße passieren.

Neben seiner wirtschaftlichen Bedeutung hat der Kanal auch eine zunehmend touristische Bedeutung gewonnen. Dieses ingenieurtechnische Meisterwerk mit seinen grandiosen Brückenkonstruktionen, allen voran die Rendsburger Eisenbahnbrücke (oben) mit ihrem filigranen Eisenstrebewerk, zieht immer mehr Besucher an.

Die Farblithographie (unten) nach Fritz Stoltenberg (1855–1921) zeigt den „Kaiser-Wilhelm-Kanal mit Holtenauer Schleusen".

DIE KÜSTE

Im Süden Schwansens verläuft zwischen der Schlei und dem Windebyer Moor ein Teilstück des Danewerks, jener Befestigungslinie, die die Dänen zwischen dem 7. und 12. Jahrhundert gegen die südlicher siedelnden Sachsen in mehreren Ausbauphasen errichteten.

Die schleswig-holsteinische Geest wurde seit dem 6. Jahrhundert von Dänen und Jüten besiedelt. Auf ihrem festen Untergrund konnten wichtige Trassen von den nördlichen Landwirtschaftsgebieten zu den schon im Mittelalter aufstrebenden Wirtschaftsgebieten an der Elbe angelegt werden. Auf dieser Nord-Süd-Trasse verlief der sogenannte Ochsenweg als einer der wichtigsten Verkehrswege der damaligen Zeit. Er diente nicht nur dem Viehtransport, sondern war eher als Handelsweg von Bedeutung, auf dem die Fuhrwerke von Ochsen gezogen wurden.

Von Norden her gesehen geht die Schleswigsche Geest in die Eider-Treene-Niederung über, die selbst im Inneren des Landes vor dem nachhaltigen Deichbau noch dem Einfluss der Tide unterlag. Dieses Gebiet beinhaltet die größte Moorfläche und ist der größte Lebensraum für Wiesenvögel des Landes. Am Südrand verläuft der Nord-Ostsee-Kanal (siehe Kasten S. 51) zwischen Elbe und Kieler Förde.

Man reist ja nicht um anzukommen, sondern um zu reisen.

Johann Wolfgang von Goethe (1749–1832)

Südöstlich der Eider-Treene-Niederung setzt sich die Geestlandschaft fort. Hier breitet sich der Naturpark Aukrug bis vor Neumünster aus, eine 380 Quadratkilometer große Wald-, Heide- und Teichlandschaft abseits von Verkehr und Industrie. In Stormarn, einer auch noch von den Eiszeiten geprägten Landschaft schon im Einzugsgebiet von Hamburg und Lübeck, läuft die Geest aus.

DAS HÜGELLAND

Das schleswig-holsteinische Hügelland zieht sich im Osten des Landes von der dänischen Grenze bis zur Elbe hin. Der Küstenverlauf der Ostsee mit ihren Förden und Buchten gliedert das Hügelland in die Landschaft von Angeln, Schwansen, Dänischer Wohld und Wagrien. Die Landschaft der Hüttener Berge liegt an der Grenze zur Geest. Die im Landesinneren gelegene Holsteinische Seenplatte wird auch als Holsteinische Schweiz bezeichnet.

Zwischen Flensburger Förde und der Schlei breitet sich die hügelige und von kleinen Wäldern durchsetzte Landschaft Angelns aus, deren Bezeichnung auf den gleichnamigen germanischen Volksstamm der Angeln zurückgeht, der einst hier siedelte. Viele der hier ansässigen Angeliter wanderten dann seit dem 4. Jahrhundert n.Chr. nach England aus und ließen sich in East Anglia nieder – bis heute werden die Briten auch als Angelsachsen bezeichnet. Später dann drangen Jüten nach Angeln vor, und noch heute bekennen sich zahlreiche Angeliter zur dänischen Volksgruppe. Die Bewohner dieses Landstrichs waren schon immer freie Bauern, im Gegensatz zur südlich angrenzenden Landschaft Schwansen, wo Großgrundbesitz vorherrscht.

Auch Schwansen südlich der Schlei wurde um das 8. Jahrhundert von Jüten besiedelt, was sich wie in Angeln an Ortsnamen mit Endung auf -by ablesen lässt. Die sanfte Hügellandschaft Schwansens ist bis heute durch Gutswirtschaft geprägt, die zahlreichen Höfe um die Herrenhäuser und Schlösser werden zum Großteil von alteingesessenen Holsteiner Adelsfamilien bewirtschaftet.

Der Dänische Wohld erstreckt sich zwischen der Eckernförder Bucht und der Kieler Förde, auch hier bieten die Strände den Hauptanziehungspunkt. Landeinwärts kennzeichnen Hügel und Kuppen die Landschaft, die von großen Getreide- und Rapsfeldern bedeckt ist, deren gelbe Pracht sich zur Blüte bis unmittelbar zur Ostseekante hinzieht. Den Namen trägt die Region von dem großen Waldgebiet, das sich einst von Angeln bis zur Trave erstreckte und an die Geest heranreichte.

Ostwärts erstreckt sich bis zur Linie Schleswig-Rendsburg der Naturpark Hüttener Berge, dessen höchste Erhebung der 106 Meter

HANDELSWEG im MITTELALTER
DIE SCHLEI

Die Schlei ist keine Förde im eigentlichen Sinne. Sie entstand zwar als Produkt der sogenannten Weichsel-Eiszeit, der letzten Eiszeit, aber sie wurde nicht durch Gletscherausschürfung, was die Ursache für die Entstehung der Förden ist, sondern als Abflussrinne des Schmelzwassers der Eismassen gebildet.

Die Schlei erstreckt sich mit einer durchschnittlichen Tiefe von nur drei Metern und einer durchschnittlichen Breite von 1,3 Kilometern über eine Länge von 40 Kilometern zwischen Schleimünde an der Ostsee über Kappeln und Arnis bis Schleswig. Der Salzgehalt nimmt von Schleimünde bis Schleswig immer weiter ab. Der Burgsee mit Schloss Gottorf auf der Schlossinsel war bis 1582 mit der Schlei verbunden. Zu diesem Zeitpunkt ließ Herzog Adolf I. den Gottorfer Damm als Abtrennung errichten. Ende 2008 wurde die Region um die Schlei als 101ster Naturpark Deutschlands etabliert.

Die Schlei war früher ein wichtiger Handelsweg. Hier errichteten die Wikinger ihre Handelssiedlung Haithabu, die Drehscheibe des frühmittelalterlichen Handels zwischen Nord- und Osteuropa einerseits und Mitteleuropa andererseits war.

Die Schlei bei Schleswig: Darstellung aus dem Städteansichtenbuch Civitates Orbis Terrarum von Georg Braun (1541–1622) und Frans Hogenberg (1535–1590), um 1600.

hohe Scheelsberg ist. Der mit 92 Metern nur wenig niedrigere Aschberg ist von einem Bismarck-Denkmal gekrönt und ein besonders beliebtes Wanderziel.

Ostholstein wird von den Landschaften Wagriens zur Küste hin und der Holsteinischen Seenplatte landeinwärts gegliedert. Historisch reicht Wagrien von der Kieler Förde bis zur Lübecker Bucht und landeinwärts bis zur Schwentine und Trave. Heute sieht man Wagrien eher auf die ostholsteinische Oldenburgische Halbinsel beschränkt. Die Landschaft trägt ihren Namen von dem einst hier siedelnden slawischen Stamm der Wagrier, ihr befestigter Platz lag bei Oldenburg. Lange Strandabschnitte kennzeichnen die Küste zwischen Laboe über Hohwacht bis Heiligenhafen. An der Nordostspitze führt die Fehmarn-Brücke über den Fehmarnsund zur Insel Fehmarn.

Zwischen Wagrien und den Geestausläufern breitet sich die Holsteinische Seenplatte aus.

Das reizvolle Erscheinungsbild dieser Jungmoränenlandschaft ist durch eine Vielseitigkeit von Hügeln, Wäldern, Knicks und den vielen darin eingebetteten Seen gekennzeichnet.

Östlich von Wagrien erstreckt sich die Lübecker Bucht, die ihre Begrenzung in der schon mecklenburgischen Insel Poel findet. An der südwestlichen Spitze liegt die alte Hansestadt Lübeck mit ihrer wunderschönen Backsteinarchitektur. Nördlich von Lübeck ziehen sich die Badeorte von Timmendorfer Strand über Scharbeutz bis Neustadt entlang. Die Trave bildete einst die Grenze zur DDR und heute die zu Mecklenburg-Vorpommern. Einzig die Halbinsel Priwall war mit ihrem Strand im Westen verblieben – die Urlauber mussten mit Booten herübergebracht werden. Diese außergewöhnliche Grenzziehung geht auf den Lübecker Reichsfreiheitsbrief aus dem Jahr 1226 zurück, mit dem die damalige Insel Priwall dem Lübecker Stadtgebiet zugeschlagen wurde. Erst durch einen noch im gleichen Jahrhundert errichteten Steindamm wurde Priwall an das mecklenburgische Festland angeschlossen.

Fehmarn

In der nordöstlichen Verlängerung von Wagrien kann die Insel Fehmarn auf der Vogelfluglinie über den Fehmarnsund erreicht werden. Die aufgrund ihrer fruchtbaren Lößböden weitgehend agrarisch geprägte drittgrößte Insel Deutschlands hat eine Fläche von gut 185 Quadratkilometern bei einer Küstenlinie von 78 Kilometern Länge.

Die Nordküste Fehmarns zwischen dem Markelsdorfer Huk und Puttgarden ist als Dünenlandschaft mit Strandseen hinter Nehrungshaken, die sich durch strömungsbedingte Sandablagerungen bildeten, entstanden. Hier ist der Strand mit wenig Steinen durchsetzt. Rückwärtig begrenzen eine Deichlinie und über

Fehmarn ist weitgehend flach, sodass die Einwohner scherzhaft sagen, man sieht schon am Morgen, wer einen am Abend besucht. Dennoch gibt es Kliffs und Erhebungen, so den 27,2 Meter hohen Hinrichsberg und etwa den 26,5 Meter hohen Wulfener Berg.

NATURPARK
HOLSTEINISCHE SCHWEIZ

Im Zuge der letzten Eiszeit, der Weichsel-Eiszeit, die vor rund 115 000 Jahren einsetzte, dehnten sich die Gletscher bis nach Ostholstein aus. Die Gletscherzungen trugen auf ihrem Weg aus Skandinavien große Mengen an Gestein mit sich, schürften dabei Rinnen und Mulden aus dem Boden und schoben reichlich Material zusammen. Als das Eis dann vor circa 12 000 Jahren zu schmelzen begann, blieben die Gesteinsmassen zurück – es bildete sich die heutige charakteristische hügelige Landschaft aus Grund- und Endmoränen. Mit der einsetzenden Eisschmelze sammelte sich zudem Wasser in den Rinnen und Mulden, und so entstanden die zahlreichen Seen der Holsteinischen Schweiz, die sich heute wie eine Perlenkette aneinander reihen und von der Schwentine und ihren Nebenflüssen durchflossen werden. An einer Stelle lagerten zwei Eiszungen so dicht beieinander, dass sich dort eine besonders tiefe Mulde bildete, die heute mit dem bis zu 60 Meter tiefen Großen Plöner See ausgefüllt ist. Viele der Inseln im Großen Plöner See kamen jedoch erst mit der Wasserstandsabsenkung Ende des 19. Jahrhunderts zutage.

Über 70 größere Seen mit einer Gesamtfläche von mehr als einem Hektar umfasst die Holsteinische Seenplatte. Der Große Plöner See misst allein 3000 Hektar. Zweitgrößter See ist der Kellersee mit einer Wasserfläche von 560 Hektar. Eine Wanderung rund um das reizvolle Gewässer mit dem Ausgangspunkt Malente, dem malerischen Ort am See, führt unmittelbar am Ufer entlang und bietet den besten Einblick in die ostholsteinische Landschaft. Der 324 Hektar große Lanker See ist durch seinen Buchtenreichtum gekennzeichnet. Der Postsee westlich von Preetz verliert durch Verlandung an Fläche. Ursprünglich bestand er aus einem Nord- und einem Südteil, deren Landenge dazwischen durch den Eisenbahnbau mit einer Brücke versehen wurde. Heute dient die inzwischen still gelegte Trasse Radfahrern und Wanderern als Weg. Der kleine Plöner See westlich der Stadt ist immerhin noch 239 Hektar groß. Nicht zuletzt sei noch auf den kleinen Ukleisee hingewiesen, an dem sich im frühen Mittelalter ein slawischer Siedlungsplatz befand. Reste von Erdwällen zeigen, dass dieser Platz damals befestigt war.

Die Bezeichnung der Holsteinischen Seenplatte als Holsteinische Schweiz ist eine „Erfindung" des 19. Jahrhunderts, als im Zuge des aufkommenden Tourismus Reisen in die Schweiz beliebt wurden. Ideengebend war der Gastronom Johannes Janus, der 1885 sein Hotel in Malente am Kellersee „Holsteinische Schweiz" nannte. Dann wurde der nahe gelegene Bahnhof auch „Holsteinische Schweiz" benannt, und der Name übertrug sich schließlich auf die gesamte Region.

„Der Plöner See von Bösdorf aus gesehen",
Ludwig Philipp Strack (1761–1836), um 1798

Die Südwestseite Fehmarns zeigt sich als ruhiges Gebiet. Hier schützt ein langer Nehrungshaken die Orther Reede, die sich zu einem klassischen Surfrevier entwickelte. Allerdings wird dieser Nehrungshaken in der Zukunft die Reede abriegeln und sie so zu einem Brackwassersee machen. An der südöstlichen Küste wachsen sogar zwei Nehrungshaken, der Wulfener Hals und die Burgtiefe, aufeinander zu und bilden den Burger Binnensee, ein haffartiges Gewässer, das noch zur See hin offen ist.

weite Strecken ein Waldstreifen den Strand. Hier befindet sich auch der Grüne Brink, ein Strandseegebiet, das seit bereits 1938 unter Naturschutz steht. Seine Entstehung verdankt das Gelände der Dynamik der Ostsee – vor allem, seit 1872 nach einer Sturmflutkatastrophe der rückwärtige Schutzdeich errichtet wurde. So wuchsen hier die Spitzen der Strandseehaken landwärts und riegelten an dieser Stelle nacheinander drei Strandseen von geringer Tiefe gegen die Ostsee ab. Nur bei Hochwasser schwappt noch das schwach salzhaltige Ostseewasser in die Strandseen, deren Brackwasser heute ein wichtiges Biotop für Strand- und Zugvögel darstellen. Charaktervogel dieses Gebiets ist der Rothalstaucher, eine besonders vom Klimawandel betroffene Vogelart.

An der Ostküste zeigt sich Fehmarn von seiner rauen Seite. Diese Küste ist teilweise als Kliffküste ausgebildet. Der Strand ist von Steinen durchsetzt, die sich weit in das Wasser hineinziehen.

Die Westküste wird im Norden von einem schmalen Strand gesäumt. Hier nimmt das Wasservogelreservat Wallnau im Mündungsbereich der Kopendorfer Au, dem einzigen Bach Fehmarns, einen großen Abschnitt ein. Vor einigen hundert Jahren breitete sich hier noch eine Ostseebucht aus. Durch Brandungswellen abgetragenes Material wurde mit der Meeresströmung von der Nordspitze der Insel südwärts transportiert und bildete einen für die Ostseeküste typischen Nehrungshaken aus, der die alte Moräneninsel Flügge erreichte und so die Bucht von der Ostsee abschnitt.

Langjährig wurde die im 19. Jahrhundert eingedeichte Wallnau als Teichgut bewirtschaftet, dann aber 1975 als Schutzgebiet für Zugvögel eingerichtet. Ein Kanalsystem ermöglicht durch regelbare Wasserstände in Wiesen, Gräben und Teichen ideale Brutbedingungen für eine vielseitige Vogelfauna.

Die Ostseeküste Mecklenburg-Vorpommerns

Rügen ist nicht nur die größte, sondern durch ihre landschaftliche Vielfalt auch schönste deutsche Insel. Hier wechseln sich bewaldete Hügel und wellige Ebenen mit Wiesen und sumpfigen Mooren, Steilküsten mit schmalen Steinsträndern mit breiten, feinsandigen Stränden in lang gezogenen Buchten ab. Weltberühmt sind zudem die Kreidefelsen an der Ostküste der Insel.

Die großenteils stark gegliederte Ostseeküste Mecklenburg-Vorpommerns erstreckt sich von der Lübecker bis zur Pommerschen Bucht. Die Küstenlänge beträgt insgesamt 2000 Kilometer, wovon die Vorpommersche Bodden- und Haffküste den größten Teil einnimmt, die reine Außenküste misst nur 350 Kilometer. Der Küste vor- und angelagert sind Inseln und Halbinseln mit völlig unterschiedlichem Charakter wie Poel, Hiddensee, Rügen, Ummanz und Usedom oder Wustrow, Fischland, Darß und Zingst. Lagunenartig haben sich rückwärtig der Küste Wasserflächen gebildet, die hier als Haff, Bodden oder Achterwasser bezeichnet werden. Große Teile dieser einmaligen Küstenlandschaft stehen unter Schutz.

Die Entstehung des heutigen Erscheinungsbildes der Ostseeküste Mecklenburg-Vorpommerns geht auf verschieden Ursachen zurück. Einerseits senkt sich die Landmasse der Norddeutschen Tiefebene schon seit Millionen von Jahren, was zur Überflutung der Ostsee geführt hat. Dieser Prozess hält bis heute an, kaum merklich für den kurzlebigen Menschen, aber mit umso größeren Auswirkungen in erdgeschichtlichen Zeiträumen. Andererseits haben die Eiszeiten die gesamte Norddeutsche Tiefebene modelliert. Moränenkerne ragen aus dem Flachland heraus und bilden sowohl Inselkerne als auch Steilküsten. Sandablagerungen durch Strömung und Wind verändern die Küstenlinie – ein Prozess, der gleichermaßen bis heute anhält. Besonders deutlich sind diese Anlandungen am Darß zu sehen. Und der Nordostzipfel von Zingst wäre längst mit Hiddensee zusammengewachsen, wenn nicht Bagger die Fahrrinne nach Stralsund offen hielten. Besonders deutlich sind die Moränenkerne

DIE KÜSTE

von Hiddensee und Rügen zu erkennen und bilden die weltbekannte Kreidesteilküste von Jasmund. Von Mönchgut, dem Südostzipfel Rügens, führt der Blick schon zur Insel Usedom, die durch den Peenestrom vom Festland getrennt ist. Südlich des Zentrums des deutschen Teils von Usedom breitet sich das Achterwasser aus, das östlich in das Stettiner Haff übergeht.

Poel

Poel ist eine Insel von 35 Quadratkilometern Größe, mitten in der Wismarer Bucht gelegen. Verbunden ist Poel mit dem Festland durch einen Damm von Groß Strömkendorf nach Kirchdorf. Ihre Entstehung verdankt die Insel einem eiszeitlichen Gletschervorstoß, der hier beim Abschmelzen des Eises eine Grundmoräne ablagerte, der Poel auch seine höchste Erhebung mit 53 Metern verdankt. Durch kontinuierliche Sandablagerungen bildeten sich an der Insel Nehrungen mit Dünen, die im Osten zu Schlickablagerungen führten und Marschland mit Salzwiesen entstehen ließen.

Wustrow

Nordöstlich an Poel schließt sich die Halbinsel Wustrow an, nur durch den schmalen Wustrower Hals mit Rerik auf dem Festland verbunden. Den Abschluss der etwa fünf Kilometer langen Halbinsel bildet im Südwesten die Landzunge Kirchmesse, ein etwa drei Kilometer langer Sandhaken – als solche bezeichnet man schmale, lang gestreckte Halbinseln, die sich durch an kleinen Küstenvorsprüngen ansetzende Sedimenttransporte bilden und sich hakenförmig in Richtung Bucht biegen. Dem Sandhaken vorgelagert ist die durch die Flachwasserbucht Kroy getrennte Insel Kieler Ort. Sie ist die wohl jüngste deutsche Insel, die erst seit den 1970er-Jahren durch Stürme

Poel vorgelagert ist die Strandwallinsel Langenwerder, ein nicht zu betretendes Vogelschutzgebiet.

DIE OSTSEEKÜSTE MECKLENBURG-VORPOMMERNS

Fischland, Darß und Zingst bieten zweifelsohne die interessantesten Küstenstrukturen Mecklenburg-Vorpommerns – obwohl die drei Inseln durch Verlandungen und Dämme längst den Charakter von Halbinseln angenommen haben. Im Süden erstreckt sich Fischland, der Darß folgt nordwärts und Zingst setzt sich dann ostwärts fort.

DER MECKLENBURGER KÜSTENVERLAUF

Die überwiegend feinsandigen, bis in das seichte Wasser gelegentlich mit Steinen durchsetzten Sandstrände der Mecklenburger Ostseeküste sind beliebte Ferienziele. Im Abschnitt zwischen Lübeck und Wismar ist Boltenhagen der bekannteste Ferienort. Weiter ostwärts zieht sich die Kette der Seebäder über Kühlungsborn, Heiligendamm bis Warnemünde fort. An dieser Stelle wird die Küstenlinie durch die Warnowmündung mit der Breitling-Bucht unterbrochen. Zurückweichendes Gletschereis formte das Flussbett der Warnow, wobei Schmelzwasser den Breitling als Ausbuchtung des Flusses ausspülten – zusätzlich bildeten Sandablagerungen an der Flussmündung eine Dünennehrung, die sogenannte Hohe Düne. Sie trennt den Breitling von der Ostsee. Diese Sandmassen sind auch der Grund für die geringe Tiefe des Breitlings von durchschnittlich 1,5 bis zwei Metern sowie für die Versandung der Mündungsbucht der Warnow. Die Fahrrinne muss für die Schifffahrt daher immer wieder neu ausgebaggert werden.

Die Kette der Mecklenburger Seebäder setzt sich östlich der Warnow fort, hier sind Markgrafenheide, Graal-Müritz und Wustrow die bekanntesten Orte. Auf Fischland geht dann der Strand in die Steilküste des Hohen Ufers über. Dieses Kliff erstreckt sich von der Wustrower Seebrücke bis zum Ahrenshooper Grenzweg. Seeseitig verkürzt es sich durch jährlichen Küstenabbruch zwischen einem halben und gelegentlich bis zu fünf Meter.

Fischland, Darß und Zingst

Die drei ineinander übergehenden, 45 Kilometer langen Halbinseln trennen die sich rückwärtig erstreckenden Darß-Zingster-Boddenkette von der offenen Ostsee. Im Jahre 1872 überflutete eine Sturmflut den Hauptort Prerow auf dem Darß und versandete den Prerower Strom, der damals

von der Halbinsel Wustrow abgetrennt wurde. Zwischen Wustrow und dem Festland erstreckt sich das flache Salzhaff, das im Gegensatz zu den anderen Bodden Mecklenburg-Vorpommerns durch einen fehlenden direkten Zufluss entsprechend salzhaltiger ist.

DIE KÜSTE

Bis zu 60 000 Kraniche jährlich überfliegen auf ihrem Zug die Vorpommersche Boddenlandschaft und finden im Naturpark in den an die Windwatten grenzenden Flachwasserbereichen Schlafplätze und in zunehmenden Maße auch Brutstätten.

die Inseln Darß und Zingst voneinander trennte. 1874 wurde der Prerow-Strom dann endgültig zugeschüttet und mit einem Deich gesichert.

Die nördlichste Stelle des Drei-Insel-Ensembles wird vom Darßer Ort gebildet. Die in diesem Teil der Ostsee vorherrschende Nordostströmung trägt laufend Sandmaterial von Fischland ab und transportiert es nordwärts an der Darßer Küste entlang. Hier reichen urwaldartige Wälder bis an die Strandlinie heran, die nach jeder Sturmflut wieder ein Stück Land an die Ostsee verliert. Durch diese küstenparallele Sedimentation wird Material am Darßer Ort abgelagert, sodass sich hier eine kleine Nehrung bilden konnte. Ständig verändert sich hier das Gemenge aus Land, Seen, Dünen und Sandbänken – eine nicht zu betretende Region in der Kernzone des Nationalparks Vorpommersche Boddenlandschaft. Weiter südlich erkennt man sechs Kilometer landeinwärts im Darßwald die Abbruchkante der Moränenplatte des Altdarßes als seine ursprüngliche Küstenlinie.

Hiddensee

Die lang gestreckte Insel Hiddensee, westlich vor Rügen gelegen, besteht im Kern aus dem über 70 Meter hohen Moränenkern des Dornbuschs. Der Abbruch des Materials vom nördlichen Dornbusch durch die hier südwärts führende Strömung bildete die 18 Kilometer lange, teils nur 250 Meter breite Insel mit großen Sandwattbereichen. Dreiteilig präsentiert sich die Insel – im Norden als Hügellandschaft des Dornbuschs mit der höchsten Erhebung des 72 Meter hohen Bakenbergs, im Zentrum als Dünen- und Heidelandschaft und im Süden als flaches, nur wenige Meter hohes Sandablagerungsareal der sogenannten Gellen, die jedes Jahr um wenige Meter weiter nach Süden wachsen. Im Nordosten befinden sich die beiden drei Kilometer langen Sandhaken des Alten und Neuen Bessins und östlich vorgelagert liegt noch auf der Höhe des Inselortes Hiddensee die Fährinsel. Genau wie die Gellen ist auch die mit Wacholder bewachsene Fährinsel ein nicht zu betretendes Vogelschutzgebiet.

Ummanz

Wenig bekannt ist Ummanz als eigenständige, Rügen westlich vorgelagerte Insel – glauben doch viele, sie sei Teil der großen Schwesterinsel. Immerhin misst sie eine Fläche von 20 Quadratkilometern und ist damit sogar noch etwas größer als Hiddensee. Nach Waase, dem Kirchdorf der Insel, führt eine 250 Meter lange Brücke von Rügen. Umgeben von Boddengewässern, besteht die im Gelände des Naturparks Vorpommersche Boddenlandschaft gelegene und sich kaum mehr als drei Meter erhebende Insel größtenteils aus Weiden, Wiesen und Äckern. Benachbart sind weitere fünf kleine Inseln, die als Brutstätten seltener Vogelarten unter strengem Schutz stehen.

Rügen

Rügen ist Deutschlands größte Insel. Sie erstreckt sich vor der Vorpommerschen Ostseeküste auf einer Breite von 41 und einer Länge von 52 Kilometern und misst eine Fläche von 926 Quadratkilometern. Der Strelasund ist als Verbindung zwischen der Mecklenburger Bucht und dem Greifswalder Bodden angesichts der alten Hansestadt Stralsund die engste Stelle zwischen dem Festland und der Insel. Seit 1936 stellt der Rügendamm als Zugbrücke eine kombinierte Straßen- und Eisenbahnverbindung zur Insel dar. Im Oktober 2007 wurde dann die Strelasundquerung als Hochbrücke mit einer Schiffsdurchfahrtshöhe von 42 Metern dem Verkehr übergeben.

Rügens Küste ist durch zahlreiche Buchten, Halbinseln und Landzungen reich gegliedert, das Gelände steigt vom flachen, vorwiegend landwirtschaftlich genutzten südlichen Inselteil nach Nordosten an, wo die berühmte Kreideküste steil in die Ostsee abfällt. Zwei Binnenseen trennen den Inselkern Rügens von den

DER NATIONALPARK
VORPOMMERSCHE BODDENLANDSCHAFT

Der sogenannte Gespensterwald auf dem Darß im Nationalpark Vorpommersche Boddenlandschaft.

Der Nationalpark Vorpommersche Boddenlandschaft wurde als eine der letzten Amtshandlungen der DDR wenige Tage vor der Wiedervereinigung am 1. Oktober 1990 eingerichtet. Der über 800 Quadratkilometer große Park erstreckt sich zur Hälfte über die offene Ostsee zwischen Hiddensee und Darß, umfasst fast ganz Hiddensee, einen westlichen Streifen Rügens, Teile des Darß mit seiner großen Waldfläche, Zingst und die rückwärtigen Bodden mit ihrer sehr vielfältigen Flora und Fauna – eine hoch interessante, flexible Landschaft aus Küstenüberflutungsmooren zwischen Salzwasser und Brackwasser.

Der Nationalpark Vorpommersche Boddenlandschaft dient vorwiegend der Aufrechterhaltung der natürlichen Dynamik seiner einzigartigen Landschaft mit ihren anhaltenden Küstenveränderungen. Eine weitere Besonderheit besteht in den Windwatten, in denen nicht Ebbe und Flut das Geschehen in den Flachwasserzone bestimmen, sondern in denen durch windbedingten Wasserstandsschwankungen flache Bereiche regelmäßig trocken fallen. Diese Windwatten bieten Zugvögeln ein großes Nahrungsangebot.

DIE KÜSTE

DIE OSTSEEKÜSTE MECKLENBURG-VORPOMMERNS

Ihr tadelt und sprecht, der Gegenstand ist in der Natur anders und der Maler hat viel hineingesehen, was gar nicht in der Wirklichkeit ist. Ich ehre, was ihr tadelt, denn was der Maler hineingesehen, ist immer schön und bleibt dem Charakter des Gegenstandes und der Natur getreu.

Caspar David Friedrich (1774–1840)

Die Kreidefelsen von Rügen haben schon viele Künstler inspiriert, allen voran den Maler Caspar David Friedrich (1774–1840): Seine um 1818 entstandenen „Kreidefelsen auf Rügen" sind wohl die bekanntesten Darstellungen dieser fantastischen Küste. Jährlich kommen über eine Million Touristen, um die weißen Klippen und ihre grünen Hangwälder zu erleben.

Halbinseln Jasmund und Wittow ab – der Große und Kleine Jasmunder Bodden.

Die Nordspitze der Halbinsel Wittow wird vom Kap Arcona gebildet, wo die Steilküste aus Kreide und Geschiebemergel 45 Meter aus dem Meer ragt und sich das weltbekannte Ensemble aus zwei Leuchttürmen sowie dem Peilturm und der slawischen Jaromarsburg erhebt. Verbunden ist Wittow mit der Halbinsel Jasmund durch die Schabe, einen schmalen, zehn Kilometer langen Landstreifen mit schönen und feinsandigen Ostseestrand. Landseitig breitet sich ein Kiefernwald zwischen Glowe und Juliusruh aus. Von Dranske zieht sich die 500 Hektar große Halbinsel Bug als über acht Kilometer langer, nur einige Meter über den Meeresspiegel hinausragender und an der schmalsten Stelle nur etwa 100 Meter breiter Sandhaken südwärts. Der größte Teil des Geländes ist Bestandteil des Nationalparks Vorpommersche Boddenlanschaft.

Auf der Rügener Halbinsel Jasmund wurde 1990 der 30 Quadratkilometer große Nationalpark Jasmund eingerichtet, den die UNESCO im Juni 2011 mit seinem eindrucksvollen Buchenbestand in die Liste des Weltkulturerbes aufnahm. Das Erscheinungsbild der Halbinsel ist von eiszeitlichen Ablagerungen geformt. Sie ist zu großen Teilen mit Wald bedeckt, der bis an die Kante der imposantesten Kreidefelsen an der Ostseite reicht, darunter der weltberühmte 118 Meter hohe Königsstuhl in der Felsformation der Stubbenkammer. Südlich davon, getrennt durch eine Kreideschlucht, ragt die Kreidewand der Kleinen Stubbenkammer mit dem Victoria-Aussichtspunkt auf, so von Kaiser Wilhelm I. bei seinem Besuch nach seiner Schwiegertochter benannt. Noch weiter südlich schließen sich das Kollicker Ufer und das Hohe Ufer an, die jedoch nicht mehr zur Stubbenkammer zählen Die Wittower Kreideformation ist inzwischen weitgehend der Erosion anheimgefallen und ins Meer gerutscht.

In dem sich von Puttbus im Westen bis zur Landzunge Mönchgut im Osten erstreckenden Südosten Rügens, der auch noch 1990 zum Biosphärenreservat erhoben wurde, ist das Land tief mit der Ostsee verzahnt. Nacheiszeitliche Einwirkungen von Wind und Meeresströmungen führten zu Küstenausgleichsprozessen mit der Bildung von Haken zwischen den ehemaligen Inselkernen. Besonders typisch für das Biosphärenreservat sind die Baaber Heide und die Zickerniß-Niederung mit Großem Strand sowie die Nehrungen innerhalb des Biosphärenreservates. Lange Sonnenscheindauer, geringe Niederschläge und arme, kalkhaltige Böden haben hier besondere Pflanzen- und Tiergesellschaften entstehen lassen, für die sieben Naturschutzgebiete eingerichtet wurden, das größte davon im Süden des Mönchguts.

Usedom

Wegen ihrer feinsandigen Strände ist Usedom, nach Rügen die zweitgrößte deutsche Ostseeinsel, ein gern aufgesuchtes Ferienziel. Die 445 Quadratkilometer große Insel im Mündungsgebiet der Oder gehört heute überwiegend

DIE BODDENINSELN VILM,
GREIFSWALDER OIE UND RUDEN

Zwischen den Halbinseln Zudar im Westen und Mönchgut im Osten breitet sich der Rügische Bodden aus, in dessen Mitte die Insel Vilm liegt. Diese 94 Hektar große Insel ist ein einmaliges Naturparadies, das seinesgleichen sucht. Auch hier wirken die eiszeitlichen und nacheiszeitlichen Kräfte noch nach und greifen gestaltend in das Erscheinungsbild der Insel ein. Auf kleinstem Raum kann man hier die für Rügen typischen Ausgestaltungen der Küste sehen. Durch die abgeschiedene Lage konnte sich auf der Insel die Natur fast unberührt entwickeln – knorrige Eichen und alte, stattliche Buchen bestimmen hier das eindrucksvolle Erscheinungsbild des Inselwaldes. Seit dem 16. Jahrhundert wurde der Holzeinschlag auf der nur zeitweise bewohnten Insel weitgehend aufgegeben und seit 1812 wird auf der Insel bewusst keine Abholzung mehr betrieben. Seit 1936 steht die Insel unter Naturschutz. Auf der Insel gibt es nur Naturschutzeinrichtungen, Besucher können sie begrenzt im Rahmen von Exkursionen betreten.

Die Greifswalder Oie, gleichermaßen Naturschutzgebiet wie Vilm, liegt als 54 Hektar große Insel östlich der Landzunge von Mönchgut und gleichermaßen zwölf Kilometer nördlich von Peenemünde – gern auch als „Helgoland der Ostsee" bezeichnet. Die Namensgebung der Insel erfolgte 1291 durch ihren Verkauf an die Stadt Greifswald. Die nur 1500 Meter lange Insel weist als Rest eines Endmoränenrückens drei unterschiedliche Vegetationszonen auf, den Hutewald im Norden mit Ahorn-, Eschen-, Buchen und Ulmenbestand, die Buschflächen sowie die Strand- und Küstenabschnitte mit jeweils ganz spezifischen Pflanzen- und Tiergesellschaften. Auf ihrer markanten Steilküste steht seit 1855 ein großer Leuchtturm. Die Ablagerung von Gesteinsmaterial aus Skandinavien kann man bis heute anhand von Granitfelsbrocken aus Åland erkennen. Besonders der Norden ist nach wie vor von Sedimentabtragungen betroffen, die sich im Süden ablagerten. Dagegen baute man zwischen 1891–1913 einen zwei Kilometer langen Schutzwall an der West- und Nordküste. Im Schutzhafen der Oie ist heute ein Seenotrettungskreuzer stationiert, womit an eine alte Inseltradition angeknüpft wird – von der Greifswalder Oie aus wurde immer wieder Schiffbrüchigen geholfen.

Auch Ruden, zwischen der Peenemündung und Mönchgut gelegen, besteht aus einem Endmoränenrücken. Der Überlieferung nach soll die Insel der Rest einer einstigen Landverbindung zwischen Usedom und Rügen sein. Die die Insel umgebenden Flachwassergebiete könnten noch Zeugnis für diese Annahme ablegen. Diese Flachwassergebiete fallen bei Niedrigwasser trocken und steigen als Sandbänke aus dem Bodden auf. Dann sind Heerscharen von Seevögeln in den Flachwasserbereichen anzutreffen, die hier das reichhaltige Nahrungsangebot nutzen.

Die Steilküste von Ruden bietet die Heimstatt für ganze Schwärme von Kormoranen (Phalacrocorax carbo), die längst zur Konkurrenz für die örtlichen Fischer geworden sind, deren Zahl ohnehin schon stark zurückgegangen ist.

DIE OSTSEEKÜSTE MECKLENBURG-VORPOMMERNS

Der Fremdenverkehr setzte auf Usedom – wie auch an anderen Stellen der Ostseeküste – im 19. Jahrhundert ein und hat den Charakter der Insel seither stark geprägt. 1876 wurde sogar ein Abzweig von der Bahnlinie Berlin-Stralsund von Anklam nach Ahlbeck/Swinemünde gebaut, die dann weiter küstenparallel nach Wolgast führte.

zu Mecklenburg-Vorpommern, ihr östlicher Teil zu Polen. Erreichbar ist Usedom auf dem Landweg über zwei Brückenverbindungen bei Wolgast und Anklam.

Gesäumt von einem Misch- und Nadelwaldstreifen zieht sich Usedoms Ostseestrand über fast die gesamte Küstenlänge hin, dahinter breitet sich das Achterwasser als Bodden aus. Im Osten sind es zwei idyllische Seen, der Gothensee und der Schmollensee. Das Hinterland ist im Norden eher flach, im Süden dagegen hügelig, hier wechseln sich Wälder und Moore ab. Die dem Festland zugewandte Küste, die dem Peenestrom im Westen und dem Stettiner Haff im Osten zugewandt ist, zeigt sich als überflutetes Jungmoränenland mit von Schilf bewachsenen und zerlappten Buchten.

Geologisch gesehen besteht die Insel Usedom aus einem Endmoränenbogen, der sich in der östlichen Nachbarinsel Wollin fortsetzt. An der Stirn der Moräne bildete Schmelzwasser in der Nacheiszeit die Grundlage für das heutige Stettiner Haff. Strömung, steigender Ostseespiegel und Wind ließen eine Ausgleichsküste entstehen, die sich heute in dem lang gezogenen Sandstrand von Usedom manifestiert. Usedom ist besonders reich an Findlingen, wie sie während der Eiszeiten über den gesamten norddeutschen Raum abgelagert wurden.

Vor und im Zweiten Weltkrieg bestimmte die 1936 gegründete Heeresversuchsanstalt Peenemünde mit ihren Flugzeug- und Raketenentwicklungen das Geschehen auf Usedom. Nach dem Zweiten Weltkrieg setzte der Fremdenverkehr auf der Insel wieder ein. Die letzten privaten Pensionen wurden 1953 enteignet, Volkseigene Betriebe aus der ganzen DDR, der Feriendienst des Freien Deutschen Gewerkschaftsbundes und andere staatliche Institutionen der DDR übernahmen die Einrichtungen. Nach der Wende blühte der Fremdenverkehr erneut auf. Die Ostseebäder Karlshagen, Trassenheide, Zinnowitz, Zempin, Koserow, Kölpinsee und Ückeritz sowie vor allem die drei „Kaiserbäder" Heringsdorf, Bansin und Ahlbeck erstrahlen seither mit ihrer Bäderarchitektur und den Seebrücken in neuem Glanz.

DIE NORDDEUTSCHE TIEFEBENE

Das Weser-Ems-Gebiet

Vorangehende Doppelseite: Morgendämmerung im Biosphärenreservat Mittlere Elbe, Sachsen-Anhalt.

Linke Seite: Wiedervernässte Moorfläche bei Haren im Emsland.

EMSLAND

Die geographische Region Emsland reicht von der Weser-Ems-Marsch im Norden bis zum Weserbergland im Süden, vom Oldenburger Land und der Diepholzer Geestplatte im Osten bis zum Honsrug im Westen – greift also weit auf niederländisches Gebiet über. Insgesamt ist die geografische Region am Mittellauf der Ems weit größer als der eigentliche Landkreis Emsland. Faktisch kommt die Grafschaft Bensheim hinzu, die beide zusammen das Hannoversche Emsland bilden, sowie auch noch der Kreis Steinfurt, der gern als westfälisches Emsland bezeichnet wird.

Erdgeschichtlich gesehen ist das Emsland Altmoränenland der Norddeutschen Geest, deren Geestplatten am Beginn der Riß-Eiszeit vor etwa 250 000 Jahren modelliert wurden. Die eigentliche Emsniederung wird auf weiten Strecken westwärts von einer breiten Moorniederung begleitet, deren bekanntester Teil das Bourtanger Moor (siehe Kasten Seite 73) ist, das sich bis hin zur niederländischen Grenze erstreckt. Ostwärts der Ems sind die Sanderflächen des Hümlings, dessen Name sprachgeschichtlich „unfruchtbares Land" bedeutet, mit Heide bedeckt. Der Hümling gilt neben der Lüneburger Heide als das zweite große Heidegebiet Norddeutschlands. Weitere Wald-Heideflächen bietet die südlich des Emszuflusses der Hase gelegene Lingener Höhe.

OSTFRIESLAND

Ostfriesland erstreckt sich zwischen Dollart und Jadebusen, im Norden begrenzt durch den Küstensaum, im Süden durch die Alt-

DIE NORDDEUTSCHE TIEFEBENE

Die Besiedlung setzte im Emsland wie in anderen Teilen Norddeutschlands mit dem Ende der letzten Eiszeit ein. Die Menschen lebten zunächst als Jäger und Sammler, der Ackerbau breitete sich etwa ab 4000 v. Chr. aus. Seit 3500 v.Chr. errichteten die frühen Bewohner dieser Region großartige Megalithanlagen aus eiszeitlichen Findlingen in Form von Hünengräbern.

moränenplatte des Ammerlandes. Der flache ostfriesische Geestrücken erreicht nur Höhen von kaum mehr als 20 Meter und wird von zahlreichen Bächen in schmale Rippen geteilt. Im Zuge des Ansteigens des Nordseespiegels und der Absenkung des Landes seit der Zeitenwende wurde das Land durch Überflutung der Marsch und die Vernässung der Geest für die Menschen immer unwirtlicher, siedeln konnten sie nur in höher gelegenen Geestgebieten, im Tiefland dagegen nur auf Warften. Vor etwa tausend Jahren änderte sich die Situation in dem Maße, wie die beginnende Eindeichung voranschritt. Doch mit der Eindeichung alleine war es nicht getan, denn das Land musste auch entwässert werden, wozu die Ostfriesen, beeinflusst durch die Entwicklung in den Niederlanden, die sogenannte Fehnkultur entwickelten.

Das Wort „Fehn" (holländisch = *veen*) bedeutet Moor oder Sumpfgebiet. Mit dieser Kultivierungsform wurden seit dem 17. Jahrhundert Moore urbar gemacht. Dazu legte man zuerst das Moor trocken und trug es dann ab, um Platz für Haus, Äcker und Weiden zu schaffen. Zur Trockenlegung wurde zunächst ein Hauptkanal angelegt, der Anschluss an einen der ostfriesischen Flüsse hatte, sodass für einen natürlichen Ablauf des Wassers gesorgt war. Vom Hauptkanal aus zweigte ein Netz von Gräben ab, die sogenannten Wieken. Waren die Flächen einigermaßen entwässert, musste die obere Torfschicht, der nasse Weißtorf, zunächst abgetragen werden, um den darunterliegenden Schwarztorf stechen zu können. Dieser wurde, nachdem er getrocknet war, mit Torfschiffen, den Mutten, Poggen oder Tjalken, als Brenn- und Heizmaterial verkauft. Auf dem Rückweg nahmen die „Fehnkolonisten" auf ihren Schiffen Schlick aus den Flüssen mit. Diesen breiteten sie zum Trocknen auf den abgetorften Moorböden aus, ließen ihn einen Winter lang durchfrieren und durchmischten ihn im darauffolgenden Jahr mit der Bunkerde, der oberen Bodenschicht, und mit Weißtorf zur anschließenden landwirtschaftlichen Nutzung.

Der Dollart

Beim Dollart handelt es sich um eine etwa 100 Quadratkilometer große Meeresbucht, die im 13. und 14. Jahrhundert durch mehrere große Nordseesturmfluten entstanden ist, die auch zahlreiche Dörfer und auch einige Klöster untergehen ließen. Bis zum 16. Jahrhundert breitete sich der Dollart immer weiter aus, erst durch zahlreiche Eindeichungen der folgenden Jahrhunderte konnte Land zurückgewonnen werden, wobei die verschiedenen Eindeichungsabschnitte an den heute noch deutlich erkennbaren Deichlinien nachzuvollziehen sind. Auf diese Weise wurde der Dollart wieder auf etwa ein Drittel der Fläche seiner größten Ausdehnung verkleinert.

Heute breitet sich der Dollart als Trichtermündung der Ems aus, begrenzt Ostfriesland nach Südwesten und wird von der deutsch-niederländischen Grenze durchzogen. Solche auch Ästuar genannten Mündungsformen entstehen, wenn an Gezeitenküsten eine

DAS BOURTANGER MOOR

EINST DIE GRÖSSTE ZUSAMMENHÄNGENDE MOORFLÄCHE MITTELEUROPAS

Im Bourtanger Moor wurde eine Reihe von Moorleichen gefunden, die bekannteste darunter ist der Rote Franz. Die Moorleiche aus dem 2. Jahrhundert v. Chr., die im Jahr 1900 von einem Torfstecherjungen gefunden wurde, ist möglicherweise Opfer eines Raubüberfalls geworden. Ihren Spitznamen erhielt die Leiche wegen ihrer im Moor rot gefärbten Haare.

Das Bourtanger Moor, das nach der niederländischen Festung Bourtange benannt ist, erstreckt sich westlich der Ems im deutsch-niederländischen Grenzgebiet. Bis in die 1950er-Jahre war diese in Nord-Süd-Ausrichtung 40 Kilometer lange und bis zu 15 Kilometer breite Moorfläche zu weiten Teilen noch relativ unberührt. Erst als es nach dem Zweiten Weltkrieg darum ging, den Vertriebenen aus den ehemaligen Ostgebieten neue Landflächen zur Verfügung zu stellen, wurde im Rahmen des sogenannten Emslandplans fast das gesamte Moor entwässert und es entstanden sogenannte Moorkolonien. Heute ist von dem einstigen Moor nur eine Restfläche von etwa 200 Quadratkilometern geblieben, von der inzwischen Teile unter Naturschutz stehen.

Das Mosaik der heute noch bestehenden Restflächen des Bourtanger Moors wird im deutsch-niederländischen Naturpark Bourtanger Moor–Bargerveen zusammengefasst. Sein Spektrum reicht von ursprünglichen und renaturierten Hochmoorgebieten mit ihren schützenswerten und vom Aussterben bedrohten Tier- und Pflanzenarten über Sand- und Heideflächen sowie Torfabbauflächen bis hin zu wertvollen, stark von den Menschen beeinflussten Kulturlandschaften. Die Weite der Landschaft sowie die lang gestreckten Siedlungen und Kanäle, die für das Moor so typisch sind, fallen dabei besonders ins Auge.

DIE NORDDEUTSCHE TIEFEBENE

Am Rand der Kanäle und Wiecken errichteten die Neusiedler typische Fehnsiedlungshäuser. Der Ort Großefehn gilt als die erste Fehnsiedlung, die seit 1633 von Emdener Bürgern nach holländischem Vorbild angelegt wurde. An vielen Stellen Ostfrieslands ist der ursprüngliche Charakter der Fehnkolonien noch erhalten. Geblieben sind die Zeugen aus der Zeit der Moorkolonisierung wie etwa Fehnkanäle, Schleusen, Klappbrücken und Windmühlen und nicht zuletzt die schönen alten Backsteinkirchen.

Flussmündung durch die Tidenströme offen gehalten wird und die Materialführung und -aufschüttung des Flusses geringer als die abtragende Wirkung von Ebbe und Flut ist.

Große Flächen sowohl des niederländischen als auch des deutschen Teils des Dollarts stehen unter Naturschutz. Insbesondere die Salzwiesen stellen ein außergewöhnliches Biotop mit reichhaltigem Leben dar. Ständig wechselt der Salzgehalt des Wassers, große Teile fallen bei Ebbe trocken – ein idealer Rastplatz vor allem für Zugvögel.

STADER GEEST

Die typische von Mooren durchsetzte Geestlandschaft Norddeutschlands setzt sich östlich von Ostfriesland jenseits der Weserniederung in der Stader Geest fort. Diese Landschaft umfasst das Elbe-Weser-Dreieck zwischen Cuxhaven im Norden, Bremen im Westen und Hamburg im Osten – im Norden begrenzt durch die Weser- und Elbmarschen, im Süden durch die Lüneburger Heide.

Charakteristisch sind die flachwelligen Grundmoränengebiete der Wesermündung, der Zevener und Achim-Verdener Geest sowie die moorreichen Flussniederungen von Hamme, Oste und Wümme, wobei die nordwestlichen Ausläufer der Wesermünder Geest bei Cuxhaven sogar mit einer Steilküste und maritim geprägten Wäldern und Heiden aufwarten. Im Landschaftsbild dieser relativ dünn besiedelten Landschaft zeigt sich dabei ein kleinräumiger Wechsel von Acker-, Grünland-, Wald- und Feuchtgebieten. Einige der Hochmoore und nährstoffarmen Seen zählen gar zu den wertvollsten Beständen dieser Ökosystemtypen in Niedersachsen, das größte darunter ist das Teufelsmoor. Das Teufelsmoor breitet sich als tief liegendes Feuchtgebiet zwischen Bremen im Sü-

DAS WESER-EMS-GEBIET

den, Bremervörde im Norden, der Tarmstedter Geest und Fischerhude im Osten sowie der Osterholzer Geest im Westen aus. Mit dem Teufel allerdings hat es nichts zu schaffen, so sehr die ursprüngliche Landschaft diesen Bezug auch glaubwürdig erscheinen lässt. Das flache Land, ein einstiges, von der Hamme entwässertes Schmelzwassertal, war „doves", unfruchtbares Land, das ab Mitte des 18. Jahrhunderts systematisch kultiviert wurde. Angesichts der harten Arbeit für die Menschen und ihrer Armut blieb es nicht aus, dass im allgemeinen Sprachgebrauch aus dem „dove Moor" das Düvelsmoor wurde.

Charakteristisch für das landschaftliche Erscheinungsbild des Teufelsmoors sind die stillen Kanäle, die einst der Entwässerung und dem Transport dienten. Große Teile liegen unter dem Meeresspiegel, sodass das Land nur durch Deiche, Sperr- und Pumpwerke trocken gehalten werden kann. So ist die Ursprünglichkeit des Teufelsmoores heute nur noch auf kleinen, unter Schutz gestellten Flächen zu sehen.

DAS OLDENBURGER LAND

Weit reicht der Blick in diesem wellig strukturierten, stark von der Landwirtschaft geprägten Land, durch das sich nur wenige Höhenzüge ziehen. Als geografische Einheit erstreckt sich das Oldenburger Land zwischen dem Emsland und dem Unterlauf der Weser. Im Süden wird es durch die Mittelgebirgsschwelle begrenzt, die hier aus dem in das Tiefland hineinragenden Wiehengebirge und dem Teutoburger Wald besteht. Nordwärts reicht die Region bis an den Jadebusen (siehe Kasten Seite 76) heran.

Einen besonderen Landschaftsaspekt des Oldenburger Landes bietet das Ammerland mit dem Zwischenahner Meer. Interessant ist die Entstehung dieses drittgrößten natürlichen niedersächsischen Gewässers als sogenannter Erdfallsee. Das Zwischenahner Meer befindet sich über einem Salzstock aus der Zeit, als das heutige Deutschland vor rund 250 Millionen Jahren – im Erdzeitalter des Perms – noch mit einem Meer bedeckt war. Grundwasser führte viel später zu einem Absenken dieses Salzstocks und in der Folge zum Einsturz der Deckschicht. Die so entstandene Mulde füllte sich am Ende der letzten Eiszeit vor 12 000 Jahren mit Wasser zum Zwischenahner Meer.

Südlich breitet sich der 1500 Quadratkilometer große Naturpark Wildeshauser Geest aus. Hier wird das Landschaftsbild von großen Wäldern geprägt, die sich immer wieder mit Moor- und Heideflächen abwechseln. Einge-

Kraniche (Grus grus) über den abgeernteten Maisfeldern in den Weiten des Teufelsmoors. Auf ihrem Zug in den Süden finden sie hier ausreichend Nahrung, um sich Kraftreserven für ihre weite Reise in die Überwinterung anzufressen.

DER JADEBUSEN

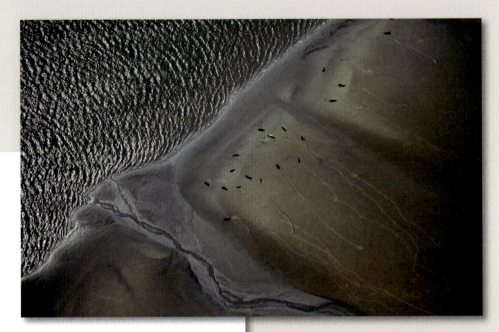

Zwischen Ostfriesland und der Wesermündung hat sich aus dem Nordseezufluss der Jade im Lauf der Jahrhunderte eine tiefe Meereseinbuchtung ergeben: Der Jadebusen entstand seit dem 12. Jahrhundert durch Deichbrüche bei Sturmfluten. Heute ist die Jade ein 22 Kilometer langer Fluss, der aus mehreren Quellbächen bei Rastede entsteht und nordwärts zum Jadebusen fließt, in den er östlich von Varel mündet.

Ursächlich für die Bildung des heute 190 Quadratkilometer großen Jadebusens sind einerseits der Meeresspiegelanstieg und andererseits menschliche Eingriffe, vor allem der Torfabbau. Den ersten Einbruch verursachte die Julianaflut des Jahres 1164, weitere Durchbrüche erfolgte mit der Clemensflut 1334 zur Weser und mit der Marcellusflut 1362, die Butjadingen für Jahrhunderte zur Insel werden ließ. Seine größte Ausdehnung erreichte der Jadebusen Anfang des 16. Jahrhunderts, seither haben Deichbaumaßnahmen die Meeresbucht auf ihre heutige Größe beschränkt. Bis auf einen zwei Kilometer langen Geestkliff bei Dangast ist der Jadebusen derzeit von einem 55 Kilometer langen Deich umgeben.

Der preußische Staat begann Mitte des 19. Jahrhunderts Gelände am Westufer des Jadebusens aufzukaufen und gründete dort den Kriegshafen Wilhelmshaven. Der durchschnittliche Tidenhub von 3,5 Metern hält das Jadefahrwasser zur Nordsee frei, ein einmal ausgebaggertes Fahrwasser spült sich weitgehend selbst frei. So können auch tiefgehende Schiffe einlaufen.

Trotz aller menschlichen Eingriffe ist der Jadebusen noch durch große naturnahe Areale gekennzeichnet. Vor allem die Wattflächen – immerhin reduziert sich die Wasserfläche bei Ebbe auf 45 Quadratkilometer – sind einzigartige Lebensräume. Dazu kommen Salzwiesen, Moore und Feuchtwiesen im Umland. Die Außenwattflächen bis zum Großen Knechtsand bieten Mauserplätze für Brandenten, die sich zu Zehntausenden aus ganz Europa im Sommer hier einfinden.

bettet in die Landschaft sind Äcker und Weiden, die oft durch Wallhecken abgeschirmt sind. Wichtigstes Gewässer der Region ist die Hunte, die im Wiehengebirge entspringt, durch Wildeshausen und Oldenburg fließt und dann in die Weser mündet. Auch in der Wildeshauser Geest findet man Großsteingräber aus der Jungsteinzeit. Am bekanntesten ist hier die Visbeker Braut, westlich von Wildeshausen gelegen. Sagenhaft in Verbindung gebracht wird dieses Großsteingrab mit einem weiter westlich gelegenen, Visbeker Bräutigam genannten Hünengrab aus 170 Findlingsblöcken, die in einer Länge von 104 Metern und einer Breite von acht bis neun Metern aufgestellt wurden.

Im südlichen Oldenburger Land breiten sich die Endmoränenstaffeln der Ankumer Höhe, der Dammer Bergen und der Kellenberg als eiszeitliche Höhenzüge aus, die im Zuge der

Saale-Kaltzeit vor 230 000 Jahren vorgeschoben wurden. Der Signalberg in den Dammer Bergen erreicht sogar eine Höhe von 145 Metern. In einer Mulde eingebettet liegt der Dümmer, Niedersachsens zweitgrößter See.

Der Dümmersee

Der Dümmer ist ein flacher See von 14 Quadratkilometern Fläche und einer etwas größeren Verlandungszone. Der am Ende der Weichsel-Eiszeit, der letzten Eiszeit vor rund 12 000 Jahren, entstandene, nur rund anderthalb Meter tiefe See, wird von der Hunte in ihrem Oberlauf gespeist. Neben dem Hunte-Zufluss sorgen unterirdische Quellen für einen konstanten Wasserstand, gelegentlich kamen aber auch Überschwemmungen vor. Die Eindeichung des Dümmers in den 1940er-Jahren führte allerdings zur Eutrophierung (Überdüngung), zur Sanierung wurden in den Folgejahrzehnten Schleusen eingebaut.

DIE WESERNIEDERUNG

Die Ostgrenze des Weser-Ems-Gebietes wird von der Weserniederung eingenommen, die sich aus der Mittelweser und Unterweser zusammensetzt. Letztere setzt aus geografischer Sicht an der Porta Westfalica ein und reicht flussabwärts über Petershagen, Nienburg, Verden und Achim bis vor die Tore Bremens, wo die Unterweser beginnt. Offiziell stellt das Weserwehr von Bremen-Hastedt bei Flusskilometer 362,3 den Übergang dar. Etwa auf der Höhe von Hoja – auf halber Strecke der Mittelweser – tritt der Fluss in das Urstromtal ein, das aus der vorletzten Eiszeit vor 130 000 Jahren stammt und von Breslau über Magdeburg bis Bremen reicht. Hier mündet auch die Aller bei Verden in die Weser – und hier liegt ihr durchschnittlicher Pegelstand nur noch bei knapp fünf Meter über dem Meeresspiegel. Ab hier geht die Weser ohne klare geografische Abgrenzung in die Wesermarsch über.

Das mittlere Wesertal ist kein Tal im eigentlichen Sinn, nur wenige Hänge begrenzen in diesem Abschnitt die Weserniederung, die durch Auen- und Terrassenflächen gekennzeichnet ist. Hier erreicht die Talaue der Weser eine Breite von bis zu 20 Kilometern. Insgesamt wird die Mittelweser durch sieben Staustufen reguliert, der Fluss in diesen Abschnitten durch Schleusenkanäle abgekürzt.

Von Bremen an geht die Unterweser in ihren Mündungstrichter über, begleitet von den Wesermarschen. Das Gelände wird aus Schlick- und Sandablagerungen der Nordsee aufgebaut, die selten höher als einen Meter über dem Meeresspiegel liegen. Uferwälle am Flusslauf der Weser ermöglichten schon früh die Anlage von Siedlungen wie etwa Elsfleth und Brake. Seitlich werden die Wesermarschen durch Geestflächen begrenzt. Der landschaftliche Eindruck der Marschen wird durch Gräben bestimmt, die das weite Grünland durchziehen – hier wird fast ausschließlich Weidewirtschaft betrieben.

Nordwestlich der Huntemündung gibt es keine natürliche Erhebung mehr zwischen Weser und Jadebusen. Ganz im Norden breitet sich der Landstrich von Butjadingen kaum mehr als einen Meter über dem Meeresspiegel aus und zeigt die typische Landentwicklung an der Nordseeküste – hier haben die mittelalterlicher Sturmfluten getobt und das Gelände zeitweise als Insel vom Festland getrennt, die erst durch Eindeichungen der jüngeren Vergangenheit wieder an das Festland angebunden wurde.

Die Westfälische Bucht

Im Westen des Kernmünsterlands liegen die Baumberge (Bild) mit der 188 Meter hohen Kuppe des Westerbergs inmitten einer relativ ebenen und waldfreien Hochfläche mit gelegentlich stärker abfallenden, bewaldeten Rändern. Diese Hochfläche ist wegen ihrer Wasserarmut ohne geschlossene Besiedlung.

Die Bezeichnung „Falen" leitet sich aus dem altnordischen Wort falah ab, was soviel wie flaches, niedriges Feld oder Land bedeutet, „Westfalen" ist also das flache Westland. Das Gebiet der Westfälischen Bucht, das sich weitgehend mit dem Münsterland deckt, greift als Mulde der Norddeutschen Tiefebene weit nach Süden in das Mittelgebirge hinein. Die Westfälische Bucht grenzt sich nach Westen zur Westfriesischen Geest der Niederlande und nach Norden zum Emsland ab, geht im Osten in den Teutoburger Wald und das Eggegebirge über und reicht im Süden bis zur Randsenke des Rheinischen Schiefergebirges, unter der sich die Kohleflöze des Ruhrkarbons ausbreiten.

Untergliedert wird die Westfälische Bucht in das Kernmünsterland, das Ostmünsterland, das Westmünsterland, das Emscherland und die sanft nach Süden ansteigenden Hellwegbörden. Der Kern der Westfälischen Bucht besteht aus Kleiböden, die aus sandig durchmischten Ablagerungen stammen, als sich hier in erdgeschichtlicher Vergangenheit noch ein Meer ausbreitete. Deshalb bezeichnet man das Kernmünsterland auch gern als Kleimünsterland. Um das Kleimünsterland gruppieren sich nach Norden, Osten und Westen eher sandige Böden, während in der südlich angrenzenden Hellwegzone Lössablagerungen vorherrschen. Das Kernmünsterland bildet mit der Hauptstadt Münster das politisch-kulturelle Zentrum der Westfälischen Bucht. Begrenzt wird das Kernmünsterland durch die Ems im Norden und die Lippe im Süden. Im Westen erheben sich die Baumberge, im Südosten erstreckt sich der Höhenzug der Beckumer Berge, die sich wie ein offenes Hufeisen um die Stadt Beckum ziehen.

SCHLOSSLAND MÜNSTERLAND

Das Münsterland ist – neben der Pferdezucht – vor allem für seine vielen Burgen, Schlösser und Herrensitze bekannt, wobei gerade die Wasserburgen typisch für das flache Landschaftsbild sind und die Region zu einem attraktiven touristischen Ziel machen. Mindestens einhundert dieser ehrwürdigen Gebäude gibt es im Münsterland, von denen einige über einen ebenso sehenswerten Park verfügen. Viele dieser Bauten wurden durch den Münsteraner Barockbaumeister Johann Conrad Schlaun (1695–1773) erbaut oder entsprechend umgestaltet. Abseits der verkehrsreichen Straßen verbindet die 100-Schlösser-Route als Radweg durch die grüne Parklandschaft des Münsterlandes mit ihren Wiesen, Weiden und Pferdekoppeln, Wäldern und Wallhecken diese historischen Adelssitze miteinander. Der berühmteste Adelssitz im Münsterland ist das Barockschloss Nordkirchen. Wegen seiner Ausmaße wird es auch gern als das „Westfälische Versailles" bezeichnet. Um das Schloss breitet sich der 170 Hektar große Schlosspark aus, dessen barocke Grundkonzeption mit doppelten Wassergräben, einer Insel und vielen Skulpturen noch erhalten ist.

Als Wahrzeichen der Stadt und in ihrem Zentrum liegt Schloss Ahaus als ehemalige Jagdresidenz der Fürstbischöfe. Eindrucksvoll ist die Wasserburg Anholt in Isselburg mit dem mächtigen Turm aus dem 12. Jahrhundert als charakteristischem Bauelement. Angrenzend an die Wasserburg befindet sich der herrliche Schlosspark mit einer Nachbildung des Vierwaldstätter Sees und verschiedenen Tiergehegen. Das Wasserschloss Hülshoff stellt sich bis heute als geschlossene Renaissanceanlage mit hohen Dreistaffelgiebeln dar. Die Anlage wurde 1417 von den Vorfahren der Dichterin Anette von Droste-Hülshoff erworben. Zur Anlage gehört ein weiträumiger, gepflegter, nach alten Plänen neu gestalteter Park. Das Wasserschloss Raesfeld ist besonders gelungen in das Ortsbild integriert. Auf der Vorderseite schmiegen sich kleine Gebäude an die Außenmauern des Schlosses, während sich auf seiner Rückseite der historische Tiergarten erstreckt. Mit einer Höhe von 52,5 Metern hat das Schloss Raesfeld den höchsten Turm aller Schlösser in Westfalen. Das Schloss Steinfurt

Das „Westfälische Versailles": Schloss Nordkirchen. Dieser größte Schlossbau der gesamten Region wurde zu Beginn des 18. Jahrhunderts vom Fürstbischof von Plettenberg errichtet.

weist mit seiner sehr speziellen halbrunden Anordnung Elemente der Romanik, des Rokoko und des Klassizismus auf. Nicht zuletzt sei auch die Surenburg im Tecklenburger Land erwähnt. Das Wasserschloss ist Sitz des ehemaligen Bauernpräsidenten Constantin Freiherr Heeremann von Zuydtwyck. Die Anlage geht auf das 14. Jahrhundert zurück. Der Französische Garten entstand im Jahr 1752. 1808 riss man die Vorburg ab und schüttete den Graben zur eigentlichen Burg zu.

Die Wasserburg Vischering wurde 1521 nach einem Brand auf den alten Grundmauern im Stil der Renaissance wieder errichtet. Der wehrhafte Charakter der Burg blieb erhalten, die Ausgestaltung der Räume und der Anbau eines prachtvollen Saales spiegeln jedoch das Bedürfnis nach höherer Wohnqualität wider. Heute beherbergt die Burg das Münsterland Museum. (oben)

Reliefplatte von Schloss Hülshoff. (links)

DIE NORDDEUTSCHE TIEFEBENE

Aalfänger am Weserbogen bei Schlüsselburg.

Das Landschaftsbild des Westmünsterlandes ist geprägt von eiszeitlichen Schmelzwassersanden mit Flugsanddünen. Ausgedehnte Niederungen durchziehen das Westmünsterland, zu denen das Schwarze und Weiße Venn sowie das Merfelder Bruch (siehe Kasten rechts) gehören. Die Niederungen und die Lippetalung sind mit Talsanden gefüllt. Das Gebiet erstreckt sich im Süden über die Lippe hinaus, im Westen entwässert es zum Ijsselmeer. Im Norden reicht das Gebiet bis Bad Bentheim, das schon zu Niedersachsen zählt, und im Südosten bis zu den Höhenzügen der Hohen Mark und der Haltener Berge. Zentraler Bestandteil der Haltener Berge ist die Haard, eine Hügellandschaft aus Sandstein im Naturpark Hohe Mark, das größte, auch nahezu unbesiedelte Waldareal im Norden des Ruhrgebietes. Nördlich liegt der Halterer See, ein beliebtes Freizeitrevier, obwohl es sich um eine Trinkwassertalsperre handelt. Ihr Wasser wird aber nicht direkt, sondern als versickertes und gefiltertes Grundwasser gewonnnen.

Das Ostmünsterland reicht bis an den Teutoburger Wald heran. Hier breiten sich überwiegend sandige Flächen an den Oberläufen von Ems und Lippe aus. Die typischste Landschaft wird hier von der Senne gebildet. Es handelt sich dabei um die bedeutendste zusammenhängende Heidelandschaft in Nordrhein-Westfalen mit Heiden, Magerrasen mit Dünenzügen, Feuchtheiden, Vermoorungen, Weihern und gelegentlichen Waldbeständen. Im Übergang zwischen der eigentlichen Westfälischen Bucht und der Hellwegzone liegt das Emscherland. Wie der Name sagt, nimmt die Region große Teile des Einzugsgebietes der Emscher ein, die bei Holzwickede entspringt und bei Dinslaken in den Rhein mündet. Einst war sie ein stark mäandrierender Fluss in einem bis zu fünf Kilometer breiten Tal, an dessen Hängen im

WILDPFERDE IM MÜNSTERLAND
DAS MERFELDER BRUCH

Die Meerfelder Niederung westlich von Dülmen fällt nach Südosten hin ab. Kuppen ragen aus ihr heraus, die höchste ist der Hünsberg bei Stevede, der sich 106 Meter über den Meeresspiegel erhebt. Den Untergrund bilden eiszeitliche Sande und nacheiszeitliche Ablagerungen. Früher gab es hier zahlreiche Moore, die bis auf das Weiße Venn weitgehend abgetorft sind und heute der Weidewirtschaft dienen. Eingebettet in diese Bruchlandschaften sind Nadelholzparzellen.

Im Merfelder Bruch lebt schon seit hunderten von Jahren die einzige Wildpferdeherde Europas in freier Wildbahn. Der erste urkundliche Hinweis auf die Wildpferde bei Dülmen datiert aus dem Jahr 1316, als sich der Herr von Merfeldt die Fangrechte an den Tieren in seinem Einflussgebiet sicherte.

Mit der Intensivierung der Landwirtschaft ging der Bestand dieser eigenständigen deutschen Kleinpferderasse zurück, die heute vom Aussterben bedroht ist. Dass die Dülmener Pferde bis heute überleben konnten, verdanken sie Herzog Alfred von Croÿ (1789–1861), der 1847 das Wildgestüt als Reservat eingerichtet hat.

Das Wildpferdereservat umfasst inzwischen eine Fläche von 350 Hektar. Aus den ursprünglich nur noch 20 Dülmener Pferden ist eine Herde von 300 Wildlingen geworden. Als frei lebende Pferde sind sie das ganze Jahr über draußen und können sich vor der Witterung nur in die Waldareale des Reservats zurückziehen. Zugefüttert wird nur in den Wintermonaten bei starkem Schneefall. Die Tiere werden weder beschlagen noch tierärztlich betreut.

VOGELSCHUTZGEBIET VON EUROPÄISCHEM RANG

DAS ZWILLBROCKER VENN

Im Zwillbrocker Venn findet man auch das nördlichste Flamingobrutgebiet Europas mit mittlerweile über 40 Rosa- und Chile-Flamingos (Phoenicopterus chilensis – *im Bild ein Jungvogel), die Westfalen einen Hauch von Mittelmeerexotik verleihen.*

Das Zwillbrocker Venn erstreckt sich beim Vredener Ortsteil Zwillbrock nahe der niederländischen Grenze. Das Zwillbrocker Venn aus Wald, Moor und Feuchtwiesen hat sich aus einem abgetorften Moor entwickelt. Verblieben ist ein flacher See, dessen Umfeld die Menschen schon früh bewohnten – Siedlungsfunde weisen in die Altsteinzeit vor 10 000 Jahren zurück. Heute ist das Zwillbrocker Venn in mehrfacher Hinsicht eine Attraktion. Über 100 Vogelarten sind hier zuhause. Der Steinkauz ist in der Parklandschaft nicht selten, dazu gibt es den Großen Brachvogel, die Uferschnepfe, den Rotschenkel und Ziegenmelker. Jahr für Jahr dient der Flachwassersee der größten binnenländischen Lachmöwenkolonie mit 16 000 Tieren als Brutrevier.

Die das trockene Areal der Senne durchlaufenden Bäche bilden Feuchtwiesen und werden von Gehölzen gerahmt, in denen eine Vielzahl gefährdeter Tier- und Pflanzenarten vorkommen.

Mittelalter sogar Wein angebaut wurde. Mit dem beginnenden Bergbau wurde der zunehmende Wasserbedarf durch die Ruhr und Lippe gedeckt, die Abwässer flossen in die Emscher, die auf diese Weise zur Kloake verkam. Geländeabsenkungen durch den Bergbau senkten das Flussbett der Emscher ab, durch Überschwemmungen stieg die Seuchengefahr.

Bereits seit 1900 wird an der Emscher Abwasserreinigung betrieben, dazu regulierte man zunächst den Flusslauf und verlegte die Mündung von Alsum nach Dinslaken. Nach dem Zweiten Weltkrieg setzten die Bemühungen zur Renaturierung der Emscher ein. Im Jahr 2009 konnte das erste Teilstück der renaturierten Emscher bei Dortmund-Hörde geflutet werden, nachdem sie dort über 100 Jahre unterirdisch unter der Hermannshütte, einem ehemaligen Walzwerk, verlaufen war. Auf dem Areal des abgerissenen Walzwerks wird der Phoenix-See als neues Naherholungsgebiet aufgestaut.

Der südliche Abschluss der Westfälischen Bucht wird von der schmalen Zone der Hellwegbörden gebildet. Diese sehr fruchtbaren, von nacheiszeitlich angewehtem Löss bedeckten Börden erstrecken sich von der Soester Börde beiderseits des Hellwegs im Osten bis zur Lippe und Duisburg im Westen. Die hier entlang des Hellwegs liegenden Städte bildeten im Mittelalter die zentrale Ost-West-Achse Westfalen, nach Westen hin wurde die Börde im Zuge des beginnenden Industriezeitalters von den Ruhrgebietsstädten überbaut.

DEUTSCHLANDS GRÖSSTER BALLUNGSRAUM
DAS RUHRGEBIET

Das Ruhrgebiet erstreckt sich in der westlichen Hellwegzone im Übergang der Großlandschaften der Westfälischen Bucht und der Niederrheinischen Tiefebene zum Rheinischen Schiefergebirge. Im Norden reicht das Gebiet bis fast an die Lippe heran, durch das Zentrum fließt die Emscher, den Südabschluss bildet die Namen gebende Ruhr, die hier schon die Ausläufer des Bergischen Landes durchquert. In der Ost-West-Ausdehnung misst das Ruhrgebiet an die 100 Kilometer, in der Nord-Südausdehnung über 50 Kilometer. Dabei hat sich der Ballungsraum im Ruhrgebiet nicht monozentrisch wie andere Ballungsräume Europas, zum Beispiel London, Paris oder Berlin, entwickelt, sondern setzt sich aus einzeln gewachsenen Stadtkernen zusammen. Die Übergänge zwischen den einzelnen Städten sind nicht immer ersichtlich – wenn doch, werden sie durch Wald-, Brach- und Landwirtschaftsflächen deutlich. Zwar hat sich die vom Menschen beanspruchte Fläche seit der beginnenden Industrialisierung immer weiter ausgeweitet, aber dennoch weist das Ruhrgebiet als Ganzes eine geringere Bevölkerungsdichte als die genannten monozentrischen Ballungsräume auf. Unter Einbeziehung seiner Randgebiete werden im Ruhrgebiet immer noch 40 Prozent der Fläche landwirtschaftlich genutzt, fast 20 Prozent beträgt der Waldanteil und „nur" der Rest ist neben Wasser- und Brachflächen Industrie- und Siedlungsraum.

Die Ruhr entspringt bei Arnsberg im Sauerland auf 180 Meter und mündet bei Duisburg in den Rhein auf 26 Meter Höhe. Im Oberlauf schlägt sie zunächst eine nordwestliche Richtung ein, wendet sich dann nach Westen und durchfließt anschließend eine locker mit Gehölzen bestandene Wiesen- und Weideaue mit einer tiefen Böschung an der Südseite. Bis Mülheim durchläuft der Fluss – noch windungsreich – die Ausläufer des bergisch-märkischen Hügellandes. Im weiteren Verlauf wird die Talsohle landwirtschaftlich genutzt und es gibt nur noch kleinere Baumgruppen und Hecken als Uferbepflanzung. Nach dem Austritt aus dem Bergland ist der Unterlauf der Ruhr bis zur Rheinmündung begradigt und kanalisiert.

Im Unterlauf wird die Ruhr mehrfach aufgestaut. Der Hengsteysee zwischen Dortmund und Herdecke ist vier Kilometer lang, beginnt kurz unterhalb der Lennemündung, hat eine 4,6 Meter hohe Staumauer und ein Fassungsvermögen von 3,3 Millionen Kubikmetern. Am Seebeginn erhebt sich die weithin bekannte Ruine der Hohensyburg als beliebtes Ausflugsziel. Nur knapp drei Kilometer weiter wird die Ruhr zum Harkortsee gestaut, der genau wie der Hengsteysee der Freizeitnutzung dient. Bei einer Stauhöhe von acht Metern hat er ein Fassungsvermögen von acht Millionen Kubikmetern. Am See stehen Burg Wetter und gegenüber in Hagen das Wasserschloss Werdringen mit dem weithin bekannten Museum für Ur- und Frühgeschichte. Nach einem Flussbogen folgt mit dem Kemnader See bei

Herbede der jüngste der Ruhrstauseen – er wurde erst im Jahr 1980 fertig gestellt. Bei einer Staumauer mit 2,4 Meter Höhe hat er ein Fassungsvermögen von drei Millionen Kubikmetern. An seinem heutigen Westufer befindet sich die Zeche Gibraltar, die von 1786 bis 1925 betrieben wurde. Schon damals dachte man an ein Stauwehr, doch das Vorhaben kam nicht zustande. Erst in den 1970er-Jahren konnten die Pläne dann auch mit dem Argument des Freizeitwertes konkretisiert werden. Im Jahr 2010 wurde dann zum Kemnader See noch ein Wasserkraftwerk errichtet. Der 1933 fertig gestellte Baldeneysee, zunächst bei Essen-Baldeney geplant, dann aber bei Essen-Werden südlich von Essen angesichts der Villa Hügel errichtet, ist der größte unter den Ruhrstauseen. Seine Stauhöhe beträgt acht Meter, das Fassungsvermögen anfänglich 8,3 Millionen Kubikmeter, sank durch Sedimentablagerungen auf 6,5 Millionen Kubikmeter und konnte durch Ausbaggerung 1984 wieder auf 7,6 Millionen Kubikmeter gesteigert werden. Daraus wird auch der Zweck der Errichtung des Baldeneysees deutlich – er war zur Sedimentabsetzung gedacht, die durch wasserbauliche Maßnahmen zur Industrie- und Haushaltswasserversorgung an der Ruhr immer weniger gewährleistet war. Neben seiner wirtschaftlichen Bedeutung dient der Baldeneysee vornehmlich als Naherholungsgebiet. Hier wird Wassersport betrieben, Ausflugsdampfer verkehren über den See, es gibt einen Yachthafen – und die Natur kommt nicht zu kurz. Am Heisinger Ufer liegt ein großes Vogelschutzgebiet, welches mit einem geschützten Sumpfgebiet als Brutrevier für Haubentaucher, Kormorane, Reiher und andere Vogelarten ausgewiesen ist. Sechs Kilometer unterhalb des Baldeneysees wird die Ruhr noch zum Kettwiger See aufgestaut, dessen Fassungsvermögen 1,4 Millionen Kubikmeter beträgt. Wie die anderen Seen ist auch der Kettwiger See mit einem Rückpumpwerk ausgestattet, mit dem Wasser aus dem Rhein ruhraufwärts zurück gepumpt werden kann, um die Wasserversorgung im Ruhrgebiet auch in trockenen Zeiten aufrecht erhalten zu können.

An der historischen Hellweg-Furt von Mülheim tritt die Ruhr aus den Ausläufern des Bergischen Landes heraus und in die Niederrheinische Tiefebene ein. Nach 219 Kilometer Länge mündet die Ruhr bei Duisburg-Ruhrort in den Rhein. Hier steht bei Flusskilometer 780 die 25 Meter hohe Stahlbramme des Kölner Bildhauers Lutz Frisch – Brammen sind lange Stahlblöcke, wie sie früher zum Walzen von Blechen und Bändern angefertigt wurden. Insofern dokumentiert diese Bramme ein Stück Industriegeschichte an der Ruhr.

Längst hat die Ruhr ihren Charakter als Industriefluss verloren. Weite Strecken im Revier sind renaturiert. An ihren Gestaden kann man noch die alten Strukturen des Ruhrgebiets aus geballten Siedlungen, Fördertürmen, Hochöfen und Gasometern, die heute zu Erlebnisstätten des Sports und der Kultur umfunktioniert sind, und gleichzeitig den Wechsel zwischen Wäldern, Wiesen, Auen, Burgen und Fachwerk erleben, was alles zusammen den neuen Reiz des Reviers ausmacht.
Die Ruhr im Morgennebel bei Essen. (unten)

Weltkulturerbe Zeche Zollverein, Schachtanlage 1/2/8, Essen. (links)

Die Niederrheinische Tiefebene

Wenn der Niederrhein die großen Ballungsgebiete des Ruhrgebiets passiert hat wird das Landschaftsbild agrarisch geprägt. Kopfweiden, Auen, Seen, verbliebene Altarme, Heidemoore und eingebettete Forste, durchzogen von kleinen Flüssen, formen eine abwechslungsreiche Kulturlandschaft, die sich hier beiderseits des Rheins erstreckt.

Die Niederrheinische Tiefebene schiebt sich als ein südlicher Teil der Norddeutschen Tiefebene weit in das Rheinische Schiefergebirge hinein, das hier im Südwesten von der Eifel und im Südosten vom Bergischen Land gebildet wird. Im Westen geht die Niederrheinische Bucht in die Maasniederung über, im Norden wird sie durch die Westfälische Bucht und die Westfriesische Geest begrenzt, im Süden geht sie spitz zulaufend zwischen dem Drachenfels und Rolandseck in das Mittelrheintal über. Die Landschaftsbilder der Niederrheinischen Tiefebene setzen sich aus der in die Niederlande und nach Westfalen übergehenden Niederrheinischen Bucht, der Kölner Bucht als ihrem südlichen Zipfel, der Ville, der Zülpicher Bucht und der Jülicher Bucht zusammen.

Die Niederrheinische Tiefebene bietet sich wie ein aufgeschlagenes Buch der Erdgeschichte dar. Nachdem die Plattentektonik vor über 300 Millionen Jahren die frühen Kontinente zusammenstoßen ließ, falteten sich die Variskischen Gebirge auf, von denen das Rheinische Schiefergebirge ein bis heute verbliebener Teil ist. Nördlich davon begann das Land vor etwa 240 Millionen Jahren abzusinken und die Niederrheinische Tiefebene wurde vom Meer überspült, dessen Sedimente sich im Erdzeitalter des Tertiärs bis zum beginnenden Quartär bis zu einer Dicke von mehreren hundert Metern hier ablagerten. In der Folge führten Landhebungen und -senkungen sowie Meeresspiegelhebungen und -senkungen immer wieder zur Überflutung des Gebietes. Vor etwa 30 Millionen Jahren (Oligozän) brach dann der Niederrheingraben zwischen Eifel und Bergischem Land an schon früher angelegten Bruchzonen ein, sodass das Meer bis zum heutigen Bonn vordringen konnte. Vor 20 bis 23 Millionen Jah-

Altrheinarm bei Haus Meer, Meerbusch.

ren (Miozän) begünstigten die klimatischen Verhältnisse die Moorvegetation und die Ausbildung von Torf. Schotterschichten lagerten sich auf dem Torf ab, schlossen ihn luftdicht ab und unter ihrem Druck setzte der Prozess der Inkohlung ein – es entstand Braunkohle.

In der Zwischenzeit ließen tektonische Aktivitäten in den Bruchkanten Vulkangestein an die Oberfläche kommen. Diese vulkanische Aktivität setzte im südlichsten Teil der Niederrheinischen Tiefebene vor 25 Millionen Jahren ein und bildete die Härtlingskuppen des Drachenfelser Ländchens, des Siebengebirges und des Gebietes um Siegburg aus. Im Großen Ölberg erreicht das aus Trachytgestein aufgebaute Siebengebirge mit 460 Meter Höhe seinen am weitesten aufragenden Punkt.

Das Absinken der Niederrheinischen Tiefebene zwischen dem Westrand des Bergischen Landes und dem Nordrand der Eifel geschah nicht in einem Zug, sondern in mehreren Phasen als Teil des vom Mittelmeer zur Nordsee reichenden Oberrheinischen Grabenbruchs. Als nicht abgesunkene Bruchscholle trat die Ville hervor, ein Höhenzug, der sich westlich des Rheins und östlich der Erftniederung erstreckt und in seiner Höhenentfaltung von 180 Metern im Süden auf 110 Meter im Norden abnimmt, um dann in die Niederrheinische Tiefebene überzugehen.

Seit dem späten Miozän vor 10 Millionen Jahren entstand eine Verbindung zwischen Ober- und Niederrhein, die ein Entwässerungssystem von den Alpen herbeiführte. Gleichzeitig machten sich auch erste Anzeichen der letzten Eiszeit bemerkbar, deren eigentlicher Beginn vor gut 12 Millionen Jahren mit der Vereisung der Antarktis einsetzte. Im Lauf der weiteren Jahrmillionen sank der Meeresspiegel durch zunehmende Eisbildung unter Schwankungen 100 Meter unter das heutige Niveau. Besonders mit der Schneeschmelze im Frühjahr nahm die Wasserführung der Flüsse zu, mit der große Sedimentmengen in das Tiefland gespült wurden. Unter diesen Bedingungen spaltete sich der Ur-Rhein beim Eintritt in die Niederrheinische Tiefebene in mehrere Teilströme auf, die sich weit über die Region verbreiteten und so die niederrheinischen Hauptterrassen entstehen ließen. Zur Entstehung der Hauptterrasse trug der Wechsel zwischen Kalt- und Warmzeiten des letzten Eiszeitalters mit unterschiedlichen Sedimenten und Aufschotterungen bei. In den Flachwasserzonen, wo das Wasser langsamer floss, blieb Ton zurück, wo es schneller floss, lagerten sich Sand und Kies ab. Nacheiszeitlich wehten Flugsande zu Sanddecken und Dünen auf, die Hauptterrasse blieb als Restsockel zwischen den Abflussrinnen der Bach- und Flusstäler erhalten. Gefördert wurde dieser Prozess durch eine weitere Anhebung des Rheinischen Schiefergebirges vor etwa 800 000 Jahren. Als im Zuge der vorletzten Eiszeit die Gletscherspitzen vor 240 000 Jahren bis kurz vor die heutige Stadt Düsseldorf vorstießen, hinterließen sie Geröll in Form von End- und Stauchmoränen, zu denen unter anderen der 56 Meter hohe Hülser Berg bei Krefeld sowie der 64 Meter hohe Rayer Berg und der 56 Meter hohe Dachsberg zählen. Die Ostkanten der Sanderterrassen erreichen mit der Bönninghardt, dem Wolfsberg, dem Xantener Hochwald und dem Reichswald bei Kleve sogar Höhen von bis zu 90 Metern. Im Wechsel von Warm- und Kaltphasen der Eiszeit durch fortgesetzte Bruchschollentektonik senkte sich das Bett des Rheins weiter ein und es entstand seine Mittelterrasse als wesentlich schmalerer Streifen, der in Bonn, am Südende der Kölner Bucht, nur noch zwei Kilometer breit ist. Während der letzten Kaltzeit, die durch frostig-trockenes Klima gekennzeichnet war, wehten Staubsedimente als Löss an. Diese fruchtbare Lössschicht ist in den Börden des Niederrheins ein bis zwei Meter mächtig und bildet die Grundlage für den hier bis heute betriebenen ertragreichen Ackerbau. Mit dem Ende der letzten Eiszeit vor rund 12 000 Jahren setzte die große Eisschmelze ein, bis dann um 800 n. Chr. der heutige Meeresspiegel erreicht wurde. In der Folge nahm die Wasserführung der Flüsse zu, sodass sich diese bei weiterer Landhebung tiefer in den Untergrund eingruben – so entstand die Niederterrasse des Rheins. Während die Rheinterrassen in der Kölner Bucht eine deutliche Treppung zeigen, weiten sie sich nach Norden hin aus und bilden unterhalb der Ruhrmündung weite Ebenen, aus denen sich die genannten Stauchmoränen erheben. Das erdgeschichtlich allerjüngste Rheinniveau wird als Inselterrasse bezeichnet.

Braunkohle: Segen und Fluch zugleich. Ihre Gewinnung und Nutzung als Energielieferant geht einher mit enormen Eingriffen sowohl in die Natur als auch in gewachsene soziale Strukturen – jahrhunderte alte Dörfer werden umgesiedelt, über Jahrtausende gewachsene Kulturlandschaften buchstäblich auf den Kopf gestellt.

AUF WACKELIGEM GRUND
ERDBEBEN AM NIEDERRHEIN

Die tektonische Dynamik, die ganz entscheidend zum heutigen Erscheinungsbild der Niederrheinischen Tiefebene beigetragen hat, ist noch in vollem Gang: Die Afrikanische Platte drängt weiter gegen die Eurasische Platte. Allerdings sind diese Bewegungen zu geringfügig, als dass wir sie im Alltag bemerken. Sobald aber die Spannungen im Untergrund die Festigkeit der Gesteine übersteigen, kommt es zum Bruch – Erdbeben werden ausgelöst. Eine solche Erdbebenzone erstreckt sich von der belgischen Nordseeküste nach Osten, knickt bei Düsseldorf nach Süden ab und folgt dem Verlauf des Rheins bis nach Südbaden und in die Schwäbische Alb. Nach den ältesten Aufzeichnungen ereignete sich im Jahr 1080 ein Erdbeben in Köln, 1223 ein weiteres in Köln, 1348 in Altenberg und 1673 in Rolandseck. Gleich fünf schwere Erdbeben gab es zwischen 1755 und 1760 in der Region um Aachen und Düren, das schlimmste darunter ereignete sich am 18. Februar 1756: Es war das stärkste Erdbeben, das es bis dahin in Deutschland gegeben hatte, es war sogar in London, Halle und Straßburg zu spüren und hinterließ große Schäden. Bis in den Mai hinein gab es immer wieder Nachbeben. Weitere große Beben folgten 1828 (Epizentrum: Aachen), 1841 (Köln), 1873 und 1877 (beide Male Herzogenrath) sowie 1878 (Tollhausen bei Elsdorf), bei dem Giebel einstürzten und ein Mensch starb.

Das schwere Beben des Jahres 1756 wurde 236 Jahre später noch durch das „Roermond-Beben" vom 13. April 1992 übertroffen. Es ereignete sich um 3:22 Uhr morgens mit dem Epizentrum vier Kilometer südlich der Stadt. Ausgelöst in 18 Kilometer Tiefe, wies es eine Stärke von 5,9 auf der Richterskala auf. Die geschätzten Schäden betrugen 150 Millionen D-Mark auf deutscher und 170 Millionen Gulden auf niederländischer Seite.

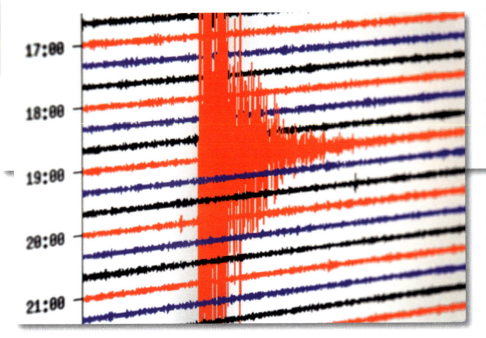

Das Seismogramm der Erdbebenstation Bensberg zeigt das Erdbeben der Stärke 4,4 vom 08.09.2011. Rund um das Epizentrum am Niederrhein wackelte der Boden, Schäden gab es bei diesem Beben kaum.

DIE NIEDERRHEINISCHE BUCHT

Der Übergang von der Kölner zur Niederrheinischen Bucht ist fließend, für beide Teilbereiche bildet der Rhein, den die nacheiszeitliche Wasserführung in der Ebene immer stärker mäandrieren ließ, die zentrale Achse. Aber genauso wie der Oberrhein wurde auch der Niederrhein im 19. Jahrhundert durch Begradigung gebändigt und erhielt durch Eindeichung ein künstliches Bett. Weil die Deiche hier allerdings wei-

DIE NIEDERRHEINISCHE TIEFEBENE

Große Gebiete am Niederrhein stehen unter Schutz. Die vielen Wasserflächen des Niederrheins sind ein Paradies für Stand- und Zugvögel, allein 180 000 Wildgänse – darunter die Blässgans (Anser albifrons) *– überwintern hier alljährlich.*

ter zurückliegen, hat der Niederrhein aber bei Hochwasser mehr Ausdehnungsfläche als der Oberrhein. Auch die Natur kommt am Niederrhein nicht zu kurz. Größtes Schutzgebiet ist der Naturpark Schwalm-Nette, der sich entlang der deutsch-niederländischen Grenze auf einer Fläche von 435 Quadratkilometern erstreckt und seit 1976 mit dem niederländischen Teil zum deutsch-niederländischen Naturpark Maas-Schwalm-Nette zusammengelegt wurde.

Der Reichswald

Mit einer Fläche von über 5100 Hektar ist der Reichswald die größte zusammenhängende Waldfläche am Niederrhein. Er erstreckt sich zwischen Goch und Kleve und bedeckt einen Teil des Niederrheinischen Höhenzuges, der sich über eine Länge von 60 Kilometern von Kamp-Lintfort bis Nijmegen hinzieht. Am Rand des Reichswaldes erhebt sich auf dem Stadtgebiet als höchste Erhebung des Unteren Niederrheins der 99 Meter hohe Klever Berg, im Reichswald der jeweils an die 90 Meter hohe Stoppelberg, Geldenberg und Brandenberg.

Der Reichswald, ehemals karolingisches Besitztum, bietet sich als geschlossenes Waldgebiet aus Rotbuchen-, Trauben- und Stieleichenbeständen mit Nadelholzbeständen dar. Der 580 Hektar große Kern des Reichswaldes ist Naturschutzgebiet mit großem Altholzbestand, in dem sich auch Naturwaldzellen befinden. Insofern bietet er für eine spezifische Fauna, für die entsprechende Lebensräume immer knapper werden, noch eine Existenzgrundlage – so für Hirschkäfer, Pirol, Schwarzspecht und Wespenbussard.

DIE KÖLNER BUCHT

Im weiteren Sinn umfasst die Kölner Bucht den gesamten südlichen Bereich der Rheinischen Tiefebene, im engeren Sinn nur das Rheintal südlich von Düsseldorf zwischen Bergischem Land und der Ville. In ihrer erdgeschichtlichen Entwicklung verblieb sie im Zuge der Bruchschollentektonik im niederrheinischen Gebiet als Hochscholle, die die Absenkung des Tieflands nur partiell mitvollzogen hat. Die Zülpicher und Jülicher Börde bilden danach eigenständige Landschaften.

Den Übergang zwischen Mittelrhein und Niederrhein kann man vom Drachenfels aus am besten erkennen. Südwestlich erblickt man den sagenumwobenen Rolandsbogen – beide zusammen bildeten an dieser Engstelle des Rheins die südliche Verteidigungslinie des Kölner Kurfürstentums. Von hier aus verbreitet sich der Rhein mit dem Eintritt in die Ebene. Die Terrassengliederung des Rheintals wird im weiteren Verlauf immer deutlicher sichtbar. Während im Südabschnitt die Hauptterrasse auf der Höhe des Kottenforsts liegt, so tritt die Mittelterrasse westlich am Vorgebirge und

Der Rheinromantik des frühen 19. Jahrhunderts ist diese Rheinlandschaft mit Burg Rolandseck, Insel Nonnenwerth und Siebengebirge mit Burg Drachenfels von Johannes Jakob Diezler (1789–1855) geschuldet. Öl auf Holz, Sammlung Siebengebirge

östlich in den rechtsrheinischen Heideflächen zutage und verbreitet sich nördlich von Bonn zunehmend. Dabei ist der Ostabhang des Villerückens bogig gebuchtet und zeichnet damit 200 000 Jahre alte Rheinmäander nach. Am Villeabhang hat sich Löss angeweht, der heute die Grundlage des intensiven Gemüseanbaus im Vorgebirge, wie der Abhang genannt wird, bildet. Rechtsrheinisch haben sich Flugsande angeweht und bilden die Bergischen Heideterrassen, die sich von der markanten Wahner Heide zum Königsforst, der Ohligser und der Hildener Heide nördlich fortsetzen.

In die Mittelterrasse hat sich der Rhein in der Folgezeit weiter eingegraben und die Niederterrasse gebildet. Sie breitet sich nördlich von Bonn, wo sie den Fluss nur als schmales Band begleitet, nordwärts immer weiter aus und bildet die Tieflandfläche der Kölner Bucht. Hier lagerte der Rhein in den Kälteperioden mit geringer Wasserführung mächtige Lagen aus Kies und Geröll ab. Die jüngste Terrassenstufe wird vom Hochflutbett des Rheins gebildet, das er sich mit steigender Wasserführung im Zuge der nacheiszeitlichen Klimaerwärmung in die Niederterrasse grub, deren Niveau in Bonn auf etwa 60 Meter Höhe, in Köln noch bei 45 Meter Höhe liegt.

DIE VILLE

Als westliche Begrenzung des Rheintals der im spitzen Winkel südwärts zulaufenden Kölner Bucht und östlich der Erft-Swist-Niederungs-

VOM TRUPPENÜBUNGSPLATZ ZUM NATURSCHUTZGEBIET

DIE WAHNER HEIDE

Die Wahner Heide erstreckt sich als Teil der Bergischen Heideterrasse auf 50 Quadratkilometer Fläche zwischen Troisdorf und Rösrath, angrenzend an die Aggerauen. Sie bildet einen breiten, nach Westen abfallenden Saum zwischen Bergischem Land und der Rheinebene. Als ein Teil der Mittelterrasse wird sie von mächtigen Kies- und Sandablagerungen des Rheins aufgebaut sowie von Flugsandaufwehungen und Dünen bedeckt, im Westen wird sie durch einen bis zu zehn Meter hohen Steilrand begrenzt. Mehrere Bäche durchziehen die Fläche in Richtung Rhein. Die Heiden haben aber zu großen Teilen Forsten weichen müssen. Interessant ist es zu beobachten, wie sich die Nutzung des Geländes für Panzerschießübungen auf den Pflanzen- und Tierbestand ausgewirkt hat. Negativ war die Entwaldung, um freies Sichtfeld zu erhalten. Beispielhaft für Neubiotope sei nur erwähnt, dass die durch Panzerübungen entstandenen „Panzertümpel", also kleine, vegetationsarme oder -lose Temporärgewässer, die Grundlage für typische und gefährdete Artengemeinschaften bildeten, wie etwa für die hoch gefährdete Krebsart *Branchipus schaefferi*. Allerdings ist aufgrund des Übungsrückgangs in einigen Teilbereichen schon eine rückläufige Bestandsentwicklung bei Pionierpflanzen offener Sand- und Schlammböden erkennbar.

In diesem stark strukturierten Gebiet, von dem große Teile unter Naturschutz stehen, konnten sich über 700 Pflanzen- und Tierarten ansiedeln, sicherlich auch, weil ein großer Teil des Geländes bis 2004 als Truppenübungsplatz nicht zugänglich war – nur noch kleinere Flächen werden heute gelegentlich durch die Bundeswehr genutzt.

zone erstreckt sich die Ville als herausgehobene Scholle der rheinischen Hauptterrasse. 230 Quadratkilometer Fläche misst dieser Höhenzug, der sich von 180 Metern Höhe im Süden auf 110 Meter im Norden abflacht und dann in die Niederrheinische Tiefebene übergeht. Ihr Osthang weist mehrere bogenförmige Buchten früherer Prallhänge auf, der Südrand wird durch das Ahrtal gebildet. Der Westhang geht fließend in die Bördenlandschaft über, eher ersichtlich am Übergang von Wald zur Ackerlandschaft. Weite Teile der Ville und der angrenzenden Gebiete sind Teile des Naturparks Rheinland.

Die Kerngebiete der Ville sind im Norden durch den großflächigen Braunkohlentagebau geprägt. Südlich daran schließt sich die Waldville als überwiegend renaturierte Fläche mit vielen zu Seen aufgestauten ehemaligen Tagebauflächen an. Der südliche Teil der Wald-Ville blieb vom Braunkohleabbau ver-

DIE NORDDEUTSCHE TIEFEBENE

schont. Hier zeigt sich noch ein natürlicheres Landschaftsbild, und die Wälder sind entsprechend älter als im nördlichen Teil. Noch weiter südlich breitet sich der Kottenforst als historisches Jagdgebiet aus, das vor allem in der Barockzeit von den Kölner Kurfürsten zur Parforcejagd genutzt wurde. Der Übergang zum Ahrtal wird vom Drachenfelser Ländchen – weil hier einst die Herren vom Drachenfels die Hoheit ausübten – und der sich daran anschließenden Grafschaft, dem einstigen Territorium der Grafen von Neuenahr, gebildet.

Das Vorgebirge

Das Vorgebirge bildet den Ostabhang der Ville zwischen Bonn und Frechen. Die nach Westen flach abfallende Ville weist nach Osten zur Rheinebene hin eine Abbruchkante auf, die angesichts der vorherrschenden Westwinde

Blick auf den Kasterer See. Viele dieser Ville-Seen dienen dem Köln-Bonner Raum als Naherholungsgebiet. Einige der in dieser Landschaft bestehenden Rekultivierungsgebiete des Braunkohleabbaus stehen auch schon unter Naturschutz, darunter manche der Ville-Seen mit ihren Steilufern und Flachwasserzonen sowie gut ausgebildeten Verlandungszonen, die wichtige Biotope für Amphibien, Libellen und Wasservögel darstellen.

FRÄNKISCHES KÖNIGSGUT UND KURFÜRSTLICHES JAGDREVIER
DER KOTTENFORST

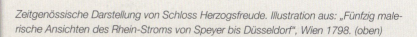

Der Kottenforst erstreckt sich über eine Fläche von 4000 Hektar in der südlichen Hälfte der Ville. Der forsthistorisch bedeutsame Wald war einst fränkisches Königsgut. Seit dem 11. Jahrhundert gehörte der Kottenforst der Abtei Siegburg, die ihn im 16. Jahrhundert an das Kölner Erzstift verkaufte. Aber die Kölner Kurfürsten hatten schon vorher das Hohe Jagdrecht inne. Als Jagdschloss diente ihnen das Poppelsdorfer Schloss. Zu Beginn des 18. Jahrhunderts ließen sie den Kottenforst exakt vermessen, um im feuchten Untergrund schnurgerade aufgeschüttete Alleen für die Parforcejagd anzulegen. Mitte des 18. Jahrhunderts errichtete Kurfürst Clemens August am Rand des Kottenforsts im heutigen Bonner Ortsteil Röttgen Schloss Herzogsfreude (Bild links) als neues Jagdschloss – die Alleen wurden genau auf dieses Schloss ausgerichtet. Als französische Revolutionstruppen 1794 linksrheinisches Gebiet besetzten, war es hier mit der kurfürstlichen Herrlichkeit vorbei. Schloss Herzogsfreude wurde auf Abriss verkauft, der Wald wurde zum Staatsforst.

Im Zuge der Anlage der Bahntrasse von Bonn über Euskirchen nach Münstereifel 1879–1889 wurde am Kottenforst ein besonderer Bahnhof in aufwändiger Fachwerkbauweise errichtet – denn die Tradition der großen Jagden war noch längst nicht abgeschlossen. Hier erwartete man die Mitglieder des preußischen Königs- und deutschen Kaiserhauses zu den groß angelegten Jagden im Kottenforst. Das Bahnhofsgebäude ist ein dreigeschossiger Fachwerkbau mit hochrechteckigen, verputzten Gefachen. Der Bahnhof Kottenforst, der auch als Bausatz für Hobby-Eisenbahnanlagen erhältlich ist, beherbergt ein inzwischen viel besuchtes Ausflugslokal.

Zeitgenössische Darstellung von Schloss Herzogsfreude. Illustration aus: „Fünfzig malerische Ansichten des Rhein-Stroms von Speyer bis Düsseldorf", Wien 1798. (oben)

Heute gehört der Kottenforst mit seinen Eichen-, Buchen- und Nadelholzbeständen, seinen wertvollen Biotopen mit artenreichen Beständen heimischer Flora und Fauna, zwei Naturwaldzellen und noch sichtbaren Relikten einstiger Waldweidewirtschaft zu den eindrucksvollsten Wäldern des Rheinlands. Das sternförmige Netz der kurfürstlichen Alleen besteht bis heute und stellt beliebte Wander- und Radwege dar. (links)

im Windschatten des Höhenzugs lag. Der leichtere Teil des mit dem Wind angewehten Materials senkte sich als Löss an der Abbruchkante ab. Dieser Löss entstand als feinkörniges Sediment während der durch extreme Trockenheit gekennzeichneten Kälteperioden der vergangenen Eiszeit, in denen aufgrund der ganzjährig niedrigen Temperaturen kaum Vegetation existierte. Das aufgewehte, feinkörnige Material verblieb durch die Fallwinde am Leeseitigen Villehang. Der schwerere Teil des mit dem Wind angewehten Materials senkte sich als Sand beiderseits des Rheins auf der Mittelterrasse ab.

In die Bögen, die der Villerand als Prallhang früherer Rheinmäander beschreibt, haben kleine Wasserläufe von der Villehochfläche und aus Hangquellen hier Siefen genannte Taleinschnitte eingegraben, die das landschaftliche Erscheinungsbild des Vorgebirges prägen. Die dazwischen vorspringenden Bergnasen und kleinen Erhebungen tragen im Volksmund schon seit dem Mittelalter Bezeichnungen mit dem Grundwort „Berg". Dieser Bereich stellte für die Kölner ihre Vorberge auf dem Weg nach Trier und Aachen dar – weshalb sich der Begriff „Vorgebirge" seit dem Mittelalter einbürgerte.

Der Löss am Villerand ermöglicht den intensiven, oft in Mischkultur betriebenen Gemüse- und Beerenobstanbaus im Vorgebirge. Schon zur Römerzeit wurde hier auch Weinbau betrieben, der sich bis in das beginnende 20. Jahrhundert gehalten hat. Das „Weinbaugebiet Vorgebirge" verfügte bis dahin über 500 Hektar Rebfläche, was etwa der heutige Rebfläche an der Ahr entspricht.

ZÜLPICHER UND JÜLICHER BÖRDEN

Die Bördenlandschaft nördlich der Eifel ist Teil der linksrheinischen Niederrheinischen Tiefebene, sie wird in die durch die Waldgebiete der Bürge, ehemalige kaiserliche Jagd- und Bannwälder um Hambach, in die nördliche Jülicher und südliche Zülpicher Börde unterteilt und grenzt sich gegen die östliche

Die Zülpicher Börde wird vom Rotbach und Neffelbach im Westen und von der Erft und der Swist im Osten strukturiert. Es handelt sich um eine offene, waldarme Landschaft, die nur durch gelegentliche Feldgehölze, Baumreihen und Hecken gegliedert ist. Hier wird Ackerwirtschaft mit Getreide und Zuckerrüben und im Südosten bei Meckenheim zusätzlich intensiver Obstbau betrieben. Der Landschaftsmaler Andreas Achenbach (1815–1910) brachte diese „Erftmühle" 1866 auf die Leinwand.

Der von Erft und Swist durchflossene Teil der Zülpicher Börde ist kulturhistorisch besonders interessant, weil sich hier die Vasallen der Kölner Kurfürsten Wasserburgen errichtet haben, die im bauwütigen Zeitalter des Barock ihre heutige schmucke Form als Herrenhäuser erhielten. Es wird sogar gesagt, dass diese Region die höchste „Wasserburgendichte" ganz Deutschlands aufweist. Die Ursprünge von Schloss Lüftelberg reichen ins 13. Jahrhundert zurück. Zwischen 1775 und 1780 wurde die mittelalterliche Anlage im Stil des Barock umgebaut. (links)

DIE NIEDERRHEINISCHE TIEFEBENE

Ville zur Kölner Bucht ab. Die Landschaft erstreckt sich nordwärts abfallend in Höhenlagen zwischen 200 und 70 Metern und ist von eiszeitlichem Löss auf den Schotterschichten der Haupt- und Mittelterrassen bedeckt.

Wie die Zülpicher Börde ist auch die Jülicher Börde aufgrund ihres milden Seeklimas bis zur Zeitenwende mit Laubwald bedeckt gewesen. Schon in vorrömischer Zeit begannen Rodungen, um die fruchtbaren Böden ackerbaulich zu nutzen. Bis heute entstand daraus eine weiträumige Ackerlandschaft, in der zusätzlich der Kartoffelanbau Bedeutung erlangt hat. Flache Kuppen und Rücken gliedern die Landschaft. Nur selten haben sich Reste der alten Gehölze oder kleine Waldstücke in Senken und in hier „Bruch" genannten geologischen Verwerfungen erhalten. Der Flusslauf der Rur teilt die Jülicher Börde in eine östliche und eine westliche Hälfte. Im Eifelrandgebiet haben Bäche auch tiefere Rinnen in das Gelände gegraben. Im Nordosten hat der Braunkohlentagebau tiefgreifende Spuren hinterlassen, die sich in Rekultivierungsräumen, Aufforstungsinseln und Halden der Tagebaue manifestieren. Dem Tagebau Hambach ist das letzte große Waldgebiet der Bürge, der Hambacher Forst, großenteils zum Opfer gefallen. Weithin sichtbar ist die Abraumhalde des Tagebaus Sophienhöhe. Diese ragt rund 200 Meter über die umgebene Bördenlandschaft hinaus. Auf der höchsten Stelle, dem Steinstraßer Wall auf 301,8 Meter über dem Meeresspiegel, steht der sogenannte Römerturm – hier befindet man sich fast 600 Meter über dem tiefsten Grund des Tagebaus, der 293 Meter unter dem Meeresspiegel liegt.

Die Norddeutschen Heidelandschaften

Heidelandschaften bilden wesentliche Bestandteile der Norddeutschen Tiefebene und erstrecken sich zwischen der Marsch im Norden und der dem Mittelgebirge vorgelagerten Bördelandschaft im Süden. Ihr Entstehen geht auf eiszeitliche Einflüsse zurück, ihr heutiges Erscheinungsbild ist durch menschliche Eingriffe geprägt worden. Historischer Schafstall bei Wilsede (links) im Naturpark Lüneburger Heide.

„Heide" ist ein aus dem Mittelhochdeutschen des 10. Jahrhunderts stammender Begriff für ebenes, unfruchtbares Land und geht auf den gotischen Begriff haipi für „Feld" oder „Acker" zurück. Die frühmittelalterliche Vorstellung von „Heide" steht begrifflich nahe dem „Anger" oder der „Aue" und wurde auf die zu dieser Zeit übliche Allmendeweide übertragen. Dabei wurden Wald und Wiese gleichermaßen beweidet und durch Überweidung der Allmenden zu Zwergstrauchfluren degeneriert. In diesen Biotopen setzten sich als Pflanzen Heidekrautgewächse *(Ericaceae)* dominant durch, auf die der „Heide"-Begriff übertragen wurde. Bereits im spätmittelhochdeutschen Sprachgebrauch war der Begriff *heidekrut* eingebürgert.

Im Zuge der nacheiszeitlichen Wiederbewaldung der Norddeutschen Tiefebene verblieben vor allem küstennahe Dünen und Moore als natürlich waldfreie Standorte. Bis in das Frühmittelalter hatte sich die Bewirtschaftung geeigneter Räume in Norddeutschland schon stark verbreitet, aber die damalige Wirtschaftsform, Äcker und Weiden nach einigen Bearbeitungszyklen brach zu legen, ließ die Eichen- und Buchenwälder wieder regenerieren. Mit steigender Bevölkerung allerdings wuchs der Druck auf die zur Bearbeitung geeigneten Flächen, und der Wald wurde zunehmend beweidet. Die immer intensivere Nutzung durch Rodung für Bau- und Feuerholz lichtete die Waldbestände aus, sodass sich der Bodenwuchs ausbreiten konnte – vor allem auf leichten, sandigen Böden, wie sie die Eiszeit in Norddeutschland mit ihren Moränen hinterlassen hatte. Dort, wo sich der Krautbewuchs verdichten konnte, nutzten die Menschen die Plaggen als Wintereinstreu im Stall, den sie vor der Frühjahrsbestellung mit den Ausscheidungen der Tiere als Dünger auf

DIE NORDDEUTSCHE TIEFEBENE

> Es ist so still; die Heide liegt
> im warmen Mittagssonnenstrahle,
> Ein rosenroter Schimmer fliegt
> um ihre alten Gräbermale;
> Die Kräuter blühn; der Heideduft
> steigt in die blaue Sommerluft.
>
> *Theodor Storm (1817–1888)*

DIE LÜNEBURGER HEIDE

Die Lüneburger Heide grenzt im Norden an die Elbmarschen, im Westen an die Stader Geest, in der auch größere Heideflächen eingelagert sind, im Süden an die Niedersächsischen Börden sowie das Harzvorland und im Osten geht sie in die Landschaften des Wendlands, der Altmark und im Südosten in die Colbitz-Letzlinger Heide, die alle drei durch das mittlere Elbtal begrenzt werden. Während der Saale-Eiszeit vor etwa 130 000 Jahren prägten Grund- und Endmoränen mit vorgeschütteten Sandern die Landschaft. Das Erscheinungsbild ist aber keineswegs einheitlich. Im Westen breitet sich die moorige Wümme-Niederung aus, die von einem Endmoränenbogen durchzogen wird. Im Südosten begrenzt ein weiterer Endmoränenbogen das Gebiet um Schneverdingen. Östlich von Schneverdingen erstreckt sich in Richtung Lüneburg die Hohe Heide, das Kerngebiet der Lüneburger Heide mit den Schwarzen Bergen, so

den Feldern ausbrachten. Dieser Plaggenstich entzog dem Boden die Nährstoffe und durch die Wurzelentfernung auch die Festigkeit; es blieben stark erodierte, nährstoffarme und saure, sogenannte Podsolböden zurück, die nur noch zur Schafbeweidung taugten. Die Schafe wiederum fraßen alle Jungtriebe ab, sodass als Charakterpflanzen die von ihnen gemiedenen Krautheiden sowie Wacholder und höchstens noch lichte Kiefern verblieben. Der Plaggenstich, der so stark zum Landschaftsbild der Heide beigetragen hat, unterblieb erst seit der Einführung der Mineraldüngung.

Die charakteristischste Heidelandschaft im norddeutschen Raum ist die Lüneburger Heide (Bild). Aber entsprechende Heidelandschaften bieten auch die Osterheide bei Schneverdingen, die Dresdner Heide, die Letzlinger Heide in Sachsen-Anhalt, die Senne in Westfalen oder auch die Schorfheide in Brandenburg.

DIE NORDDEUTSCHEN HEIDELANDSCHAFTEN

Seit den 1920er-Jahren beweiden Heidschnucken-Herden die verbliebenen Heideflächen im eingerichteten Naturpark Lüneburger Heide und verhindern die Verbuschung. Innerhalb dieses über 1100 Quadratkilometer großen Gebiets liegt das 234 Quadratkilometer große Gelände des 1921 eingerichteten Naturschutzgebietes Wilseder Berg. Dazu kommen der Naturpark Südheide und Harburger Berge sowie über 200 kleinere und größere Naturschutzgebiete.

den Lohberge, dem Brunsberg und dem 169 Meter hohen Wilseder Berg, dem bekanntesten Berg der Heide und gleichzeitig der höchsten Erhebung des nordwestdeutschen Tieflandes.

Die Harburger Berge schließen als nordwestliche Begrenzung die Lüneburger Heide ab. Bei diesem Höhenzug handelt es sich um eine Stauchmoräne, ebenfalls aus der Saale-Eiszeit. Um das südlich gelegene Ülzen durchfließt die Ilmenau eine lang gestreckte, 60 Meter hohe Mulde, die beiderseits von 130 Meter hohen Höhenzügen umgeben ist. Die Südheide ist noch weitflächig bewaldet, aber von Rodungsinseln durchsetzt. Die Talniederung der Aller quert dieses Gelände, das sich weiter südlich im Wiezenbruch und der Wedemark fortsetzt. Zwischen Leine und Weser breitet sich die Endmoränenlandschaft mit dem Steinhuder Meer aus, dessen Talbecken durch die Rehburger Berge im Süden und durch die Moränenstaffeln des Grindener Waldes im Norden begrenzt wird. Den südlichen Abschluss der Lüneburger Heide bildet die bis zu 30 Kilometer breite Lößzone der Niedersächsischen Börden, heute in etwa durch den Mittellandkanal begrenzt. Daran schließt sich das Vorland der neidersächsischen Mittelgebirge an.

Seit dem Ende des 19. Jahrhunderts sind auch die Heideflächen in der Lüneburger Heide in ihrer Ausdehnung rückläufig, die Bewaldung hat vor allem durch Aufforstung wieder zugenommen, Äcker und Weiden ersetzen zunehmend die Heiden. Große Flächen wurden als Truppenübungsplätze dem Zugang der Öffentlichkeit entzogen, der größte von ihnen in der Südheide – hier verblieben allerdings große Heideflächen. Um die zugänglichen Restflächen dieser einzigartigen Kulturlandschaft zu erhalten, wurden Schutzmaßnahmen ergriffen.

WEIT SCHWEIFT DER BLICK …

DER
WILSEDER
BERG

Der Wilseder Berg als markantester Punkt der Lüneburger Heide ist Teil des Naturschutzgebietes Lüneburger Heide. Diese Erhebung hat eher den Charakter eines Plateaus mit einem flachen Gipfel und ist einschließlich seiner Nachbarerhebungen Teil einer Endmoräne aus der vorletzten Eiszeit. Die Ränder dieses Plateaus sind durch Mulden, kleine Täler und Schluchten strukturiert. Wie überall in den Heiden ist der Boden nährstoffarm und sauer. Typisch für diese Podsolböden sind der sandig-kiesige Untergrund mit Ortsteinschichten als ausgewaschener und im Unterboden verkitteter und verhärteter Humus- und Eisenverbindungen.

Der Totengrund ist die markanteste Einkerbung des Plateaurandes südlich von Wilsede. Als ehemaliger Toteiskessel weist er bis zu 40 Meter hohe Wände auf. Sein Boden ist mit Heide und Wacholder bedeckt. Genauso trocken ist auch der nahe gelegene Steingrund, der zusätzlich mit eiszeitlich abgelagerten Steinen bedeckt ist.

Die Naturschönheit des Wilseder Berges, vor allem zur Heideblüte, dazu eine Schafherde im Blickfeld, und die Pferdefuhrwerke, die die Besucher durch das Naturschutzgebiet fahren, prägen heute das Bild von der Idylle der Landschaft, die einst als Armenhaus Norddeutschlands die Menschen nur nahe am Hunger existieren ließ.

DAS STEINHUDER MEER

Inmitten des Steinhuder Meers ließ Graf Wilhelm zu Schaumburg-Lippe zwischen 1761 und 1767 die Festung Wilhelmstein errichten, um sein kleines Territorium mit 17 000 Bewohnern gegen feindliche Übernahme zu schützen. Belächelt wurde der „Kanonengraf", doch 20 Jahre später hielt der Wilhelmstein einer Belagerung stand! Heute ist die Insel ein beliebtes Touristenziel, dass mit einem Motorboot erreicht werden kann – ansonsten ist der See frei von Motorbooten.

Das Steinhuder Meer gehört mit dem Dümmer und dem Zwischenahner Meer zu den typischen Flachseen der Norddeutschen Tiefebene. Das Steinhuder Meer, umgeben vom gleichnamigen Naturpark, ist mit einer Fläche von 30 Quadratkilometern das größte darunter, war einst sogar dreimal so groß, wie heute noch an den den See umgebenden Schilfflächen und vermoorten Niederungen zu erkennen ist. Er entstand am Ende der letzten Eiszeit vor etwa 14 000 Jahren. Der See speist sich nur zu kleinen Teilen aus Zuflüssen, hauptsächlich aus Regenwasser. So wies der ohnehin durchschnittlich kaum zwei Meter tiefe See relativ große Wasserstandsschwankungen auf, was seine Verlandung weiter fördert. Durch Schleusen und Kanäle wird der Wasserstand inzwischen reguliert, was sich auch auf seine Funktion als Naherholungsgebiet für den Großraum Hannover auswirkt. Dazu wurde auch eigens eine Badeinsel mit breitem Sandstrand aufgeschüttet. Trotzdem bleibt für den Naturschutz Platz, vor allem für den Vogelschutz. So erstreckt sich am Südrand das Naturschutzgebiet Hagenburger Moor mit Flach- und Hochmoorbereichen. Nördlich davon, am Westufer des Sees, liegen die Naturschutzgebiete Meerbruch und Meerbruchswiesen. Darin finden sich Nasswiesen und Niedermoor, auch als „Schwimmende Wiesen" bezeichnet. Dazu kommt das Naturschutzgebiet am Ostufer.

DAS WENDLAND, DIE ALTMARK UND DIE LETZLINGER HEIDE

Das Wendland stellt den geografischen Übergang von der Lüneburger Heide zum Urstromtal der Elbe dar. Seine Bezeichnung rührt von den um 700 n. Chr. zugezogenen slawischen Wenden her, die lange eine eigenständige Kultur und Sprache pflegten.

Der Kern des Wendlandes wird von den Höhenzügen des Hohen und Niederen Drawehn als Übergangsregion von der Lüneburger Heide gebildet. Der nordöstliche Teil des Wendlands, abgegrenzt durch den Flusslauf der Jeetzel, liegt im Urstromtal der Elbe. Der Drawehn wird geografisch auch als Osthannoversche Kies-Endmoräne bezeichnet. Im Hohen Mechtin bei Zernien findet der Hohe Drawehn seine am weitesten aufragende Erhebung – immerhin 142 Meter. Auch hier hat die vorletzte Eiszeit die Landschaft als sandige Geest geformt, unfruchtbare Böden und Wasserarmut infolge des wasserdurchlässigen Bodens haben hier nur eine dünne Besiedlung zugelassen. Die einst mit großen Heideflächen bedeckte Region wurde weitgehend mit Kiefernwäldern aufgeforstet. Hier sind Störche, Kraniche, Seeadler und Biber zuhause. Der zur Jeetzeniederung abfallende Niedere Drawehn weist in seinen unteren Lagen viele grundwassernahe Standorte auf, die sich in Talrinnen als Niedermoore ausbreiten und mit den dafür typischen Erlenbruchwäldern bedeckt sind. Nördlich des Hohen Drawehn breitet sich die Göhrde als größtes zusammenhängendes Mischwaldgebiet Norddeutschlands aus. Dieser Wald war herrschaftliches Jagdrevier der Herzöge von Braunschweig und Lüneburg. Die Göhrde und der Drawehn sind heute in den Naturpark Elbhöhen-Wendland integriert.

Die Altmark, im Norden des Bundeslandes Sachsen-Anhalt gelegen, schließt sich südlich an das Wendland an. Sie reicht vom Drawehn zur Elbe und geht südlich in die Colbitz-Letzlinger Heide über. Ihr Untergrund wird von einem aus Geschiebemergeln und -sanden bestehenden Grundmoränenplateau gebildet, das durch Schmelzwasserrinnen in einzelne Hochflächen zerteilt ist. Diese Rinnen werden heute von der Milde, der Biese und der Uchte durchflossen. Östlich dieser Rinnen grenzt die Wische als letzteiszeitliche Moräne und ehemaliges Elbüberschwemmungsgebiet die Altmark ostwärts gegen das Elburtsromtal ab.

Die Colbitz-Letzlinger Heide erstreckt sich zwischen der Altmark und dem heutigen Mittellandkanal im Süden, der Elbe im Osten und den Ausläufern der Lüneburger Heide im Westen. Der Untergrund wurde durch den letzteiszeitlichen Inlandseisvorstoß mit aufgeschütteten und aufgestauchten Endmoränen gebildet. Der Boden besteht aus trockenen Sand-Braunerden. Die höchste Erhebung ist der fast 140 Meter hohe Zackelberg. In diesem unbewohnten Gebiet breitet sich das größte zusammenhängende Heidegebiet Mitteleuropas aus. Und hier gibt es den größten Lindenwald Europas. Dazu breiten sich bis zu 600 Jahre alte Eichen- und Kiefernwälder aus. Dazwischen gibt es weite offene Flächen, die von hohem Naturschutzwert sind. Hier sind der Wiedehopf, der Brachpieper und auch das Birkhuhn, der Hirschkäfer und die Kreuzotter zuhause. In den Quellbächen der Tanger haben sich Biber niedergelassen. Dazu gilt die Colbitz-Letzlinger-Heide als ergiebiges Speisepilz-Revier. Große Teile der Region werden aber vom Truppenübungsplatz Letzlinger Heide eingenommen – gegen den schon zu DDR-Zeiten mit Parolen wie „Panzer raus!" demonstriert wurde.

NATURSCHUTZGEBIET
KALBESCHER WERDER

Das dünn besiedelte östliche Wendland ist ein Naturparadies! Von besonderer Bedeutung ist das – wenn auch nur 135 Hektar große – Naturschutzgebiet Kalbescher Werder bei Vienau im Mildetal. Das 30 bis 60 Meter hoch gelegene Areal ist aus einer Grundmoräne mit trockenen Sanderflächen sowie der teilweise vermoorten Talsandniederung der Unteren Milde gebildet. Auf Dünen und steilen Erosionshügeln siedeln naturnahe Flechten-Kiefernwälder, auf den Sanderflächen finden sich mit Sträuchern unterwachsene Kiefernbestände, so mit Faulbaum und Drahtschmielen. Im Übergang zwischen der Sanderfläche und der Niederung steht Hainbuchenwald mit Stieleichen durchsetzt. Große Teile der Niederung werden bei niedrigerem Nährstoffangebot vom Erlen-Eschenwald eingenommen. Auf stark vernässten Standorten tritt ein Erlen-Moorbirken-Bruchwald auf.

Die Fauna dieses vielseitigen Naturschutzgebietes ist gleichermaßen vielfältig mit Hermelin, Mauswiesel und Bartfledermaus. Allein 14 000 Vögel leben in diesem Gebiet, darunter die Waldschnepfe, der Wespenbussard (Pernis apivorus – Bild), der Ortolan und die Heidelerche.

Das Elbe-Urstromtal

Nachdem die Elbe das Böhmische Mittelgebirge durchflossen hat, geht sie auf deutsches Gebiet über, durchbricht in einem Cañon das Elbsandsteingebirge (Bild) und tritt in den Elbtalkessel ein. Ab hier durchfließt die Elbe die Norddeutsche Tiefebene, und ab hier teilt sie ihr Bett mit glazial geschaffenen Urstromtälern, zunächst mit dem Breslau-Magdeburger Urstromtal, dann ab Magdeburg mit dem Glogau-Baruther-Urstromtal und letztendlich mit dem eigentlichen Elbe-Urstromtal, das bei Genthin einsetzt.

Urstromtäler verdanken ihre Entstehung der letzten Eiszeit, die im Wechsel von Warm- und Kaltzeiten in mehreren Vorstößen Eisschilde von Skandinavien bis nach Mitteleuropa vorschob. Am deutlichsten sind die Spuren der vorletzten und letzten Kaltzeit verblieben, der Saale- und der Weichsel-Eiszeit. Da das Gelände der Norddeutschen Tiefebene nach Süden ansteigt, musste sich das Schmelzwasser des Eises parallel zur Eiszunge einen Abfluss in Richtung Nordseebecken suchen – die Nordsee lag zu Eiszeiten aufgrund des deutlich niedrigeren Meeresspiegels weitgehend trocken. Das Schmelzwasser grub sich eine Talsohle in den Untergrund, die bis zu 20 Kilometer breit sein kann, und führte mehr oder weniger feine Sedimente mit, die die Talsohle bis heute bedecken. Die Talhänge hingegen sind nur wenige Meter bis höchstens 50 Meter hoch. Nacheiszeitliche Einflüsse führten zu Verwehungen, Dünenbildungen, Muldenbildungen durch zurückgebliebenes Gletschereis, sogenanntes Toteis, oder zur Vermoorung tiefer gelegener Gelände. Bei den markanten Urstromtälern des nördlichen Mitteleuropa handelt es sich um

- das sich über Polen und Norddeutschland erstreckende Breslau-Magdeburg-Bremer Urstromtal aus der Saale-Eiszeit,
- das sich ebenfalls über Polen und Norddeutschland erstreckende Glogau-Baruther-Urstromtal aus der Weichsel-Eiszeit,
- das gleichermaßen aus der Weichsel-Eiszeit stammende und sich über Polen und Norddeutschland erstreckende Warschau-Berliner-Urstromtal sowie um
- das Elbe-Urstromtal, das heute von der Elbe in fast ihrem gesamten Tieflandverlauf eingenommen wird, wobei die Schmelzwasser der beiden vorgenannten Urstromtäler sich im Weiterverlauf des Elbe-Urstromtals bedienten.

DIE NORDDEUTSCHE TIEFEBENE

Als Wasserstraße hat die Elbe eine wesentlich geringere Bedeutung als andere mitteleuropäische Flüsse erlangt. So sind die Elbauen trotz aller Regulierungen und Begradigungen seit Beginn des 19. Jahrhunderts noch weitgehend natürlich verblieben, wie hier bei Dessau im „Biosphärenreservat Mittelelbe".

Die Elbe ist ein fast 1100 Kilometer langer Fluss, der in Tschechien entspringt und in Cuxhaven in die Nordsee mündet. Der Flussverlauf ist weitgehend nach Nordwesten ausgerichtet. Ein westlicher Knick setzt bei Wittenberg ein, im Magdeburger Abschnitt ist der Verlauf nordwärts gerichtet und ab der Havelmündung geht es wieder nordwestwärts. Der Grund für diese Richtungswechsel liegt in eiszeitlichen Gletschernasenbildungen, die das Schmelzwasser entsprechend umlenkten.

Die Mittelelbe durchfließt nur dünn besiedeltes Gebiet, sodass es nur relativ wenige siedlungsbezogene Verbauungen gibt. Der Uferschutz wird vor allem durch 5000 Buhnen vorgenommen. Die Neigung der Elbe zu extremen Hochwassern vor allem im mittleren Bereich hat immer wieder große Randflächen überschwemmt, die entsprechend extensiv genutzt werden. Dazu kommt, dass das strenge Grenzreglement der DDR weite Abschnitte der Elbe weitgehend unberührt belassen hat, was sich bis heute positiv auf den Landschaftszustand auswirkt. Interessant ist auch, dass die Elbe als sogenannter Sandfluss noch große Strecken naturbelassener Ufer mit Sandstränden aufweist. Dieser Sand entstammt den pleistozänen Ablagerungen, die die Elbe durchfließt. Alle Faktoren zusammen haben günstige Voraussetzungen für den Naturschutz an der Elbe geschaffen. So erfasst das UNESCO-Biosphärenreservat „Flusslandschaft Elbe" über 400 Kilometer naturnahe Elblandschaften zwischen Sachsen-Anhalt und Schleswig-Holstein. Weitere Biosphärenreservate auf Bundesländerebene – teilweise deckungsgleich mit dem der UNESCO – erfassen abgegrenzte Abschnitte, so das „Biosphärenreservat Mittelelbe" im Bereich Dessau, das „Biosphärenreservat Flusslandschaft Elbe-Brandenburg", das „Biosphärenreservat Flusslandschaft Mecklenburg-Vorpommern" und das Biosphärenreservat „Niedersächsische Elbtalaue".

Der Übergang von der Mittelelbe zur Unterelbe liegt dort, wo der Tidenhub der Nordsee zu wirken beginnt. Früher reichte der Tidenhub weit über Geesthacht hinaus, heute verhindert das Sperrwerk von Geesthacht den Einfluss von Ebbe und Flut weiter flussaufwärts. Flussabwärts begleiten beidseitig Marschen den Verlauf der Elbe. Nach dem Hamburger Binnendelta von Norder- und Süderelbe vereinigt sich der Fluss bei Altona wieder. Von hier ab führt die Niederelbe fast noch 100 Kilometer bis zu ihrer Mündung. Die maritime Vergangenheit dieses letzten Flussabschnitts ab Hamburg ist allerorten lebendig, repräsentiert durch alte Häfen, Kornspeicher, Krane, historische Schiffe und Leuchttürme.

DAS BIOSPHÄREN-RESERVAT MITTELELBE

Die Einrichtung des Biosphärenreservats Mittelelbe geht auf Naturschutzbemühungen der DDR seit 1979 zurück. In diesem Jahr wurde der „Steckby-Lödderitzer Forst" als eines von zwei Biospährenreservaten in der DDR von der UNESCO ausgewiesen. Es wurde 1988 um weitere Flächen bei Dessau und Wörlitz erweitert. Heute umfasst das Schutzgebiet den Stromabschnitt der mittleren Elbe zwischen dem Raum Wittenberg im Osten, der unteren Mulde und dem Mündungsgebiet der Saale bis an die Landesgrenze zu Niedersachsen. Es

DAS GARTENREICH DESSAU-WÖRLITZ

Im Jahr 1758 übernahm der 18-jährige Prinz Leopold III. Friedrich Franz von Anhalt-Dessau (1740–1817) die Regentschaft über sein kleines Fürstentum an Elbe und Mulde. Bildungsreisen durch England, Frankreich und Italien inspirierten ihn dazu, sein Land durch gezielte Landschaftsgestaltungen aufzuwerten. Er begann mit den Wörlitzer Anlagen, und im Lauf von 40 Jahren legte er weitere Landschaftsgärten in und um Dessau an, die er durch zahlreiche Alleen, Deichwege und Sichtachsen gestalterisch miteinander vernetzte. So schuf er eine im damaligen europäischen Maßstab einzigartige geschlossene Gartenlandschaft, die schon von den Zeitgenossen den Namen „Gartenreich" erhielt.

Schon im 19. Jahrhundert wurden die Gartenanlagen an Elbe und Mulde weiter gepflegt und nach dem Ersten Weltkrieg die Pflege auf wissenschaftlichem Niveau weiter betrieben, sodass die Authentizität der Anlagen erhalten blieb. Inzwischen ist die Gartenlandschaft in die Liste des Weltkulturerbes der UNESCO eingetragen, was den Fortbestand dieser einzigartigen Gartenlandschaft sichert.

Das Gartenreich umfasst eine Fläche von über 140 Quadratkilometern im Biosphärenreservat Mittelelbe. Es gehören die Parks und Schlösser von Luisium, Georgium, Mosigkau, Großkühnen, Leiner Berg, Sieglitzer Berg, Oranienbaum und Wörlitz (Bild) dazu.

DIE NORDDEUTSCHE TIEFEBENE

Jeder der Abschnitte des mittleren Elbtals hat seine Besonderheiten, so auch der der niedersächsischen Elbtalaue. Auch hier sind alljährlich wiederkehrende Hochwasser die Regel – und sorgen für eine reichhaltige Flora und Fauna.

umfasst so unterschiedliche landschaftliche Erscheinungsbilder wie den Naturraum Elbtalaue mit Anteilen an Muldeaue und Saaleaue, den ausgedehntesten Auenwaldkomplex Mitteleuropas, zahlreiche Altwasser, einzelne Talsandflächen und Dünen und die Dessau-Wörlitzer Kulturlandschaft mit typischen Solitäreichenwiesen.

DAS BIOSPHÄRENRESERVAT FLUSSLANDSCHAFT ELBE-BRANDENBURG

Das Biosphärenreservat Elbe-Brandenburg erstreckt sich im westlichen Brandenburg entlang des östlichen Elbufers zwischen dem mecklenburgischen Dömitz im Nordwesten und Quitzöbel im Südosten auf einer Länge von 70 Kilometern. Das 53 000 Hektar große Schutzgelände ist noch sehr naturbelassen, sicherlich aus der vormaligen DDR-Grenzlage heraus, die hier keine weitere Bewirtschaftung und keinen Publikumsverkehr zuließ. Sandbänke, Flutrinnen, Altarme, knorrige Reste alter Auwälder prägen das Bild dieses Elbabschnitts, dazu kommen weiträumige Überschwemmungsflächen, Feuchtgebiete und Binnendünen – alles zusammen Lebensräume für Pflanzen- und Tiergesellschaften sowohl der ausgesprochen trockenen als auch der feuchten und nassen Räume. Ein markantes Beispiel des praktischen Naturschutzes bietet die Deichrückverlegung bei Lenzen. Damit wurden der Elbe rund 420 Hektar Überflutungsfläche zurückgegeben. Es entstand in der Folge eine attraktive Szenerie aus Auenwald und parkartiger Weidelandschaft mit vielen Vögeln, in der auch „wild" gehaltene Pferde, die Liebenthaler Wildlinge, beobachtet werden können.

DAS BIOSPHÄRENRESERVAT FLUSSLANDSCHAFT MECKLENBURG-VORPOMMERN

An das brandenburgische schließt sich flussabwärts das Mecklenburg-vorpommersche Elb-Biosphärenreservat an. Es umfasst 65 Flusskilometer von Dömitz im Süden bis Boizenburg im Norden. Auch hier hat die abgeschiedene innerdeutsche Grenzlage zum Erhalt einer einmaligen Flussauenlandschaft beigetragen. Das naturnahe Erscheinungsbild dieser Flussauenlandschaft zeigt eine enge Verzahnung von Feuchtgebieten wie Überschwemmungs- und Qualmwasserbereiche, Brackwasser, Altarme und Niedermoore mit Trockenbiotopen, wie man sie an den Elbuferhängen und Binnendünen erkennt. Dazu kommen Reste natürlicher Auen- und Bruchwälder. Das Schutzziel des Biosphärenreservats richtet sich vor allem auf die für die Niederungen typischen, zum Teil gefährdeten Biotope an unverbauten Gewässerabschnitten, dem flussnahen Baum-

und Waldbestand, die Ufergehölze, Hecken und sonstigen Feldgehölzen, die Feucht- und Nasswiesen, Moore und Sümpfe, aber auch auf die weitere Extensivierung von Grünlandflächen im Flussbereich. So sollen die Lebensräume für viele in ihrem Bestand gefährdete oder geschützte Tier- und Pflanzenarten wie Weißstorch, Wiesenweihe, Bekassine, Eisvogel, Fischotter, Bachneunauge, Rotbauchunke, Kammmolch, Igelsegge, Fadensegge, Schwarzschopfsegge, Spitzblütige Binse, Blutauge, Kuckucks-Lichtnelke, Wasserhahnenfuß, Ranken-Lerchensporn und Acker-Filzkraut erhalten bleiben.

DAS BIOSPHÄRENRESERVAT NIEDERSÄCHSISCHE ELBTALAUE

Dieser Abschnitt erstreckt sich von Schnackenberg knapp 100 Kilometer flussabwärts bis Lauenburg, überwiegend beidseitig des Flusses, angrenzend an die Reservate Mecklenburg-Vorpommerns und Brandenburgs. Auch hier wird das Schutzgebiet durch die naturnahen Ufer und die weiten Vorländer des Flusses geprägt, die alljährlich von mehr oder weniger heftigen Hochwassern überflutet werden. An die Auen schließen sich die durch Deiche geschützten Marschen an – die Bereiche der Lüneburger, Neuhauser, Dannenberger und Gartower Elbmarsch werden von den Niederungen der Elbnebenflüsse wie Aland, Seege und Jeetzel durchzogen. Seit dem Bau der Elb-Staustufe bei Geesthacht sind diese Marschen aber nicht mehr tidenabhängig. Zum Talrand hin treten nacheiszeitliche Talsande und Dünenfelder mit flechtenreichen Kiefernwäldern auf, dazu Offensandbereiche und Sandtrockenrasen. Teilweise besteht der Talrand aus bis zu 70 Meter hohen Gletschermoränen der Eiszeit, die überwiegend mit Buchen- und Eichenwäldern bewachsen sind.

Die niedersächsische Elbaue ist ein bevorzugter Lebensraum für Amphibien, vor allem für Frösche und Kröten, von denen bestandsgefährdete Arten hier noch zahlreich vorkommen. Zu hören sind sie vor allem zur Paarungszeit. So bevorzugen Laubfrösche als Lebensraum Bäume und Sträucher in Gewässernähe. In den Dämmerungs- und Nachtstunden ertönen ihre Rufe „äpp... äpp...äpp". Die melodischen Paarungsrufe der Rotbauchunke „uuh...uuh...uuh" gehören zu den typischen Nachmittags- und Abendgeräuschen im Elbetal, wobei die Rufe mehrerer Männchen zu einer regelrechten „Klangglocke" verschmelzen können. Der Seefrosch besiedelt dagegen die Gewässer der Elbdeichvorländer, wo seine lauten, keckernden Balzrufe bei Tag und Nacht zu hören sind.

Die Elbe ist in den Bereichen der Biosphärenreservate der Flusslandschaften Elbe-Brandenburg und Mecklenburg-Vorpommern ein bedeutsames Rast- und Durchzugsgebiet für zahlreiche Vogelarten, wie für tausende Kraniche, Wildgänse, Schwäne und Kiebitze, die hier im Urstromtal ihre Zugleitlinie und wichtige Rast- und Nahrungsplätze vorfinden. Und dieser Elbabschnitt ist das Land der Störche. Mit weit über 100 Paaren, die allein im Biosphärenreservat brüten, findet man hier die größte deutsche Storchenpopulation. Im Bild der Weißstorch (Ciconia ciconia).

DIE UNTERELBE

In Geesthacht, wo sich die Flussmarschen in von den Gezeiten beeinflusste Marschen wandeln, setzt die Unterelbe ein. Das Stauwehr von Geesthacht bei Flusskilometer 586, gemessen von der tschechischen Grenze, verhindert eine weitere Tidenbeeinflussung flussaufwärts, es staut die Elbe auf ein Niveau vier Meter über dem Meeresspiegel. Von hier sind es noch 142 Kilometer bis zur Elbmündung bei Cuxhaven. Eine Doppelschleuse ermöglicht den Schiffsverkehr, dazu gibt es zwei Fischaufstiege.

Unterhalb Geesthacht durchläuft die Unterelbe ihren ersten Abschnitt, der von den Vierlanden und Marschlanden gebildet wird. Das Gebiet bestand aus zahlreichen Flussinseln, durchzogen von der Gose Elbe und Dove Elbe, die vom 12. Jahrhundert an eingedeicht wurden. Die hohe Fruchtbarkeit der Marschlande ließ hier eine intensive Landwirtschaft entstehen, die seit dem Mittelalter Hamburg mit Milch, Getreide, Vieh, Kohl und Fisch versorgte. Im 17. Jahrhundert setzte der erwerbsmäßige Gemüseanbau ein, der heute der Haupterwerbszweig der Region ist.

Vor Hamburg bildet die Elbe ein Binnendelta aus, das von den beiden Flussarmen Norder- und Süderelbe bestimmt wird. Dazwischen liegt die Elbinsel Wilhelmsburg, deren Westteil heute gänzlich vom Hafen eingenommen wird. Im weiteren Verlauf geht die Süderelbe in den Köhlbrand über, die alte Süderelbe ist westwärts zum Totarm geworden. Zwischen Nordelbe und der Altstadt erstreckt sich der älteste Teil des Hafens mit den Fleeten. Diese wurden teilweise aus den Mündungsarmen von Alster und Bille gebildet. Sie dienten zunächst der Stadtentwässerung und als Stadtgräben der Verteidigung von Hamburg, später immer mehr dem Handelsverkehr. Die Alsterauen wurden seit dem 12. Jahrhundert aufgestaut und zu Beginn des 17. Jahrhunderts mit der Errichtung der Hamburger Wallanlagen in Außen- und Binnenalster getrennt.

Die beiden Elbarme treffen bei Altona wieder aufeinander. Nunmehr reihen sich die Hamburger Vororte am Nordufer aneinander. Am Südufer geht es zunächst an der ehemaligen Insel Finkenwerder mit dem alten Hamburger Fischerdorf vorbei zum Mühlenberger Loch, wo einst die Süderelbe mündete. Ein Teil dieses großen Binnenwatts wurde für das Airbus-Firmengelände und seinen Flughafen geopfert. Im Zuge dieser Ausbauten und durch die Elbvertiefung entstanden die aufgespülten Elbinseln Schweinesand, Nasssand und Hanskalbsand. Hier beginnt auch der letzte Abschnitt der Elbe, die Niederelbe. Sie durchläuft nun eingedeichtes Marschland, im Norden die Elbmarschen, im Süden das Alte Land und das Land Kendingen. Das Alte Land mit seinen reizvollen Bauernhäusern ist das größte Obstbaugebiet Deutschlands. In der Elbe sind noch weitere Inseln, so der Pagensand unterhalb von Stade, der inzwischen unbewohnt und Naturschutzgebiet ist. Diese Inseln bilden Nebenarme der Elbe mit einigen Seitenarmen aus.

An der Mündung, gekennzeichnet durch die Bake in Cuxhaven, ist die Elbe 15 Kilometer breit. Die eigentliche Fahrrinne ist aber relativ schmal und muss für die Containerschiffe dauernd ausgebaggert werden. Den Rest der breiten Elbmündung nehmen Wattbänke wie der Medemsand ein. Da während der Eiszeit der Meeresspiegel tiefer lag, setzt sich das Elburstromtal an die 50 Kilometer weiter in der Nordsee fort.

Die Vierlanden ganz im Südosten von Hamburg haben ihren Namen von der Tatsache, dass sie aus vier Kirchenspielen zusammengesetzt waren. Auch hier begann im 18. Jahrhundert der Blumen-, Obst- und Gemüsebau, der ebenso wie die Landwirtschaft der Marschlande auf den Hamburger Markt ausgerichtet ist. (oben)

Die Elbe bei Hamburg-Altona. (unten)

Die Mecklenburgische Seenplatte

Das Holsteinische Hügelland setzt sich mit seiner Holsteinischen Schweiz ostwärts in der Mecklenburger Seenplatte fort. Sie zählt zu den schönsten Landschaften, die Deutschland zu bieten hat. Sie wird im Norden durch die Küste und Vorpommern begrenzt, im Osten durch die Oder, im Süden durch Brandenburg und im Südwesten durch das Elbtal. Luftaufnahme der Müritz bei Röbel (Bild).

Die Mecklenburger Seenplatte erhielt ihr heutiges Erscheinungsbild in der Eiszeit. Es handelt sich um ein Jungmoränengebiet, das von der letzten Kaltzeit, der Weichsel-Kaltzeit geformt wurde. Sie ist vielfältig gegliedert und zeigt die typisch glazialen Oberflächenformen. Im Zentrum erstreckt sich das Mecklenburgische Großseenland zwischen den beiden Hauptendmoränenzügen der Weichsel-Eiszeit, dem Pommerschen Stadium im Norden und dem Frankfurter Stadium im Süden. Sie erstrecken sich in Höhenlagen zwischen 70 und 100 Meter über dem Meeresspiegel. Die Wasserspiegel der großen Seen liegen bei 62 Meter. Größter See ist die Müritz (siehe Kasten Seite 121) mit einer Fläche von 117 Quadratkilometern. Weitere Seen haben eine Fläche von über 10 Quadratkilometern, so der Schweriner See, der Plauer See, der Kummerower See, der Schalsee im Westen, der den Übergang zur Holsteinischen Hügelland bildet, der Kölpingsee, der Tollensesee, der Malchiner See und der Fleesensee. Dazu kommen schier unzählige kleine Seen.

Zwischen dem Malchiner See und der Müritz verläuft quer durch das ganze Mecklenburger Seengebiet der Hauptmoränenzug des Pommerschen Stadiums, der vor etwa 20 000 Jahren angeschoben wurde. Der bogenförmige Verlauf im Bereich der Feldberger Seenplatte wird vom 146 Meter hohen Rosenberg, dem 145 Meter hohen Reiherberg, dem 123 Meter hohen Hullerbusch und dem 121 Meter hohen Hauptmannsberg markiert. Die flachen Becken nördlich und südlich des Hauptmoränenzuges haben sich nacheiszeitlich mit Wasser gefüllt und so die Seenlandschaft entstehen lassen.

DIE NORDDEUTSCHE TIEFEBENE

Viele der Seen der Mecklenburgischen Seenplatte sind durch kleinere Bäche und Flüsse miteinander verbunden. So mündet die Stör als Abfluss des Schweriner Sees (Bild) in die Eide, welche unter anderem die Müritz, den Kölpin- und Fleesensee durchfließt und bei Dömitz in die Elbe mündet.

Schon einige Jahrtausende vor der Entstehung des Hauptmoränenzug des Pommerschen Stadiums hatte sich im Frankfurter Stadium der Weichsel-Kaltzeit etwa vor 25 000 Jahren eine Gletscherzunge weiter südlich vorgeschoben und südlich des Flauer Sees und der Müritz eine sich von Nordwesten nach Südosten ziehende Endmoräne gebildet. Nördlich des Moränenzugs aus dem Pommerschen Stadium entwässern die Flüsse zur Ostsee, im Zentrum über die Elde zur Elbe und südlich über nur kleinere Abflüsse in die Havel, die ihrerseits wieder in die Elbe entwässert.

Das äußerst vielgestaltige Erscheinungsbild der mecklenburgischen Seenlandschaft ist durch Grundmoränen, Endmoränen, Zwischenstaffeln und Sanderbildungen hervorgerufen worden. In den Niederungen bildeten sich große Niedermoore, die sich örtlich bis zum Hochmoor entwickelten. Sie werden heute zumeist nach Entwässerung und Abtorfung landwirtschaftlich genutzt. Dazwischen lockern Schmelzwasserrinnen immer wieder das Landschaftsbild auf. Die Sanderflächen sind weiträumig mit Kiefernforsten bewachsen, auf nährstoffreicheren Böden stehen, sofern sie nicht landwirtschaftlich genutzt werden, naturnahe und artenreiche Buchenmischwälder.

Die Mecklenburger Seenplatte lässt sich in verschiedene Seengebiete unterteilen. Im südlichen Zentrum liegt die Müritz mit ihren benachbarten Seen im Nationalpark (siehe Seite 121). Östlich davon erstreckt sich die Feldberger Seenlandschaft, im Süden das Rheinsberger Seengebiet, im eigentlichen Zentrum der Tollensesee und die Mecklenburger Schweiz sowie südlich von Neustrelitz das Neustrelitzer Kleinseengebiet.

DIE MECKLENBURGISCHE GROSSSEENLANDSCHAFT

Im Herzen Mecklenburgs breitet sich die sogenannte Großseenlandschaft aus, bestehend aus dem Krakower Obersee, dem Plauer See, dem Fleesensee, dem Kölpinsee, der Müritz und einer ganzen Reihe weitere kleinerer Seen. Das Gebiet wird vom Naturpark Nosseentiner-Schwinzer Heide sowie vom Müritz-Nationalpark erfasst.

Der schon zu DDR-Zeiten vorgesehene und 1994 endgültig gegründete Naturpark Nosseentiner-Schwinzer Heide erstreckt sich mit einer Fläche von 365 Quadratkilometern im westlichen Teil der mecklenburgischen Großseenlandschaft zwischen Krakow und Malchow. Im Naturpark gibt es 60 Seen, von denen der Krakower Obersee der größte ist. Die Landfläche des Naturparks ist überwiegend mit Wald bedeckt, sein besonderes Merkmal sind die Sander, übrig gebliebene Sand- und Kiesablagerungen aus der Eiszeit, dazu prägen zahlreiche Moore die Landschaft. Im Naturpark brüten Seeadler und Fischadler. Auf dem Damerower Werder, einer Halbinsel im Kölpinsee, werden in zwei getrennten Anlagen, einem Freibereich und einer Schauanlage, 30 Wisente gehalten und gezüchtet. Nicht zuletzt sind noch die zahlreichen historischen Kirchen, Klöster und Gutshäuser zu erwähnen.

Blick vom Damerower Werder über einen Seerosenteppich in die Bucht Schwenzin im Kölpinsee.

DIE NORDDEUTSCHE TIEFEBENE

Der Müritz-Nationalpark erstreckt sich ostwärts der Müritz und ist durch die dazwischen liegende Stadt Neustrelitz in zwei Teile geteilt. Der westliche größere Teil ist das Teilgebiet Müritz, der kleinere östliche Teil wird Teilgebiet Serrahn genannt. Hier ist der Waldanteil gegenüber der Nosseentiner-Schwinzer Heide noch höher. Des Weiteren typisch für die glazial geformte Landschaft sind neben den Moränenzügen noch Findlinge, Zungenbecken genannte Mulden, die vom Gletschereis hinterlassen wurden, Rinnen, die das Eis ausgebildet hat, und Toteislöcher, die von Gletscherresten hinterlassen wurden.

Große Strecken des Ostufers der Müritz stehen unter Schutz. Weitere Seen im Gebiet sind der Feisnecksee, der Rederangsee, der Specker See und der Käbelicksee. Das Land ist leicht gewellt, die höchste Erhebung bildet der 100,3 Meter hohe Käflingsberg, auf dessen Kuppe ein 55 Meter hoher Aussichts- und Mobilfunkturm errichtet wurde, der gleichzeitig als Feuerwachturm fungiert. Hat man seine 167 Stufen zur Aussichtsplattform auf 31 Meter Höhe erklommen, bietet sich ein grandioser Blick über die Mecklenburger Seenlandschaft. Im Teilgebiet Serrahn sind die Moränenzüge etwas höher, so mit dem 143,7 Meter hohen Hirschberg und dem 143,2 Meter hohen Warsberg. Hier gibt es auch noch ursprüngliche Wälder, weil die hochherrschaftliche Jagdleidenschaft der Mecklenburg-Strelitzer Großherzöge Aufforstungen mit Kiefern verhindert hat.

Im Müritz-Nationalpark gibt es noch ursprüngliche Wälder, da die hochherrschaftliche Jagdleidenschaft der Mecklenburg-Strelitzer Großherzöge Aufforstungen mit Kiefern verhindert hat.

DIE MECKLENBURGISCHE SEENPLATTE

Am Ostufer der Müritz wurde 1931 das erste Naturschutzgebiet am See eingerichtet, ein Großteil dieses Ufers ist heute Teil des Nationalparks Müritz. Zum Nationalparkgebiet gehören auch noch eine Reihe kleinerer Seen östlich der Müritz, die allmählich verlanden und sich zu Niedermoorlandschaften entwickeln.

KLEINES MEER DIE MÜRITZ

Die fast 30 Kilometer breite und 13 Kilometer lange Müritz gliedert sich durch zahlreiche Buchten auf der Westseite. Nach dem Bodensee ist sie der zweitgrößte See Deutschlands. Ihr Name entspringt dem slawischen Wort *morcze* für kleines Meer. Im Osten ist der See flach, im Westen weist er tiefe Rinnen auf. Die Binnenmüritz als nördlicher schmaler Ausläufer mit der Stadt Waren am Kopfende weist die tiefste Stelle des Sees auf. Ganz im Süden zweigt von der Ausbuchtung der Kleinen Müritz der nach Süden gerichtete Müritzarm ab, an den sich der Müritzsee angliedert. Der Seespiegel der Müritz wurde im Lauf der zurückliegenden Jahrhunderte zum Betrieb von Mühlen erhöht, liegt aber seit Mitte des 19. Jahrhunderts auf 62,1 Meter über dem Meeresspiegel. Mit etwa 50 Fischarten ist diese Unterwasserfauna des Sees erstaunlich abwechslungsreich. Wichtige Vogelarten wie neben den Adlern Kraniche, Saatgänse und Zwergschwäne haben am See ihren Lebensraum.

Während die westliche Uferzone der Müritz durch Wiesen, kleine Wälder und auf sanften Hügeln geschwungenen Feldern geprägt wird, besteht der östliche, zum Nationalpark gehörende Uferbereich zumeist aus Feuchtgebüschen, Bruchwald und Schilfzonen, an die sich weitläufige Kiefernwälder anschließen.

DIE NORDDEUTSCHE TIEFEBENE

Die kleine Müritz im Müritz-Nationalpark.

DAS NEUSTRELITZER KLEINSEENLAND

Das Neustrelitzer Kleinseenland liegt in der Sanderlandschaft, die im Norden und Süden von den Hauptendmoränenzügen des Pommerschen und Frankfurter Stadiums begrenzt wird. Dazwischen breiten sich einzelne Moränenkuppen aus. Im Westen reicht das Gebiet bis zu den Serrahner Bergen, im östlichen Teil bis zum Käflingsberg. Der Müritz-Nationalpark nimmt große Gebietsteile ein. Zahlreich sind die zumeist kleineren Seen, oft als lang gestreckte Rinnenseen ausgebildet, teilweise auch als Seenketten in unterschiedlicher Ausrichtung. Daneben gibt es trocken gefallene Seen, Verlandungsmoore und Feuchtwiesen.

DIE FELDBERGER SEENLANDSCHAFT

Die Feldberger Seenlandschaft erstreckt sich im Südosten Mecklenburgs. Eine Reihe mittelgroßer Seen weist das Gebiet auf, so den Großen See, den Breiter Luzin, den Hausee und den Carwitzer See. Das Erscheinungsbild der Landschaft spiegelt ihren verschachtelten geologischen Aufbau aus Grund-, Stauch- und Endmoränen sowie Sandern wider. Das Relief wirkt durch die Verzahnung von großflächigen Wäldern, Ackerflächen und die Vielzahl kleiner und größerer Gewässer unruhig, was aber den ganzen Reiz der Landschaft ausmacht. Nach Norden zu erheben sich die Endmoränen höher hinaus und erreichen in dem der Helpter Bergen bei Woldegk mit 179 Meter Höhe zugleich die höchste Erhebung in Mecklenburg-Vorpommern. Hier findet sich gleichzeitig die Wasserscheide zur Peene. Die Seen der Landschaft sind teilweise durch steile Ufer und größere Tiefen gekennzeichnet. Man findet Kesselmoore mit Schwingrasen, Hangquellen, vielfältige Laubwaldgesellschaften, Mager- und Trockenrasenhänge, Wiesen und Röhrichtgürtel.

DIE MECKLENBURGISCHE SCHWEIZ

Bei der eigentlichen Mecklenburgischen Schweiz handelt es sich um einen Endmoränenzug, der sich westlich des Malchiner und Teterower Beckens erhebt. Er ist stark gegliedert und erreicht nördlich von Malchin mit 123 Meter seine höchste Stelle und liegt damit rund 100 Meter über den Seespiegeln. Die landwirtschaftliche Nutzung überwiegt, das Landschaftsbild ist aber durchsetzt von Wäldern, die sich auf den steileren Hängen ausbreiten. Dazu gibt es naturnahe Buchenwälder, Sumpf- und Bruchbereiche, Kesselmoore, größere Altbuchen- und Eichenbestände sowie Obstbaumwiesen. Ein großer Teil der Landschaft wird vom Naturpark Mecklenburgische Schweiz und Kummerower See eingenommen – ein Gebiet, das viele Touristen wegen seiner landschaftlichen Schönheit anzieht, aber auch wegen seiner Schlösser und ursprünglichen Dörfer.

Der Naturpark Mecklenburgische Schweiz und Kummerower See erstreckt sich um die

Die Mecklenburgische Schweiz hat keine genau festgelegten Grenzen – im Kern breitet sie sich um den Malchiner (rechts) und Kummerower See aus, im weiteren Sinn reicht sie im Westen bis Güstrow, im Osten bis zum Tollensesee.

DIE NORDDEUTSCHE TIEFEBENE

> Die Folianten vergilben, der Städte gelehrter Glanz erblicht, aber das Buch der Natur erhält jedes Jahr eine neue Auflage.
>
> *Hans Christian Andersen (1805–1875)*

Der Tollensesee (links) ist, gut 18 Quadratkilometer groß, ca. zwei Kilometer breit und knapp über 30 Meter tief.

beiden Seen des Malchiner und Kummerower Beckens, einer eiszeitlichen Rinne. Neben den großen Seen wird das Landschaftsbild durch vermoorte Senken, Torfstiche sowie Erlen- und Weidenbrüche bestimmt, das eigentliche Becken wird überwiegend durch Wiesen und Weiden genutzt, in den Randbereichen wird auf den Grundmoränen auch Ackerbau betrieben. Im Südteil liegt der Malchiner See, fast vierzehn Quadratkilometer groß, im Schnitt aber nur zwei Meter tief. In seiner Mitte befindet sich eine Sandschwelle, an der der See nur einen halben Meter flach ist. Im nördlichen Teil des Beckens liegt der 34 Quadratkilometer große Kumerower See. Er ist etwas tiefer als der Malchiner See, liegt aber nur 30 Zentimeter über dem Meeresspiegel, sodass über die entwässernde Peene Wasserstandsänderungen der Ostsee seinen Seespiegel beeinflussen können. Das westliche Ufer ist stark verschilft und sumpfig, die östliche Uferzone ist weniger stark verschilft und daher zugänglicher. Westlich des Endmoränenzugs der Mecklenburgischen Schweiz erstreckt sich noch der Teterower See. Er ist nur 3,3 Kilometer lang, 1,9 Kilometer breit, hat eine durchschnittliche Tiefe von vier Metern und liegt knapp zwei Meter über dem Meeresspiegel. Seine Uferlinie ist vor allem im Südteil stark gegliedert. Auf der Burgwallinsel im See befand sich einst eine slawische Siedlung, weshalb die Insel im Sommer 2010 von der UNESCO zum „Schützenswerten Kulturgut der Menschheit" erklärt wurde.

Der Tollensesee im Osten erstreckt sich südlich der Stadt Neubrandenburg, es ist ein typischer, glazial entstandener Zungenbeckensee, der in eine Grundmoränenplatte eingesenkt ist. Dazu zählt noch der Lieps als kleinerer, südlich gelegener See. Der Tollensesee ist mit Hang- und Buchenwäldern umstanden, während die Lieps weite Verlandungszonen aufweist. Dazu kommen in unmittelbarer Umgebung der Seen Bruchwälder und Feuchtwiesen. In der Niederung überwiegt die Grünlandnutzung, So stadtnah gelegen, werden beide Seen stark als Naherholungsgebiet frequentiert.

Der Inselsee im Westen erstreckt sich südlich von Güstrow. Er ist knapp fünf Quadratkilometer groß. Die Schöninsel in der Mitte teilt den See in einen flachen nördlichen und den über sechs Meter tiefen südlichen Teil. Der westliche Teil liegt im Naturschutzgebiet Gutower Moor, einem der seltenen Durchströmungsmoore – Durchströmungsmoore werden von einem deutlichen Grundwasserstrom infiltriert, wobei das Grundwasser aber im Moorkörper verbleibt und nicht als Quelle zutage tritt.

Der Krakower See im Süden grenzt schon an der Naturpark Nossentiner-Schwinzer Heide. In einer sehr hügeligen Umgebung gelegen, teilt er sich in einen Unter- und Obersee. Der Obersee bildet mit seinen Inseln und Schilfgürteln sowie angrenzenden Waldbereichen, Grünlandflächen, Feuchtwiesen und einem Durchströmungsmoor ein bedeutendes Rückzugsgebiet für zahlreiche Vogelarten, unter anderem gibt es hier eine große Kormorankolonie. Der Obersee steht seit 1939 unter Schutz und ist somit eines der ältesten Naturschutzgebiete Mecklenburg-Vorpommerns.

Brandenburg

Die Streusandbüchse des Heiligen Römischen Reiches wurde die Mark Brandenburg schon vor Jahrhunderten spöttisch genannt – Streusandbüchsen waren die Behälter für feinen Sand, den man anstatt eines Löschblattes zum Trocknen der frischen Tinte auf Schriftstücke rieseln ließ. Den Sand hat die Eiszeit hinterlassen und das Land in mehrere Teillandschaften aus zahlreichen Grundmoränenplatten mit Grundmoränenseen und Seerinnen, Endmoränenzügen, Sanderflächen und verzweigten Urstromtälern gegliedert. Großräumig werden diese Teillandschaften von Norden nach Süden in den Nördlichen Landrücken, in das Eberswalder und Berliner Urstromtal mit den dazwischen liegenden Platten, in die Platten im Übergang zum Baruther Urstromtal, in den Südlichen Landrücken und letztendlich in das Lausitzer Urstromtal unterteilt. Im Zentrum der brandenburgischen Landschaft aus Havel und Spree breitet sich die Großstadt Berlin aus.

DIE PRIGNITZ

Die Prignitz ist die nordwestliche Teillandschaft Brandenburgs. Sie besteht im Wesentlichen aus einer Altmoränenhochfläche des Nördlichen Landrückens, der sich in Höhenlagen wenig über 100 Meter erstreckt und im Westen in die Elbtalaue übergeht, wo sich der Naturpark Flusslandschaft Elbe-Brandenburg ausbreitet. Im Osten begrenzt das Tal des Havelzuflusses der Dosse die Prignitz. Die 90 Kilometer lange Dosse entspringt ganz im Norden der Region an der Grenze zu Mecklenburg-Vorpommern.

Die Prignitz zählt zu den am dünnsten besiedelten Gebieten Deutschlands. Die Landflucht

Den Spreewald im Südosten Brandenburgs durchziehen sowohl natürliche Flusslaufverzweigungen als auch angelegte Kanäle. Das weit verzweigte Gewässernetz wurde bereits 1991 von der UNESCO als Biosphärenreservat anerkannt.

DIE NORDDEUTSCHE TIEFEBENE

Das Wahrzeichen der Prignitz sind die Störche (Ciconia ciconia), die dem kleinen Ort Rühstädt als Storchenparadies seinen zweiten Namen gegeben haben – hier brüten jährlich bis zu 40 Paare.

DIE UCKERMARK

Die Uckermark stellt den nordöstlichen Teil des Brandenburger Nördlichen Landrückens dar. Die Region erstreckt sich zwischen den Talzügen von Ucker und Randow als flachwelliges bis kuppiges Moränengebiet, das abwechselnd von Grund- und Endmoränen und Sandern aufgebaut wird und von großflächigem Ackerbau bestimmt ist. Unterbrochen wird die strukturarme Region durch Kleingewässer, Seen, Sölle – im Sommer teilweise trockenfallende Teiche – und kleinere Fließgewässer. Größere Waldbereiche erstrecken sich südwestlich der Ucker. Vor allem im östlichen Landesteil bietet die Uckermark ein Wechselbild aus Wald und Seen. Viele dieser Seen sind als Lebensraum für bestandsbedrohte Vogel- und Amphibienarten von Bedeutung.

wurde schon durch die DDR durch die grenznahe Lage der Region betrieben. Seit der Wiedervereinigung hat sich dieser Trend aus wirtschaftlichen Gründen fortgesetzt.

Die überwiegend ackerbaulich genutzte Prignitz bietet ein flach welliges Landschaftsbild, das nur im Norden etwas kuppig wird. Die höchste Erhebung liegt mit 152 Meter bei Halenbeck. Aufgelockert wird das Landschaftsbild durch die grünlandbewachsenen Rinnen der abfließenden Gewässer, durch Heckenstrukturen und durch die mit Kiefernforsten bewachsenen Hügelketten. Das größte Waldgebiet liegt im Osten bei Blumenthal. Die weit verzweigten Wasserläufe der Prignitz bieten wegen ihrer geringen Beeinflussung durch die Menschen noch einen naturnahen Charakter, so ist das Gewässernetz der Stepenitz Naturschutzgebiet, ein weiteres großflächiges Naturschutzgebiet bildet das Tal der Karthane.

DAS HAVELLAND

Die Havel ist ein rechtsseitiger Zufluss der Elbe. Sie entspringt in der Mecklenburgischen Seenplatte, richtet sich windungsreich nach Süden, durchquert zwischen Barnim und Glien das Eberswalder Urstromtal, wendet sich ab Berlin in einem großen Bogen west-nordwestwärts und mündet unterhalb Havelberg in die Elbe. Auf ihrer 334 Kilometer langen Strecke weist sie nur ein Gefälle von kaum mehr als 40 Metern auf. Größter Nebenfluss ist die Spree, die an ihrer Mündung oberhalb des Wannsees die doppelte Menge Wasser in die Havel einbringt als sie selbst führt. Im Mittellauf durchfließt die Havel ab dem Norden Berlins bis Brandenburg eine Kette von gößeren und vielen kleinen Seen, darunter den Wannsee in Berlin, den Schwielowsee bei Werder und den Breitlingsee bei Brandenburg selbst. Zwischendurch wird die

DIE RUPPINER SCHWEIZ UND DIE RHEINSBERGER SEENLANDSCHAFT

Die Ruppiner Schweiz erstreckt sich im Norden Brandenburgs zwischen der Prignitz im Westen und der Uckermark im Westen. Im Nordosten schließt sich das Rheinsberger Seengebiet an, dass den Ausläufer der Neustrelitzer Seenlandschaft und damit letztlich die Fortsetzung der Mecklenburgischen Seenplatte nach Brandenburg hinein darstellt.

Die Ruppiner Schweiz ist im Gegensatz zu vielen anderen brandenburgischen Landschaften durch kuppige Grandmoränenzüge, ebene Sanderflächen und lang gezogene Endmoränen stärker strukturiert. In den Rinnen der Talsande sind viele Seen eingebettet, die Hügel bedecken Kiefernforste. Der westliche Teil wird von einem großen Truppenübungsplatz eingenommen, der früher von der Sowjetarmee und heute von der Bundeswehr genutzt wird – hier finden sich großflächig Magerrasen und Heidevegetation.

Die Rheinsberger Seenlandschaft wird großenteils vom 10 000 Hektar großen Naturpark Stechlin-Ruppiner Land eingenommen. Mit fast 70 Meter Tiefe ist der „Stechlin" der tiefste See Brandenburgs, dessen Boden bis unter den Meeresspiegel reicht. Entstanden ist er aus einem mächtigen Toteisblock, der sich in eine Sanderfläche eingedrückt hat. Nahe beim Stechlin liegt der 170 Hektar große Nehmitzsee mit seinen zahlreichen Buchten. An seiner Nordspitze stand zu DDR-Zeiten ein Kernkraftwerk, das inzwischen weitgehend zurückgebaut ist. Ein Großteil der Uferzone des Wittwesees, westlich des Nehmitzsees gelegen, ist geschützt. Der Rheinsberger See wird vom Rhin durchflossen und liegt etwas nördlich von Rheinsberg entfernt. Auf der im See liegenden Remusinsel wurden Spuren slawischer Besiedlung und eine nicht mehr vorhandene Burg gefunden. Der buchtenreiche Zootzensee liegt beim Ort Zechliner Hütte im nördlichen Teil des Rheinsberger Seengebietes. Westlich davon befindet sich der Große Zechliner See, der wie alle Seen der Region eine hervorragende Wasserqualität aufweist und unter Naturschutz steht.

Etwa hundert Seen befinden sich im Gebiet der Rheinsberger Seenplatte, der bekannteste darunter ist der Große Stechlinsee (Bild), seit Theodor Fontanes großartigem, 1897 erschienen Roman eigentlich nur noch „Stechlin" genannt.

DIE NORDDEUTSCHE TIEFEBENE

Fluss- und Seenlandschaft der Havel immer wieder von bewaldeten Moränenhügeln begleitet, so dem Grunewald im Westen Berlins.

Bei Brandenburg wendet sich die Havel in ihrem Unterlauf wieder nordostwärts bis zur Mündung. Das gesamte untere Havelland bildet mit den angrenzenden Flachgebieten das größte zusammenhängende Binnen-Feuchtgebiet Deutschlands. Auch die in großen Bereichen erfolgte Renaturierung der Havel hat den ursprünglichen Charakter des Flusses mit Auen, gewundenem Verlauf und unbefestigten Ufern wieder stärker zum Tragen gebracht. Die letzten 90 Kilometer ihres Flusslaufs zwischen Pritzerbe und der Mündung werden hauptsächlich von Wiesen und Weiden, naturnahen Flussufern und Altwas-

DIE SCHORFHEIDE

Die Schorfheide bildet den Abschluss der Uckermark und ist gleichzeitig das südöstliche Ende der Mecklenburger Seenplatte. Durchzogen vom Nördlichen Landrücken wird durch das reich gegliederte Gebiet von ausgedehnten Wäldern, zahlreichen Seen und weiten, offenen Räumen geprägt. Dabei haben sich große Sandergebiete im Südwesten ergeben, die heute von den Kiefernwäldern der Schorfheide eingenommen werden, und die Grundmoränen im Norden und Nordosten, die weiträumig ackerbaulich genutzt werden; in den Talauen der Wasserläufe sind noch viele Moore verblieben. Die Seen sind unterschiedlich ausgebildet, oft ergeben sie lang gestreckte Ketten. Fast das gesamte Gebiet der Schorfheide wurde 1990 als Biosphärenreservat ausgewiesen. Die Wälder bieten vor allem auch Lebensraum für den Schwarzstorch, das Vogelschutzgebiet „Schorfheide-Chorin" ist auch wichtiges Vogelbrut- und Rastgebiet. Bedingt durch den Gewässerreichtum sind Amphibien, wie die vom Aussterben bedrohte Rotbauchunke noch in hoher Populationsdichte vorhanden; auch Biber und Fischotter sind im Gebiet verbreitet.

Die Wälder der Schorfheide gehören zu den ausgedehntesten in ganz Norddeutschland – und sie erstrecken sich nahe der Hauptstadt Berlin. Kein Wunder also, dass die preußischen Könige und die späteren Kaiser hier ihrer Jagdleidenschaft nachgingen. Sie errichteten sich Mitte des 19. Jahrhunderts am Westufer des Werbellinsees das Jagdschloss Hubertusstock, dass die Gäste der Herrscher zu den Jagden aufnahm.

Ein Luchs (Lynx lynx) im Gehege im Wildpark Schorfheide in Groß Schönebeck. Der Wildpark beherbergt ausschließlich Wildtierarten, die in der Schorfheide heimisch sind und solche, die in freier Wildbahn als ausgestorben gelten. Der Park umfasst eine Fläche von 100 Hektar und hat ein sieben Kilometer langes Wanderwegesystem.

sern, aber auch von großen Schilfröhrichten und Weidenwäldern begleitet. Davon profitieren viele geschützte Vogelarten, Fischotter, Fischadler, Biber und Flussneunaugen.

DAS ODERBRUCH

Das 70 Kilometer lange und bis zu 20 Kilometer breite Oderbruch erstreckt sich westlich der Oder ab Frankfurt flussabwärts bis zum Eberswalder Urstromtal. Im Osten wird es durch die Moränenplatten der Barnim und der Lebuser Platte begrenzt, es stellt eine Talniederung, entstanden aus einer eiszeitlichen Gletscherzunge, dar. Das heutige Landschaftsbild des Oderbruchs wurde durch die Begradigung der Oder seit dem 18. Jahrhundert geprägt, seither ist mit Eindeichung und Entwässerungsgräben die Trockenlegung des bisherigen Feuchtgebietes erfolgt. Heute wird das weitgehend ebene Gebiet mit seinen guten Auenböden überwiegend ackerbaulich genutzt. Feuchtwiesen und Weiden sind nur noch an der Ostflanke verblieben. Doch gerade hier sind diese Flächen von großer Naturschutzbedeutung. So stellt das Vogelschutzgebiet „Deichvorland Oderbruch" einen verbliebenen Rest der ehemaligen Auenlandschaft dar, der noch der Abflussdynamik eines größeren Flusses unterliegt.

DER FLÄMING

Benannt ist der Fläming nach den Flamen, die von den Herrschern der Mark Brandenburg ab dem 12. Jahrhundert als Siedler ins Land geholt wurden. Am eiszeitlich gebildeten Höhenzug des Flämings kann man Spuren der letzten drei Kaltzeiten finden. Er gehört zum Südlichen Höhenrücken Brandenburgs und gliedert sich in ein zentrales Hochland mit drei von West nach Ost reichenden Hügelländern. Eingerahmt wird der Fläming vom Baruther Urstromtal im Norden und im Süden vom Breslau-Magdeburg-Bremer Urstromtal, das hier von der Elbe genutzt wird. Ostwärts setzt sich der Höhenrücken im Lausitzer Grenzwall fort.

Die Hinterlassenschaften aus der Elster-Kaltzeit sind im Bereich des Fläming nur im Untergrund zu finden. Während der Saale-Kaltzeit erreichte das Eis im Bereich des Fläming seinen südlichsten Vorstoß, es hinterließ Grundmoränenareale und stauchte die Untergrundsedimente zu Endmoränenzügen auf. In der Weichsel-Kaltzeit erreichte es den Fläming dann nur noch punktuell. Aus dieser Zeit stammen aber beispielsweise große Sandanwehungen. So sind der Hohe und der Niedere Fläming noch Altmoränenlandschaften, während die umgebenden Niederungen dem Jungmoränenland der Weichsel-Kaltzeit zuzurechnen sind. So kommt es, dass der bis 200 Meter aufragende Hohe Fläming als durch Abflüsse strukturierte Geländestufe zum Baruther Urstromtal trotz seiner eiszeitlichen Entstehung fast schon Mittelgebirgscharakter hat. Nach Süden zur Elbe hin fällt das Gelände flacher ab.

Wegen der Ursprünglichkeit großer Areale des Flämings und seiner dünnen Besiedlung sind weite Flächen in drei Naturparks integriert, den über 80 000 Hektar umfassenden „Naturpark Hoher Fläming", den „Naturpark Nuthe-Nieplitz", mit relativ kleinem Anteil am Fläming, sowie den 2005 als jüngsten Park gegründeten „Naturpark Fläming", der sich mit ebenfalls über 80 000 Hektar Fläche auf dem Landesgebiet von Sachsen-Anhalt

DIE NORDDEUTSCHE TIEFEBENE

Das Oderbruch wird nach wie vor von großen Überschwemmungen heimgesucht. Wenn dies geschieht, ist die gesamte Ernte des flachen Gebiets vernichtet – was früher eine große Katastrophe war. Besonders schlimm war das Hochwasser des Jahres 1947, als es den Menschen ohnehin schlecht ging. Das letzte große Hochwasser ereignete sich 2010. Ursache waren starke Niederschläge mit zum Teil 200 Litern pro Quadratmeter, die das Oderbruch voll laufen ließen.

erstreckt. An der Landesgrenze im Norden schließt er unmittelbar an den Naturpark Hoher Fläming an.

DIE NIEDERLAUSITZ

Die Niederlausitz ist eine der vielen Ausbuchtungen des Norddeutschen Tieflandes. Die Region wird vom Lausitzer Grenzwall durchzogen, einem bis zu 175 Meter hohen Moränenwall aus der Saale-Kaltzeit, der aus zwei parallelen Zügen, die nach Süden durch Sanderflächen gekennzeichnet sind, besteht. Dieser Grenzwall bildet die Wasserscheide in der Niederlausitz, lediglich die Spree durchbricht ihn in seinem östlichen Teil. Nördlich des Grenzwalls bildet die Spree mit ihren Zuflüssen ein ausgedehntes Niederungsgebiet, geprägt durch ihre Flusslaufverzweigung, die durch Kanäle noch ausgeweitet wurde. Diese als „Spreewald" (siehe Kasten rechts) bekannte Auen- und Moorlandschaft ist altes Kulturland, gleichzeitig ist diese Landschaft für den Naturschutz besonders wertvoll und als Biosphärenreservat geschützt. Ansonsten ist die Niederlausitz neben Acker- und Grünlandbewirtschaftung durch Kiefernforste, Heiden und Erlenbruchwälder gekennzeichnet.

Im Erdzeitalter des Tertiärs war der gesamte Brandenburger Bereich immer wieder vom Meer überflutet. Aus der Flora der Küstenmoore entstanden durch überlagerte Sedimente Braunkohlenflöze, die in der Niederlausitz seit Beginn des 19. Jahrhunderts abgebaut wurden. Nach dem Ende der DDR-Zeit wurde der Abbau auch in der Lausitz eingeschränkt. Im Rahmen der Renaturierungsmaßnahmen entstanden und entstehen großartige Seenlandschaften, die als Erholungsgebiete Zukunftsperspektiven bieten.

Die Niederlausitzer Seenlandschaft

Im Zuge der Umwandlung von zwölf ehemaligen Tagebaugruben entsteht eine großartige Seenlandschaft aus neun Seen mit einer Gesamtwasserfläche von 8000 Hektar. Die meisten dieser Wasserflächen, die auch auf sächsisches Gebiet übergreifen, sind durch schiffbare Kanäle miteinander verbunden. Die neuen Seeufer werden vielfältig gestaltet, so als Naturrückzugsraum, für Freizeitanlagen, für Hafenanlagen, Hotels, Ferienparks etc. Dazu kommt ein weitläufiges Naturwegenetz für Wanderer, Radler und Inlineskater etc. Es gibt zahlreiche Aussichtspunkte, von denen aus der Landschaftswandel in der Niederlausitz erkennbar ist. Einige davon liegen unmittelbar am Tagebaurand, sind über öffentliche Straßen erreichbar und gewähren tiefe Einblicke in die Dimensionen des Bergbaus, sowohl was die riesigen Tagebaugeräte betrifft als auch was die Erfolge der Rekultivierungsmaßnahmen betrifft.

DER SPREEWALD

Gleich die erste halbe Meile ist ein landschaftliches Kabinettstück (…) es ist die Lagunenstadt im Taschenformat, ein Venedig, wie es vor 1500 Jahren gewesen sein mag (…) man kann nichts Lieblicheres sehn als dieses Lehde.

Theodor Fontane (1819–1898)

Der Spreewald stellt heute eine der bedeutendsten Sehenswürdigkeiten Brandenburgs dar. Er erstreckt sich als verzweigtes, von der Spree gebildetes Gewässernetz nördlich des Lausitzer Grenzwalls und wird in den Unteren und Oberen Spreewald unterschieden. Zwischen beiden Teilbereichen vereinigt sich die Spree bei Lübbenau auf einer kurzen Strecke. Flussabwärts geht der Untere Spreewald am Neuendorfer See in die Lieberoser Heide über. Östlich und westlich sind die Grenzen weniger markant, da sich beiderseits das Baruther Urstromtal fortsetzt.

Auch der Spreewald ist wie fast alle norddeutschen Landschaftsbilder eiszeitlich geformt. Es ist eine Jungmoränenlandschaft, die sich im flachen Urstromtal gebildet hat, in die kleinere aufgewehte Sanderflächen eingebettet sind. Das Gefälle des Flusses beträgt auf der ganzen Strecke durch den Spreewald nur 15 Meter. Auf den Sandern haben die Bewohner des Spreewaldes, slawische Sorben, die bis heute ihre eigenständige Kultur und Sprache und Trachten pflegen, ihre Siedlungen errichtet. Dauergrünland, Bruchwald und Äcker bestimmen das Erscheinungsbild der Beckenlandschaft Spreewald. Im April 1991 anerkannte die UNESCO den noch zu DDR-Zeiten eingeleiteten Schutz für den Spreewald als Biosphärenreservat.

Traditionell wurde der Verkehr innerhalb des Spreewaldes mit Kähnen betrieben. Jedes Gehöft hat seinen eigenen Anleger. Kahnpartien bilden bis heute die große Attraktion des Spreewaldes.

Die Magdeburger Börde

Die Magdeburger Börde ist eine zu ihren Grenzen hin weitgehend offene Landschaft. Im Norden dieser Börde breiten sich die Colbitz-Letzlinger Heide und der Naturpark Drömling aus. Nach Osten begrenzt die Elbe die Börde, obwohl sie sich zu Teilen auch jenseits des Flusses fortsetzt. Nach Süden geht die Landschaft über das Harzvorland in den Harz über und im Westen ist der Übergang zur Hildesheimer Börde kaum merklich.

Die Magdeburger Börde liegt auf einer Höhe von durchschnittlich 100 Metern über dem Meeresspiegel, einzelne Bodenwellen ragen 20 bis 30 Meter darüber hinaus. Die höchste Erhebung bildet der 145,7 Meter hohe Große Wartberg bei Niederndodeleben. Die Lössabdeckung hat die Magdeburger Börde zur fruchtbarsten Landschaft Deutschlands gemacht. Hier findet man einen mächtigen humosen Schwarzerde-Oberboden vor, dessen Qualität auf einem stabilen Gefüge und guter Wasser- und Nährstoffverfügbarkeit beruht, weshalb hier auch großflächig Weizen- und Zuckerrübenanbau betrieben wird. Dadurch, dass die Magdeburger Börde im Windschatten des Harzes liegt, fällt hier nur ein jährlicher Niederschlag von kaum mehr als 500 Millimeter, wodurch wiederum die Ackerfluren stark der Winderosion ausgesetzt sind. Im Zuge der wissenschaftlichen Bewertung von Bodenqualitäten erhielt der Boden in der Bördengemeinde Eickendorf, heute zum Gemeindezusammenschluss Bördenland gehörig, die Bodenwertzahl 100. Nach dem Zweiten Weltkrieg fand man allerdings in der Magdeburger Börde einen Boden, dem sogar die Bodenwertzahl 102 als hochwertigstem Boden Deutschlands beigegeben werden konnte.

Die Randlandschaften der Magdeburger Börde sind unterschiedlich strukturiert. Im Norden zieht sich der Flechtinger Höhenzug bis zur Aller entlang. Er stellt aber keine Endmoräne dar, sondern hier treten geologisch alte Gesteine an die Oberfläche. Südwestlich davon bilden die bewaldeten Höhenzüge von Elm und Lappwald mit den in ihnen eingelagerten Lössmulden als Übergangslandschaft die Fortsetzung der Magdeburger Börde zur Hildesheimer Börde.

DIE NORDDEUTSCHE TIEFEBENE

Die Magdeburger Börde stellt sich als waldarme, flach gewellte Landschaft dar, deren Gelände während der Saale-Eiszeit mit Moränenmaterial bis in das Harzvorland geformt und anschließend mit einer mächtigen Lössschicht bedeckt wurde.

Während der Auffaltung des Harzes im Erdzeitalter der Kreide vor annähernd 100 Millionen Jahren entstand im Harzvorland eine Aufrichtungszone, die Gesteine aus Buntsandstein, Muschelkalk und Keuper steil emporragen ließen. Durch spätere Abtragung blieben Muschelkalkhöhenrücken zurück, wie sie vom Huy und vom Hakel gebildet werden. Die Harzabflüsse Oker, Ecker und Bode haben hier mächtige Schotterterrassen aufgeschüttet. Einer der Muschelkalkhöhenrücken ist der am Hardelsberg 314 Meter hohe Huy, auf dessen Kamm sich das 1080 gegründete Kloster Huysburg erhebt. Östlich auf dem Hakel, einer weiteren Muschelkalkerhebung, befand sich die Domburg als altgermanische Kultstätte, später eine mittelalterliche Burg. Die Höhenzüge tragen Eichen- und Hainbuchenwälder und sind für ihre artenreiche Vogelwelt bekannt. Beide Bergsättel und weitere Höhenzüge der Umgebung werden fast vollständig von Landschaftsschutzgebieten eingenommen, der Hakel ist sogar großflächiges Naturschutzgebiet (siehe Kasten rechts).

Gletschertöpfe am Hardelsberg, topf- oder schachtartige Vertiefungen im Kalkgestein, die durch abfließendes Schmelzasser im Bereich von Gletschereis entstanden, zeugen noch von der früheren Inlandeis-Bedeckung der Region.

KLEINOD IM HARZVORLAND

DAS NATURSCHUTZGEBIET HAKEL

Das Naturschutzgebiet Hakel besteht aus zwei Waldgebieten, dem Großen und Kleinen Hakel, die etwa 20 Kilometer östlich von Halberstadt im nordöstlichen Harzvorland liegen. Der 244,5 Meter hohe Große Hakel ist mit der Domburg, der einstigen germanische Kultstätte und späteren mittelalterlichen Burg, stärker gegliedert. Im Untergrund besteht er aus Gesteinen des Erdzeitalters des Unteren Muschelkalks. Die Waldvegetation weist auf jahrhunderte lange Mittelwaldbewirtschaftung hin. Auffallend ist der hohe Anteil Wärme liebender Arten im lindenreichen Eichen-Hainbuchenwald, darunter die Elsbeere und der Speierling. Neben Säugetieren, Insekten, Amphibien weist das Areal weitere Besonderheiten auf, so die Glanzschnecke *Aegopinella minor* und die Große Laubschnecke *Euomphalia strigella*, beides Wärme liebende Arten der Schneckenfauna mit subkontinentalem Charakter.

Das Naturschutzgebiet Hakel weist einen großen Greifvogelreichtum auf, darunter stabile Bestände von Schwarzmilan (Milvus migrans) und Rotmilan (Milvus milvus – Bild) sowie vom Schreiadler. Regelmäßig brüten insgesamt 75 Vogelarten im Naturschutzgebiet.

Die Leipziger Bucht

Die Leipziger Bucht, eine tertiäre Meeresbucht, greift als Teil der Norddeutschen Tiefebene weit in die Mittelgebirge hinein. Begrenzt wird sie nördlich durch den sich an der oberen Mittelelbe entlang streckenden Altmoränenzug der Dübener Heide, im Osten von der Elbe mit der vorgelagerten Dahlener Heide, im Südosten durch das Erzgebirgevorland, im Südwesten durch die Randberge des Thüringer Beckens und im Westen durch das Harzvorland. Im Zentrum der Bucht breiten sich die beiden Großstädte Leipzig und Halle aus.

Schloss Goseck über dem Saaletal bei Freyburg.

Die Leipziger Bucht entwickelte sich in erdgeschichtlichen Zeiträumen in dem Maße zum flachen Senkungsbecken wie die Hebung und Schrägstellung des Erzgebirges erfolgte. Als Sedimente lagerten sich Kies, Sand und Ton ab. Später versumpfte das Gelände, es bildete sich organisches Material, das dann von weiteren Sedimenten überlagert wurde, sodass Braunkohle im Becken entstand. Grund- und Endmoränenmaterial strukturierte das Relief im östlichen Teil des Landes, Erhebungen können bis zu 180 Meter über dem Meeresspiegel erreichen.

Während der Kaltzeiten wurde im Becken großflächig Löss angeweht. Darin haben sich die Täler der Saale, der Weißen Elster, der Pleiße, der Mulde und der Wyhra nordwärts eingegraben. Eine Besonderheit stellen aufragende Festgesteine in der Leipziger Bucht dar. Es handelt sich um Porphyre des Halleschen Vulkanitkomplexes bei Landsberg und Niemberg.

Nachhaltig wurde das landschaftliche Erscheinungsbild der Leipziger Bucht durch

DIE NORDDEUTSCHE TIEFEBENE

Einige Auenlandschaften sind noch erhalten. Ansonsten wird das einst weitflächig bewaldete Becken der Leipziger Bucht intensiv ackerbaulich genutzt.

den Braunkohlenabbau umgestaltet. Halden und Tagebau bestimmen mit ihren tiefen Einkerbungen die Landschaft, Flüsse wurden in neue Betten umgeleitet, der Grundwasserspiegel nachhaltig gesenkt. Im Lauf des 20. Jahrhunderts baggerte sich der Braunkohlenabbau immer weiter nach Norden vor. Nach der Wende wurde der mitteldeutsche Tagebau nachhaltig beschränkt und im Zuge von Rekultivierungsmaßnahmen großflächig in Erholungs- und Freizeitgebiete umgewandelt.

DAS MITTELDEUTSCHE BRAUNKOHLEREVIER

Das Mitteldeutsche Braunkohlerevier verteilt sich großflächig über die Leipziger Bucht. Schwerpunkte des Tagebaus liegen zwischen Leipzig und Altenburg, um Bitterfeld, bei Zeitz und südöstlich von Merseburg. Aus der vom Menschen aufgerissenen Erde mit Tiefen, die bis weit unter den Meeresspiegel reichen, ist seit dem weitgehenden Einstellen des Braunkohlenabbaus durch Renaturierung eine „blühende Landschaft" mit Seen, die zum Wassersport einladen, Rad- und Wanderwegen, Ferieneinrichtungen und Gastronomiebetrieben geworden, wo auch die Natur und der Naturschutz zu ihrem Recht kommen.

Im ehemaligen Tagebau Golpa-Nord bei der Paul Gerhard-Stadt Gräfenhainichen wurde ein Industriepark eingerichtet, in dem Besucher die ehemaligen Großbagger besichtigen können. Aus den einstigen „Mondlandschaften" des Bitterfelder Bogens sind Seenlandschaften entstanden. Aus dem ehemaligen Tagebaubogen südlich von Leipzig entstand eine weitere Seenlandschaft, die gern auch als „Leipziger Badewanne" bezeichnet wird. Diese Seenlandschaft zieht sich bis vor die Tore Altenburgs hin. Die Brikettfabrik bei Zeitz stellte bereits 1959 ihren Betrieb ein – schon damals erkannte man den industriegeschicht-

DIE LEIPZIGER BUCHT

lichen Stellenwert dieser Fabrik und stellte sie 1961 unter Denkmalschutz.

Der Abbau im Geiseltal südwestlich von Merseburg ist durch seine Fossilienfunde aus der Zeit der Braunkohlenbildung im Erdzeitalter des Tertiär vor 50 Millionen Jahren bekannt. Der Abbau begann 1698 und endete 1993. Für den Abbau mussten 16 Ortschaften mit 12 500 Bewohnern umgesiedelt werden. Der Landschaftscharakter hat sich durch die Aufschüttung der Abraumhalden und durch die Flutung des 18 Quadratkilometer großen Geiseltalsees hier völlig geändert. Um den See entstehen 800 Hektar Wald- und Erholungsflächen. Ein Winzer aus dem nahe gelegenen Freyburg an der Unstrut baut inzwischen am See Wein an.

Archäologen fanden in den 1980er- und 90er-Jahren im Braunkohletagebau Neumark-Nord bei Halle Skelett-Teile von 70 prähistorischen Waldelefanten, darunter auch zahlreiche der Stoßzähne. Die Waldelefanten der Steinzeit, auch Eurasische Altelefanten genannt, überragten mit mehr als vier Metern deutlich die heute lebenden Exemplare. Sie lebten vor 200 000 Jahren in der Nähe eines Sees im Geiseltal nahe Halle. Das vier Meter hohe Modell eines Eurasischen Altelefanten wurde im Rahmen einer Sonderausstellung im Landesmuseum für Vorgeschichte in Halle (Saale) gezeigt.

DIE MITTELGEBIRGE

Das Rheinische Schiefergebirge

Vorangehende Doppelseite: Blick vom Kahler Asten, Rothaargebirge.

*Die einzelnen Bergzüge des Rheinischen Schiefergebirges erstrecken sich im Westen Deutschlands, sie erreichen durchschnittliche Höhen von 500 Metern, wobei einzelne Spitzen weit darüber hinausragen. Geteilt wird das Rheinische Schiefergebirge durch den Mittelrheingraben in eine westliche und eine östliche Hälfte.
Im Bild: Der Loreleyfelsen bei St. Goarshausen.*

Das Rheinische Schiefergebirge ist Teil der Variskischen Gebirgsfaltung, deren früheste Anfänge vor etwa 400 Millionen Jahren im Erdzeitalter des Devons einsetzten und in mehreren Phasen bis zum Erdzeitalter der Trias vor 250 Millionen Jahren eine Reihe von Hochgebirgen generierte. Die Sedimentschichten des Devonmeeres wurden auf diese Weise aufgefaltet, die daraus entstandenen Gebirge sind durch Erosion inzwischen weitgehend abgetragen, bilden aber bis heute noch den Grundstock der Mittelgebirge in Westeuropa. Das Rheinische Schiefergebirge breitet sich beiderseits des Mittelrheins aus. Es besteht westlich des Mittelrheingrabens aus der Eifel mit Anteilen am Hohen Venn und an den Ardennen. Das Moseltal trennt die Eifel nach Süden zum Hunsrück ab. Östlich des Mittelrheingrabens erstreckt sich das Bergische Land zwischen Wupper und Sieg, weiter östlich schließen sich das Sauerland und das Siegerland an. Zwischen Sieg und Lahn erstreckt sich der Westerwald und südlich der Lahn der Taunus bis zum Rheingau.

DIE EIFEL

Galt sie einst als Armenhaus Preußens, benachteiligt durch wenig ertragreiche Böden, raues Klima, Abgeschiedenheit und Marktferne, zählt sie heute zu den touristisch interessantesten Mittelgebirgen: die Eifel. Man hat die herbe Schönheit der Landschaft schätzen gelernt, nutzt ihre Wälder zur Erholung und genießt die Highlights der Region aus Burgen und Fachwerkstädtchen, aus Vulkankuppen und Maaren.

DIE MITTELGEBIRGE

Traubeneichen auf Eifeler Schiefergestein (Bild): Die Gesteine des Rheinischen Schiefergebirges sind nicht primär reine Schiefergesteine, wie man sie für Dachschiefer benötigt, sondern geschieferte sandige Tonsteine, Sandsteine und Grauwacken. Es handelt sich um Sedimentschichten, die einem Ozean entstammen, der sich vor der Variskischen Faltung über weite Teile des heutigen Mitteleuropas ausbreitete. Daneben wurde in mehreren Phasen Vulkangestein abgelagert, was sich insbesondere im Siebengebirge und in der Eifel manifestiert.

Die Eifel erstreckt sich im Städteviereck von Aachen, Bonn, Koblenz und Trier. Die Eifelflüsse Kyll, Lieser, Alf und Elz entwässern südlich in die Mosel, Ahr, Brohl und Nette westlich in den Rhein, die Erft nördlich in den Rhein und die Rur nördlich in die Maas. In dem auf das Karbon folgende Erdzeitalter des Devons bildeten sich Korallenriffe, deren Kalke an verschiedenen Stellen der Eifel auftauchen. Später überflutete das Meer nur noch Randbereiche des Eifelrumpfes – aus diesem Zeitraum stammen rötliche Buntsandsteinablagerungen. Im folgenden Erdzeitalter des Tertiärs wurde der Eifelrumpf angehoben, als Folge dieser tektonischen Bewegungen brachen die Niederrheinische Bucht und auch das Neuwieder Becken ein. Mit dem so entstandenen Gefälle begann die Erosionskraft der Flüsse den Gebirgsrumpf der Eifel durch teilweise tiefe Täler zu strukturieren. Die tektonischen Bewegungen machten gleichzeitig die Erdoberfläche unruhig und rissig – so setzte im Tertiär die erste Phase des Eifelvulkanismus ein.

Die endgültige Umwandlung des Eifelrumpfgebirges zum heutigen Erscheinungsbild einer typischen Mittelgebirgslandschaft ist das Ergebnis der auf die Erdoberfläche in den letzten 500 000 Jahren einwirkenden Kräfte. Das Rumpfgebirge wurde stärker angehoben, die Flusstäler schließlich immer weiter eingeschnitten, der Mittelrheingraben senkte sich um 150 Meter ab. Im Wechselklima dieses Erdzeitalters des Quartärs hinterließ die Einwirkung des Niederschlagswassers immer tiefere Spuren, gleichzeitig war diese erneute Eifelanhebungs-

DAS RHEINISCHE SCHIEFERGEBIRGE

phase von lebhaftem Vulkanismus begleitet. Dieses jüngste mitteleuropäische Vulkangebiet hatte seine geographischen Schwerpunkte in der Westeifel und im Maria-Laach-Gebiet. Aus dieser Vulkanära stammen auch die Maare, jene vielfach mit Wasser gefüllten Vulkantrichter, die die Eifel – neben vielfältigen Fossilienfunden – so berühmt gemacht haben.

Ganz im Westen hat die „Schneifel" genannte Schneeeifel noch am ehesten den Charakter des Gebirgsrumpfes erhalten – hier breitet sich das Gelände auf bis zu 600 Meter Höhe aus. Die Südeifel ist in ihrem Erscheinungsbild sanfter und weniger vom rauen Klima beeinträchtigt. Im Süden fallen die Anhöhen teilweise steil zur Mosel hin ab. An den nach Süden exponierten Hängen wird Weinbau betrieben. Von besonderem Reiz ist auch die Ahreifel. Von ihrer Quelle in Blankenheim durchfließt die Ahr zunächst die Dollendorfer Kalkmulde, um dann oberhalb von Altenahr in das Engtal einzutreten, das Deutschlands größtes Rotweinanbaugebiet bildet.

DER HUNSRÜCK

Der Hunsrück (sprachgeschichtlich = *hoher Rücken*) erstreckt sich auf einer Länge von 120 Kilometern in Südwest-Nordost-Richtung bis zum Mittelrheintal und bildet den südwest-

Tertiäre Vulkankuppen charakterisieren noch heute das landschaftliche Erscheinungsbild der Hocheifel. Hier drängte vulkanisches Material an die Erdoberfläche und hinterließ uns die höchsten Berge der Eifel, so die Hohe Acht (747 Meter), die Nürburg (678 Meter – Bild), den Hochkelberg (674 Meter) und den Aremberg (623 Meter). Der Höhepunkt dieser primären tektonischen Unruhe in der Eifel lag vor 35 bis 45 Millionen Jahren. Interessante Eifellandschaften werden von den in der Nordeifel aufgestauten Flüssen, den beiden Rurtalsperren und der Oleftalsperre gebildet.

147

ZEUGNISSE VULKANISCHER AKTIVITÄT
DIE EIFEL-MAARE

Die Eifel-Maare (lateinisch *mare* = die See, das Meer) sind überwiegend in der letzten Ausbruchsperiode des Eifel-Vulkanismus entstanden. Es handelt sich um kraterförmige Vertiefungen, die durch vulkanische Gasexplosionen, sogenannte phreatomagmatische Explosionen entstanden sind. Maare sind meistens kreisförmig und teilweise noch mit Wasser gefüllt, sodass man Maarseen von Trockenmaaren unterscheidet.

In der ersten Entstehungsphase eines Maars trifft aufsteigendes Magma mit Wasser führenden Gesteinsschichten zusammen. Beim Kontakt von Wasser und Magma kommt es zu jenen phreatomagmatischen Explosionen, mit denen das umgebende Gestein zusammen mit dem Magma in kleinste Bestandteile zerfetzt und aus dem Explosionstrichter geschleudert wird. Das Gestein bricht über dem Explosionsschlot zusammen, der Maartrichter entsteht und nachfolgendes Auswurfmaterial bricht in den Trichter ein. Bleibt dennoch ein Trichter erhalten, füllt sich dieser mit Grund- und Oberflächenwasser und der Maarsee entsteht. Das interessanteste Trockenmaar wird vom Booser Doppelmaar westlich von Boos bei Kelberg gebildet. Der Laacher See ist übrigens kein Maar im eigentlichen Sinne. Es handelt sich hierbei um einen See, der im ehemaligen Einbruchkrater des Laacher Vulkans entstanden ist.

Als das älteste Maar wird das Eckfelder Maar bei Manderscheid angesehen. Es stammt aus der erdgeschichtlichen Epoche des Eozäns, der zweiten Epoche des Tertiärs, vor etwa 50 Millionen Jahren. In diese Periode fällt die sprunghafte Weiterentwicklung der Säugetiere, vor allem der Unpaarhufer, Fledertiere, Primaten und Nagetiere. Und so hat man im Untergrund dieses Maares so sensationelle Funde wie das Eckfelder Urpferd, ein vollständig erhaltenes Skelett einer trächtigen Stute, sowie den Flügel einer vorzeitlichen Fledermaus, gemacht.

Der schönste Maarsee ist das kreisrunde Pulvermaar bei Gillenfeld.

Die Moselschleife bei Trittenheim.

WASSERSTRASSE
MOSEL

Die Mosel entspringt in den Vogesen auf über 700 Meter Höhe und mündet nach 544 Kilometer langem Lauf am Deutschen Eck in Koblenz auf 59 Meter Höhe in den Rhein. Der deutsche Abschnitt der Mosel wird unterteilt in die Obermosel bis zur Saarmündung in Konz, die Mittelmosel bis Pünderich und die Untermosel bis Koblenz. Der windungsreiche Verlauf, das prägende Landschaftsbild der Mosel mit den Weingärten an den Hängen, entstand, als mit der beginnenden Eiszeit die Hochflächen des Rheinischen Schiefergebirges angehoben wurden und der Fluss sich immer tiefer in das Gestein eingrub. Die steilsten Weinberge befinden sich an der Mittelmosel mit dem allersteilsten Weinberg der Welt, der Weinlage Calmont bei Bremm.

Im Zuge der politischen Umwälzungen nach dem Zweiten Weltkrieg schlossen die Anrainerstaaten Frankreich, Luxemburg und Deutschland den Moselvertrag, durch den die Mosel zwischen Koblenz und Metz bis 1964 sukzessive und bis 1979 sogar bis Neuves-Maisons schiffbar und staugeregelt wurde. Seither ist die Mosel als Europäische Wasserstraße eingestuft und zählt zu den bedeutenden Schiffsverbindungen in Europa.

DIE MITTELGEBIRGE

Kerbtäler sind kennzeichnend für den Hunsrück. Manchmal bilden die Abflüsse von den Höhen zwischen bizarren Felswänden tiefe, klammähnliche Einschnitte wie etwa die Ehrbachklamm (Bild). Viele davon befinden sich im Nahetal oder in dessen Nähe. An anderer Stelle haben die erdgeschichtlichen Gestaltungskräfte in der typischen Schiefergebirgslandschaft des Hunsrücks außergewöhnliche Felsformationen hervorgebracht. Felsbildungen wie der Kallenfels bei Kirn, der Hellberg bei Hochstetten-Dhaun, der Koppenstein bei Gemünden, der Hachenfels bei Kirn sind beredte Beispiele hierfür.

lichen Teil des Rheinischen Schiefergebirges. Er wird im Norden durch das Moseltal von der Eifel getrennt, im Osten durch das Mittelrheintal vom Taunus, im Süden grenzt er an das Saar-Nahe-Bergland und den Saargau. Die Sedimentschichten verdichteten sich zu Sandsteinen, die durch weiteren Druck zu Quarzit umgewandelt wurden. Aus sandigem Tongestein entstand durch Druck und Deformation der Schiefer. Trotz aller geologischer Ähnlichkeit mit der Eifel ist der Hunsrück landschaftlich weniger abwechslungsreich als diese. Die welligen Hochflächen werden hauptsächlich von Schiefern aus dem Erdzeitalter des Unterdevons gebildet. Die höchsten Erhebungen liegen auf den als Härtungen herausgewitterten Quarzitrücken, so der 816 Meter hohe Erbeskopf und der 795 Meter hohe Idarkopf. Solche Quarzitrücken bilden die einzelnen Bergzüge des Hunsrück, die nahezu völlig bewaldet sind. Dazu zählen der Osburger Wald, der Schwarzwälder Hochwald mit dem bereits erwähnten

Erbeskopf und der Soonwald, welcher sich zwischen Simmerbach und dem Rhein sogar auf drei parallelen Quarzitrücken erstreckt. Nördlich des Soonwaldes liegt die Simmerner Hochmulde, die im Unterschied zu den waldreichen, siedlungsleeren Hochwäldern landwirtschaftlich genutzt wird, wenn auch die Böden hier, auch wegen des Klimas, wenig ertragreich sind. Der Rheinhunsrück fällt im Bereich des Binger Waldes unvermittelt zum Rheintal hin ab, besonders bei der Fleckertshöhe bei Boppard. Die Höhen des Moselhunsrücks sind als Übergangsraum zum Moseltal durch steile Kerbtäler gegliedert. Auf dem Westabfall zum Saargau hin ist auf den devonischen Rumpfflächen Buntsandstein erhalten.

DAS MITTELRHEINTAL

Das Mittelrheintal trennt das Rheinische Schiefergebirge in einen westlichen und einen östlichen Teil. Es erstreckt sich von Bingen bis Bonn, und wird durch das tektonisch angelegte Neuwieder Becken in drei Abschnitte eingeteilt, in den oberen Mittelrhein von Bingen bis Koblenz, das Neuwieder Becken von Koblenz bis Andernach und in den unteren Mittelrhein von Andernach bis Bonn.

Bis zum Erdzeitalter des mittleren Miozäns vor etwa 20 Millionen Jahren lag das Quellgebiet des Urrheins im Schwarzwald bzw. den Vogesen und er mündete südlich von Düsseldorf. Das Neuwieder Becken lag zeitweise auf Meeresniveau, teilweise mit Verbindung zum Mainzer Becken. Ebenso befand sich der heutige Niederrhein zu diesem Zeitpunkt noch unter Meeresbedeckung. Den Anschluss an die Alpen hat der Rhein erst mit Beginn des Eiszeitalters erhalten. Durch die schubweise Anhebung

EDELSTEINE aus dem HUNSRÜCK

Im Erdzeitalter des Unterdevons kam es auch im Hunsrück zu vulkanischen Aktivitäten. Es handelte sich um effusiven Lavaaustritt, also im Gegensatz zu explosiven Eruptionen um mehr oder minder ruhiges Ausfließen von Lava. Die Produkte dieses intensiv effusiven Vulkanismus haben im Raum Idar-Oberstein und Baumholder ihre größte Verbreitung. Hier liegen eine ganze Reihe von Lavadecken übereinander, die eine Gesamtmächtigkeit von bis zu 900 Metern besitzen. Im Zusammenhang mit diesem Vulkanismus kam es neben Lagerstättenbildung, wie zum Beispiel Kupfererzen, Schwerspäten, Zinnober und vor allem auch zur Ausbildung von Achaten, Amethysten und Jaspis, die die Grundlage für die weltbekannte Edelsteinindustrie von Idar-Oberstein bildeten.

Der erste ausführliche Bericht über die Achatgräberei am Galgenberg als Hauptort der Achatfunde stammt aus dem Jahr 1774. Anfang des 19. Jahrhunderts war der Hauptstollen im Galgenberg 65 Meter lang und wies Weitungen von knapp 300 Quadratmetern auf. Als sich die Lagerstätten erschöpften, waren zuvor bereits zwei Generationen Idar-Obersteiner im Minenbau Brasiliens tätig und schafften neues Rohmaterial zur Weiterführung der Edelsteinindustrie heran. Im Jahr 1978 hat man einen Teil der Grube im Galgenberg zu einem Besucherstollen mit einer Länge von 400 Meter öffentlich zugänglich gemacht.

Achatfunde im Hunsrück sind seit dem 14. Jahrhundert belegt. Die Herren von Oberstein, seit 1517 auch Grafen von Falkenstein, erlaubten als zuständige Landesherren ihren Untertanen das Graben nach Achaten gegen Abgabe eines jeden dritten Zentners der Ausbeute. Die in das Hanggestein hinein gebaute Felsenkirche von Idar-Oberstein wurde im 15. Jahrhundert errichtet.

DIE MITTELGEBIRGE

des Rheinischen Rumpfgebirges und die eiszeitlich bedingte unterschiedliche Wasserführung bildete der Rhein, der zunächst in weit ausladenden Mäandern südwärts floss, jeweils eine neue Terrasse aus. Diese Terrassen sind bis heute auch am Mittelrhein noch zu erkennen. Etwa 200 Meter oberhalb der Talsohle breitet sich die älteste Terrasse aus, Mittel- und Neiderterrasse liegen darunter. Die Inselterrasse stellt das heutige Niveau des Flusslaufs dar.

Mittelrheingebiet seine charakteristisch enge, durch Tiefenerosion entstandene gewundene Talform. Diese Erosionsarbeit hält bis heute an. Besonders deutlich kann man die Ausräumung der niederterrassenzeitlichen Sedimente zwischen Bingen und der Loreley erkennen. Die bekannten Untiefen gehören zum devonischen Untergrund. Charakteristisch – insbesondere für das Obere Mittelrheintal – sind die steilen Hänge und die vorstehenden

Der Sage nach kämmte die Nixe Loreley auf dem nach ihr benannten Felsen ihre langen, goldenen Haare und zog die Schiffer mit ihrem betörenden Gesang an. Diese achteten trotz gefährlicher Strömung nicht mehr auf den Kurs, sodass die Schiffe an den Felsenriffen zerschellten. Der sagenumwobene Fels zog natürlich auch unzählige Maler an.
„Lachsfischer an der Lorelei", Christian Georg Schütz d. J. (1758–1823), undatierte handkolorierte Aquatinta, Koblenz, Mittelrhein-Museum.

Der Mittelrhein war im Übrigen mehrfach von Lavazufluss aus der Eifel betroffen, zuletzt vor 12 000 Jahren, als der Laacher See ausbrach und das ausgeworfene Bimsgestein den Fluss bis in den Oberen Mittelrhein hinauf aufstaute. Am Binger Loch tritt der Rhein auf 77 Meter Höhe in das Mittelrheintal ein und verlässt es bei Bad Godesberg auf 50 Meter Höhe. Besonders ausgeprägt zeigt sich im oberen

Felsbildungen. Auf diesen markanten Standorten wurden im Mittelalter die vielen Burgen errichtet, die heute weit überwiegend als Ruinen das Erscheinungsbild des Mittelrheintals prägen. Die Einmaligkeit der Landschaft und der außergewöhnliche Reichtum an kulturellen Zeugnissen hat die UNESCO veranlasst, das Mittelrheintal in die Liste des Weltkulturerbes aufzunehmen.

Von Koblenz bis Andernach erstreckt sich das Neuwieder Becken als Einbruchsbecken im Schiefergebirge. Als Folge des eiszeitlichen Absenkungsvorganges liegt die Hauptterrasse hier auf deutlich niedrigerem Niveau und hat eine Breite von 12 Kilometern, die Niederterrasse zusätzlich noch eine Breite von 7,5 Kilometern. Die Bimsdecke des Laacher-See-Vulkanausbruchs bedeckt weitgehend das Neuwieder Becken.

Der von Andernach bis Bonn verlaufende nördliche Mittelrhein zeichnet sich durch unregelmäßig breite Talabschnitte aus. Die Goldene Meile als deutliche Talweitung im Bereich der Ahrmündung ist wie das Neuwieder Becken auf tektonische Ursachen zurückzuführen. Hier bedecken Sedimente der Ahr das Gebiet. Der Übergang des Mittelrheins in die Kölner Bucht erfolgt angesichts des Rolandsbogens zur linken Seite und des Drachenfelses zur rechten Seite.

BERGISCHES, SAUER- UND SIEGERLAND

Das Bergische Land wird mit dem Sauerland, Siegerland und auch noch mit dem Wittgensteiner Land als nordöstlicher Teil des Rheinischen Schiefergebirges fachbegrifflich zum Süderbergland zusammengefasst.

Die Loreley

Ich weiß nicht, was soll es bedeuten,
Daß ich so traurig bin,
Ein Märchen aus uralten Zeiten,
Das kommt mir nicht aus dem Sinn.
Die Luft ist kühl und es dunkelt,
Und ruhig fließt der Rhein;
Der Gipfel des Berges funkelt,
Im Abendsonnenschein.

Die schönste Jungfrau sitzet
Dort oben wunderbar,
Ihr gold'nes Geschmeide blitzet,
Sie kämmt ihr goldenes Haar,
Sie kämmt es mit goldenem Kamme,
Und singt ein Lied dabei;
Das hat eine wundersame,
Gewalt'ge Melodei.

Den Schiffer im kleinen Schiffe,
Ergreift es mit wildem Weh;
Er schaut nicht die Felsenriffe,
Er schaut nur hinauf in die Höh'.
Ich glaube, die Wellen verschlingen
Am Ende Schiffer und Kahn,
Und das hat mit ihrem Singen,
Die Loreley getan.

Heinrich Heine (1797–1856)

Philipp von Foltz (1805–1877) malte diese, ihr Haar kämmende „Loreley" 1850.

DAS SIEBENGEBIRGE

Das rechtsrheinische Siebengebirge erhebt sich am Übergang des Mittelrheins zur Kölner Bucht. Nicht etwa „Sieben Berge", sondern die Bezeichnung Siefen (= feuchtes, eingeschnittenes Bachtal) gaben dem Bergzug mit seinen 50 Kuppen den Namen. Im Zuge der tektonischen Ereignisse zwischen Niederrhein und Mittelrhein kam es vor 28 Millionen Jahren im Siebengebirgsraum zu vulkanischen Aktivitäten, durch die große Mengen trachytischer Asche ausgestoßen wurden. Durch die Aschendecke drangen vulkanische Gesteine wie Trachyt, Latit und Basalt in Schloten und Gängen an die Oberfläche und bildeten Quellkuppen. Dieser Vorgang dauerte bis vor etwa 15 Millionen Jahren. Die letzte größere Aktivität führte zur Entstehung des Petersberges. Durch Erosion wurde die trachytische Asche abgetragen, so dass heute die Quellkuppen als Vulkankegel in die Höhe ragen. Der höchste darunter ist der Ölberg (460 Meter), der bekannteste der Drachenfels (321 Meter). Der Westrand des Siebengebirges ist infolge der Absenkung des Rheintals besonders steil, was sein Erscheinungsbild vom Rhein her außerordentlich attraktiv macht.

Das Siebengebirge ist mit elsbeerenreichen Rot- und Hainbuchenwäldern bestanden. Neben den wertvollen Wäldern prägen Weinbergsbrachen, Obstwiesen und trockenwarme Steinbrüche das Gebiet. Durch die zur Sonne exponierte Lage des Siebengebirges oberhalb des Rheintals haben hier viele Wärme liebende Pflanzen und Tiere ihren Lebensraum, so findet die Zippammer hier ihr nördlichstes Verbreitungsgebiet in Deutschland.

Um das Siebengebirge unter Schutz zu stellen, wurde 1869 der „Verschönerungsverein Siebengebirge" gegründet, die rechtliche Verankerung als Naturschutzgebiet erfolgte 1922, die Ausweitung zum Naturpark 1958. Bemühungen, das Siebengebirge auch zum Nationalpark zu erklären, scheiterten 2009.

Im Siebengebirge gibt es Vorkommen außergewöhnlich schutzbedürftiger Tierarten wie den Schwalbenschwanz (Papilo machaon – Bild), den Gartenschläfer und den Uhu. Die Zippammer (Emberiza cia) hat sogar ihr nördlichstes Verbreitungsgebiet im Siebengebirge.

Die vielen Steinbrüche aus der Zeit zwischen dem 1. Jahrhundert n. Chr. und dem 19. Jahrhundert führten zu einer sukzessiven Zerstörung des Landschaftssbildes des Siebengebirges. Außerdem drohten weitere Teile der Burgruine auf dem Drachenfels, unter dem die Römer schon einen Steinbruch betrieben hatten, abzubrechen. Daraufhin stellte der preußische König 1836 den Drachenfels unter Schutz.

EIN PASTOR UND KOMPONIST ALS NAMENSGEBER
DAS NEANDERTAL

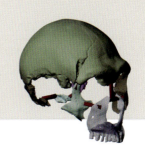

Der kleine niederbergische Fluss Düssel entspringt bei Velbert und mündet nach 40 Kilometer langem Lauf in Düsseldorf in den Rhein. Auf dem Weg dorthin hat die Düssel westlich von Mettmann eine tiefe Schlucht in den Untergrund aus devonischen Tonschiefern und Riffkalksteinen gegraben. Sie wurde ab etwa 1800 nach dem berühmten, in Düsseldorf lebenden Pastor, Komponisten und Kirchenmusiker Joachim Neander (1650–1680), der diese Schlucht in seiner Freizeit oft aufsuchte und hier Gottesdienste abhielt, Neanderthal genannt.

Durch den überwiegend für bäuerliche Zwecke getätigten Kalksteinabbau seit Mitte des 19. Jahrhunderts ist die Talenge heute nicht mehr vorhanden, sondern ein weiträumiges Tal entstanden.

Beim Ausräumen von Höhlenlehm im Neandertal stießen im August 1856 zwei italienische Steinbrucharbeiter auf Knochenfragmente. Diese wurden zunächst achtlos weggeworfen. Doch als auch eine Schädeldecke zutage trat, zogen die Steinbruchbesitzer Wissenschaftler hinzu, die die Knochen nicht als vermutete Bärenknochen, sondern als Relikte eines Urzeitmenschen einstuften. Tatsächlich handelt es sich um einen Vertreter des ausgestorbenen Verwandten des heutigen Menschen *Homo sapiens*, den *Homo neanderthalensis*. Der Neandertaler, der sich parallel zum *Homo sapiens* entwickelte, lebte in der mittleren Steinzeit vor 160 000 bis 24 000 Jahren. Das Alter der im Neandertal gefundenen Spezies wird auf 42 000 Jahre datiert.

Die Computerdarstellung rechts oben zeigt die Rekonstruktion des Schädels des Neandertalers, den man im gleichnamigen Tal bei Düsseldorf fand. (Rheinischen Landesmuseum Bonn)

Das Bergische Land

Das Bergische Land leitet sich begrifflich von den Grafen von Berg ab, die hier ihr historisches Territorium hatten. Ihren Stammsitz errichteten sie in Burg an der Wupper, ihr weitgehend wieder aufgebautes Schloss ist zu besichtigen. Geografisch begrenzt sich das Gebiet im Westen durch die Niederrheinische bzw. Kölner Bucht, im Süden durch die Sieg und im Norden durch die Ruhr. Im Osten geht das Bergische Land ohne sichtbaren Übergang an der Wasserscheide zwischen Ennepe und Volme in das Sauerland über. Das landschaftliche Erscheinungsbild zeigt sich als abwechslungsreiche Mittelgebirgslandschaft mit Wäldern, Wiesen und Hügeln, die durch gelegentliche Kerbtäler strukturiert sind. Diese engen Täler sind dicht bewaldet, zum Westabfall zum Rhein hin weniger stark. Die dazwischen liegenden Hochflächen sind ackerbaulich und weidewirtschaftlich genutzt. Nach Osten nehmen die Höhenlagen zu und die Weidewirtschaft gewinnt entsprechend an Bedeutung. Im Süden des Bergischen Landes zur Sieg hin stellt der Bergzug des Nutscheids noch eines der größeren zusammenhängenden Waldgebiete des Bergischen Landes dar.

Der nordwestliche Teil des Bergischen Landes ist dicht besiedelt. Auf der Höhe liegen die Städte Remscheid und Solingen, Wuppertal dagegen befindet sich in der sogenannten lang gestreckten Kalksenke des mittleren Wuppertals. Die zum Rhein hin gelegenen Landesteile sind durch die Vor- und Wohnorte von Köln und Düsseldorf stark zersiedelt. Das Oberbergische Land südlich der Wupper ist dagegen vergleichsweise dünn besiedelt.

Das Sauerland

Ganz im Nordosten des Rheinischen Schiefergebirges bestehen die Höhenzüge des Sauerlandes aus dem Ebbe- und Lennegebirge, den Briloner Höhen und dem Rothaargebirge. Die waldreiche Region wird von vielen Flüssen durchzogen, von denen manche aufgestaut sind, um das nahe gelegene Ruhrgebiet mit Wasser zu versorgen. Die größten dieser Seen sind der Biggesee, der Möhnesee, der Sorpesee, der Hennesee und die Versetalsperre. Dazu kommt nordöstlich noch der Diemelsee. Diese Stauseen prägen das Landschaftsbild und stellen gern aufgesuchte Naherholungsplätze vor allem für die Bewohner des Ruhrgebiets und zunehmend auch für Niederländer dar. Da im Sauerland neben den Grundgesteinen aus Tonschiefer, Sandstein und Grauwacken auch Kalkformationen eingebettet sind, weist die Region viele Höhlen auf. Die bekannteste darunter ist die Attahöhle nahe am Biggesee. Sie gilt als eine der größten und schönsten Tropfsteinhöhlen in ganz Deutschland.

Im relativ dünn besiedelten Sauerland erstrecken sich mehrere Naturparks. Im Westen breitet sich der im Jahr 1964 mit dem Bau der Biggetalsperre eingerichtete Naturpark Ebbegebirge aus, dessen abwechslungsreiche Mittelgebirgslandschaft überwiegend bewaldet ist. Die höchste Erhebung des Ebbegebirges ist die 663 Meter hohe Nordhelle. Der Naturpark Homert, der seinen Namen von seiner höchsten Erhebung im Lennegebirge, dem 656 Meter hohen Homert hat, umfasst die Region zwischen dem Ruhrgebiet und dem Lennetal. Auch hier gibt es neben Talsperren eine Reihe von Höhlen, in einer von ihnen, der Heinrichshöhle, wurde das 150 000 Jahre alte Skelett eines Höhlenbärs gefunden. Der Naturpark Arnsberger Wald im Übergang zur

Der in Europa und auch in unseren Wäldern am häufigsten anzutreffende Wildhund ist der Rotfuchs (Vulpes vulpes).

Das Klima auf den Höhen des Sauerlandes wird von den Westwinden des Atlantiks mit Niederschlagsmengen über 1400 Millimeter pro Jahr bestimmt, die im Winter als Schnee fallen. Durchschnittlich liegt über 100 Tage eine dichte Schneedecke auf den Höhen, die vor allem den nahe Winterberg gelegenen Kahlen Asten (Bild) zum Skigebiet werden ließen.

Soester Börde umfasst das Gebiet zwischen der Möhne und dem tief eingeschnittenen oberen Ruhrtal, an seinem Nordrand ist der Möhnesee aufgestaut. Die höchsten Erhebungen des Parks liegen mit 582 Metern im Plackwald.

Der Naturpark Rothaargebirge liegt im südöstlichen Teil Nordrhein-Westfalens. Das Rothaargebirge umfasst das von Südwesten nach Nordosten gestreckte waldreiche Hochland im Quellbereich von Dill, Sieg, Lenne, Ruhr, Diemel, Eder und Lahn. Der Scheitel des Gebirges bildet die Rhein-Weser-Wasserscheide. Hier finden sich die höchsten Erhebungen des Bundeslandes mit dem 843 Meter hohen Langenberg und dem 841 Meter hohen Kahlen Asten.

Das Siegerland

Das waldreiche Siegerland erstreckt sich im weiten Umkreis um die Stadt Siegen, historisch umfasst es das ehemalige nassauische Fürstentum Siegen. Es handelt sich um eine vielgliedrige und gekammerte Quellmuldenlandschaft der Sieg zwischen Rothaargebirge im Nordosten, Westerwald im Süden und der *Kölschen Heck* im Westen – hier zog sich früher die mit noch sichtbaren Gräben und Wällen befestigte Landesgrenze zwischen dem katholischen Kurköln und dem protestantischen Siegerland entlang.

Das Siegerland war lange von der Gewinnung von Eisenerz und seiner Weiterverarbeitung geprägt, dessen Ursprünge schon in vorgeschichtlicher Zeit liegen. Eisenspätgänge im Grundgestein aus Schiefer und Quarziten bilden die Grundlage für diesen Wirtschaftszweig, der großen Holzbedarf aufwies. Typisch für das wasserreiche Gebiet sind die Siegerländer Rieselwiesen. Die erste urkundliche Erwähnung dieser Wiesenbewässerung geht auf die Mitte des 16. Jahrhunderts zurück, als ein erhöhter Heu-

DIE MITTELGEBIRGE

Das Westerwaldlied bescheinigt dem Klima des Westerwaldes eine eindrückliche Kurzcharakteristik. Die Region ist den atlantischen Westwinden mit wechselhaftem, regenreichem Wetter ausgesetzt. So kommt es, das in dieser waldreichen Landschaft vor allem Weideflächen eingestreut sind, während der Ackerbau nur an weniger benachteiligten Standorten betrieben wird.

bedarf von Fahrkühen des Transportgewerbes, das Holzkohle und Eisen für die aufblühende Eisenindustrie beförderte, eine intensivere Bewirtschaftung des Grünlands erforderlich machte. Genauso typisch ist die ehemals ausgedehnte Haubergswirtschaft, eine genossenschaftliche Waldbewirtschaftung zur Gewinnung von Gerberlohe und Holzkohle. Dafür fällte man die Laubbäume und nutzte nach etwa zehn Jahren den Ausschlag, um daraus in Meilern die Holzkohle zu gewinnen. Zusätzlich zur forstwirtschaftlichen Nutzung dieses Niederwaldes fand zunächst auch eine landwirtschaftliche Nutzung statt. Nach dem Einschlag wurden Roggen und Buchweizen ausgesät, später benutzte man den Niederwald im Sinn der Allmende zur gemeinschaftlichen Beweidung.

Quarziten und Kalkeinschlüssen. Im Hohen Westerwald liegen die Geländehöhen darüber. Hier sind Basaltdecken aus dem vulkanisch aktiven Erdzeitalter des Tertiärs auf das Variskische Grundgebirge aufgelagert und bilden mit der 657 Meter hohen Fuchskaute die höchste Erhebung des Westerwaldes. Die Höhenlagen des Oberwesterwaldes als vulkanischem Kuppenland bewegen sich zwischen 350 und 550 Meter über dem Meeresspiegel mit der Westerwälder Seenplatte im Zentrum. Hier breitet sich auch die Kroppacher Schweiz als Teil des 1969 ausgewiesenen Landschaftsschutzgebiets Nistertal aus, wo sich die Nister im Lauf der Zeit in vielen Windungen tief in die wellige Landschaft eingegraben und eine grandiose Felsenlandschaft freigelegt hat. Südlich schließt

DER WESTERWALD

Zwischen Sieg und Lahn, dem Mittelrheintal und dem Westhessischen Bergland erstreckt sich der Westerwald als wellige Hochfläche in Höhenlagen von 250 bis 450 Metern. Der Untergrund besteht aus unterdevonischen Tonschiefern und Grauwacken, gelegentlich auch

sich das Hügelland des Limburger Beckens an. Zum Rhein hin ist der Niederwesterwald durch Abflüsse, vor allem die Wied und ihre Nebenflüsse, stärker strukturiert. Diese zertalte Rumpflandschaft zeigt Höhenlagen zwischen 200 bis 400 Meter über dem Meeresspiegel. Eingelagert sind Senkungsräume der Dierdorfer und Montabaurer Senke mit

DAS RHEINISCHE SCHIEFERGEBIRGE

> O du schöner Westerwald
> Über deine Höhen pfeift der Wind so kalt
> Jedoch der kleinste Sonnenschein
> Dringt tief ins Herz hinein
>
> *Westerwaldlied*

Tonvorkommen, die infolge der darauf aufbauenden Keramikproduktion als Kannenbäcker Land bekannt sind. Im Südwesten des Niederwesterwaldes erstreckt sich die 545 Meter Hohe Montabaurer Höhe als Härtlingszug aus Quarzit. Das Westerwälder Hinterland erstreckt sich westlich von Marburg hin zum Westhessischen Bergland in abnehmender Höhe.

Niederwesterwald markiert. Die Seenplatte besteht aus sieben Teichen, von denen der Dreifelder Weiher der größte ist und die teilweise durch Kanäle in Verbindung stehen. Sie sind im 17. Jahrhundert durch die Fürsten zu Wied künstlich zur Fischzucht angelegt worden. Heute stellt die Region ein beliebtes Urlaubsziel mit vielen Wanderwegen dar. Teile des Dreifelder Weihers, der Brinkenweiher, der Haidenweiher und der Wölferlinger Weiher, sind als Futter- und Rastplatz auf dem Vogelzug und für Sumpfvögel als Naturschutzgebiet ausgewiesen.

Das jährliche Ablassen der immer im Eigentum des Fürsten zu Wied befindlichen Teiche und der damit verbundene Fischzug im Herbst sind ein regionales Ereignis.

Die Westerwälder Seenplatte

Die Westerwälder Seenplatte breitet sich in der welligen Hochfläche zwischen den Bergköpfen des Hachenburger Waldes im Norden und dem Synbachtal im Süden aus. Als besondere naturräumliche Einheit des Oberwesterwaldes begrenzt sie diesen im Westen, wo das Dierdorfer Becken die Grenze zwischen Hoch- und

DER TAUNUS

Der Taunus stellt den südöstlichen Bergzug zwischen der Lahn im Norden und der Oberrhein-Untermain-Senke dar. Als Variskisches Teilgebirge wurde er auf der Basis der Mitteldeutschen Kristallinschwelle, einer Kantenlage zwischen den vorvariskischen Urkontinen-

DIE MITTELGEBIRGE

Limburg erstreckt sich mit seinem imposanten spätromanischem Dom aus der 1. Hälfte des 13. Jahrhunderts beiderseits der Lahn zwischen Taunus und Westerwald.

ten Larussia und Gondwana, aufgefaltet. Der Taunus setzt sich aus mehreren Teillandschaften zusammen. Von der Lahn aus nach Süden ansteigend breitet sich der Hintertaunus aus. In seiner Mitte nimmt das Limburger Becken beiderseits der Lahn eine große Fläche ein, die südwärts in die Idsteiner Senke übergeht – diese Senke trennt den westlichen vom östlichen Hintertaunus. Der Hohe Taunus ist der eigentliche Höhenrücken, an den sich südlich der schmale Streifen des Vordertaunus zum Rhein bzw. zum Main hin anschließt.

Der Hintertaunus bildet eine von zahlreichen Bächen zerschnittene Rumpffläche mit nährstoffarmen durchlässigen Böden, die eine Beackerung weniger lohnend macht, sodass weite Teile der Region bewaldet sind. Die mittige Idsteiner Senke ist dagegen mit Löss abgedeckt und intensiv landwirtschaftlich genutzt. Der eigentliche Höhenzug des Taunus ist geologisch ein Quarzithärtling, dessen höchste Erhebung der 878 Meter hohe Große Feldberg bildet. Das ausgeprägte Relief des Bergzuges bietet wenig Raum für Siedlungen und landwirtschaftliche Nutzung, sodass er weitgehend bewaldet ist. Eine geologische Besonderheit im Hohen Taunus stellen die Eschbacher Klippen dar. Es handelt sich um einen mehrere Kilometer langen, stark herauspräparierten Quarzgang, der sich quer durch das Usatal bis zum Wormstein im Usinger Stadtwald fortsetzt. Dieser Quarzgang ist eine Querverwerfung der Variskischen Gebirgsbildung, die durch Auffaltung des Gebirges entstand. Heute ragen bis zu 12 Meter hohe Quarzfelsen als sichtbarer Teil des Gangs aus dem Untergrund heraus – hervorragende Kletterfelsen!

Der Vordertaunus liegt im Windschatten des Bergrückens des Hohen Taunus und ist somit klimatisch begünstigt. Er ist von der Oberflächengestalt durch Buchten zerlegt und stärker gegliedert als der Hauptkamm. Im Westen, wo der Hauptkamm dicht an den Rhein heranrückt, werden die Hänge vom Riesling-Weinbaugebiet des Rheingaus eingenommen.

WEINLAND RHEINGAU

An den nach Süden exponierten Hängen des Taunus zwischen Rüdesheim und Biebrich wird Weinbau betrieben. Hier wächst vornehmlich Riesling, dessen Weine diesem Weinbaugebiet Weltgeltung verschafft haben. Hier trifft der von Süden kommende Rhein auf die Barriere des Taunus. Er schwenkt nach Westen ab und durchbricht am Binger Loch das Rheinische Schiefergebirge in nördlicher Richtung. Klimatisch durch den Bergzug des Taunus begünstigt wachsen hier angesichts warmer, trockener Sommer und milder Winter auch mediterrane Pflanzen wie Feigen, Aprikosen und Pfirsiche.

Die unteren Hanglagen des Taunus zeigen deutlich ausgebildete Terrassen, die von herabfließenden Bächen strukturiert werden. Von der Rheinhöhe auf 80 Meter reichen die Weinberge bis auf 300 Meter Höhe hinauf. Darüber wird Obst angebaut, auf kleineren Flächen wird Ackerbau und Grünlandwirtschaft betrieben. Die Siedlungen mit ihren Fachwerkbauten sind ganz vom Weinbau geprägt. Dieser hatte seine Ursprünge schon in antiker Zeit. Mit dem Ende des Römischen Reichs ging auch der Weinbau zunächst unter, doch wurde die Rebkultur von den Klöstern im Frühmittelalter wieder belebt. Schon zuzeiten von Karl dem Großen wurde von Kloster Johannisberg ausgehend großflächig am Taunushang Wein angebaut. Am Ende der Feudalzeit unterstand Kloster Johannisberg den Fuldaer Bischöfen und Fürstäbten. Nach der Säkularisation kam das Kloster mit seinen Gebäuden und Weinbergen in die Hand der Fürsten Metternich-Winneburg. Die Klosterwirtschaft wurde später ausgelagert und ist heute Teil eines großen Wein- und Sektunternehmens.

Die Fuldaer Fürstäbte hatten große Summen in das Kloster Johannisberg, seine Weinberge und Weinkeller investiert – sie wollten vorzügliche Weine haben. Als im Jahre 1775 der Kurier der Fürstäbte, der jedes Jahr Proben der Weintrauben nach Fulda bringen sollte, sich um acht Tage verspätete, waren die Trauben von Pilzen befallen. Trotzdem kelterte man den Wein. Er schmeckte so hervorragend wie kein anderer zuvor. Es handelte sich um den Botrytis-Pilz, der die Edelfäule an den Weintrauben hervorruft. Seither wurde im Kloster Johannisberg der Wein so spät wie möglich gelesen. So ist das Jahr 1775 das Geburtsjahr der Spätlese!

Umgeben von Weinbergen: „Schloss Johannisberg und der Rheingau" in einem Gemälde von Johannes Jakob Diezler (1789-1855), um 1816. Das ehemalige Kloster Johannisberg bei Geisenheim im Rheingau ist mit 32 Hektar Rebfläche heute das größte Weingut Deutschlands.

Das Weserbergland

Zwischen der Westfälischen Bucht und dem Harz erstreckt sich das Weserbergland, das sich aus einer größeren Anzahl unterschiedlich geformter Bergzüge zusammensetzt. Die Externsteine im Teutoburger Wald (Bild) sind eine ganz besondere Attraktion.

Die Mittelachse des Weserberglandes bildet der Unterlauf der Weser, östlich gibt es noch die Nebenachse der Leine, weshalb der Teil des Weserberglandes zwischen Weser und Harz auch als Leinebergland bezeichnet wird. Im Unterschied zu dem am Ende des Erdaltertums variskisch fundamentierten Rheinischen Schiefergebirges ist das Weserbergland Teil des jüngeren Deckgebirges mit Sedimentgesteinen vom Buntsandstein bis zur Kreide, das seinen Ursprung im Zeitalter des Mesozoikums des beginnenden Erdmittelalters hat.

Berg- und Hügellandschaften mit ihren Höhenzügen, Längs- und Quertälern, schmaleren und breiteren Schwellen, Gräben und Mulden prägen das vielfältige Erscheinungsbild das Weserberglandes, was sich auch in den Höhenverhältnissen und der Ausgestaltung des Gewässernetzes widerspiegelt. Diese Vielfalt verdankt das Weserbergland den tektonischern Kräften, die sein relativ starres Fundament in tief greifenden Bruchvorgängen in einzelne Schollen zerlegte. Durch Abtragung der unterschiedlich festen und weichen Gesteine entstanden die Schichtstufen des heutigen Bruchfaltenberglandes. Seine Abraumsenken sind mit eiszeitlichem Löss gefüllt und stellen heute intensiv ackerbaulich genutzte Teilgebiete wie etwa das Calenberger Land bei Hannover dar.

DAS WIEHENGEBIRGE

Das Wiehengebirge erstreckt sich als schmaler Bergzug von der Porta Westfalica, wo die Weser aus dem Mittelgebirge in die Ebene austritt, in leicht gewundenem Verlauf nordnordwestlich bis zum Tal der Hase bei Bram-

DIE MITTELGEBIRGE

sche und ragt so als nördlichstes Mittelgebirge Deutschlands weit in die Norddeutsche Tiefebene hinein. Sein kaum mehr als ein Kilometer breiter Kamm besteht aus einzelnen Höhenrücken, die hier als Eggen bezeichnet werden. Im östlichern Teil des Wiehengebirges werden Höhen bis 320 Meter erreicht, nach Westen hin flacht der Kamm ab, ist auch nicht mehr durchgehend bewaldet und bildet kleinere Nebenkämme aus.

TEUTOBURGER WALD UND EGGEGEBIRGE

Der Teutoburger Wald erstreckt sich auf einer Länge von über 100 Kilometern mit der Großstadt Bielefeld in seiner Mitte südwestlich von der Ems im Kreis Steinfurt bis Horn-Bad Meinberg, wo durch den Silberbach der Übergang zum Eggegebirge markiert wird. Von hier aus verläuft das Eggegebirge südwärts bis zur Diemel.

Seine Bekanntheit verdankt der Teutoburger Wald seinen Naturphänomen der Externsteine und der Dörenther Klippen – vor allem aber der Varusschlacht, in der die Germanen unter Führung von Hermann dem Cherusker die römische Armee unter ihrem Befehlshaber Varus im Jahr 9 n.Chr. vernichtend schlug. Das fast 55 Meter hohe Hermannsdenkmal südwestlich von Detmold wurde 1838 bis 1875 auf dem 386 Meter hohen Teutberg inmitten der darauf angelegten Grotenburg genannten eisenzeitlichen Ringwallanlage errichtet.

Wie das Wiehengebirge ist der Teutoburger Wald auch ein nordwestwärts gerichtetes Faltengebirge, das aber im Wesentlichen aus drei Kämmen besteht. Der mittlere Kamm ist durchgängig, die beiden Nebenkämme werden durch die hier schräg aus der Tiefe hervortretenden Gesteinsschichten von Kerbtälern strukturiert. Vereinzelt treten einzelne Felsformationen wie die Externsteine hervor. Höchster Berg des Teutoburger Waldes ist der 446 Meter hohe Barnacken an seinem Südende oberhalb des Silberbachtals.

Vom Silberbach südwärts steigt das Eggegebirge zu seinen beiden höchsten Erhebungen der Lippischen (441,4) und auch Preußischen Velmerstot (464) mit dem Eggeturm als Aussichtsturm empor. Die dritthöchste Erhebung wird von der Hausheide (441,4) zwischen Altenbeken und Bad Driburg gebildet. In ihrer Nähe befindet sich die Ruine der Iburg. Weitere Erhebungen sind Bierbaums Nagel auf einer Hochfläche mit Aussichtsturm (431,4) und der Hellberg (343,1) bei Scherfheide, schon am Unterlauf der Diemel gelegen. Der Hauptkamm des Eggegebirges ist ein Teil der Wasserscheide zwischen Rhein und Weser. Ostwärts abfließende Gewässer münden über die Emmer und Nethe in die Weser, westwärts über die Lippe in den Rhein.

DAS LIPPER BERGLAND

In einem großen Bogen umfließt die obere Weser zwischen Rinteln und Beverungen das

Wo sich die Varusschlacht, die in einer katastrophalen Niederlage für die Römer endete, abgespiegelt hat, ist bis heute strittig. Viel spricht für den Ortsteil Kalkriese der Stadt Bramsche im Osnabrücker Land. Die Bezeichnung „Schlacht im Teutoburger Wald" trifft wohl nur hinsichtlich der dichten Bewaldung des Kampfgebiets zu. Eines der zahlreichen Beweisstücke, die für einen Schlachtort bei Bramsche-Kalkriese sprechen, ist diese dort 1987 gefundene Gesichtsmaske eines römischen Legionärs.

BIZARRE SANDSTEINFELSEN
DIE EXTERNSTEINE

Nachweislich haben sich Menschen schon vor 10 000 Jahren am Fuße der Felsen aufgehalten. Funde aus dem Neolithikum bis zum frühen Mittelalter fehlen aber. Doch im 12. Jahrhundert haben sich Mönche in den Felsen niedergelassen. Fels II birgt eine Höhenkapelle mit Altar und Rundfenster, die über die Brücke von Fels III an erreichbar ist. In Fels I befindet sich auch die Hauptgrotte und in einem dazu gehörigen Felsen noch eine Nebengrotte. Im Jahr 1813 wurde zwischen Fels III und IV ein Forstweg angelegt, der später als Reichsstraße ausgebaut wurde. Bis 1936 fuhr zwischen den beiden Sandstein-Felsen die Straßenbahn von Paderborn über Horn nach Detmold hindurch, weshalb das „Tor" mehrfach verbreitert werden musste. Auf Fels IV liegt der „Wackelstein" auf. Er ruht auf drei Punkten, doch ist er inzwischen mit Metallbändern festgezurrt und der Raum um seinen Fuß einbetoniert worden.

Die Hauptsehenswürdigkeit der Externsteine ist das am Fels I angebrachte Relief der Kreuzabnahme. Diese Großplastik von hohem künstlerischem Wert stammt etwa aus dem Jahr 1130.

Genau wie die Dörenther Klippen im Norden des Teutoburger Waldes sind die Externsteine herausragende Sandsteinfelsen aus 120 Millionen Jahre alten flach liegenden Sedimenten, die im Zuge der Gebirgsbildung vor etwa 70 Millionen Jahren senkrecht gestellt wurden. Erosion legte das Gestein frei und gab den bis über 40 Meter hohen Felsen ihre jetzige bizarr anmutende Form aus fünf Felsgruppen.

Lipper Bergland im Osten, das im Westen an den Teutoburger Wald und das Eggegebirge heranreicht. Die Landschaft des Lipper Berglands ist in wechselnde Kuppen und Höhenzüge, flache Senken und zertalte Hügelgebiete bei mittleren Höhenlagen von 350 Metern gegliedert. Die Flüsse Werre und Bega, Exter und Emmer schneiden sich mit ihren Zuflüssen in die Landschaft ein, an den Hängen zur Weser verliert das Lipper Bergland an Höhe. Die höchste Erhebung ist der 497 Meter hohe Köterberg. In der Bewaldung herrschen Buchen und Eichen vor. Die Landwirtschaftsflächen in den weniger steilen Abschnitten und Senken, deren Untergrund aus Sandsteinen, Mergeln und Tonen des Keuper teilweise mit Löss überdeckt sind, nehmen aber den größten Teil ein.

DAS SÜDHANNOVERSCHE BERGLAND

Ostwärts des Weserdurchbruchs an der Porta Westfalica setzen sich die Höhenzüge des Weserberglandes fort. Das Wesergebirge stellt die Fortsetzung des Wiehengebirges dar. Es folgen der Süntel und nördlich die Bückeberge. Der Deister, der wegen seiner Ausrichtung im engeren Sinn eigentlich nicht mehr zum Weserbergland zählt, ist der Hausberg der Hannoveraner. Er erstreckt sich von Barsinghausen bis Springe, sein höchster Punkt ist der Bröhn (405 Meter). In dem sich südostwärts anschließenden Kleinen Deister befindet sich der Saupark Springe, ein 14 Quadratkilometer großes, von einer Bruchsteinmauer eingefasstes Wildgehege mit einem vom hannoverschen Hofbaumeister Laves (1838-1842) erbauten Jagdschloss.

Der Saupark war ehemaliges Hofjagdgebiet der hannoverschen Könige und der späteren deutschen Kaiser. Noch diesseits der Leine zieht sich der schmale Höhenzug des Ith mit seinen interessanten Klippen aus Jura-Kalkgestein entlang. Südlich schließt sich der Hils an, dessen höchste Erhebung die 480 Meter hohe Bloße Zelle ist. Nahebei steht auf dem 472 Meter hohen Großen Sohl der Wilhelm-Rabe-Aussichtsturm im Andenken an den Schriftsteller, der große Teile seines Lebens im nahe gelegenen Wolfenbüttel und Braunschweig verbrachte.

Östlich des Oberweserabschnitts von Höxter liegt der Solling. Mit einem Durchmesser von über 30 Kilometern zählt er zu den flächenmäßig ausgedehntesten Bergzügen des Weserberglandes. Zusammen mit den nördlich gelegenen Höhenzügen des Burgberges und Voglers bildet er den Naturpark Solling-Vogler. Der Solling steigt von 80 Metern Höhe des Wesertals bis auf 528 Meter Höhe auf der Großen Blöße an. Weitläufige Wälder, reizvolle Bachtäler, ausgedehnte Streuobstbestände, seltene Trockenrasen und urtümliche Moore prägen sein Landschaftsbild.

Jenseits der Leine setzt sich das Weserbergland mit verschiedenartigen Höhenzügen rund um den weit in die Norddeutsche Tiefebene hinein ragenden Bug des Harzes fort. Dazu zählen der Hildesheimer Wald und der Salzgitter Höhenzug. Südlich davon wird der Ambergau mit seinen fruchtbaren Lössflächen von den Höhenzügen des Hainberges, der Harplage und des Heber umgeben. Das sich südwestlich zur Nahe hinziehende Harzvorland wird vom Untereichsfeld und den sich anschließenden Ohmgebirge eingenommen.

DAS WESERBERGLAND

Am Rand des Sauparks Springe wurde 1928 ein Wisentgehege eingerichtet, das der Bestandssicherung der zu dem Zeitpunkt in freier Wildbahn ausgestorbenen Tiere dient.

Der Harz

In den Höhenlagen des Harzes herrscht ein den nordischen Breiten vergleichbares raues Klima.

Der über 100 Kilometer lange und zwischen 30 und 40 Kilometer breite Harz schiebt sich als nördlichster und zugleich höchster Vorposten der Mittelgebirge in die Norddeutsche Tiefebene hinein. Wie ein Rammbock stellt er sich dem anstürmenden Wetter entgegen, Wind und Regen toben sich an ihm aus. Als typisches Pultschollengebirge, das auf der einen Seite flach und auf der anderen Seite stark abfällt, zeigt der Harz diesen starken Abfall nach Westen und Nordosten und den allmählichen Abfall nach Süden. Mit seiner markanten Harznordrandstörung geht er abrupt in das nördliche und nordwestliche Vorland über.

Gegliedert wird der Harz von West nach Ost in den Oberharz, den zentralen Hochharz mit dem 1142 Meter hohen Brocken und den um 400 Meter hohen Unterharz. Seinen Namen verdankt er dem mittelalterlichen Begriff hart (= Hochwald, Bergwald). In einer Urkunde Kaiser Ludwig des Frommen aus dem Jahr 814 wird der Harzgau Hartingowe genannt. Anderen Einteilungen zufolge wird der Harz nur in die beiden Bereiche des Ober- und Unterharzes gegliedert, wobei die Trennlinie zwischen Wernigerode und Bad Lauterberg erfolgt und den Einzugsbereich der Weser im Oberharz vom Einzugsbereich der Elbe im Unterharz trennt.

Im Erdaltertum breitete sich in der Region des heutigen Harzes bis vor 400 Millionen Jahren ein Meeresbecken aus, auf dessen Grund sich Sedimente ablagerten, die heute als Tonschiefer, Grauwacke, Kieselschiefer und Quarzit ersichtlich sind. Im Becken selbst wuchsen im Erdzeitalter des Devons Korallen zu mehreren hundert Meter mächtigen Riffen heran, deren Schichten bei Elbingerode noch erkennbar sind.

DIE MITTELGEBIRGE

Im jüngsten eiszeitlichen Erdzeitalter des Quartär kühlte sich das Klima ab, die Niederschläge nahmen zu und die nunmehr stärker Wasser führenden Flüsse schnitten sich immer tiefer in die Harzoberfläche ein und hinterließen beispielsweise die so reizvollen Täler der Bode und Selke (Bild). Während der Elster-Eiszeit berührten die Eismassen nur einen kleinen Teil des Unterharzes, der Oberharz ragte aus dem Inlandeis heraus. Die Eismassen der Saale-Eiszeit kamen nur bis an den Harznordrand.

Im Zuge der Variskischen Gebirgsbildung im Zeitalter des Karbons, die den Untergrund zu Sätteln mit Senken auffaltete, brach durch die Schwachstellen der Erdkruste metallreiches Magma als vulkanisches Förderprodukt vor, die nach Abkühlung als Granitmassive mit Erzlagerstätten zurückblieben und vom 13. Jahrhundert bis 1965 gefördert wurden. Mit dem Beginn des folgenden Erdzeitalters des Perms begann die Abtragung des Gebirges, das bis zum Erdzeitalter der Trias eingeebnet war. Die Abtragungsprodukte findet man heute in Form von Sandstein und Schieferton vor. Das abgesenkte Variskische Gebirge wurde im Erdalter der Zechsteinzeit vor ca. 250 Millionen Jahren wiederholt vom Meer überflutet. In dieser Periode lagerten sich Salze und Gipse ab. Darauf erfolgte bis zum Erdzeitalter des Tertiärs eine erneute Anhebung der Region, die – als „Saxonische Bruchschollentektonik" bezeichnet – durch den zunehmenden Druck der Afrikanischen Platte auf die Eurasische Platte ausgelöst wurde und den Mittelgebirgsraum in Bruchschollen zerlegte. Während sich einige Schollen absenkten, wurden andere herausgehoben, sodass auch Überschiebungen von Erdschollen erfolgten. Eine solche Überschiebung war die sogenannte „Harznordrandstörung", die für das Herausheben des Harzes maßgeblich war. Weil sich der Harz dabei gleichzeitig nach Norden bewegte, wurde der Nordrand steil aufgerichtet und teilweise überkippt. Durch das Überschieben erhielt die Pultscholle des Harzes ihre Neigung in Nordwest/Südost-Richtung.

SAGENUMWOBEN
DIE TEUFELSMAUER

Die sagenumwobene Teufelsmauer am Nordrand des Harzes zählt zu den interessantesten geologischen Erscheinungen Deutschlands. Es handelt sich um einen sichtbaren Teil der Harznordrandstörung, der sich als Felskamm vom östlichen Ortsrand der Stadt Blankenburg über Timmenrode bis Weddersleben-Neinstedt über eine Länge von 20 Kilometern hinzieht und an drei Stellen zu Tage tritt. Die Felsformation entstand, weil verhärteter Sandstein durch die in der Kreidezeit erfolgte Heraushebung des Harzes steil gestellt oder überkippt wurde, so dass die Schichtoberflächen heute nach unten weisen. Durch Abtragung weicheren Gesteins um die Klippen traten diese als markante bis zu 20 Meter hohe Schichtrippen aus dem Gelände heraus. Teile davon wurden sehr viel später durch Wind-, Wasser- und Gletschererosion wieder zerstört.

Goethe hat auf der letzten seiner drei Harzreisen, die ihn unter anderem auf den damals völlig unerschlossenen Brocken führten, auch die Teufelmauer aufgesucht. Der naturwissenschaftlich interessierte Dichter hatte den Harz als eine natürliche geologische Lehrstätte erkannt. In seiner Begleitung befand sich der Weimarer Maler Georg Melchior Kraus. Ihn hatte Goethe eigens zu dem Zwecke mitgenommen, geologisch wichtige und interessante Fels- und Landschaftspartien zu zeichnen. Aus den 200 Jahre alten Zeichnungen wird deutlich, wie wenig sich seither an den Felsen verändert hat.

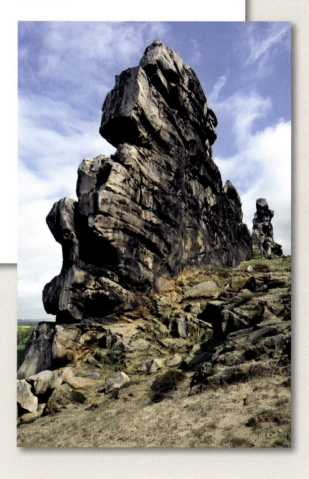

Besonders markante Felsformationen der Teufelsmauer haben von der Bevölkerung eigene Namen erhalten, so der „Großvater" bei Blankenburg, das „Hamburger Wappen" bei Timmenrode, die „Papensteine" bei Warnstedt, der „Königsstein" bei Weddersleben, die „Mittelsteine" bei Neinstedt , der „Dicke Stein" bei Rieder sowie die „Gegensteine" bei Ballenstedt.

DER OBERHARZ

Der Oberharz ist eine weitgehend waldbedeckte Mittelgebirgslandschaft, die sich mit seinem steilen, rund 300 bis 400 Meter hohen Anstieg im westlichen Teil deutlich gegen das umgebende Flachland abhebt. Sein Gelände wird durch wenige tief eingeschnittene Täler in einzelne Plateaus mit Höhen von ca. 600 bis 700 Metern untergliedert und an den Rändern durch zahlreiche Kerbtäler zerschnitten. Der Oberharz war Jahrhunderte lang durch seinen ergiebigen Silberbergbau geprägt, der in der Landschaft entsprechende Spuren hinterlassen hat. So sind denn auch die sieben Bergbaustädte Claus-

DIE MITTELGEBIRGE

> Es gibt nur eine Heilkraft, und das ist die Natur; in Salben und Pillen steckt keine. Höchstens können sie der Heilkraft der Natur einen Wink geben, wo etwas für sie zu tun ist.
>
> *Arthur Schopenhauer (1788–1860)*

thal, Zellerfeld, St. Andreasberg, Altenau, Lautenthal, Wildemann und Bad Grund von großer geschichtlicher Bedeutung für den Oberharz.

Neben der Forstwirtschaft spielt der Fremdenverkehr im Oberharz eine besondere Rolle. Zuzeiten der Trennung des Harzes durch die innerdeutsche Grenze spielte der Oberharz für das näher gelegene Umland bis Hannover eine große Rolle, sodass dieser Teil des Harzes seit der Wiedervereinigung durch die Öffnung des Brockens und der anderen Teile des Harzes etwas an Interesse verloren hat. Doch hat die Region viele Attraktionen zu bieten, so die Skigebiete von St. Andreasberg und Braunlage, die herrlichen Waldlandschaften mit vielen Flüssen und Wasserfällen, die Fachwerkorte am Harzrand, die vielen Besucherbergwerke, von denen das Besucherbergwerk Rammelsberg am eindrucksvollsten die Geschichte des Bergbaus im Oberharz widerspiegelt.

DER ZENTRALE HOCHHARZ

Der zentrale Hochharz breitet sich in der Mitte des Harzes aus. Landschaftsbestimmend ist der Brocken als höchste Erhebung des gesamten Berglandes. Fast die gesamte Fläche des zentralen Hochharzes ist mit Wald bedeckt, sodass er als Prototyp einer mittelgebirgen Waldlandschaft gelten kann. Der

Durch den jahrhundertealten Erzbergbau im Harz und dem damit verbundenen großen Holzbedarf kam es in der Bewaldung zur Begünstigung der Fichte, sodass heute großflächig Nadelwälder dominieren. Nur in den tiefer gelegenen Bereichen am Rand des Oberharzes kommen auf etwa einem Fünftel der Fläche Laub- und Mischwälder vor.

DER HARZ

Der mittlere Teil des Harzes zeigt das vielfältigste Relief des gesamten Berglandes. Die tief einschneidenden Täler der Sieber und Oder und ihrer Zuflüsse teilen die Region in lang gestreckte Bergrücken auf. Die Söse (Bild) und die Oder sind zu großen Stauseen aufgestaut worden. Flache, vermoorte Senken, Hochmoore, aber auch Blockschutthalden und Klippen überziehen die Flanken der Brockenkuppel. Ein großer Teil des zentralen Hochharzes ist als Nationalpark ausgewiesen. Schutzgebiete nehmen etwa 35 Prozent seiner Fläche ein.

Anteil an Laub- und Mischwäldern beträgt ein Drittel der Waldfläche, zumeist am Harzrand. Der größte Teil wird von Fichtenwäldern eingenommen, die den einst natürlichen Bestand an Laubwäldern ersetzt haben.

Der Nationalpark Harz erstreckt sich von Bad Harzburg im Norden bis Herzberg im Süden auf einer Fläche von 24 700 Hektar. Damit nimmt er etwa zehn Prozent der Gesamtfläche des Harzes ein. Gebildet wurde er im Jahr 2006 durch Zusammenlegung der Nationalparkflächen auf dem Gebiet von Sachsen-Anhalt (8900 ha) und Niedersachsen (15 800 ha). Der im Osten gelegene Teil war noch zwei Tage vor der Wiedervereinigung von der DDR-Regierung eingerichtet worden, der westliche Teil folgte im Jahre 1994.

Beeindruckend ist die fast durchgängige Bewaldung der Nationalparkfläche. Als weitere Landschaftselemente sind die Moore wegen ihrer speziellen Ausprägung, Hochheiden und die Granitfelsen zu nennen. Im Lauf von 30 Jahren soll die Kernzone des Nationalparks so weit entwickelt sein, dass hier die Natur vollständig sich selbst überlassen wird.

DER UNTERHARZ

Der Unterharz, der den Osten des Berglands einnimmt, stellt sich als wellige Hochfläche in Höhenlagen zwischen 275 und 610 Meter dar. Auch hier fällt die Nordflanke bruchförmig ab, während im Süden das Gelände flacher übergeht und durch Flusstäler stark

DIE MITTELGEBIRGE

Eines der Nationalparkprojekte besteht darin, den 1818 im Harz ausgestorbenen Luchs (Lynx lynx – Bild) wieder anzusiedeln. Dazu wurden über 20 Tiere aus Zoonachwuchs ausgewildert. Gleichfalls sollen die im Harz ausgestorbenen Auerhühner wieder ausgesetzt werden.

zerschnitten ist. Wegen der geringeren Höhenlagen treten hier die Wälder gegenüber der agrarischen Nutzung zurück. Vor allem Bergwiesen kennzeichnen die Landschaft. Weitere Wirtschaftsfaktoren sind der Fremdenverkehr und der Bergbau, hier durch viele Steinbrüche vertreten.

Die dünne Besiedlung des Unterharzes bietet vielfältigste Lebensräume für Flora und Fauna. Hier gibt es ausreichend naturnahe Bachläufe für Eisvögel, Wasseramseln und Amphibien wie auch für andere bedrohte Tierarten. Die montanen und submontanen Laubwälder bieten Lebensraum beispielsweise für die Wildkatze. Natürliche Höhlen und zahlreiche alte Bergbaustollen sind wichtige Winterquartiere für Fledermäuse. Bemerkenswert sind gerade für den Unterharz die weit verbreiteten Streuobstwiesen an Talhängen oder in Siedlungsnähe. Dazu sind auch viele Altobstanlagen erhalten geblieben, in denen sich Eulen und Käuze wohl fühlen.

Klimatisch ist der Ostharz besser gestellt als der Hochharz, in dessen Windschatten er liegt. Es fällt weniger Niederschlag, die Temperaturen sind weniger krass – das Klima ist insgesamt milder. Insofern wird der Ostharz als ruhiges, erholsames Feriengebiet immer lieber aufgesucht.

HÖCHSTER BERG NORDDEUTSCHLANDS
DER **BROCKEN**

Inmitten des 1937 eingerichteten Naturschutzgebietes und des 1990 eingerichteten Nationalparks erhebt sich die 1142 Meter hohe Kuppe des Brockens als höchster Berg Norddeutschlands. Zu DDR-Zeiten war er bis 1961 mit Passierschein für die Öffentlichkeit zugänglich, danach Sperrgebiet, das erst im Zuge der Wiedervereinigung aufgehoben wurde.

Der Brocken hat schon immer die Menschen angezogen. Nicht nur Goethe, auch Heinrich Heine, Christian Andersen und Otto von Bismarck kamen herauf. 1736 stand die erste Hütte auf dem Brocken, dann ein Gasthaus, seit 1800 ein Aussichtsturm und 1899 war die Brockenbahn fertiggestellt. 1936 errichtete man einen 52 Meter hohen Turm auf dem Brocken – auch für Fernsehübertragungen! Benachbart hatte das Brockenhotel schon längst seine Pforten geöffnet. Am Ende des Zweiten Weltkriegs wurden alle Baulichkeiten bis auf den Turm auf dem Brocken zerstört. Nach dem Mauerbau hatten die Sowjetarmee und der DDR-Staatssicherheitdienst militärische Anlagen auf dem Brocken eingerichtet. Nach der erneuten Zugänglichkeit wurden die Militäranlagen abgerissen und das Gelände renaturiert. Der Fernsehturm ist heute Hotel mit Cafe und Aussichtsplattform und der 1890 angelegte Brockengarten wurde in den 1990er-Jahren ebenfalls wieder zum Leben erweckt.

Seit 1991 fährt auch die Brockenbahn wieder. Los geht es von Drei Annen-Hohne auf 543 Meter Höhe bei Schierke 19 Kilometer aufwärts bis zum Gipfelbahnhof auf 1125 Meter Höhe. (oben)
An 120 Tagen im Jahr ist der Brocken von Schnee bedeckt, an fast 330 Tagen herrscht Nebel. So gleicht das Klima insgesamt dem Islands.

Als höchster in das Norddeutsche Tiefland vorgeschobener Berg weist der Brocken wegen seiner gegen die atlantischen Wetterstörungen exponierten Lage hohe Niederschlagsmengen auf, die mit durchschnittlich 1800 Millimeter pro Jahr fast schon tropische Mengen erreichen. Klar, dass um den Brocken auch der Wind pfeift – Windgeschwindigkeiten bis zu 250 Stundenkilometer wurden hier schon gemessen. Da der Brocken oberhalb der Baumgrenze liegt, gibt es hier nur noch Krüppelfichten, in den Hochmoorflächen um den Brocken Zwergbirken. Im 1890 angelegten Brockengarten werden die typischen Pflanzen des Brockens gezeigt, so etwa die Brockenanemone genannte Kleine Alpenkuhschelle oder das Brockenhabichtskraut, aber auch andere Pflanzen der Gebirgslagen.

So außergewöhnlich der Brocken hinsichtlich seiner Höhe, seines Klimas, seiner verkrüppelten Pflanzen im Nebel ist, so sehr hat er auch immer die Fantasie der Menschen angeregt. Hoch oben auf dem Berg soll sich Hexerei und Zauberwerk abspielen. In der Walpurgisnacht zum 1. Mai kommen die Brockenhexen auf den Blocksberg, wie der Brocken mythologisch genant wird, um sich zum Hexensabbat zu treffen. Auch Goethe konnte sich diesem „Zauber" nicht entziehen. In seinem „Faust" hat er der Walpurgisnacht ein literarisches Denkmal gesetzt.

Das Thüringer Becken

Die Mulde des Thüringer Beckens ist umrundet von einer Vielzahl von Randlandschaften unterschiedlichsten Charakters. Ausgehend vom südlichen Harzvorland mit der Goldenen Aue und dem angrenzenden Kyffhäuser sind dies die Muschelkalkhöhenzüge der Hainleite und des Ohmgebirges, die sich westlich im Oberen Eichsfeld und im Hainich als Übergang zum Hessischen Bergland fortsetzen. Im Südwesten zieht sich das Westthüringer Berg- und Hügelland entlang, das sich ostwärts im Thüringer Schiefergebirge fortsetzt. Nach Osten geht die Landschaft über das ostthüringische Hügelland in die Leipziger Bucht über. Durch die Abschirmung des Thüringer Beckens durch den Harz nach Nordwesten und den Thüringer Wald nach Südwesten weist die Region geringe Niederschläge, häufige Trockenperioden und ein verhältnismäßig windarmes, sonniges Klima auf. Die durchschnittlichen Niederschlagsmengen liegen gelegentlich unter 500 Millimeter pro Jahr.

Das Thüringer Becken stellt sich im Kern als eine leicht gewellte Hügellandschaft in Höhenlagen zwischen 150 und 300 Meter, gelegentlich bis 450 Meter dar. Flach eingesenkte, weite Muldentäler mit breiten Talauen kennzeichnen die weitgehend waldfreie Region. Im Zentrum des Beckens hat die Unstrut mit ihren Zuflüssen eine weite Auenlandschaft geschaffen. Aus dem überwiegend flachen Zentrum erheben sich nur die Fahner Höhe, der Ettersberg und das Tannrodaer Gewölbe. Die guten Böden erlauben intensiven Ackerbau. In den überschwemmungsgefährdeten Talsohlen findet man Grünland vor. Als spezielle Biotope sind in die Ackerlandschaft immer wieder Eichenmischwälder als Restwälder und Erlen-Eschen-Stieleichenwälder auf Aulehmböden

Nur am Rand des Thüringer Beckens gibt es bewaldete Höhenzüge, der Großteil hingegen ist weitgehend Waldfrei.

Interessant am Kyffhäuser sind die verkarsteten unbewaldeten Süd- und Westrandhänge, die mit Mager- und Trockenrasen, Felsheiden, Karstbuchenwäldern und Eichenmischwäldern bedeckt sind und viele Arten beherbergen, deren Verbreitungsschwerpunkt eher in Südosteuropa liegt. Besonders hervorzuheben sind hier Wendehals und Eisvogel, Fledermausarten, Tagfalter und Grashüpferarten, darunter die einzigen Populationen des schwarzfleckigen Grashüpfers und Steppengrashüpfers.

eingebettet, gelegentlich auch Streuobstwiesen und vernässte Bereiche in den Talsenken.

DER KYFFHÄUSER

Als spezielles Gipskarstgebiet erweist sich der Kyffhäuser, dessen höchster Punkt, der 473 Meter hohe Kulpenberg ist. Auf dem vorgelagerten Kyffhäuserburgberg und den Resten der Reichsburg Kyffhausen steht das Ende des 19. Jahrhunderts errichtete 81 Meter hohe Barbarossadenkmal, das der sogenannten Barbarossa-Sage huldigt. Danach schläft Kaiser Friedrich I., genannt Barbarossa, in einer Höhle des Kyffhäuserbergs, um eines Tages zu erwachen und das Reich zu neuer Blüte zu führen.

DAS OBERE EICHSFELD

Von den Muschelkalkhöhenzügen, die das Thüringer Becken im Nordwesten begrenzen, ist das Obere Eichsfeld sicherlich das interessanteste. Es besteht in weiten Teilen aus einer teils schroffen, teils idyllischen Mittelgebirgslandschaft mit Muschelkalk- und Buntsandsteinformationen, welche von tiefen Tälern zerschnitten sind. Zum Becken hin fällt das Gelände flacher ab. Entlang der steilen Abbruchkanten findet man Laubwälder mit Eiben. Ansonsten wachsen naturnahe Buchenwälder, eher Wärme liebende Eichenwälder, Schluchtwälder sowie Schatthang- und Blockschuttwälder und nicht zuletzt Erlen-Eschen-Auwälder. Westlich des Eichsfelds zog sich die DDR-Grenze entlang. Dieser Grenzstreifen war menschlichem Einfluss entzogen, sodass sich die Natur hier frei entwickeln konnte.

DAS WESTTHÜRINGER BERG- UND HÜGELLAND

Das Westthüringer Berg- und Hügelland stellt das Vorland des Thüringer Waldes zum Thüringer Becken dar. Es erstreckt sich im engeren Sinn vom Hainich südostwärts, als Vorland reicht es bis zu den westlichen Ausläufern des Thüringer Schiefergebirges. Es ist ein strukturiertes Hügelland in Höhen von 270 bis 340 Metern. Das Gelände wird auf lösshaltig-tonigen Böden überwiegend ackerbaulich genutzt und weist nur wenige von Weiden durchsetzte Buchenwälder auf den Höhenrücken auf.

In der Fortsetzung des Vorlandes tritt mit der Ohrdrufer Platte in Richtung auf Arnstadt wieder Muschelkalk hervor. Vorgelagert ist das Bergensemble der Drei Gleichen, gut sichtbar von der Autobahn A4 mit jeweils einer Burg auf ihrer Kuppe. Auf dem nordwestlichen Höhenzug erhebt sich die Anfang des 11. Jahrhunderts von den Grafen von Weimar-Orlamünde errichtete Burg Gleichen bei Wandersleben, die erstmals im Jahr 1034 als „Glich" in den Annalen des Klosters von Reinhardsbrunn erwähnt wurde. Auf dem südöstlichen Höhenzug erhebt sich die Mühlburg als älteste Burg Thüringens, die sogar schon in einer Schenkungsurkunde an Bischof Wilibord von Utrecht vom 1. Mai 704 urkundlich erwähnt wurde und auf dem 421 Meter hohen Wassenberg schließlich steht die Veste Wachsenburg, deren Ursprünge bis zurück in das 10. Jahrhundert reichen.

DIE UNSTRUT

Mit rund 500 mm Niederschlag jährlich zählt die Weinbauregion Saale-Unstrut zu den niederschlagsärmsten in Deutschland. Hier scheint die Sonne aber etwa 1600 Stunden im Jahr!

Die Unstrut ist ein 192 Kilometer langer Nebenfluss der Saale, der bei Dingelstädt im Eichsfeld entspringt. Sie fließt durch das Thüringer Becken und durchbricht dann bei Sachsenburg die zwischen Hainleite und Schmücke eingekerbte Thüringer Pforte. In ihrem Unterlauf macht sie eine Biegung ostwärts und führt ihren Lauf entlang der Hohen Schrecke und Finne. In bogigem Verlauf fließt sie über Freyburg südwärts zur Mündung in die Saale bei Naumburg. Sie entwässert mit ihren Zuflüssen fast das gesamte Thüringer Becken und ist an ihrer Mündung wasserreicher als die Saale, in der sie aufgeht.

Im Mündungsbereich erstreckt sich das mit 650 Hektar Rebfläche zu den kleinen Anbaugebieten zählende Weinbaugebiet Saale-Unstrut, wo seit dem Mittelalter Weinbau betrieben wird. Die klimatischen Verhältnisse sind günstig, obwohl das Gebiet am 51. Breitengrad liegt. Der ausgewogene Mix von Sonne und Kühle sorgt für feingliedrige und spritzige Weine vor allem der Rebsorten Silvaner und Müller-Thurgau. Die Rebhänge sind vorwiegend nach Süden gerichtet. In den Flusstälern bilden Wärmeinseln ein besonders mildes Mikroklima.

DIE MITTELGEBIRGE

DAS THÜRINGER SCHIEFERGEBIRGE

Das Thüringer Schiefergebirge verdankt seine Entstehung der variskischen Gebirgsbildung. Es erstreckt sich im Süden des Thüringer Beckens als Übergangslandschaft zum Frankenwald und zum Vogtland. Im Gegensatz zum Thüringer Wald als typischem Kammgebirge sind die Höhen des Thüringer Schiefergebirges als hochflächige Bergrücken ausgebildet, in der tief eingeschnittene Täler entsprechend steile Hänge bilden. Die Rumpffläche des Gebirges erstreckt sich in Höhenlagen zwischen 300 und 530 Meter. Im Westen, im Übergang zum Thüringer Wald, erreicht die Rumpffläche 700 Meter Höhe. Höchster Berg ist der 869 Meter hohe Große Farmdenkopf. An der Nordostflanke senkt sich das Gebirge allmählich zum Vorland des Thüringer Beckens ab. Insgesamt sind die Höhen des Thüringer Schiefergebirges überwiegend mit Nadelwäldern bedeckt.

EINSTIGES SPERRGEBIET
DAS GRÜNE BAND

Die fast 1400 Kilometer lange innerdeutsche Grenze war seit dem Mauerbau im Jahr 1961 bis zur Wiedervereinigung 1989 auf DDR-Seite Sperrgebiet. Neben einer nicht zu betretenden 500 Meter breiten „Schutzzone" gab es eine bis zu fünf Kilometer breite „Sperrzone", in der die Bewohner nur noch beschränkt leben durften. Den größten Anteil an diesem Grenzstreifen hat das Bundesland Thüringen, das auch den Anstoß gab, diesen Streifen unter Naturschutz zu stellen. Da es sich als nicht realistisch erwies, den Streifen in seiner ganzen Länge zu schützen, wurden einzelne Modellregionen ausgewählt, so die Regionen
- Elbe-Altmark-Wendland,
- Harz ohne Grenzen,
- Thüringer Wald und Thüringer Schiefergebirge.

Das „Grüne Band Deutschland" ist inzwischen Teil des Staaten übergreifenden Projekts „Grünes Band Europa", das den gesamten Grenzstreifen des ehemaligen „Eisernen Vorhangs" vom Nordmeer bis zum Schwarzen Meer erfasst und für das der ehemalige sowjetische Präsident Michail Gorbatschow die Schirmherrschaft übernommen hat.

Einem breiten Publikum bekannt geworden ist das „Grüne Band" durch den Naturfilmer Andreas Kieling, dessen Dokumentation über Land und Leute entlang der ehemaligen Grenze als fünfteilige Serie Mitten im wilden Deutschland im Fernsehen lief.

Die Gesamtfläche des Grenzsperrgebiets der DDR von tatsächlich gut 3000 Quadratkilometern war über Jahrzehnte kaum menschlichem Einfluss ausgesetzt und entwickelte sich zu einem Rückzugsgebiet für Pflanzen und Tiere. Kohlmeise (Parus major, oben) und Grünling (Carduelis chloris, unten) im Flug.

DAS THÜRINGER BECKEN

Besondere Landschaftsmerkmale bilden die Talsperren des oberen Saaletals. In ihrem Verlauf durch das Thüringer Schiefergebirge ist die Saale in einer Länge von 80 Kilometern in einer fünfstufigen Kaskade aufgestaut. Die größten Stauseen werden von dem auch als „Thüringer Meer" bezeichneten Hohenwarte-Stausee (Bild) und vom 28 Kilometer langen Bleiloch-Stausee als Talsperre mit dem größten Fassungsvermögen in Deutschland gebildet.

Dazwischen eingebettet sind immer wieder Hochmoore, die durch die starken Niederschläge an den nordostwärts exponierten Hängen ausreichend Wasserzufuhr erhalten.

Interessant ist das Plothener Teichgebiet, bei dem es sich um eine flachwellige teichreiche Hochfläche auf der Nordabdachung des Thüringer Schiefergebirges in Höhenlagen zwischen 360 und 650 Meter zwischen Schleiz im Süden und Auma im Nordosten handelt. Von den ehemals 2000 Teichen sind noch 600 verblieben, die im 11. und 12. Jahrhundert von Mönchen zur Fischzucht angelegt wurden. Sie sind mit einem teilweise vertikalen Grabensystem verbunden und werden nicht durch Quellwasser, sondern durch Niederschläge gespeist, daher ihr Name als „Himmelsteiche".

Der Thüringer Wald

Der Thüringer Wald stellt sich heute als lang gestreckter Gebirgszug mit gerundeten Gipfeln und muldenförmigen Vertiefungen dar, dessen Kamm leicht wellenförmig verläuft und Höhen von über 900 Metern erreicht.

Der Thüringer Wald ist ein lang gestrecktes, von Nordwesten nach Südosten verlaufendes, 100 Kilometer langes Kammgebirge, das im Westen und Südwesten vom Werratal und im Nordosten von dem in das Thüringische Becken übergehende Vorland begrenzt wird. Im Osten geht der Gebirgszug in das Thüringische Schiefergebirge und im Südosten in den Frankenwald über. Auf dem Kamm verläuft der Rennsteig als historischer Grenzpfad. An der Nordkante liegt Eisenach mit der sich oberhalb erhebenden Wartburg, im Südosten Sonnenberg nahe der den Thüringer Wald begrenzenden Rodach. Südostwärts verbreitet sich der Thüringer Wald. Hat er an der Nordwestspitze einen Durchmesser von 10 Kilometern, so dehnt er sich im südöstlichen Teil auf eine Breite von 35 Kilometern aus.

Die Entstehung des Thüringer Waldes setzte durch Auffaltung im Erdzeitalter des Oberkarbons vor 320 Jahren ein. Bis zum Zeitalter des Perms wurde er wieder eingeebnet. Magmatisches Gestein drängte aus der Tiefe nach oben, danach hob sich der Gebirgsstock wieder in zwei Verwerfungen, um dann zu einem hohen Bergrücken angehoben zu werden, in den sich seitlich tiefe Täler einschnitten. Die stärkste Anhebung erfolgte im schmalen nordöstlichen Teil. Dennoch erfolgt der Abfall zum Werratal allmählich, während er weiter südlich wesentlich deutlicher hervortritt.

Die höchsten Berge des Thüringer Waldes sind der Große Beerberg (984 m), der Schneekopf (978 m) und der Inselberg (916 m). Sein Klima ist rau, regen- und schneereich,

DIE MITTELGEBIRGE

Heute wird fast die gesamte Fläche des Thüringer Waldes vom Naturpark Thüringer Wald eingenommen, in dem auch das Biosphärenreservat Vessertal eingeschlossen ist.

es fallen bis zu 1300 Millimeter Niederschlag pro Jahr. Der Kamm des Thüringer Waldes hatte in vorgeschichtlicher Zeit trennende Funktion zwischen germanischen und keltischen Völkerschaften. Die Erschließung des ehedem mit Laubwäldern bedeckten Thüringer Waldes erfolgte im Mittelalter durch den Eisenerzbergbau, der bis hinein ins 16. Jahrhundert anhielt – ihm fielen die hochwertigen Laubholzbestände zum Opfer. In der Folgezeit siedelten sich stark auf Heimarbeit angewiesene Gewerbe im Gebirge an, die die Grundlage für die spätere Industrialisierung bildeten. Im 19. Jahrhundert wurden die Waldbestände weitgehend mit Fichtenkulturen erneuert.

Der nordwestlich nach Eisenach gerichtete Sporn des Thüringer Waldes erreicht nur Höhenlagen bis 470 Meter. Spektakulär steigt die Drachenschlucht südlich von Eisenach in das Gebirge an. Genauso spektakulär erhebt sich die 1067 erstmals erwähnte Wartburg, die inzwischen in die Liste des Weltkulturerbes der UNESCO aufgenommen worden ist, auf dem Sporn. Südostwärts davon folgt der erste Teil des mittleren Thüringer Waldes um Ruhla. Hier erreicht der Kamm schon Höhenlagen von über 700 Metern. Höchste Erhebung ist die 717 aufragende Birkenheide in Rennsteignähe.

Die höchste Erhebung des nächsten Abschnitts des Thüringer Waldes wird von dem 919 Meter hohen Großen Inselberg nördlich von Brotterode gebildet. Sein Gipfel ist als schmales, etwa 700 Meter langes gewölbtes Plateau ausgebildet, das sich als Quarz-

DEUTSCHLANDS BEKANNTESTER HÖHENWANDERWEG
DER RENNSTEIG

Der Rennsteig führt von der Werra bei Eisenach auf 196 Meter Höhe über den Kamm des Thüringer Waldes über den höchsten Punkt am Großen Beerberg auf 980 Meter Höhe, streift den Frankenwald und endet im Thüringer Schiefergebirge in Blankenheim an der Saale auf 414 Meter Höhe. Der größte Teil der durchgängig mit weißem „R" auf dunklem Grund markierten Strecke verläuft in Höhenlagen von 700 bis 850 Metern.

Erste Hinweise auf die Existenz des Rennsteigs, der im Gegensatz zu den auch von Postkutschen befahrbaren Wegen eher als Kurierpfad diente, gibt es schon aus dem 9. Jahrhundert. Die erste urkundliche Erwähnung erfolgte 1330 als Rynnestyg. Einen ersten Reisebericht vom Rennsteig verfasste Graf von Schwarzenburg im Jahr 1597, der erste Wanderbericht vom Rennsteig stammt aus dem Jahr 1830. Seit dem 28. April 1990 ist er wieder durchgehend zu erwandern. Seither zählt man jährlich über 100 000 Nutzer des Rennsteigs.

Der Rennsteig überquert die ehemalige deutsch-deutsche Grenze insgesamt sechs Mal, weswegen er erst nach der Wiedervereinigung seine heutige Bedeutung erlangt hat.

Gelbwürfeliger Dickkopffalter
(Carterocephalus palaemon)

porphyr-Härtling vulkanischen Ursprungs mit seinen Nebenkuppen weithin sichtbar aus der Umgebung hervorhebt. Dieser Abschnitt des Thüringer Waldes reicht im nördlichen Bereich bis Finsterbergen und im Süden bis Floh. Der Kamm bildet hier zunächst die Wasserscheide zwischen Werra und Hörsel und im Folgenden zwischen Werra und Unstrut.

Durch den zentralen Abschnitt des Thüringer Waldes zwischen Tambach und Oberhof führen keine öffentlich zugänglichen Straßen, das große Waldareal kann in aller Ruhe genossen werden. Der Kamm des Rennsteigs, der hier die Elbe-Weser-Wasserscheide bildet, verläuft in Höhen bis 900 Meter. Südlich des Kamms erheben sich ausgeprägtere Bergkuppen, so der 867 Meter hohe Große Herrmannsberg, von dessen Felsspitze man bis zur Rhön blicken kann, sowie der 866 Meter hohe Ruppberg, der Hausberg von Zella-Mehlis mit seinem deutlich hervortretenden Porphyrgestein. Auf der Spitze hatten die Kelten eine Wallburg errichtet, heute steht dort eine Bergschutzhütte. Drei Talsperren bietet die Region auf: Oberhalb Tambach-Dietharz wird die Apfelstädt zu einem kleinen Stausee zur Wasserversor-

DIE MITTELGEBIRGE

Ein drei Meter hohes vergoldetes Kreuz krönt den Bergfried der Wartburg, wo Luther in zehnmonatiger Arbeit 1521/22 die Evangelien übersetzte. Schwarz-rot-golden daneben die deutsche Fahne, die auf die Befreiungskriege gegen Napoleon 1813-1815 und die Demokratie-Bewegung im 19. Jahrhundert zurückgeht.

gung Geras aufgestaut, jüngeren Datums ist die aus den 1990er-Jahren stammende Schmalwasser-Talsperre mit einer 81 Meter hohen Staumauer und weiter östlich befindet sich die Ohra-Talsperre. Alle drei Talsperren stehen miteinander im Stollen-Verbund.

Im Schmalwassergrund erhebt sich auch der Falkenstein als bedeutende Felsformation des Thüringer Waldes. Es ist ein talseitig 96 Meter aufragender Porphyrfels, der heute als Kletterfels genutzt wird.

Oberhof, auf dem Kamm des Thüringer Waldes auf über 800 Meter Höhe gelegen, ist heute das größte Sportzentrum Ostdeutschlands. Hier gibt es die Schanzenanlage im Kanzlersgrund, die Jugendschanze in Oberhof selbst, die Skiarena Oberhof, die Skisporthalle Oberthof und die Bobbahn. Auf dieser wurden Rennrodelweltmeisterschaften ausgetragen, auch hat Oberhof Biathlon-Weltmeisterschaften ausgerichtet.

Etwa 4000 Pflanzenarten aus den Gebirgen Europas, Asiens, Nord- und Südamerikas, Neuseelands und aus der arktischen Region können im sieben Hektar großen Botanischen Rennsteiggarten rund um den 868 Meter hohen Pfanntalskopf betrachtet werden. Aufgrund des hier herrschenden Gebirgsklimas zeigen die Pflanzen ihre typische Wuchsform und ihren einzigartigen Blütenflor.

Mit dem Frauenwald-Neustädter Thüringer Wald klingt der Gebirgszug aus. Hier in seinem südöstlichsten Teil verläuft der Hauptkamm über den Großen Hundskopf, den Großen Dreiherrnstein und die Hintere Haube vielerorts in Höhen über 800 Meter. Doch der bekannteste Berg der Region, der 861 Meter hohe Kickelhahn, erhebt sich als Hausberg von Ilmenau an der Nordostflanke des Gebirgszugs. Auf ihm stehen ein 1855 errichteter Aussichtsturm, ein Fernmeldeturm, ein Sendemast und das Goethehäuschen in Erinnerung an den Aufenthalt des Dichters in der Region.

BIOSPHÄRENRESERVAT
VESSERTAL

Bereits 1979 war das Vessertal durch die UNESCO als Biosphärenreservat anerkannt worden. Nach einer Flächenvergrößerung 1986 erfuhr es seine letzte Erweiterung im Rahmen des Nationalparkprogramms im Jahr 1990. Das vom Rennsteig gekreuzte Gebiet weist die höchsten Erhebungen des Thüringer Waldes auf, so den Großen Beerberg (982 m), den Schneekopf (978 m), den Großen Finsterberg (944 m) und den Fichtenkopf (944 m). Der größte Teil des Biosphärenreservats ist mit Wald bedeckt, auf den Hochflächen breiten sich Wiesen aus. Dazu gibt es meist künstlich angelegte Stillgewässer, so zwei Talsperren und viele Teiche. Der Niederschlagsüberschuss in den Hochlagen speist verbliebene Hochmoore und die vielen Bäche des Reservats.

Beim großen Beerberg handelt es sich um einen erloschenen Vulkan aus Porphyrgestein. Auf seinem Gipfel breitet sich eines der wenigen erhaltenen, unter Schutz stehenden Hochmoore des Thüringer Waldes aus. Den höchsten Punkt des Berges zu betreten ist daher nicht erlaubt.

Das Biosphärenreservat Vessertal-Thüringer Wald erstreckt sich mit einer Fläche von 17 000 Hektar westlich von Suhl im Übergang zum Thüringer Schiefergebirge.

Im Thüringer Wald zu Hause: die Wildkatze (Felis sylvestris).

Das Hessische Bergland

Das Hessische Bergland ist eine stark gegliederte Region, die sich im Zentrum Deutschlands weitestgehend im Bundesland Hessen zwischen dem Rheinischen Schiefergebirge im Westen und dem Westrand des Thüringer Beckens im Osten erstreckt. Es handelt sich um eine geologische Störungszone, die sich – im Gegensatz zur Oberrheinsenke – nicht als Grabenbruch, sondern als komplizierte Störungszone aus Anhebungen verschiedener Zeiträume und eingelagerten Senken zeigt. Naturräumlich gliedert sich das Hessische Bergland in seinen westlichen und östlichen Teil, die durch die hessische Senke getrennt werden. Hessen ist übrigens das Bundesland mit dem höchsten Waldanteil in ganz Deutschland.

Das Westhessische Bergland wird größtenteils von Buntsandsteinen gebildet. Im Osthessischen Bergland mehren sich die Basaltdurchbrüche. Vulkanische Aktivitäten haben vor allem das landschaftliche Erscheinungsbild von Vogelsberg und Rhön geprägt.

DER REINHARDSWALD

Der Höhenzug des Reinhardswaldes erstreckt sich zwischen Karlshafen und Hannoversch-Münden in einem 15 Kilometer breiten Streifen westlich der Oberweser. Er bildet eine leicht gewellte und nahezu unbewohnte Buntsandsteinhochfläche mit den jeweils 472 Meter aufragenden Staufenberg und Gahrenberg als höchsten Erhebungen und fällt an der Ostkante steil zum Wesertal ab. Eine große Fläche im Süden des Reinhardswaldes ist als Wildschutzgebiet von einem 76 Kilometer langen Gatter umgeben. Dieses bei Naturschützern umstrittene Gebiet erinnert an die feudale Jagdleidenschaft der

Knorrige alte Stileiche – auch als Sommereiche oder Deutsche Eiche bekannt – im Naturschutzgebiet „Urwald Sababurg".

DIE MITTELGEBIRGE

Landgrafen von Hessen-Kassel, die das Gebiet zu Parforcejagden nutzten und es dazu vor Rodung schützten.

DER KAUFUNGER WALD

Wie der Reinhardswald stellt sich der südlich anschließende Kaufunger Wald als wellige, etwa 80 Millionen Jahre alte Buntsandsteinhochfläche dar, die von einigen Basaltkegeln durchsetzt ist. Der Kaufunger Wald steigt vom Kasseler Becken sanft auf über 600 Meter Höhe an. Seine Ausläufer ziehen sich nordwärts bis nach Hannoversch-Münden herunter. Die höchste Erhebung wird vom 643 Meter hohen Basaltdurchbruch des Bilsteins gebildet. Umgrenzt wird der Kaufunger Wald im Westen von der Fulda, im Süden vom Lossetal, geht im Südosten in das Bergmassiv des Hohen Meißners über und fällt im Nordosten schroff in das Unterwerratal ab. Durchzogen ist die Landschaft von zahlreichen Fließgewässern, die sich im Lauf der Zeit mehr oder weniger tief in das Plateau eingegraben haben, das überwiegend von Wald bedeckt ist – nur an den Randbereichen befinden sich vereinzelt Ackerflächen, Grünland und Siedlungen. Weil das Plateau an einigen Stellen durch abgelagerte Tonschichten wasserundurchlässig ist, haben sich einige Moore wie beispielsweise das Hühnerfeld gebildet.

DER HOHE MEISSNER

Der Meißner bildet einen waldreichen Bergrücken in südöstlicher Verlängerung des Kaufunger Waldes – beide zusammen sind im Naturpark Meißner-Kaufunger Wald zusammengefasst.

Das Meißnergebiet setzt sich aus den Nördlichen Meißnervorbergen und dem Basaltplateau des Hohen Meißners zusammen. Bei den Vorbergen handelt es sich überwiegend um

Der Reinhardswald stellt das nur von wenigen Rodungsinseln unterbrochene größte Waldgebiet Hessens dar, in dem sich neben Nadelholzbeständen vor allem Buchen- und Eichenbestände finden. Dazu haben sich im Zentrum im Umfeld der Sababurg noch Relikte von Nieder-, Mittel- und Hutewäldern erhalten.

DORNRÖSCHENSCHLOSS
SABABURG

Hirschkäfer
(Lucanus cervus)

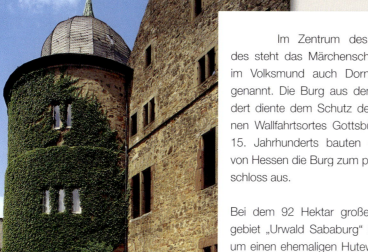

Im Zentrum des Reinhardswaldes steht das Märchenschloss Sababurg, im Volksmund auch Dornröschenschloss genannt. Die Burg aus dem 14. Jahrhundert diente dem Schutz des nahe gelegenen Wallfahrtsortes Gottsbüren. Ende des 15. Jahrhunderts bauten die Landgrafen von Hessen die Burg zum prächtigen Jagdschloss aus.

Bei dem 92 Hektar großen Naturschutzgebiet „Urwald Sababurg" handelt es sich um einen ehemaligen Hutewald, in den die Bauern aus den umliegenden Dörfern ihre Pferde, Kühe, Schafe, Schweine und Ziegen zur Weide trieben. Mächtige alte Eichen und Buchen, Erlen, Birken und imposante Farn- und Pfeifengrasbestände prägen das Bild des Waldes. Wo früher das Vieh die jungen Bäume kurz hielt und Schweine im Wald mit Eicheln gemästet wurden, entstand der typische Hutewald, in dem sich insbesondere die Buche stark verbreiten konnte. Seit 1907 wird der Wald nicht mehr traditionell bewirtschaft, und seither hat sich sein Erscheinungsbild gewandelt. Aber viele knorrige, teilweise 800-jährige Eichen und faszinierende Totholzstrukturen haben sich erhalten und bieten einer entsprechenden Fauna Lebensraum, wie etwa dem Hirschkäfer.

Im 19. Jahrhundert verfiel die Sababurg zusehends und verblieb tief im Reinhardswald als wild romantische, von einer undurchdringlichen Dornenhecke umgebene Ruine, die nach dem Erscheinen der „Kinder- und Hausmärchen" der Brüder Grimm von den Lesern als Schlafstatt von Dornröschen auserkoren wurde. Längst ist die Anlage als Burghotel mit Restaurant und Café restauriert.

bewaldete Buntsandstein- und Muschelkalkrücken in Höhenlagen bis 500 Meter. Im Zeitalter des Tertiärs bildete das Gebiet eine Senke, in der unter subtropischem Klima Sumpfwälder wuchsen, die sich zu Braunkohlelagern verdichteten. Vor einigen Millionen Jahren trat durch Spalten und Verwerfungen Lava an die Oberfläche des Beckens. Während sich am Rande des Beckens daraus feinkörnige Lava herauskristallisierte, handelt es sich im Zentrum um grobkörniges Material. Angesichts der bis heute anhaltenden Hebung des Geländes erodierte der widerstandsfähige Basalt aus dem basaltfreien Umfeld mit gut ausgebildeten Säulenbasalten und Blockmeeren heraus und ragt seither als Härtling des Hohen Meißners mit der 754 Meter hohen Kasseler Kuppe weit aus seinem Umfeld heraus.

Jahrhunderte lang wurde die Kohle am Meißner im Tagebau, aber auch im Untertagebau gewonnen. Immer wieder entzündete sich die Kohle in

DIE MITTELGEBIRGE

Bekannt ist der Hohe Habichtswald durch Schloss Wilhelmshöhe mit dem Bergpark und den Wasserspielen mit Blick auf Kassel. „Ansicht von Schloss Wilhelmshöhe mit dem Habichtswald" (1786 durch Simon Louis du Ry begonnen, durch H. C. Jussow vollendet), Johann Erdmann Hummel (1769–1852).

DER HABICHTSWALD

Der Habichtswald westlich von Kassel teilt sich in mehrere überwiegend bewaldete Höhenzüge auf, die im Norden zur Diemel hin abfallen und nach Süden fast bis zum Oberlauf der Ems reichen. Die einzelnen, teilweise Stufen bildenden Berge des Habichtswaldes sind vulkanischen Ursprungs und überlagern das Grundgebirge aus Muschelkalk und Buntsandstein. Die höchste Erhebung ist das 615 Meter messende Hohe Gras.

DAS WALDECKER BERGLAND

Die Nordspitze des recht schmalen, aber 45 Kilometer langen Waldecker Berglandes erreicht die Diemel, die Südspitze die Eder. Angesichts der Edertalsperre erhebt sich Schloss Waldeck als markanter Punkt in der Landschaft. Die Höhenburg als Sitz der Grafen von Schwalenburg und späteren Grafen von Waldeck-Pyrmont wurde 1120 erstmals erwähnt. Die Residenz der Grafen befindet sich aber im heutigen Bad Arolsen.

Das Waldecker Bergland besteht im Kern aus einem fast 300 Quadratkilometer großen, überwiegend bewaldeten Buntsandsteinrücken. Am Westrand erhebt sich der 562 Meter hohe Eisenberg, der ein Goldvorkommen enthält, das seit dem 13. Jahrhundert bekannt ist. Auf dem Gipfel befindet sich die Eisenburg, daneben ein Aussichtsturm.

DER KELLERWALD

Der Kellerwald trennt als Fortsatz des Rheinischen Schiefergebirges das Waldecker Berg-

den aufgegebenen Schächten. Schwelbrände in den Flözen machten sich durch Rauch und Brandgeruch aus der schwefelhaltigen Kohle bemerkbar. Dieser unangenehme Geruch tritt insbesondere im südlichen Abbaugebiet an einer aus dem Tagebau stehen gebliebenen Steilwand hervor – die Umlandbewohner nennen die Wand daher „Stinksteinwand".

Im Hohen Meißner soll sich das Märchen von „Frau Holle", bekannt wie „Dornröschen" aus der Sammlung der Gebrüder Grimm, zugetragen haben. Die Bezeichnung als „Hoher" Meißner ist übrigens erst kaum mehr als hundert Jahre alt. Auf dem Meißner fand der erste „Freideutsche Jugendtag" statt, eine Jugendvereinigung der Wandervogel-Bewegung. Über dieses Treffen berichtete die Presse vom „Hohen" Meißner – der Name ist geblieben.

land im Norden vom Burgwald im Süden. In seinem nordwestlichen Teil ragt Muschelkalk als Schichtstufe über den Buntsandsteinstock hinaus. Im Norden fällt er mit den Ederhöhen zum Edersee hin ab, zum Osten und Südosten zum Schwalmtal. Im Süden geht der Kellerwald in das Vogelsberg-Vorland, im Südwesten in den Burgwald über. Den Kern des Kellerwaldes bilden die bis 585 Meter hohen Bergzüge des Jeust, der 657 Meter messende Hohe Lohr sowie im Zentrum die Große Hardt mit dem 626 Meter hohen Traddelkopf. Bekanntester und markantester Berg ist der 519 Meter hohe Homberg südlich von Bad Wildungen. Höchster Berg ist der ganz im Süden des Kellerwaldes 675 Meter aufragende Wüstegarten mit dem darauf errichteten Kellerwaldturm. Seine Bergkuppe ist von der „Heidelburg", einer keltischen Ringwallanlage aus der Eisenzeit im 1. Jahrtausend v. Chr., umrundet.

DER BURGWALD

Südlich des Kellerwaldes erstreckt sich der Burgwald zwischen Frankenberg und Kirchhain als eine etwa 400 Meter hohe Buntsandstein-Hochfläche, die teilweise mit Lösslehm bedeckt ist. Bei der höchsten Erhebung handelt es sich um den 443 Meter hohen Knebelsrod südöstlich von Friedrichshausen. Die Ränder der Hochfläche sind stark zertalt und bilden nach Westen einen deutlichen Abfall. Der Burgwald unterteilt sich in einen nördlichen und einen südlichen Teil. Der Süden ist stärker landwirtschaftlich genutzt, im Norden breiten sich zusammenhängende Wälder mit versumpften Talauen aus, bandartig umgeben von Grünland. Es handelt sich um Hainsimsen- und Perlgrasbuchenwälder sowie Eichen-Hainbuchenwälder auf trockenerem Untergrund. Darunter sind viele alte Baumveteranen. So stehen am Forsthaus Hirschberg 13 alte Huteeichen, eine davon mit einem Umfang von acht Metern. Markant steht in Rosenthal die Gerichtseiche mit über sieben Meter Umfang am Galgenberg – hier wurde einst Recht gesprochen und vollzogen. Bei dem ältesten Baum handelt es sich um eine 700-jährige Sommerlinde mit neun Meter Stammumfang inmitten des Dorfes Himmelsberg im Südlichen Burgwald.

DER KNÜLL

Das sich zwischen Schwalm und Fulda ausbreitende, weitgehend von Wald bedeckte Knüllgebirge wird von seinen Anwohnern nur „Knüll" genannt. Das sich rund 50 Kilometer im Durchmesser ausbreitende Bergland wird im südlichen Teil von Buntsandsteinschichten gebildet, während diese im nördlichen Teil von Basaltdecken aus dem Zeitalter des Tertiärs überdeckt sind. Das Knüll-Hochland gliedert sich in die drei Teillandschaften des Westlichen Knüllvorlandes, des Östlichen Knüllvorlandes und in den Hochknüll. Der Hochknüll ist ein aus relativ kleinen Basaltdecken aufgebautes Massiv, das eine von einzelnen Kuppen überragte, flachwellige Hochfläche bildet. Als höchste Erhebung bildet der 636 Meter hohe Eisenberg einen lang gestreckten Basaltrücken. Nur zwei Meter niedriger ist der erloschene Vulkan des Knüllköpfchens im Hauptbasaltblock im zentralen Knüll.

DER VOGELSBERG

Der Vogelsberg stellt das größte zusammenhängende Basaltmassiv Mitteleuropas dar. Er erstreckt sich auf einer Fläche von 2500 Qua-

DIE MITTELGEBIRGE

dratkilometern zwischen dem Knüll im Norden, der Rhön im Osten, dem Spessart im Südosten und der Tallandschaft der Wetterau im Südwesten.

Die Entstehung des Vogelsberges begann mit den bruchtektonischen Aktivitäten, die im Zeitalter des Alttertiärs zur Ausbildung der Hessischen Senke führten und im nachfolgenden Zeitalter des Jungtertiärs den Vulkanismus auslösten, der zur Bildung des Vogelsberges führte. Aus vielen Quellen durchstießen vulkanische Förderprodukte das Grundgebirge aus Buntsandstein und Muschelkalk mit dem Höhepunkt im Zeitraum vor achtzehn bis zwölf Millionen Jahren. Die Lavaschichten der Einzelvulkane bildeten eine zusammenhängende Basaltdecke, die nach weiteren Hebungs- und Erosionsvorgängen heute den Vogelsberg wie einen Schildvulkan erscheinen lassen – was er aber nicht ist.

Der Vogelsberg setzt sich aus dem zentralen, auch Oberwald genannten Teil mit dem westlichen und östlichen Hohen Vogelsberg sowie dem Unteren Vogelsberg zusammen.

Die Hochfläche des Oberwaldes bildet ein komplett bewaldetes flachwelliges Plateau auf einer Höhe von 700 bis 740 Metern mit einzel-

NATIONALPARK
KELLERWALD-EDERSEE

Der Nationalpark Kellerwald-Edersee liegt im nördlichen, kaum besiedelten Teil des fast 60 Quadratkilometer großen Naturparks Kellerwald-Edersee. Der Nationalpark umfasst eine Fläche von 6000 Hektar und deckt fast den gesamten Bereich der Ederhöhen ab.

Das Nationalpark-Gebiet ist historisches Jagdrevier der Fürsten von Waldeck, die den nördlichen Teil des Kellerwaldes im 19. Jahrhundert sogar mit einem Gatter umgaben. In diesem Areal stand die jagdliche Nutzung im Vordergrund, weshalb sich hier die besonders ursprünglichen Buchenwälder erhalten konnten. Vor allem die Waldgesellschaft des Hainsimsen-Buchenwaldes hat hier auf bodensaurem Standort weite Verbreitung.
Ein Drittel der Bäume ist über 140 Jahre alt! Besondere Standorte bilden zusätzlich die Steilhänge zum Edersee, wo auch letzte Urwaldparzellen erhalten blieben. Diese Urwaldreste sind Teil eines Mosaiks aus knorrigen Eichen-, Buchen- und Hainbuchen-Trockenwäldern, Edellaubholz-Hangwäldern und Hutewald-Relikten sowie Fels, Schutt- und Blockfluren, in denen seltene und hoch spezialisierte Totholz-Lebensgemeinschaften existieren können.

Seit 2011 ist das Buchenwaldgebiet des Nationalparks als eines der letzten großen und naturnahen Rotbuchenwald-Bestände Mitteleuropas in die UNESCO-Weltnaturerbeliste aufgenommen.

DAS HESSISCHE BERGLAND

Baum- oder Edelmarder (Martes martes) *im Wildpark Knüll.*

nen Kuppen, die mit einer dünnen eiszeitlichen Lössbedeckung überzogen sind. Die höchste Erhebung ist der 773 Meter hohe Taufstein, der kaum als solcher wahrgenommen wird, weil er sich nur wenig aus seiner Umgebung hervorhebt. Anfang des 20. Jahrhunderts erhielt er den 28 Meter hohen Bismarckturm aufgesetzt. Große Teile des Oberwalds stehen unter Naturschutz. Der überwiegend mit Buchen bestandene Wald im Naturschutzgebiet Taufstein wird schon seit 1907 sich selbst überlassen. Im Bereich der unteren Grenze des Oberwaldes um die 600-Meter-Höhenlinie der Vogelsbergkuppe ist der Wald mit Wiesen und Ackerflächen durchsetzt. Am Nordhang des Taufsteins sind große Blockhalden aus Basalt zu finden. Die zahlreichen Quellen des Vogelsbergs entspringen im Oberwald und breiten sich radial aus. Der Oberwald ist durch raues Klima mit Niederschlagsmengen um 1000 Millimeter jährlich gekennzeichnet. Die lange Schneebedeckung lässt hier nur eine kurze Vegetationsperiode zu.

Der Westliche und Östliche Hohe Vogelsberg erstrecken sich durchschnittlich in Höhenlagen um 500 Meter, im Westen reicht er bis 400 Meter herunter. Die Trennung beider Teile erfolgt nach den Quellgebieten der Abflüsse entsprechend der über den Vogelsberg verlaufenden Rhein-Weser-Wasserscheide. Die einstigen Waldflächen des Hohen Vogelsberges sind längst soweit gerodet, dass sich heute quellreiche Waldparzellen mit Feuchtgebieten, Magerrasen, einem noch existenten Hochmoor und den Vogelsberger Seen, im 16. Jahrhundert angelegten Fischteichen, abwechseln.

Der ebenfalls aus vulkanischen Gesteinen aufgebaute und mit einer dünnen Lössschicht bedeckte Untere Vogelsberg erstreckt sich in Höhenlagen zwischen 300 und 500 Meter. Im Übergang zur Wetterau senkt sich das Vogelsberg-Gelände auf 200 Meter ab. Große Teile des Vogelsberg-Massivs werden vom Naturpark Hoher Vogelsberg eingenommen.

DIE RHÖN

Im Grenzgebiet von Hessen, Bayern und Thüringen erhebt sich der Bergzug der Rhön östlich des Vogelsberges, von diesem durch das Fuldatal getrennt. Der östliche Teil wird als Hohe Rhön, der westliche und südliche Teil als Kuppenrhön bezeichnet. Im Erdzeitalter des Juras vor 150 Millionen Jahren begann die Hebung des Rhön-Rumpfgebirges. Wie auch beim Vogelsberg ergossen sich dann im Erdzeitalter des Jungtertiärs vulkanische Laven über das Grundgebirge aus Buntsandstein und Muschelkalkschichten und gaben der Rhönlandschaft ihr heutiges Gesicht. Seit 1991 sind weite Teile der Rhön von der UNESCO als Biosphärenreservat anerkannt, um den Charakter dieser außergewöhnlichen Mittelgebirgslandschaft zu erhalten.

Die Hohe Rhön bildet das Zentrum dieses Mittelgebirges. Wie auf dem Vogelsberg bringt die Höhe Niederschläge von 1100 Millimetern jährlich auch Voraussetzung für die beiden noch bestehenden Hochmoore, das Schwarze und das Rote Moor. Die Hohe Rhön besteht aus Hochplateaus mit 600 bis 700 Meter Randhöhe mit weitgehend geschlossenen Basaltdecken. Gegenüber den Vorlandflächen ragt die Hohe Rhön entlang einer Rumpfstufe um 200 bis 300 Meter empor. Das Tal der Sinn, die im bayerischen Teil der Rhön entspringt, ragt als vermutliche Zone geringerer tektonischer Anhebung in die Hohe Rhön hinein. Im eigentlichen Mittelpunkt der Hohen Rhön befindet der 926 Meter hohe Heidelstein als vierthöchste Erhebung der Rhön an der Rhein-Weser-Wasserscheide empor. Vom Hauptgipfel zieht sich ein als „Lange Rhön" bezeichneter Ba-

Insgesamt bildet die Rhön mit ihren Bergwiesen und Bergweiden, Mooren, Quellsümpfen, naturnahen Bächen sowie Laub- und Nadelwäldern abwechslungsreiche Lebensräume für selten gewordene Pflanzen und Tiere. So findet sich hier noch eine der in Deutschland so selten gewordenen Populationen des Birkhuhns (Lyrurus tetrix).

HÖCHSTER BERG DER RHÖN
DIE WASSER KUPPE

Die Wasserkuppe ist mit 950 Meter Höhe der höchste Berg Hessens. Ihren Boden bildet Basalt des jungtertiären Vulkanismus Die Kuppe erhebt sich aus der durch Wald und Weideflächen geprägten Hohen Rhön. In die Grünlandflächen eingestreut sind kleinere Flachmoore und Quellbereiche. So entspringt beispielsweise die Fulda am Rand der Wasserkuppe.

Die bewegte Geschichte rund um die Wasserkuppe macht den Berg zu einer besonderen Attraktion. Geschichtliche Bedeutung hat die Wasserkuppe vor allem als Geburtsstätte des modernen Segelfluges, aber auch aufgrund ihrer strategischen Bedeutung zur Zeit des Kalten Krieges. Die heutigen Sport- und Freizeitmöglichkeiten rund um den Gipfel machen die Wasserkuppe neben dem Kreuzberg zu den beliebtesten Ausflugszielen der Rhön.

Noch nebelverhangen sind die Täler der hessischen Rhön beim Blick von der Milseburg bei Hofbieber auf die Wasserkuppe.

saltrücken bis zum 913 Meter hohen Ostgipfel und weiter zum 902 Meter hohen Stirnberg entlang. Nordwestlich führt der Weg zur 950 Meter hohen Wasserkuppe als höchster Erhebung der Rhön. Hier ist der Basaltrücken teilweise von Buntsandstein und Muschelkalk unterbrochen. Etwas abseits finden sich noch die Basaltkuppen des 786 Meter hohen Weiherbergs im Nordwesten und des 817 Meter hohen Ehrenbergs im Nordosten. Im Süden der Hohen Rhön erhebt sich die 928 Meter hohe Kuppe des Kreuzbergs als dritthöchstem Berg der Rhön. Seit der Christianisierung der Franken gilt dieser Berg als Heiliger Berg der Franken. Unterhalb seiner Kuppe befindet sich am Westhang das Kreuzbergkloster, zu dem immer noch viele Wallfahrten führen.

Die Kuppenrhön umlagert als breiter Saum die Hohe Rhön im Norden, Westen und Südwesten. Vulkankegel, Kuppen und plateauförmige Einzelberge kennzeichnen im Wechsel mit eingekerbten Talmulden das Landschaftsbild. Zahlreiche Bäche und Flüsse, gespeist von den hohen Niederschlägen auf die Rhön, durchziehen das Gelände. Charakteristisch für das Landschaftsbild sind Hecken und Feldgehölze an Mulden, Hohlwegen und Bergkanten.

Die Sächsischen Mittelgebirge

Der Elbdurchbruch durch das Sächsische Mittelgebirge stellte schon immer eine wichtige Handelsverbindung zwischen Süd und Nord dar. Insofern sind manche der Felsen des Elbsandsteingebirges mit einer Burg versehen worden, denn von oben konnte man die Verbindungswege am besten überwachen und Zölle kassieren. Die bekannteste darunter ist die linkselbische Feste Königstein auf dem gleichnamigen Tafelberg oberhalb der Elbe. Sie wurde Ende des 16. Jahrhunderts vom sächsischen Kurfürsten zur stärksten Festung Sachsens ausgebaut.

Das landschaftliche Erscheinungsbild Südsachsens wird durch einen breiten Streifen an Mittelgebirgen gekennzeichnet, die bis nach Tschechien herüberreichen und ihre Entstehung weitgehend der variskischen Faltung verdanken. Im Westen setzt die Mittelgebirgskette mit dem Vogtland ein, östlich schließt sich das Erzgebirge an. Dieses Pultschollengebirge gliedert sich in einen westlichen und einen östlichen Teil, unterbrochen durch das Flöhatal. In seinem Westteil erhebt sich der 1215 Meter hohe Fichtelberg als höchste Erhebung Sachsens. Nach neueren Gesichtspunkten erfolgt die Aufteilung in West-, Mittel- und Osterzgebirge. Wiederum östlich schließt sich das Elbsandsteingebirge an, das durch das tief eingekerbte Tal der Elbe unterbrochen wird. Das darauf folgende Oberlausitzer Bergland reicht bis über die Grenze Polens hinaus und geht im Süden auf das weitgehend auf tschechischem Boden liegende Lausitzer Gebirge über.

DAS VOGTLAND

Der Hauptteil des Vogtlandes liegt im Südwesten Sachsens und geht aber nach Thüringen, Oberfranken und Tschechien über. Seinen Namen verdankt das Vogtland dem Umstand, dass Kaiser Friedrich I. Barbarossa die Herren von Waida als Vögte mit dem Land belehnte. Begrenzt wird das Vogtland im Norden vom Thüringer Schiefergebirge, im Osten vom Erzgebirge, im Süden vom tschechischen Elstergebirge und im Westen vom Frankenwald und Fichtelgebirge. Das Vogtland besteht aus weiten, von Rücken überragten Schieferhochflächen, in die sich die Täler der Saale und Weißen Els-

DIE MITTELGEBIRGE

In den unteren Lagen des Vogtlandes dominiert die Weidewirtschaft. Hier haben sich die Elster und Göltzsch bis zu 100 Meter tief in die Hochfläche eingeschnitten. Aufwändige Brückenkonstruktionen waren erforderlich, um diese Täler zu queren. Die bekannteste darunter ist die Göltzschtalbrücke bei Greiz (Bild). Die größte Ziegelbrücke der Welt ist das Wahrzeichen des Vogtlandes!

ter teilweise tief eingeschnitten haben. Die Schieferhochflächen steigen nach Süden in Staffeln von 350 auf 800 Meter an. Die höchste Erhebung ist der 935 Meter aufragende Aschberg im Übergang zum Westerzgebirge. Im Mittelalter wurden die Flächen des Vogtlandes bis 600 Meter Höhe weitgehend gerodet. In größeren Höhen und an den steileren Berghängen finden sich noch Wälder, hauptsächlich als Fichtenbestände. Rau ist das Klima, steinig der Boden, sodass die Landwirtschaft hier wenig ertragreich ist. Insofern war die Einführung neuer Landwirtschaftskulturen mit höheren Erträgen als Getreide und Buchweizen ein Segen für das Gebiet – so geht man heute davon aus, dass der feldmäßige Kartoffelanbau in Deutschland im Vogtland begann.

Das Obere Vogtland ist ländlich strukturiert. Das Grundgebirge wird von Schieferschichten bestimmt, wobei aufsteigende Lava die Schichtung teilweise stark aufgewölbt hat und ausgeprägte Faltenstrukturen zeigt. Die mittelhohen Lagen des Vogtlandes weisen das stärkste Relief auf. Von Höhenlagen um 500 Meter steigt das Gelände auf 700 Meter an. Als südlichster Teil des Vogtlandes bildet das Elstergebirge seinen Abschluss. Hier ragt im äußersten Zipfel zur tschechischen Grenze der 757 Meter hohe Kapellenberg bei Schönberg empor. Die Region ist noch durch Restvulkanismus geprägt, so beispielsweise durch kleine Erdbebenserien und radioaktive Mineralquellen.

DAS ERZGEBIRGE

Der Erzreichtum hat dem Erzgebirge seinen Namen gegeben. Es grenzt im Westen an das Vogtland, beziehungsweise an das Els-

DIE SÄCHSISCHEN MITTELGEBIRGE

tergebirge als dessen Ausläufer, im Osten an das Elbsandsteingebirge, im Norden geht es flach abfallend in das Erzgebirgische Becken über und im Süden reicht es steiler abfallend weit über die tschechische Grenze hinaus. Den Kernraum des Gebirges um Marienberg, Annaberg sowie Unter- und Oberwiesenthal umfasst das Obere Erzgebirge. Seine Entstehung verdankt das Erzgebirge der variskischen Faltung. In den nachfolgenden Erdzeitaltern von Kreide und Tertiär wurde die Erzgebirgsscholle um 1000 Meter gehoben und nach Nordwesten schräg gestellt, woraus der flache Abfall nach Norden und der stärkere Abfall nach Süden resultiert. Als älteste Gesteine des Erzgebirges tritt der Freiberger Gneis zutage. Relikte ausgetretener Magma aus der Zeit bis vor 270 Millionen Jahren stellen beispielsweise die Porphyrkuppen und Felsklippen des Turmbergs bei Frauenstein, des Büttnersberges bei Hartmannsdorf oder etwa die Kahle Höhe bei Sadisdorf dar. Die höchste Erhebung auf deutscher Seite ist der 1214 Meter hohe Fichtelberg.

Der seit dem Mittelalter aufblühende Bergbau hatte dem Erzgebirge großen Reichtum gebracht. Freiberg und Annaberg-Buchholz zählten am Ende des Mittelalters zu den großen Städten in Deutschland. Mit dem Niedergang des Bergbaus und auch durch die

Basaltsäulen, die sogenannten „Butterfässer", am 832 Meter hohen Pöhlberg bei Annaberg.

DIE MITTELGEBIRGE

Folgen des Dreißigjährigen Kriegs begann die Bevölkerung zu verarmen. Alternative Einkommensquellen bot die Heimarbeit, textiles Werken, Klöppeln und Spielzeug erbrachten neue Beschäftigungsmöglichkeiten, von denen das Spielzeuggewerbe bis heute Bedeutung behalten hat. Wichtigster Erwerbszweig ist derzeit aber der Fremdenverkehr.

Die fließende Übergangszone zwischen Vogtland und dem Westerzgebirge wird von der Zwickauer Mulde gebildet. In seinem oberen Teil gehört das Westerzgebirge dem Naturpark Erzgebirge-Vogtland an, der Übergang zum Mittelerzgebirge erfolgt durch das Schwarzwassertal. Dieser Fluss entspringt am 1206 Meter hohen Hinteren Fichtelberg, durchfließt zunächst tschechisches Gebiet und führt oberhalb von Johanngeorgenstadt wieder auf sächsisches Gebiet. Hier in Johanngeorgenstadt, einer Stadt mit langer Bergbautradition, hatte die Sowjetunion 1946 mit der Gewinnung von Uranerz begonnen, die bis 1990 von der Wismut AG weiter betrieben und dann aufgegeben wurde. Weiter flussabwärts des Scharzwassers wurden seit dem 16. Jahrhundert Hammerwerke errichtet. Bei Antonsthal zweigt ein Graben zur Wasserversorgung der örtlichen Silberwäsche ab. Nach dem Durchfluss durch die Kreisstadt Schwarzenberg mündet das Schwarzwasser bei Aue in die Zwickauer Mulde, dabei passiert sie rechter Hand den 728 Meter hohen Spiegelwald, der durch seine gute Aussicht über das dem Erzgebirge vorgelagerte Erzgebirgsbecken mit der Stadt Zwickau hat, auch als „Balkon des Erzgebirges" bezeichnet wird. Einen noch grandioseren Rundblick bietet der Auersberg auf dem Erzgebirgekamm mit dem aufgesetzten Aussichtsturm. Dieser Erzberg, in den im 16. Jahrhundert an die 300 Gruben führten, war lange Zeit Jagdgebiet der sächsischen Kurfürsten. Seine Wälder stehen seit 1960 unter Naturschutz.

Zwischen Schwarzwasser- und Flöhatal erstreckt sich das Mittelerzgebirge. Hier folgt die Grenze zu Tschechien weitgehend dem Kamm des Erzgebirges. Im Zentrum trennt er die beiden, nur wenige Kilometer auseinander liegenden höchsten Berge, den 1214 Meter hohen Fichtelberg auf deutscher Seite von dem 1244 Meter hohe Keilberg (tschechisch = *Klinovec*) auf tschechischer Seite. Am Fuße des Fichtelbergs liegt Oberwiesenthal auf 914 Meter, hier setzte im 16. Jahrhundert der Bergbau ein, nachdem 1491 reiche Silbererzgänge entdeckt worden waren. Unterhalb auf 600 Meter Höhe liegt angesichts des 832 Meter hohen Pöhlberges die Doppelstadt Annaberg-Buchholz.

Die Bodenschätze des Erzgebirges wurden seit dem 12. Jahrhundert genutzt. In den wichtigsten Revieren bei Freiberg, Schneeberg, Annaberg, Marienberg und Johanngeorgenstadt, wurde nach Silber-, Blei-, Kobalt- und Nickelerze und nach dem Zweiten Weltkrieg auch Uranerze geschürft. In diesen Regionen prägen Halden der alten Bergreviere die Landschaft. Der traditionelle Erzbergbau wurde 1968 eingestellt – nicht aber der Uranerzbergbau.
Die Rückseite des sogenannten Bergaltars der Annenkirche von Hans Hesse (tätig 1491/1521) – das Original befindet sich heute im Deutschen Historischen Museum Berlin – zeigt Szenen aus dem Alltag des Silberbergbaus.

DIE SÄCHSISCHEN MITTELGEBIRGE

Oberwiesenthal im Erzgebirge ist die höchstgelegene Stadt Deutschlands und ein weithin bekannter Wintersportort. Im 16. Jahrhundert als Silberbergbaustadt gegründet, der im 19. Jahrhundert eingestellt wurde, lebt Oberwiesenthal heute vom Fremdenverkehr.

Bei dem Pöhlberg handelt es sich um einen Basaltberg, dessen Säulen an der Nordseite durch einen aufgelassenen Steinbruch gut sichtbar sind – gut sichtbar ist auch die Umgebung von diesem Berg, auf dessen Kuppe 1897 ein Aussichtsturm errichtet wurde.

Der Mittellauf der Flöha bildet die Trennlinie zum Osterzgebirge. Dieser Teil des Erzgebirges, der sich nach Osten verschmalt, wird durch querende Flussläufe strukturiert. Neben der Flöha selbst, die bei ihrem Austritt aus dem Nordrand des Gebirges tief eingeschnitten in das vorgelagerte Erzgebirgische Becken übergeht, sind dieses die Freiberger Mulde, die Wilde Weißeritz, die Rote Weißeritz und die Müglitz, die auch den Abschluss des Gebirges bildet. Dort, wo die in Tschechien entsprungene Müglitz gerade auf sächsisches Gebiet übergegangen ist, fand im Januar 1620 bei Altenberg die größte Bergbaukatastrophe im Erzgebirge statt. Unweit des 905 Meter hohen Kahlebergs als höchster Erhebung des Osterzgebirges war 1140 ein bedeutendes Zinnerzvorkommen entdeckt worden, das zunächst in Höhlungen ausgebaut wurde. Durch den Weitungsbau trugen die Hohlräume das Deckgebirge nicht mehr, das Bergwerk stürzte zusammen. Glücklicherweise wurde in der Grube nicht gearbeitet, nur ein Bergmann blieb verschollen. Die Bruchmassen wurden weiter genutzt, es blieb ein mehr als 100 Meter tiefes und mehrere hundert Meter im Durchmesser messendes Abbauloch. Die Altenberger Pinge erinnert noch heute an diesen gewaltigen Bergsturz.

203

DIE MITTELGEBIRGE

Seit 1990 sind die bizarren Sandsteinnadeln und Felsriffe mit skurrilen Kiefern, urwüchsigen Buchenwäldern und tief eingeschnittenen Wildbächen des Elbsandsteingebirges als Länder übergreifender Nationalpark geschützt.

DAS ELBSANDSTEINGEBIRGE

Zwischen den Ostausläufern des Erzgebirges und der Oberlausitz erheben sich im Grenzgebiet von Sachsen und Tschechien die bizarren Felsen des Elbsandsteingebirges. Sein höchster Berg ist der 723 Meter hohe Děčínský Sněžník (Hoher Schneeberg) auf tschechischer Seite, auf deutscher Seite ist dies der 561 Meter hohe Große Zschirnstein. Der deutsche Teil dieses faszinierenden Gebirges wird als Sächsische Schweiz, der tschechische als Böhmische Schweiz bezeichnet. Seine Entstehung verdankt das Elbsandsteingebirge zunächst einmal der variskischen Faltung und zusätzlich einem späteren tektonischen Einbruch vor 150 Millionen Jahren im Zeitalter von Jura und Kreide zwischen Erzgebirge und Lausitzer Granitplatte, der dort einen Meeresarm entstehen ließ. Hier lagerte sich bis zu 600 Meter mächtiger Sandstein ab, der heute den Kern des fast 20 mal 50 Kilometer messenden Gebirges bildet. Seit Ende des Tertiärs sinkt das Elbtal ab, ein Prozess, der übrigens bis heute anhält. Verwitterungseinflüsse verformten die ton-, mineralien- und fossilienhaltigen Schichten des Sandsteins in jeweils unterschiedlicher Weise. In wasserdurchlässige Schichten grub sich die Elbe mit ihren Nebenflüssen tief in den Sandstein ein. So entstand das sich heute 100 bis 200 Meter über dem Elbtal ausbreitende Felsplateau, das einerseits von bis zu 120 Meter hohen steilwandigen Zeugenbergen überragt wird und andererseits von tiefen Tälern durchzogen ist. Die enorme Sedimentation bereitet bis heute der Schifffahrt auf der Elbe Probleme. Zu den markantesten Zeugenbergen zählen nordöstlich der Elbe der 415 Meter hohe Lilienstein, der Falkenstein und die Schrammsteine. Im Südwesten sind dies der Große und Kleine Bärenstein, der 560 Meter hohe Königstein und etwa auch der 427 Meter hohe Pfaffenstein. Ein Teil der Felsstrukturen verdankt das Elbsandsteingebirge auch zwischenzeitlichem Vulkanismus. Von diesen tertiären Basaltdurchbrüchen zeugen bis heute die Kuppen des 391 Meter hohen Cottaer Spitzbergs, des 561 Meter hohen Großen Zschirnsteins und des 556 Meter hohen Großen Winterbergs.

Die Basteifelsen im Nationalpark Sächsische Schweiz sind seit Mitte des 19. Jahrhunderts durch eine Brücke erschlossen.

DIE MITTELGEBIRGE

DAS OBERLAUSITZER BERGLAND

Die sächsischen Mittelgebirge laufen ostwärts im Oberlausitzer Bergland aus. Geprägt durch Granitgesteine geht das Oberlausitzer Bergland im Süden in das Elbsandsteingebirge über, das sich auf tschechischem Gebiet im Lausitzer Bergland fortsetzt. Der deutsche Teil des Lausitzer Berglands wird vom Zittauer Gebirge gebildet. Im Nordwesten geht das Oberlausitzer Bergland in die Leipziger Bucht und im Norden in das brandenburgische Platten- und Tiefland über. Während der Kreidezeit ragte der Granitsockel aus dem vom Meer bedeckten Umland heraus. Nur das Zittauer Gebirge besteht aus horizontal geschichtetem und vertikal zerklüftetem Sandstein. Im Übergang von der Kreidezeit zum Tertiär wurde das Oberlausitzer Bergland genauso wie das Erzgebirge schräg gestellt, sodass sich die höchsten Erhebungen mit dem 586 Meter hohen Valtenberg im Süden befinden. Hier befindet man sich im Quellgebiet der Spree und ihren Zuflüssen.

Insgesamt ist das Oberlausitzer Bergland durch wellenartige überwiegend bewaldete Höhenzüge gekennzeichnet und durch Talmulden voneinander getrennt. Zunächst verläuft die Spree parallel zur Richtung dieser Formationen, quert sie aber ab Sohland, um sich nordwärts über Bautzen in die Niederlausitz zu richten.

Im Norden der Region wurde die Oberlausitzer Heide- und Teichlandschaft 1996 als Biosphärenreservat von der UNESCO anerkannt. Sie zählt zu den artenreichsten Gebieten in Sachsen, wo sich die meisten Vogelarten pro Fläche beobachten lassen. Hier weist die Kulturlandschaft noch naturnahe sowie traditionell extensiv genutzte Flächen auf, die sich aus Auen, Fischteichen, Mooren, Heiden und offene Sandflächen formieren. Das Biosphärenreservat ist bedeutendes Rast-, Durchzugs- und Nahrungsgebiet für Wasservogelarten, darunter Weiß- und Schwarzstörche, Seeadler (Haliaeetus albicilla – Bild), Kraniche und etwa auch Flussseeschwalben.

DIE SÄCHSISCHEN MITTELGEBIRGE

Der Nationalpark Sächsische Schweiz erstreckt sich am rechten Elbufer auf einer Fläche von fast 100 Quadratkilometern. Der Name Sächsische Schweiz entstand im 18. Jahrhundert und soll dabei auf die beiden Schweizer Künstler Adrian Zingg und Anton Graff zurückgehen, die sich von der Landschaft an ihre Heimat erinnert gefühlt haben könnten.

DER NATIONALPARK SÄCHSISCHE SCHWEIZ

Der Nationalpark Sächsische Schweiz ist in zwei Teile unterteilt. Der westliche Bereich umfasst das Basteigebiet, den Lilienstein und das Polenztal, der östliche Teil das Gebiet der Schrammsteine und unter anderem das des Großen Winterbergs. Insbesondere gilt der Schutz der bizarren Felsformationen mit den aus den Sandsteinschichten erodierten, für das Elbsandsteingebirge so typischen Sandsteinquadern. Diese Quaderform verdankt das Elbsandsteingebirges der horizontalen Schichtung des Sandsteins, der durch Verwitterung vertikal zerklüftete. Diese durch Wind und Wetter sowie durch die Elbe und ihre Zuflüsse geschaffene Erosionslandschaft gliedert sich in drei Etagen mit jeweils spezifischen Formengruppen. Die Zeugenberge, Riffe und Felsen bilden das obere Stockwerk. Im mittleren Bereich breitet sich 100 bis 200 Meter über dem Elbtal das Felsplateau aus. Den unteren Bereich nehmen die Schluchten ein.

Den besonderen Reiz machen die Felsnadeln im Nationalpark aus. Zu den Höhepunkten eines Besuches im Elbsandsteingebirge gehört der Blick von der Bastei, der meistbesuchten Touristenattraktionen in der Sächsischen Schweiz, auf das Elbtal. Von der Bastei fällt das schmale Felsriff zwischen Rathen und Stadt Wehlen fast 200 Meter steil zur Elbe ab. Anfang des 19. Jahrhunderts wurden die Basteifelsen durch eine Holzbrücke touristisch erschlossen, die man 1851 durch die noch heute bestehende sandsteinerne Brücke ersetzte. Sie hat eine Länge von fast 80 Metern und überspannt mit sieben Bögen eine 40 Meter tiefe Schlucht. Eine weitere Attraktion von Rathen ist das imposante Freilichttheater, das von der Bühne Radebeul bespielt wird.

Die Fels- und Waldlandschaften der Sächsischen Schweiz sind auch als besonderer Lebensraum von Bedeutung. Ihr stark gegliedertes Relief bedingt eine große Vielfalt ganz unterschiedlicher Pflanzen- und Tiergesellschaften. So ist der Nationalpark ein bedeutendes Brutgebiet von Vogelarten der Felsgebiete wie zum Beispiel dem Wanderfalken und dem Uhu, wie auch der strukturreicher und naturnaher Wälder, wo der Schwarzstorch und der Wespenbussard heimisch sind. Im Bereich der Flora sind vor allem die großen Bestände unterschiedlichster Farnarten hervorzuheben.

Die Bayerischen Mittelgebirge

Die bayerischen Mittelgebirge bilden den Südostabschluss der deutschen Mittelgebirgsschwelle und umfassen den Frankenwald, das Fichtelgebirge, den Oberpfälzer Wald, den Bayerischen Wald und den deutschen Teil des dazu gehörigen Böhmerwaldes. Die Höhen steigen von Nordwesten nach Südosten an und erreichen im Böhmerwald mit dem 1456 Meter aufragenden Großen Arber (Bild) ihren höchsten Punkt.

Die Entstehungsgeschichte der Bayerischen Mittelgebirge als Teil der Böhmischen Masse reicht weit in die Erdgeschichte zurück, als das „Amorika" genannte nördliche Teilstück vom ehemaligen Kontinent „Gondwana" abgetrennt und im Verlauf der variskischen Faltung mit der Baltischen und Osteuropäischen Platte verschweißt wurde. Durch die Kollision der Afrikanischen mit der Eurasischen Kontinentalplatte im Erdzeitalter des Tertiärs wurde die Böhmische Masse zwar nicht mehr verfaltet, aber sie wurde durch Bruchschollentektonik zerlegt und gehoben, was die heutigen Bergzüge im Kern hervorbrachte und unter anderem auch für den Verlauf des Donautals von Bedeutung war – dieses bildet heute die Südgrenze der bayerischen Gebirgszüge des Böhmischen Massivs. Ihre Grundgebirge bestehen aus kristallinen Gesteinen, die durch die tektonischen Kräfte aus Sedimentgestein und erstarrter Gesteinsschmelze magmatischen Ursprungs entstanden. Spätere Hebungs-, Senkungs- und Erosionsprozesse haben ganz unterschiedliche Berglandschaften entstehen lassen, wie sie sich heute zwischen Frankenwald und Bayerischem Wald zeigen.

FRANKENWALD

Ganz im Norden Oberfrankens erstreckt sich der Frankenwald, wo er an das Thüringer Schiefergebirge angrenzt und dort auch auf Thüringer Gelände übergreift. Im Nordosten geht der Frankenwald in das Vogtland über, in seinem Osten breitet sich die Münchberger Hochfläche aus, die noch dem Frankenwald zugerechnet wird. Jenseits nach Südosten hin erstreckt sich das Fichtelgebirge und im Südwesten das Oberfränkische Hügelland.

DIE MITTELGEBIRGE

Im Nordwesten zeigt sich der Frankenwald als weitgehend waldlose Rumpfhochfläche, die in schmale, lang gestreckte, sogenannte Flächenriedel unterteilt ist. Strukturiert wird dieser Geländerücken durch weitgehend parallel verlaufende, tief eingeschnittene bewaldete Täler. Harte Schiefergesteine aus der frühvariskischen Epoche hinterblieben als Härtlingszüge, die im 795 Meter hohen Döbraberg bei Schwarzenbach gipfeln. Besonders attraktiv ist das Höllental ganz im Nordosten des Frankenwaldes. Hier hat sich die Selbnitz fast 200 Meter tief in den Geländerücken eingegraben.

Der Südwesten des Frankenwaldes zeigt sich als bewaldete Gebirgsfläche, deren Höhenlagen sich bis zu 200 Meter höher als das anschließende Oberfränkische Hügelland erstrecken. Diese Region ist weniger zertalt. Die Täler enden hier in breiten, an der Basis vielfach versumpften Quellmulden. An dieser Stelle hebt sich der Frankenwald deutlich gegen die sogenannte Fränkische Linie ab, eine von Nordwest nach Südost von Thüringen bis zum Oberpfälzer Wald verlaufende Störungszone, die vor etwa 50 Millionen Jahren einbrach. Sie bildet an dieser Stelle die Trennlinie zwischen dem Süddeutschen Schichtstufenland und den Bayerischen Mittelgebirgen.

Im Südosten wird der Frankenwald von der Münchberger Hochfläche als Übergang zum Fichtelgebirge umrahmt. Hier ist der Untergrund von unterschiedlichen Gesteinsarten geprägt, die als schmale Streifen an die Oberfläche treten. Die härteren Schichten sind herausgewittert, so auch der 690 Meter hohe

Blick von Münchberg (Oberfranken) in Richtung Großer Kornberg mit dem Aussichtsturm Kornbergturm im Fichtelgebirge in Bayern.

DIE BAYERISCHEN MITTELGEBIRGE

Pressecker Knock als höchste Erhebung der Region. Insgesamt zeigt sich die Münchberger Hochfläche als überwiegend ebene Fläche, die durch weite und flache Mulden zwischen ihren breit angelegten Kuppen charakterisiert ist. Das Gebiet ist weitgehend gerodet, nur noch auf den Kuppen selbst finden sich Waldreste. Vereinzelt sind noch kleinere naturnahe Schlucht-, Au- und Bruchwälder sowie Laubwaldreste in Steillagen vertreten. In den Mulden breiten sich Feuchtgebiete und Teiche aus.

Fast die gesamte Fläche des Frankenwaldes wird vom gleichnamigen Naturpark eingenommen. Es geht um den Erhalt seiner einmaligen Kulturlandschaft, die aus der Forstwirtschaft, der Flößerei und dem auch hier praktizierten Bergbau hervorgegangen ist, und deren Zeugnisse sich unter anderem noch in Mühlen, Schaubergwerken und Siedlungsstrukturen widerspiegeln. Gleichzeitig gilt der Naturpark auch dem Schutz der Landschaft mit ihrem dreifachen Zusammenspiel aus gerodeten Hochflächen, bewaldeten Hängen und reizvollen Wiesentälern.

FICHTELGEBIRGE

Das Fichtelgebirge zwischen Frankenwald und Oberpfälzer Wald ist ein Eldorado für Geologen, finden sich hier doch noch allerorten Reste des alten Granit-Rumpfgebirges aus weit vorvariskischer Zeit. Granit nimmt hier ein Drittel der Fläche ein und bildet das charakteristische Gestein, das die höchsten Erhebungen aufbaut, dem Gebirge seine Eigenheit verleiht. Während der variskischen Faltung wurde auch das Fichtelgebirge erneut angehoben. In die Risse des aufgefalteten Gebirges drang mineral- und erzreiche Lava, die die Grundlage für den mittelalterlichen Bergbau der Region bildet (siehe Kasten Seite 213). Erneute Vulkantätigkeit brach am Ende der variskischen Faltung aus, ebenso als Folge der alpidischen Faltung, die den südlich des Erzgebirges verlaufenden Egergraben einbrechen ließ. Den letzten „Schliff" erhielt der Frankenwald mit einer erneuten Anhebung vor fünf Millionen Jahren, als im voreiszeitlichen Zeitraum das Klima kälter und feuchter zu werden begann und sich die stärker Wasser führenden Flüsse immer tiefer in den Rumpfsockel einschnitten. Heute stellt das Fichtelgebirge die zentrale europäische Wasserscheide zwischen den Flusssystemen von Rhein, Elbe und Donau dar. Hier entspringt der Weiße Main, der dem Rhein zufließt, die Saale, Eger und die Naab, die der Donau zufließen.

Als Folge der Vergletscherung während der Eiszeit tragen die höchsten Lagen des Fichtelgebirges Felsklippen und Blockmeere. Besonders bemerkenswert ist das Felsenlabyrinth auf der Luisenburg bei Wunsiedel. Hier entstand aus durcheinander gewürfelten und übereinander geschichteten Felsblöcken ein andernorts nicht anzutreffendes Naturschauspiel.

DIE MITTELGEBIRGE

Der Steinwald spielt eine gewisse Eigenständigkeit im Naturraum des Fichtelgebirges. Er ist zwar klar durch die Waldershofer Senke vom eigentlichen Hohen Fichtelgebirge abgetrennt, aber sein mächtiger Granitrücken ist diesem eindeutig zuzurechnen. Gleichwohl ist das Gebiet in zwei Naturparke aufgeteilt – den Naturpark Fichtelgebirge und den Naturpark Steinwald.

Die Höhenzüge des Fichtelgebirges sind fast geschlossen bewaldet, wobei Fichtenforste vorherrschen, woher auch der Name des Gebirges stammt. Dabei finden sich auch heute noch in den Hochlagen natürliche Fichtenwälder. Höhe und Durchmesser der Fichten in den Gipfellagen lassen nicht vermuten, dass sie teilweise schon 300 Jahre alt sind. Nur wenige Laub- und Mischwaldinseln lockern die Bewaldung zumeist in Steillagen auf. Trocken- und Feuchtstandorte sind selten. Dabei hebt sich das Fichtelgebirge deutlich in der Höhe vom Frankenwald ab. Hier übersteigen die Erhebungen die 1000-Meter-Grenze, so mit dem 1053 Meter hohen Schneeberg und dem 1024 Meter hohen Ochsenkopf, der insbesondere bei Langläufern ein beliebtes Skigebiet ist. Die Bergzüge des Fichtelgebirges bilden einen nach Nordosten geöffneten Rahmen um den flachwelligen Kern der Selb-Wunsiedler-Hochfläche. Ihr westlichster Teil wird vom Weißenstädter Becken eingenommen. Der nach Südwesten gerichtete Rücken des Fichtelgebirges bricht zur Fränkischen Linie ab. Im Südosten erstreckt sich das Granitgebirge des Steinwaldes. Der Übergang zum Oberpfälzer Wald wird durch eine Senke gebildet, die von der Waldnaab südwestwärts zur Donau und von der Wondreb nordostwärts über die Eger zur Donau entwässert wird. Weite Aussichten bieten sich von der denkmalgeschützten Wallfahrtskirche auf dem 731 Meter hohen Armesberg am südwestlichen Zugang zur Waldershofer Senke, von der 946 Meter hohen Hohen Platte mit dem Oberpfalzturm und auch von der Burgruine Weißenstein.

BERGBAU MIT TRADITION
FICHTEL GOLD

Der Bergbau im Fichtelgebirge hat eine lange Tradition, schon seit dem Mittelalter baute man hier Eisen, Zinn, Minerale, Braunkohle, Erden und Steine, vor allem Basalt, Granit, Speckstein, Ton und Kaolin und nicht zuletzt auch Gold ab. Neuerdings wurden sogar Uranfunde gemacht. Holz zur Verhüttung der Erze war reichlich vorhanden. Seit dem Dreißigjährigen Krieg ging der Bergbau mit der Erschöpfung der Lagerstätten zurück. Selbst Alexander von Humboldt, der in seiner Eigenschaft als preußischer Bergbauassessor 1793 bis 1796 die drei Bergamtsreviere Goldkronach, Naila und Wunsiedel leitete, konnte dort nur wenig zur Wiederbelebung des Bergbaus ausrichten. Historische Hammerwerke und Schmieden zeugen noch von der alten Tradition. Viele Ortschaften des Fichtelgebirges verdanken ihre Entstehung dem Bergbau, so Wunsiedel, Weißenstadt, Arzberg, Fichtelberg-Neubau und Goldkronach.

Das Goldkronacher Bergbaurevier war das Hauptabbaugebiet für Gold im Fichtelgebirge. Es konzentrierte sich auf die Täler des Weißen Mains und seinen Nebenfluss, den Zoppatenbach bei Brandholz. Etwa ab 1300 wusch man hier zunächst die goldhaltigen Sande aus den Flüssen. Als Burggraf Friedrich IV. von Nürnberg im Jahre 1363 Goldkronach Stadt- und Bergbaurechte verlieh, setzte der eigentliche Goldbergbau ein, der der Stadt über 100 Jahre lang zu Wohlstand verhalf. Doch waren die Lagerstätten endlich, und auch der letzte Versuch der Fichtelgold AG, den Goldbergbau nach dem Ersten Weltkrieg wieder zu beleben, musste 1928 aufgegeben werden.

Anzumerken bleibt zusätzlich, dass die Kaolin-Funde im Fichtelgebirge Grundlage für den Aufbau der Porzellanindustrie in Selb waren. Diese Industrie konnte an mehreren Stellen in Deutschland entstehen, seit man die richtige Zusammensetzung für Hartporzellan aus Kaolin, Feldspat und Quarz gefunden hatte. Das für Edelporzellan erforderliche Weiße Kaolin, das nicht von färbenden Oxiden durchsetzt ist, wird im Fichtelgebirge im Tagebau gewonnen. Die Ausbeute reicht aber nicht mehr für die Versorgung der Porzellanunternehmen in Selb aus, sodass man heute einen Teil der Rohstoffe importieren muss.

Die Darstellungen aus dem Hauptwerk des auch als „Vater der Mineralogie" genannten Georgius Agricola (1494-1555) „De Re Metallica" zeigen verschiedenste Arbeitsschritte der Erzgewinnung und -verarbeitung aus der Mitte des 16. Jahrhunderts. Der Renaissance-Gelehrte eignete sich ein umfassendes Wissen über die Technik des Bergbaus und Hüttenwesens seiner Zeit vor allem durch zahlreiche Reisen im Bergbaurevier des sächsischen und böhmischen Erzgebirges an.

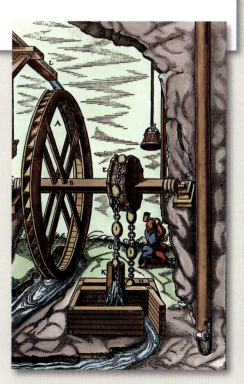

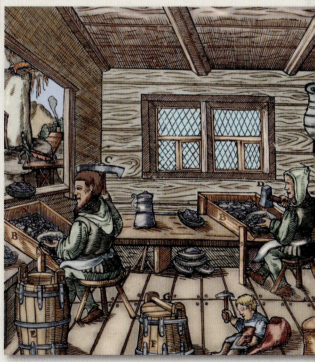

DIE MITTELGEBIRGE

DER OBERPFÄLZER WALD

Der Oberpfälzer Wald gehört in die Kette der bayerischen Mittelgebirge und liegt am Westrand der Böhmischen Masse. Durch die Wondreb-Senke wird er im Norden vom Fichtelgebirge getrennt, im Osten reicht er über die tschechische Grenze hinaus, im Südosten stößt er mit der Cham-Further-Senke an den Böhmerwald, im Westen grenzt er mit der Bruchzone der Fränkischen Linie an das Oberpfälzische Hügelland und im Südwesten an die Bodenwöhrer Senke. Letztere setzt sich südostwärts im Bayerischen Pfahl fort, jenem 150 Kilometer langen Quarzgang, der den Bayerischen Wald vom Böhmerwald trennt. Unterteilt wird das sich über 100 Kilometer erstreckende Bergland in den Vorderen Oberpfälzer Wald, der kristalline Rumpfflächen- und Hügellandschaften zwischen Weiden und der Bodenwöhrer Senke umfasst, und den stärker herausgehobenen Hinteren Oberpfälzer Wald, der mit der 1039 Meter aufragenden Schwarzkoppe die größte Höhe erreicht.

Teichlandschaften entstanden an vielen Stellen im Oberpfälzer Wald. So verwitterte im Norden bei Tirschenreuth der Granit tiefgründig zu Kaolin und verursachte weite versumpfte Talstrecken, die für die Anlage von Karpfenweihern genutzt werden. Das Oberpfälzer Seenland im Umkreis von Schwandorf entstand durch Rekultivierung des 1980 eingestellten Bayerischen Braunkohlentagebaus und ist heute ein beliebtes Naherholungsgebiet und Freizeitgebiet für Wassersportler.

Zwei Naturparke finden sich auf dem Gebiet des Oberpfälzer Waldes – der Naturpark Nördlicher Oberpfälzer Wald und der eigentliche Naturpark Oberpfälzer Wald.

Charakteristisch für den Oberpfälzer Wald sind die von tiefen Tälern zerschnittenen Höhen, seine Teichlandschaften, die Rodungsinseln, deren Wälder für den Bergbau genutzt wurden, wovon noch historische Hammerwerke zeugen, sowie die Burgen und Burgruinen, die vom 11. bis zum 13. Jahrhundert als Befestigungsanlagen errichtet wurden – wie die Hohenstaufenfeste Flossenbürg (Bild).

DIE BAYERISCHEN MITTELGEBIRGE

Ein Beispiel des Vulkanismus im nördlichen Oberpfälzer Wald ist der 595 Meter aufragende Hohe Parkstein nördlich von Weiden, von Alexander von Humboldt als „schönster Basaltkegel Europas" bezeichnet. Der Kegel ist allein schon durch seinen Basaltaufschluss sehenswert. Auf dem Kegel befand sich einst eine der größten Burgen der Oberpfalz, von der nur Ruinen und eine Kapelle (Bild) verblieben.

Der 138 000 Hektar große Naturpark Nördlicher Oberpfälzer Wald breitet sich in den Stadt- und Landkreisen von Neustadt a.d. Waldnaab, Tirschenreuth und Weiden i.d. Oberpfalz aus. Hier bestimmt eine harmonische Kulturlandschaft aus Bergrücken, zahlreichen Becken, kleinen Senken, Rücken und flachen Kuppen das Landschaftsbild, durchflossen von der Waldnaab und der Haidenaab mit den ihnen zuströmenden Bächen, mit Flussauen, Feuchtwiesen und Teichen. Hier wechseln sich die landwirtschaftlich genutzten Rodungsinseln mit Waldparzellen eher kleinräumlich ab. 500 Meter Höhenunterschied trennen das Gelände von der tiefsten Stelle im Naabtal zum 901 Meter hohen Entenbühl nordöstlich von Flossenbürg. Hier im Osten breitet sich im Gegensatz zum sonstigen Landschaftsbild eine durchgängig bewaldete Bergwaldkette aus, zu der noch die Erhebungen des Fahrenbergs, des Mitterbergs und des Stückbergs zählen.

Eine geologische Besonderheit im Gebiet des Nördlichen Oberpfälzer Waldes stellen die Basaltkegel des tertiären Vulkanismus dar – denn hier im Oberpfälzer Wald liegt die Südgrenze vulkanischer Erscheinungsformen in Bayern, die ihren Ursprung in der Bodenrissbildung durch die alpidische Faltung hatten. Der Kegel des 511 Meter hohen Kühhübels bei Neustadt an der Waldnaab ist durch Steinbrucharbeiten allerdings weitgehend abgetragen.

Der etwas über 80 000 Hektar große Naturpark Oberpfälzer Wald schließt sich südlich an den Naturpark Nördlicher Oberpfälzer Wald an. Hier bedecken ausgedehnte Wälder fast die Hälfte der Fläche aus den Urgesteinen Granit und Gneis. Das Gelände wird von zahlreichen Flüssen zerschnitten, von denen als wichtigste die Naab den Naturpark von Nord nach Süd sowie die Pfreimd von Nordost nach West und die Schwarzach von Ost nach West, beide als Nebenflüsse der Naab, durchfließen. Breite Muldentäler bilden die Pfreimd und die Schwarzach, aber genauso landschaftsbildend sind die tief eingeschnittenen Engtäler der Murach und der Ascha. Den Nordwesten des Naturparkgeländes bildet eine herausgehobene Ebene des Urgesteins, das durch die Pfreimd unterbrochen wird. Ihr vermoortes Tal liegt auf 500 Meter Höhe, südlich steigt die Hochebene auf über 700 Meter Höhe, mit dem 835 Meter hohen Frauenstein mit der gleichnamigen Burg auf seiner Spitze, an. Hier bilden dann der Tiefenbach und der Regen tief eingeschnittene Täler, ihre Senken erstrecken sich auf 400 bis 500 Meter Höhe. Die abgeschiedene Lage dieses Teils des Oberpfälzer Waldes mit seinen großen Waldarealen bietet Lebensraum für die selten gewordenen Tierarten wie den Luchs, den Fischotter und den Schwarzstorch.

DIE MITTELGEBIRGE

DER BAYERISCHE WALD

Bayerischer Wald und Böhmerwald bilden als kristallines Rumpfschollengebirge eine geologische Einheit der Böhmischen Masse. Ihr Kristallin reicht im Westen bis an die Keilbergspalte bei Regensburg, wo es an die Kalkformation der Fränkischen Alb stößt. Trotz dieser Einheit hat es im Lauf der Jahrhunderte vor dem Hintergrund sich ändernder politischer Rahmenbedingungen immer wieder Bezeichnungsunterschiede gegeben. Sprach man in der Antike vom gesamten Gebirgskomplex noch als (frei übersetzt) Böhmerwald, so setzte sich seit der napoleonischen Zeit, als Bayern in Besitz des größten Teils des Gebiets gelangte, die Gesamtbezeichnung Bayerischer Wald durch. Doch auch die Bezeichnung des Teilgebietes des Böhmerwaldes blieb gebräuchlich. Nach dem Zweiten Weltkrieg wollte man gern auf die Bezeichnung „Böhmen" verzichten, sodass amtlich immer vom Bayerischen Wald als Gesamtkomplex gesprochen wird.

In der Tat handelt es sich beim Bayerischen Wald um einen Gesamtkomplex aus drei Teilbereichen, der jenseits der Cham-Further-Senke als Fortsetzung des Oberpfälzer Waldes einsetzt und sich beiderseits der deutsch-tschechischen Grenze südostwärts als Hinterer Bayerischer Wald (= Böhmerwald) bis nach Oberösterreich hinzieht. Zwischen Hinterem und Vorderem Bayerischen Wald erstreckt sich der 150 Kilometer lange Bayerische Pfahl als Quarzgang bis fast vor die Tore von Linz in Oberösterreich. Zwischen Pfahl und Donau, im Westen begrenzt durch den Oberlauf der Regen, im Norden durch den Unterlauf der Regen und im Osten bis zur Ilz reichend, erstreckt sich der Vordere Bayerische Wald als eigentlicher Bayerischer Wald.

Der Vordere Bayerische Wald

Eingerahmt zwischen den Flüssen Regen und Donau erstreckt sich der Bayerische Wald auf einer Länge von 100 Kilometern und einer Breite von 15 bis 30 Kilometern. Eckpunkte an der Donau sind Regensburg im Westen und Passau im Osten. Als Vorwald werden die zur Donau staffelbruchartig abfallenden Verebnungen bezeichnet, die durch Flüsse in Riedel zerlegt sind, am Donautal selbst ist das Grundgebirge von jungen Donausedimenten überlagert. Jenseits der Donau geht das Gelände in das Niederbayerische Hügelland über. In Regensburg mündet der Regen, dessen Tal sich zunächst 20 Kilometer nordwärts bis zu der Stelle

Einst in den bayerischen Wäldern heimisch, findet man den Braunbär (Ursus arctos) heute nur noch in Freigehegen.

DIE BAYERISCHEN MITTELGEBIRGE

Der Gesamtkomplex des Bayerischen Waldes bietet Europas größtes zusammenhängendes Waldgebiet. Hier wechseln sich je nach Relief reine Bergfichtenwälder mit Bergmisch-, Schlucht- und Hangmischwäldern ab. Im Nationalpark beträgt der Waldanteil sogar 98 Prozent der Fläche.

erstreckt, an der sich die Ruine Stockenfels auf einer Granitkuppe 120 Meter über dem Regental erstreckt. Westlich von Regen und Naab setzt sich das Gelände in der Fränkischen Alb fort. An der Ruine Stockenfels wendet sich das Regental ostwärts und bildet dann in der Verlängerung des Schwarzen Regens die Nordnordostgrenze des Bayerischen Waldes. Seine Quellflüsse entspringen in Tschechien. Die Ilz bildet die Ostgrenze des Bayerischen Waldes, sie entspringt mit ihren Quellflüssen im Nationalparkgelände und mündet in Passau in die Donau.

Im Zentrum des Bayerischen Waldes, wo der Waldanteil am größten ist, steigt das Gelände auf Höhen von über 1000 Meter an. Die höchste Erhebung wird vom 1121 Meter aufragenden Einödriegel erreicht. Zum gleichen Höhenzug im Zentrum zählen noch der Geißkopf, der Dreitannenriegel und der Breitenriegel. Das Areal um all diese über 1000 Meter hohen Berge ist ein beliebtes Skigebiet. Der zentrale Höhenzug im Bayerischen Wald setzt sich westwärts jenseits der 500 Meter tiefer gelegenen Gräflinger Scharte zum 1095 Meter hohen Hirschenstein und weiter zum 1048 Meter hohen Pröller fort. Auch sein Gelände wird zum Skisport genutzt, zu seinen Füßen liegt der Wintersportort Sankt Englmar.

Der Bayerische Pfahl

Der Bayerische Pfahl bildet eine etwa 150 Kilometer lange, von Nordwest nach Südost verlaufende Scherzone zwischen dem Böhmerwald und dem Bayerischen Wald. Diese tektonische Störzone geht auf die Zeit der variskischen Gebirgsbildung zurück, reicht vielleicht sogar erdgeschichtlich noch weiter zurück. Die Scherzone ist als zergliederte Muldenregion ausgebildet, in deren zentralem Teil der Regen beziehungsweise der Schwarze Regen als sein Zufluss verlaufen. Die Muldenregion wird von einem „Pfahl" genannten Quarzgang durchzogen. Durch Verscheren benachbarter Bruchschollen, aus dem sich Risse im Untergrund durch Anhebung des Variskischen Gebirges ergaben, kristallisierte Quarz als gangfüllendes Material aus und bildete den Pfahl. Dieser die Mulde mit dem mäandrierenden Fluss durchziehende Quarzgang ist als Härtlingszug aus dem Untergrund heraus erodiert und gibt lokal ein Bild riffartig zu Türmchen und Zinnen herausragender Felsnadeln ab. Im Wesentlichen ist der Pfahl aber nur als Höhenzug erkennbar. Als Bindeglied zwischen Böhmerwald und Bayerischem Wald wird der Pfahl auch gern als Mittlerer Bayerischer Wald bezeichnet.

Die Regensenke erstreckt sich im oberen Teil in Höhen zwischen 600 und 700 Meter und senkt sich nach Nordwesten zur Cham-Further-Senke auf 400 Meter Höhe ab. Auch hier bilden Granit und Gneis den Untergrund, abschnittweise liegen aber auch voreiszeitliche Verwitterungsmaterialien und eiszeitli-

NATURPARK OBERER BAYERISCHER WALD

Der Naturpark Oberbayerischer Wald umfasst Flächen des südlichen Oberpfälzer Waldes, des nordwestlichen Böhmerwaldes, des nordöstlichen Bayerischen Waldes sowie die sich dazwischen ausbreitende Cham-Furter-Senke. Die höchste Erhebungen im Nationalpark bildet der 1293 Meter hohe Große Oser an der Nordspitze des Böhmerwaldes nahe der tschechischen Grenze, als einer der schönsten Aussichtsberge liebevoll das „Matterhorn des Bayerischen Waldes" genannt. Ebenfalls über 1000 Meter ragen der bis 1095 Meter hohe Höhenzug des Hohen Bogens nördlich der Cham-Furter-Senke empor, des Weiteren der 1034 Meter hohe Kaitersberg jenseits dieser Senke, auch der sich weiter oberhalb südlich der Senke 1238 Meter hoch erhebende Schwarzeck sowie der sich im Übergang zum eigentlichen Naturpark Bayerischer Wald 1456 Meter hoch erhebende Große Arber selbst.

Im Nordwesten des Naturparks erstreckt sich die Bodenwöhrer Senke als sein einziger Teil, der vor 80 Millionen Jahren vom Meer bedeckt wurde. Deshalb findet man hier auf dem Grundgebirge eine mächtige Deckschicht aus Sanden. Östlich setzt sich das Oberpfälzer Hügelland fort und geht in den Oberpfälzer Wald über. Südlich der Cham-Furter-Senke erstreckt sich der eigentliche Bayerische Wald.

Einen tiefen Einschnitt zwischen dem Oberpfälzer Wald und dem Böhmerwald bildet die quer zu den Bergzügen in West-Ost-Richtung verlaufende Cham-Further-Senke. Die vierzig Kilometer lange und mehrere Kilometer breite Senke wird in ihrem oberen Teil von der Chamb durchflossen, die oberhalb von Cham in den Regen mündet. Im oberen Bereich gibt es eine bis an die tschechische Grenze reichende Further Weitung, im mittleren Bereich öffnet sich die größere Chamer Weitung. Aufgrund des geringen Gefälles mäandrieren Chamb und Regen im Talverlauf. Während der innere Talbereich durch Auen gekennzeichnet ist, deren Wälder allerdings weitgehend gerodet sind, wird das Gelände zum Rand hügeliger. Das Klima wird vom „Böhmischen Wind" bestimmt, der vor allem im Winter vom Osten kontinentale Witterungseinflüsse mit sich bringt.

Besonderer Schutz gilt den extensiv genutzten Regentalauen, die seltenen Pflanzen Lebensraum bieten, so der Buschnelke, dem Preußische Laserkraut oder der Wasserprimel. Gleichzeitig bilden die Auen ein wichtiges Wiesenbrütergebiet, wo zum Beispiel Brachvögel heimisch sind – und natürlich fühlt sich der Weißstorch hier wohl. Reich ist das Gebiet auch an Orchideen-Vorkommen auf kalkhaltigem Untergrund. Doch am bekanntesten ist es durch seine Bärwurz-Vorkommen in höheren Berglagen – aus der Pflanze, die heute kommerziell angebaut wird, stellt man den Bärwurz-Schnaps her.

In den vergangenen Jahrzehnten ist es gelungen, viele in Deutschland selten gewordenen Tierarten im Nationalpark wieder anzusiedeln bzw. die vorhanden Populationen zu schützen. Darunter befinden sich seltene Arten wie der Eurasische Luchs (Lynx lynx – Bild), die Wildkatze oder auch der Biber.

DIE BAYERISCHEN MITTELGEBIRGE

Der Böhmerwald erreicht auf deutscher Seite mit dem 1456 Meter aufragenden Großen Arber seinen höchsten Punkt. Auf der gegenüber liegenden Seite ist dies auf der tschechisch-österreichischen Grenze der 1378 Meter hohe Plöckenstein.

che Sedimente auf. Das Landschaftsbild des Niederungsbereichs der Mulde ist großflächig von Grünland geprägt, ihre Hanglagen sind überwiegend bewaldet. Der Verlauf der Flüsse ist noch als naturnah zu bezeichnen und von Mooren, Feuchtarealen und Nasswiesen geprägt. Mehrere Naturschutzgebiete sind in der Regensenke eingerichtet worden, um die Kulturlandschaft dieses Tals mit dem so einmaligen Quarzgang vor Raubbau zu schützen, denn dieses harte Gestein ist natürlich zu verschiedensten Zwecken abgebaut worden.

DER BÖHMERWALD

Der Böhmerwald zieht sich als 50 Kilometer breite Gebirgskette 120 Kilometer entlang des deutsch-tschechischen Grenzgebiets und reicht bis in das oberösterreichische Mühlviertel hinein. Es handelt sich um einen in Blockmeere aufgebrochenen Granitzug, der von seiner Südwestflanke auf 650 Meter Höhe bis zu seinen Gipfeln auf weit über 1000 Meter ansteigt. Deutliche Spuren der Vereisung findet man an den nordöstlich ausgerichteten Hochlagen. Wegen seiner abgeschiedenen Lage setzte die Besiedlung erst im 12. bis 14. Jahrhundert – zunächst zögerlich – ein. Mit dem Aufkommen der Glasindustrie nahm der Zustrom zu. Als Ende des 17. Jahrhunderts die Herstellung von Bleikristallglas aus Quarzsand, Pottasche und Bleimennige möglich wurde, konnte sich Böhmen hierfür die europäische Marktführerschaft erarbeiten und die bis dahin führenden venezianischen Glashersteller überflügeln. Die Rohstoffe hierfür waren im Böhmerwald reichlich vorhanden, so vor allem Holz für die Glasschmelze. Später gelang es in Böhmen sogar, bleifreie Kristallgläser herzustellen, indem man der Glasmasse Kalk in Kreideform beimengte und so dem Glas eine klare Brillanz gab. Mit diesem Qualitätsglas machten sich böhmische Hersteller vor allem mit Produkten im Jugendstil einen Namen.

Im tschechischen Teil des Böhmerwaldes stellt das Tal der Moldau seine Nordostgrenze dar. Die Moldau ist hier mit einer in den 1950er-Jahren errichteten Mauer zu einem großen See aufgestaut, der die flussabwärts gelegenen Städte, vor allem Prag, vor Hochwasser schützen soll. Der im voll aufgestauten Zustand über 40 Kilometer lange See hat längst die Bezeichnung als Böhmisches Meer erhalten. Der See ist von großen Fichtenwäldern umgeben, in denen sich auch wieder Elche angesiedelt haben.

NATIONALPARK BAYERISCHER WALD

Reich ist die Vogelwelt im Park, ihr Star ist der Uhu. Sorgen bereitet die Auerhuhn-Population, die trotz mehrerer Auswilderungen nicht wachsen will. Wölfe (Canis lupus) *als frühere Bewohner der Nationalparkwälder sind aber nur im Freigehege des Parks zu finden.*

Der Nationalpark Bayerischer Wald wurde als erste Naturschutzeinrichtung dieser Art in Deutschland im Jahre 1970 an der deutsch-tschechischen Grenze eingerichtet und 1997 auf eine Fläche von 24 000 Hektar erweitert. Er erstreckt sich in Höhenlagen von 600 Metern bis weit über 1300 Meter entlang des Hauptkamms des Böhmerwaldes um seine höchsten Erhebungen, den 1305 Meter hohen Großen Falkenstein, den 1453 Meter hohen Großen Rachel und den 1373 Meter hohen Lüsen. Das landschaftliche Erscheinungsbild des Nationalparks wird durch seine im Lauf der Erdzeitalter verwitterten und durch die Eiszeiten modellierten, lang gezogenen Bergkuppen aus Granit und Gneis und durch seine von muldenartigen Tälern durchzogenen Hochflächen bestimmt. Inmitten des größten zusammenhängenden Waldgebiets Europas von Böhmerwald und Bayerischem Wald gelegen, beträgt der Waldanteil im Nationalpark selbst sogar 98 Prozent. Das Ziel des Nationalparks ist der Schutz seiner ursprünglichen Landschaft, in der die Reste echter Urwälder zukünftig den Charakter des Geländes bestimmen sollen. Hier breiten sich noch ursprüngliche Bergfichtenwälder aus, die in tieferen Lagen in Bergmisch- und Schluchtwälder übergehen. Bergbäche durchziehen das Gelände und bilden Moorseen, durch hohe Niederschläge breiten sich Hochmoore aus. Dazwischen gibt es noch Schachten genannte alte Weideflächen, die einst von den Hirten als Schlafplätze für das Vieh genutzt wurden. Die erhaltenen Restflächen sollen in Erinnerung an diese historischen Kulturlandschaftsflächen erhalten bleiben.

Um die endgültige Anerkennung als Nationalpark zu erlangen, sollen sukzessive die erforderlichen 75 Prozent der Parkfläche sich selbst überlassen werden. Schon heute erfolgen auf fast der Hälfte der Fläche keine menschlichen Eingriffe mehr. Das Gelände soll so nachfolgenden Generationen unversehrt in seiner biologischen Dynamik erhalten bleiben. Nur in wenigen Ausnahmefällen sind regulierende Eingriffe erlaubt. Dies hat sich im Nationalpark Bayerischer Wald als notwendig erwiesen, weil sich nach heftigen Windbrüchen die Borkenkäferplage über das Parkareal hinaus auszubreiten drohte und seither Bekämpfungsmaßnahmen im Erweiterungsgebiet durchgeführt werden. Eine weitere Ausnahme besteht darin, das Rotwild im Winter in Gattern zu halten, um allzu große Bissschäden an den sich nach den Windwürfen regenerierenden Wäldern zu vermeiden.

Die immer mehr sich selbst überlassene Parkfläche ist wichtiges Rückzugsgebiet für zahlreiche Pflanzen und Tiere, die andernorts kaum noch Lebensraum finden. Nacheiszeitlich ist die Pflanzenvielfalt in den Höhenlagen des Parks relativ gering, dafür beherbergt er aber eine Vielzahl höchst gefährdeter Arten. Besonders ausgeprägt sind dabei die Relikte von Arten arktischen Ursprungs. Dazu zählen beispielsweise Schaumkräuter, Weidenröschenarten, Alpenbärlapp und weitere Bärlapparten sowie die seltene Vielteilige Mondraute. Zahlreich sind vor allem Moospflanzen – fast die Hälfte aller in Deutschland bekannten Arten sind hier anzutreffen. Eine Besonderheit stellen die Schachten dar, deren Jahrhunderte lange Beweidung Lichtungen mit artenarmen Magerrasen hinterlassen hat. Hier kommen Eisenhut-Arten, Enzian-Arten, Türkenbund und speziell Borstgras vor. Diese kalkmeidende Pflanze wird vom Vieh nur im Frühjahrsaustrieb gefressen und kann sich daher auf diesen Waldweiden ausbreiten. Ganz besonders wichtig ist die Pilzpopulation im Park zum Abbau von Totholz. Eine artenreiche Gruppe stellen dabei die Ständerpilze dar, die mit 1300 Arten im Park vertreten sind. Manche Holzpilzarten sind in Deutschland nur noch in diesem Park anzutreffen.

DER GROSSE ARBER

Der 1456 Meter hohe Große Arber ist der höchste Berg des Böhmerwaldes. Nur im Schwarzwald gibt es in den deutschen Mittelgebirgen mit dem 1493 Meter aufragenden Feldberg noch höhere Berge. Der Arber besteht aus insgesamt vier Kuppen. Die Hauptkuppe trägt ein Gipfelkreuz, dazu kommen der Bodenmaiser Riegel, der auch Richard-Wagner-Kopf genannt wird, der Kleine Seeriegel und der Große Seeriegel. Von jeder der Kuppen bieten sich grandiose Rundblicke, die bei Föhn im Norden bis zum Fichtelgebirge und im Süden bis zu den Alpen reichen. Im Winter bietet der Arber ein weitläufiges Familien-Skigebiet, auf das eine Gondelbahn und Sessellifte führen. Im Sommer bietet die ganze Region erholsames Wandervergnügen. Unterhalb der Kuppen befinden sich der Große und der Kleine Arbersee.

Die Arber-Kuppen sind unbewaldet, weil sie sich über die Baumgrenze erheben. Dadurch ist ihr Erscheinungsbild aus Plateaus, Blockhalden, Quellen sowie Fels und Geröll offensichtlich, genauso die an die Höhenlage angepasste Flora. Selbst Fichten, Birken und Vogelbeeren kommen nur noch vereinzelt vor, und dann verkrüppelt. Dagegen gibt es breitflächigen Latschenbewuchs aus zwei Kiefernarten mit unterschiedlichem Wuchstyp, so die eher flachen Latschen und die meist aufrecht wachsenden Spirken, die Wuchshöhen zwischen einem und drei Meter erreichen. Dazu kommen Pflanzen, die sich an die extremen Klima- und kargen Bodenbedingungen angepasst haben. Immerhin war der Große Arber bis zum Ende der letzten Eiszeit vor rund 10 000 Jahren vom Gletscher bedeckt.

Die Arberseen sind Relikte dieser Eiszeit. Eingebettet in dichten Wald erstrecken sie sich 500 Meter unterhalb der Arberkuppen. Im Westen des Großen Arbersees steigt die fast 400 Meter hohe Arberseewand steil empor. Hier konnte nie Forstwirtschaft betrieben werden, sodass hier bis zu 400 Jahre alte Bäume stehen. Der Große Arbersee ist teilweise mit Schwingrasen bedeckt. Dabei handelt es sich um frei auf der Wasseroberfläche schwimmende Pflanzenteppiche aus Moosen, Binsen, Gräsern und Pflanzen, die vom Ufer aus Ausläufer bilden. Wird die Pflanzendecke vom Ufer getrennt, existiert sie schwimmend weiter. Auf dem Kleinen Arbersee schwimmende Schwingrasen tragen sogar Fichten. Das Gelände beider Seen ist als Naturschutzgebiet ausgewiesen. Nur wenige Kilometer vom Großen Arber entfernt ragt der 1384 Meter hohe Kleine Arber als höchster Berg im Naturpark Oberer Bayerischer Wald auf. Man kann ihn über die Risslochfälle erreichen. Dieses Naturspektakel bietet die größten Wasserfälle im Böhmerwald. Hier stürzt das Wasser in Kaskaden durch das Felstal, in dem sich der für den Bayerischen und den Böhmerwald so typische Schluchtwald aus Buche, Ahorn, Tanne und Fichte ausbreitet.

Ein besonderes Merkmal der beiden Arberseen (Kleiner und Großer Arbersee) sind die sogenannten Schwingrasen, die am Ufer aufsitzen und gegen die Wasserfläche vorwachsen. Insbesondere am Kleinen Arbersee (Bild) ist dieses ungewöhnliche Naturphänomen zu bewundern.

DAS SÜDDEUTSCHE SCHICHTSTUFENLAND

Der Oberrheingraben

Vorangehende Doppelseite: Gewitterlandschaft im Schwarzwald.

*Der Oberrheingraben zählt zu den geografisch aufregendsten Regionen Deutschlands. Sein heutiges Erscheinungsbild ist durch seine geologische Entwicklung zu erklären, die bis heute Erdgeschichte widerspiegelt.
Kapelle im Weinberg bei Ihringen (Kaiserstuhl) mit Blick auf Breisach und die Rhein-ebene. (links)*

Der Oberrheingraben ist Teil einer Bruchzone, die sich durch weite Teile Europas hindurchzieht und von Südfrankreich bis Norwegen reicht. Tektonisch einwirkende Kräfte haben daraus ein Riftsystem von 1100 Kilometern Länge entstehen lassen, das sich deutlich im Rhône-Graben Südfrankreichs und im Oberrheingraben zeigt. Der weitere nordwestliche Verlauf wird vom Mittelrheingraben und in seiner Verlängerung von der Niederrheinischen Bucht gebildet, die im Zentralgraben der Nordsee ausläuft. Die unmittelbar nördlich verlaufende Fortsetzung besteht in der Hessischen Senke und im anschließenden Leinegraben.

Ausgangspunkt der Grabenbildung ist das kristalline Grundgebirge, das durch die Ablagerungen aus den Erdzeitaltern des Rotliegenden, des Buntsandsteins, des Muschelkalks, des Keupers und des Juras überlagert wurde. Bereits im Zuge voralpidischer Dehnungstektonik kam es offensichtlich im Bereich des heutigen Oberrheingrabens zu einer Schwächezone. So ist die Erdkruste unter dem Graben lediglich 24 Kilometer, die Kruste des Umlandes dagegen bis zu 30 Kilometer dick. Die Lithosphäre, als der harte obere Teil des Erdmantels, riss unter den Zugkräften ein, die Grabenzone senkte sich in die Oberfläche ein, das darunterliegende weichere Gestein wölbte die Schultern als Kanten der Grabenzone zu Gebirgen auf. Heute geht man davon aus, dass sich dieser Prozess in zwei Phasen abspielte. Nach der eigentlichen Grabensenkungsphase setzte vor ca. 20 Millionen Jahren die noch nicht abgeschlossene, sogenannte Blattverschiebungsphase ein, durch die sich die Gebiete zwischen Elsass und Rheinhessen südwestlich verschoben und sich die wei-

DAS SÜDDEUTSCHE SCHICHTSTUFENLAND

Der Oberrheingraben ist im Lauf seiner Entstehung weit über 3000 Meter tief eingesunken. Seither hat sich der Graben mit Sedimenten aus Ton, feinem Schluff und Sand aufgefüllt, die von den Flüssen aus den beiderseitigen Gebirgen abgetragen wurden oder sich in entstandenen Seen ablagerten. Zwischenzeitlich wurde der Graben auch immer wieder vom Meer seicht überflutet, so dass sich im Stillgewässer Sedimente absetzen und mancherorts sogar Salzschichten bilden konnten. In Sedimenten mit organischen Bestandteilen entstanden Erdöl- und Erdgas-Lagerstätten, aus denen teilweise heute noch gefördert wird.

tere Absenkung des Grabens nur noch in der nördlichen Hälfte vollzog. In beiden Phasen hoben sich die Randgebiete weiter an. Die Reibungsenergie dieser horizontalen Blattverschiebung macht sich bis heute in heftigen Erdbeben bemerkbar.

Der im Schnitt fast 40 Kilometer breite Oberrheingraben erstreckt sich heute über eine Länge von 300 Kilometern zwischen Basel und Frankfurt. Er grenzt im Norden mit der Untermainsenke an den Taunus, wo er sich westwärts im Rheingau ausbreitet. Nordostwärts verlängert er sich noch in der Wetterau. Der Ostrand wird vom Pfälzer Bergland und den Vogesen, im Westen an vom Kraichgau, dem Odenwald und dem Schwarzwald gebildet; im Süden geht er in den Hochrhein über. Unterteilt wird der Oberrheingraben in die Südliche, Mittlere und Nördliche Rheinniederung sowie in das Mainzer Becken mit dem Rheingau und der Wetterau.

Die eigentliche Rheinniederung ist vier bis acht Meter tief in die Niederterrasse eingeschnitten und wird von Wiesen und Auenwaldresten geprägt. Zwischen Flusslauf und Vorbergzone begleitet ein Kiefernwaldstreifen auf sandigem Grund den Oberrheingraben. Die aus den den Oberrheingraben flankierenden Gebirgen herabströmenden Flüsse schütteten große Schwemmkegel in die Ebene. Die

Insgesamt fällt die Oberrheinebene von 250 Meter Höhe bei Basel bis auf 80 Meter Höhe bei Mainz ab. Die nacheiszeitliche Stromaue des Rheins wird von Altwässern und Auwäldern geprägt. Ein tiefer Eingriff in diesen unmittelbaren Flussraum erfolgte seit dem 19. Jahrhundert durch die Tulla'sche Rheinregulierung und die folgenden wasserbaulichen Maßnahmen. Infolge der Eindeichung wurden viele Wiesen in Ackerflächen umgewandelt, die sich gemäß dem milden Klima des Oberrheingrabens für Sonderkulturen wie Tabak, Spargel und andere Gemüsearten eignen. „Blick vom Isteiner Klotz rheinaufwärts gegen Basel", Peter Birmann (1758-1844), Basel, Kunstmuseum.

Rheinhessische Niederterrasse hebt sich über 10 Meter von der tiefer liegenden Rheinebene ab. Südlich anschließend erstreckt sich an der Randverwerfung vor dem Pfälzerwald in Nord-Süd-Richtung die 60 Kilometer lange und drei Kilometer breite Vorhügelzone der Haardt. Entlang dieser Zone wird intensiver Weinbau betrieben – durch die Kulturen führt die Deutsche Weinstraße. Auf der gegenüberliegenden Rheinseite erstreckt sich von Norden her die fluviale Aufschüttungsebene des Hessischen Rieds zwischen Groß-Rohrheim und Groß-Gerau. Diese Landschaft mit ehemaligen Neckarmäandern und Niedermoorresten wurde durch starke Grundwasser-Absenkungen in seiner Struktur nachhaltig verändert. Weiter südlich wird die sich über der Niederterrasse erstreckende Hügelzone durch lang gestreckte Niederungen, die einst von Neckar, Kinzig und Murg durchflossen wurden, eingeengt. Die Übergangszone zwischen Rheinebene und den östlichen Gebirgshängen wird von der Hessischen Bergstraße bis zum Markgräfler Land von ausgedehnten Weinkulturen bedeckt.

DER SÜDLICHE OBERRHEIN

Das Niederterrassenfeld der Markgräfler Rheinebene wird westwärts durch die Rheinaue und ostwärts durch das Markgräfler Hügelland begrenzt. Es erstreckt sich in Höhenlagen von 190 bis 300 Metern. Südlich von Mühlheim wird die Ebene immer schmaler und stellenweise kaum noch merklich. In der Ebene haben die Zuflüsse aus dem Schwarzwald Schotter aufgeschüttet, der von Schwemmlöss bedeckt ist, sodass hier intensive Landwirtschaft, auch mit Sonderkulturen wie Tabak, vorherrscht. Zum Schwarzwald hin wird Grünlandwirtschaft betrieben.

"EROBERUNG" DER NATUR
DIE RHEIN REGULIERUNG

Schon in vorindustrieller Zeit wurden mit zunehmender Arbeitsteilung auch immer größere Transportleistungen erforderlich. Der Wassertransport stellte dafür über Jahrtausende die größten Kapazitäten bereit. Getreidelt wurde seit der Antike. Auch auf dem mittelalterlichen Rhein zogen Knechte und Pferde Boote vom Ufer aus an einer langen Leine, je nach dem Zustand der einzelnen Stromabschnitte waren sieben bis zehn Mann (oder ein Pferd) für eine Ladung von zehn bis 15 Tonnen erforderlich. Die vielen Flussschleifen am Oberrhein machten das Treideln besonders aufwändig. Daher versuchten die damaligen Anrainerstaaten, diesem Problem Abhilfe zu verschaffen. So beauftragte der Markgraf von Baden im Jahre 1804 den in seinem Dienst stehenden Hauptmann Tulla mit der Leitung eines Projekts zur Rheinbegradigung. Das Ziel dieser "Rheinrektifikation" war neben der verbesserten Schiffspassage vor allem auch der Hochwasserschutz.

Im Jahr 1818 wurden die Arbeiten in Angriff genommen. Als 1824 bei der großen Rheinflut die Gebiete um die schon begradigten Abschnitte vom Hochwasser verschont blieben, erfolgten auch gegen aufkommenden Widerstand von Flussanrainern weitere Durchstiche. Die Arbeiten wurden nach Tullas Tod 1832 weitergeführt. Wenn auch die Erwartungen der Schifffahrt zu diesem Zeitpunkt noch lange nicht erfüllt waren, denn die von Norden kommenden Schiffe gelangten zunächst nur bis Mannheim, so erleichterte sich das Leben für die Menschen, die in der Nähe des Rheines lebten. Durch die nun ausbleibenden Überschwemmungen konnten die Flussniederungen besiedelt und die Auenwälder der einst überschwemmten Gebiete landwirtschaftlich urbar gemacht werden. Und Seuchen blieben aus. 1862 war die Rhein-Korrektur abgeschlossen und der Flusslauf um 81 Kilometer verkürzt worden. Doch veränderte der Rhein seinen Charakter, so beispielsweise durch stärkere Erosion, was ein tieferes Einschneiden des Flussbettes zur Folge hatte. Es kam zu erheblichen Grundwasserabsenkungen und teilweise auch zu Versteppungen. Wechselnde Sandbänke erschwerten die Schifffahrt dort, wo sie eigentlich schon möglich gemacht geworden war. Als Fazit der Tulla'schen Rheinrektifikation konnte der Fluss seinen Schlamm nicht mehr in Mäandern ablagern, sondern wandelte sich in einen schneller fließenden Flusskanal, der sein Überschwemmungspotential auf den Mittel- und Unterlauf abwälzte.

Der Tulla'schen Rheinbegradigung folgten ab 1878 erste Überlegungen zur Rheinregulierung. Es wurden Buhnen angelegt, um bei niedrigen Wasserständen Wasser in die Flussmitte zu leiten. Die Fahrrinne wurde ausgebaggert, sodass ab 1913 Schleppzüge bis Straßburg verkehren konnten.

Nach dem Ersten Weltkrieg kam Frankreich in den Besitz des Elsass und legte ab 1928 im oberen Oberrheintal den Rheinseitenkanal zur Stromgewinnung an. Sie leiteten den überwiegenden Teil des Rheinwassers in den betonierten Kanal – mit der Folge nachhaltiger Grundwasserabsenkungen. Ihm fielen bis in die 1960er-Jahre fast 50 Quadratkilometer Auenwald zum Opfer. Für den Rheinausbau oberhalb von Breisach entschied man sich für eine sogenannte Schlingenlösung, nach der die Schifffahrt abwechselnd im Rhein und neu anzulegenden Rheinseitenkanälen verläuft. Vor dem Zweiten Weltkrieg wurde noch mit der Staustufe bei Kembs begonnen. Doch angesichts der zunehmenden Tiefenerosion gab man nach dem Zweiten Weltkrieg den Plan auf, einen kontinuierlichen Seitenkanal anzulegen. Nach der folgenden Planung beinhaltet jede Schlinge eine Staustufe mit Schleuse und Kraftwerk. Stauwehre im Altrhein sorgen immer für ausreichenden Wasserstand und verringern die Grundwasserabsenkung. So wurde der Rhein bis Basel schiffbar gemacht und dort ein Binnenhafen eingerichtet. Der Rhein wurde komplett eingedeicht, die Staustufen bei Gambsheim und Iffezheim in den 1970er-Jahren des vorigen Jahrhunderts stromgerecht ausgebaut. Was für Wirtschaft und Verkehr von großem Vorteil ist, bereitet aber weiter nördlich weiterhin regelmäßige Überschwemmungen vom Mittelrhein bis in die Niederlande – aber vor allem sind die ökologischen Probleme des Oberrheinausbaus weiterhin gravierend und nicht nur annähernd gelöst.

Die Oberrheinbegradigung und -regulierung einschließlich der Kanalisierung der Unterläufe der Oberrheinzuflüsse hat zweifelsohne eine der schönsten und wertvoll-

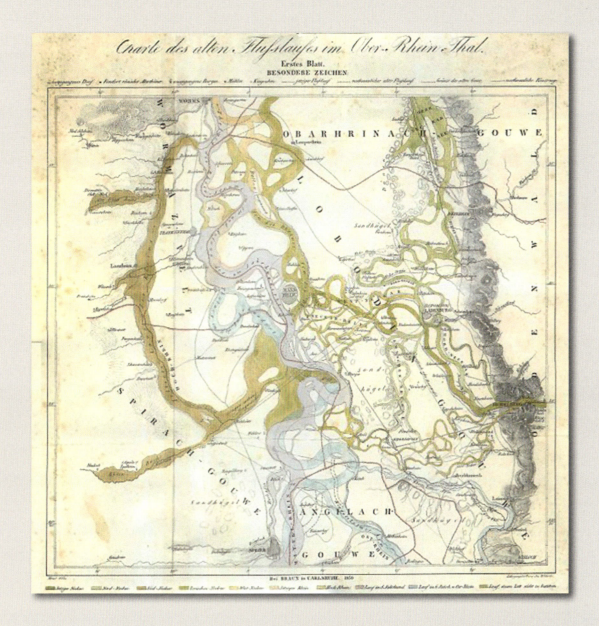

Bildnis von Johann Gottfried Tulla am Tullaturm in Breisach, Baden-Württemberg (links)

Die „Charte des alten Flußlaufes im Ober-Rhein-Thal" von 1850 zeigt in einer Projektion den sich in Jahrhunderten veränderten Rheinverlauf mit seinen unzähligen Flussschleifen und Windungen: 6. Jahrhundert (hellblau), 8. Jahrhundert (lila), um 1850 (hellbraun), Hoch-Rhein (dunkelbraun).

sten Naturlandschaften Europas mit einem einst mäandrierenden großen Strom und einer faszinierenden und reichhaltigen Flora und Fauna großräumig und nachhaltig beeinträchtigt. Das gesamte Ökosystem der Oberrheinregion mit der Funktion des Rheins als Lebensader der Auengebiete ist hiervon betroffen. Das betrifft nicht nur die Fischfauna im Rhein und seinen Nebenflüssen, sondern auch Feldlerchen und Rebhühner, die weitgehend aus der Rheinebene verschwunden sind, den Großen Brachvogel sowie den Kiebitz, die hier vor dem Aussterben stehen und das allerorten festzustellende Aussterben von Amphibien. Mit dem „Integrierten Rheinprogramm" (IRP) wollen die Anrainerländer Frankreich, Baden-Württemberg und Rheinland Pfalz durch Einrichtung von Rückhalteflächen die Hochwassergefahr bannen und so gleichzeitig der Natur mehr Raum am Oberrhein zurückgeben. Der Bau von Poldern und Rückhaltebecken, die Deichzurückverlegung und der Sonderbetrieb der Rheinkraftwerke sind Kernpunkte der vorgesehenen Maßnahmen. Dem Ziel der großflächigen Auenrenaturierung dient dieser Sonderbetrieb, bei dem die Kraftwerke bei Überschreiten einer gewissen Abflussmenge abgeschaltet werden, um das Wasser in die Altarme zu leiten, was diese nachhaltig ökologisch aufwertet. Zusammen mit dem Bau der Polder und Rückhalteräume und der Wiedereinrichtung von Kiesbänken als Fischlaichplätzen soll so die frühere Auenvegetation aus Weichholz- und Hartholzvegetation wieder hergestellt werden.

DAS SÜDDEUTSCHE SCHICHTSTUFENLAND

Kirschblüte im Markgräfler Land: Dieser Teil der Oberrheinischen Tiefebene erstreckt sich rechtsrheinisch von Basel bis vor Freiburg. Seine Landschaften umfassen die Markgräfler Rheinebene, das Markgräfler Hügelland, den Tuniberg, den Kaiserstuhl und die Freiburger Bucht. Im südlichen Teil hat sich die Rheinebene in Richtung auf Basel zugespitzt. Weiter nördlich weitet sich die Ebene zur Freiburger Bucht, aus der sich der Tuniberg und der Kaiserstuhl erheben.

Unmittelbar parallel zum Rhein erstreckt sich als lang gezogener Streifen der Markgräfler Auenbereich, der südwärts sogar bis vor Basel reicht. Das Erscheinungsbild des Auenbewuchses hat durch seine Grundwasserabhängigkeit seit der Rheinbegradigung viel von seinem einstigen Charakter verloren. Heute wird auch hier Ackerbau und Grünlandwirtschaft betrieben. An hierfür nicht geeigneten Standorten sind sogar noch einige intakte Auenreste erhalten.

Zwischen Rheinebene und dem östlichen Schwarzwaldaufstieg breitet sich das Löss bedeckte Markgräfler Hügelland oberhalb der Niederterrasse in Höhenlagen zwischen 300 und 400 Meter aus. Hier ist das Klima fast noch so warm wie in der Ebene, durch den Schwarzwaldanstieg sind die Niederschläge aber höher. Waldreste bedecken die Höhenzüge, die flachen Höhen werden ackerbaulich, die zum Rhein hin exponierten Hänge für Rebkulturen genutzt. Dazwischen findet man immer wieder Streuobstwiesen als artenreiche Biotope. Ein hervorragendes Beispiel für diesen Artenreichtum findet sich am 460 Meter hohen Tüllinger Berg zwischen Weil und Lörrach. Hier besteht das größte Zaunammer-Brutgebiet in Baden-Württemberg. Und in den die Südhänge des Berges bedeckenden Weinkulturen fühlt sich beispielsweise die Heidelerche wohl.

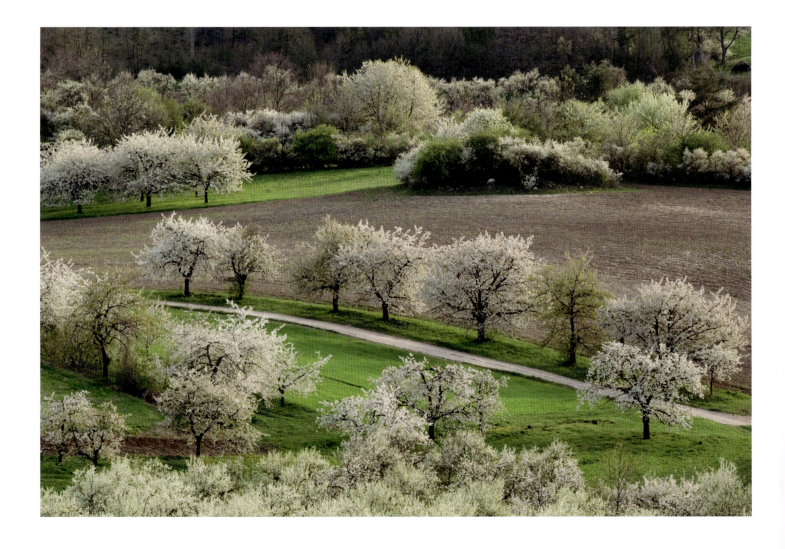

DER OBERRHEINGRABEN

Bei der Freiburger Bucht handelt es sich im Kern um eine Bruchzone von 250 bis 350 Metern Höhe, die im 650 Meter hohen Schönberggipfel ihren höchsten Punkt erreicht. In der Ebene treten noch Bruchschollen hervor, die ihren Ursprung im Erdzeitalter des Mesozoikums haben. Die von eiszeitlichen Schottern bedeckte Ebene wird im Westen vom Kaiserstuhl und vom Tuniberg begrenzt. Im Osten ragt die Bucht in den Schwarzwald hinein, wo

Der fruchtbare Lössboden und das warm-trockene Klima bilden die Grundlage für den am Kaiserstuhl weit verbreiteten Weinbau. Während das Landschaftsbild früher von kleinen Weinterrassen geprägt war, haben die Flurbereinigungen der 1970er-Jahre eine Umgestaltung zu Großterrassen herbeigeführt, dem zahlreiche Kleinbiotope als Lebensstätten seltener, vielfach Wärme liebender Pflanzen und Tiere zum Opfer fielen. Auch viele der so typischen Hohlwege gingen durch die Flurbereinigung verloren.

SONNENVERWÖHNT
DER KAISER STUHL

Wesentlich deutlicher als der Tuniberg hebt sich der Kaiserstuhl aus der hier 190 Meter hoch liegenden südlichen Oberrheinebene ab. Er erstreckt sich von Südwest nach Nordost in einer Länge von 15,8 Kilometern und einer Breite von 12,5 Kilometern und erreicht mit dem 557 Meter hohen Totenkopf seine höchste Erhebung. Nordwestlich schließen sich noch der Limberg und Lützelberg bei Sasbach an. Seinen Namen verdankt der Kaiserstuhl einer Gerichtsstätte aus der Zeit Kaiser Ottos III. Seine geologische Frühgeschichte gleicht zunächst der des Tunibergs. Im Zuge der Absenkung des Oberrheingrabens verblieben hier wie dort Bruchschollen, die heute das Grundgebirge von Kaiserstuhl und Tuniberg bilden – was im Übrigen auch für den kleineren Nimberg westlich und den Schönberg südlich von Freiburg gilt.

Am Ende und gleichzeitigem Höhepunkt des Vulkanismus im Oberrheingraben vor 18 bis 15 Millionen Jahren traten Magmen aus dem Oberrheingraben aus und finden sich vom Hauptkamm nach Norden, Westen und Süden als Lavaströme und Tuffe, die den alten Gebirgssockel auch im Wechsel überlagern. Die magmatischen Gesteine des Zentrums wurden durch Abtragung freigelegt. Im Osten bilden weiterhin die horizontal lagernden Sedimentgesteine aus tertiären Kalken, Mergeln und Bruchstücken von Juraschollen den Untergrund. Insgesamt ist der Kaiserstuhl weitgehend mit einer mächtigen, bis zu 30 Meter dicken Lössschicht bedeckt. Die in den Löss eingeschnittenen Hohlwege sind daher landschaftsprägende Elemente des Kaiserstuhls wie beispielsweise die Eichgasse von Bickensohl, die längst unter Naturschutz steht.

Trotz aller menschlichen Eingriffe in die ursprüngliche Landschaft des Kaiserstuhls zählt dieser relativ kleine Gebirgsstock weiterhin zu den außergewöhnlichen Lebensräumen, die Deutschland zu bieten hat. Aufgrund der besonderen klimatischen Bedingungen und der in Teilbereichen noch verbliebenen landschaftlichen Kleinräumlichkeit herrscht hier eine Artenvielfalt der besonderen Art vor. Groß ist die Orchideenvielfalt. Wie am Tuniberg sind hier Smaragdeidechsen anzutreffen. Die Gottesanbeterin hat hier ihren größten Bestand des Landes. In zuflusslosen Mulden gibt es Trockenbiotope und Magerrasen, auch Flaumeichenbestände. Hier kommen seltene Wildbienenarten vor. In alten Streuobstwiesen leben vielfältigste Holzinsekten, unter den Vögeln der Rotkopfwürger. Und nicht zuletzt ist hier auch noch der Maikäfer zu finden, den es andernorts kaum noch gibt.

DAS SÜDDEUTSCHE SCHICHTSTUFENLAND

> Der Rhein ist der Fluss, von dem alle Welt redet und den niemand studiert, den alle Welt besucht und niemand kennt. Dennoch beschäftigen seine Ruinen die geistigen Höhenflüge, und diesen bewundernswerten Fluss lässt das Auge des Poeten wie das Auge des Publizisten unter der Durchsichtigkeit seiner Fluten Vergangenheit und Zukunft Europas ahnen.
>
> *Victor Hugo (1802–1885)*

Klimatisch gehören Kaiserstuhl und Tuniberg zu den wärmsten Regionen Deutschlands. Insofern weisen Fauna und Flora hier viele Arten mit mediterraner Herkunft auf.
Smaragdechse (Lacerta bilineata), *Jungtier.*

das Höllental und das Glottertal ihren Ausgang finden. Im stadtnahen Freiburger Mooswald treten Grundwasserstauungen auf, die hier noch einen natürlichen Bruchwald mit seltenen Holzkäferarten bestehen lassen. Ansonsten wird intensive Landwirtschaft betrieben, Waldstücke sind nur vereinzelt in die Landschaft eingebettet. An den Südhängen herrscht großflächiger Weinbau vor. Auch die reich strukturierten Rebgärten sind artenreich, wobei hier die Smaragdeidechse gehäuft auftritt.

Von besonderem Interesse ist der Mündungsschwemmkegel der Dreisam, die der Fluss würmeiszeitlich beim Austritt aus dem Schwarzwald in der Rheinebene aufgehäuft hat. Unterhalb der heutigen Freiburger Altstadt verlaufen die Höhenlinien des Schotterkörpers halbkreisförmig um die Austrittsstelle der Dreisam aus dem Gebirge. Mit dem weiteren Absenken des Oberrheingrabens konnte sich der Schotterkörper immer weiter ausbreiten, erhöhte sich durch die starke Geröllfracht der Dreisam gegenüber dem abgesenkten Ebenenniveau und erreichte den Tuniberg. Dabei veränderte der Fluss immer wieder seinen Verlauf, um sich dann nordostwärts, vereint mit der Elz, dem Rhein zuzuwenden. Im Wechsel von starker und schwacher Wasserführung im Übergang zur Nacheiszeit entstanden als Hochgestade bezeichnete Erosionsränder, die die Auenbereiche der Dreisam von der höher liegenden Niederterrasse trennen. Im Zuge der Tulla'schen Reinbegradigung wurde die Dreisam zwischen Kirchzarten und ihrer Mündung in die Elz bei Riegel kanalisiert, durch Freiburg fließt sie zum Teil unterirdisch. Zur Ableitung von Hochwassern wurde 1846 der nach dem badischen Großherzog Leopold genannte Leopold-Kanal errichtet, der von Riegel nordwärts parallel zur Elz direkt zum Rhein führt.

Westlich von Freiburg ragt der Tuniberg als Grabenrandscholle 100 Meter hoch aus der Oberrheinsenke hervor. Neun Kilometer lang

und drei Kilometer breit ist sein sanft terrassiertes Plateau. Anders als sein „großer Bruder" Kaiserstuhl ist sein Grundstock aus Kalkgestein gebildet, der mit Löss und Lösslehm bedeckt ist. Bis zu 25 Meter dick sind diese eiszeitlich angewehten Schichten, die durch ihre gute Wasserzirkulation für den Weinbau besonders geeignet sind. Dennoch gibt es am Südrand des Tuniberges auch noch Spuren der vulkanischen Tätigkeit aus der Tertiärzeit. Hier findet man Tuffschlote im Gegensatz zum Kaiserstuhl mit seinen magmatischen Gesteinen. In den Löss hat nacheiszeitlich abfließendes Wasser „Kinzigen" eingegraben, wie hier die Hohlwege genannt werden.

DER MITTLERE OBERRHEIN

Nördlich von Freiburg rücken die Schwarzwaldausläufer wieder näher an den Rhein heran, die Oberrheinische Tiefebene wird hier zunächst wieder schmaler. Die Riegeler Pforte bildet den Übergang von der südlichen zur mittleren Rheinebene, von der Freiburger Bucht zur Offenburger Rheinebene. In früheren Zeiten bereitete das Durchqueren der Riegeler Pforte bisweilen Probleme, da sich die drei Flüsse Elz, Glotter und Dreisam hier auf engem

Die einzelnen Landschaften der Offenburger Rheinniederung gehen wenig spektakulär von der Auenwaldzone mit Rheinaltarmen zu den Feuchtniederungen der Zuflüsse und zu den Niederterrassenresten ineinander über. Die Niederungen sind von einem ausgedehnten Entwässerungskanalsystem durchzogen. Die Niederterrassenflächen am Rand der Vorbergzone werden meist intensiv landwirtschaftlich genutzt.

DER „BADISCHE DSCHUNGEL"
NATURSCHUTZGEBIET RASTATTER RHEINAUE

Von Basel nordwärts bis Iffezheim ist der Rhein durch Staustufen geregelt und dadurch komplett von seinen Auen abgetrennt worden. Erst unterhalb kann der Rhein noch über seine Ufer treten und die Auen bis zu den Hochwasserdämmen überschwemmen. Ein solcher acht Kilometer langer Auenbereich erstreckt sich in der Höhe von Rastatt zwischen Wintersdorf und Steinmauern am Rhein. Hier trifft man in den höheren Lagen auf die Hartholzaue mit Eichen-Ulmen Waldgesellschaften und Silberweidenwald. In den tiefer gelegenen Regionen herrscht die Weichholzaue mit Silberweiden, Schwarzpappeln und Weidengebüschen vor. Hier gibt es noch Altwasser, Staudenraine und Feuchtwiesen, für die die wechselnden Wasserstände die Lebensgrundlage bilden. An Sträuchern wachsen der Hartriegel, die Hasel, das Pfaffenhütchen, der Weißdorn und gelegentlich sogar die wilde Rebe. Vielseitig ist die Tierwelt aus Vögeln, Käfern, Schmetterlingen und Libellen, früher gab es auch Biber und Schwarzstörche.

Als große Besonderheit im Naturschutzgebiet Rastatter Rheinaue kann der Schwarzmilan (Milvus migrans – Bild) beobachtet werden, dessen Schwanzfedern im Gegensatz zu denen des ihm verwandten Rotmilan (Milvus milvus) nur sachwach gegabelt sind.

Raum ihren Weg zum Rhein bahnten und häufige Hochwasser den Weg unpassierbar machten. Im Bereich von Offenburg verbreitert sich die Ebene wieder. Hier mündet die Kinzig als einer der Hauptabflüsse aus dem Schwarzwald. Die Offenburger Rheinebene reicht nordwärts bis zur Niederterrassenplatte zwischen Stollhofen und Rastatt. Sie ist durch ausgedehnte Niederungslebensräume aus Auen- und Bruchwäldern, Fließgewässer- und Altwasservorkommen, Röhricht und Feuchtwiesen der Nebenflussniederungen von Schutter, Kinzig und Rench gekennzeichnet. Die Niederterrasse ist in einzelne Kiesrücken zerteilt.

Zwischen Rhein und Schwarzwaldanstieg erstreckt sich der Vorbergestreifen aus einzelnen von Flusstälern durchzogenen Bruchschollen, die von Löss überdeckt sind. Das Gelände breitet sich in Höhenlagen von 200 bis 300 Metern aus, weiter nördlich auch

AUENWÄLDER UND WIESEN

NATURSCHUTZGEBIET KÜHKOPF

Noch vor erdgeschichtlich gar nicht allzu langer Zeit mäanderte der Neckar vom Austritt aus den Randgebirgen der Oberrheinischen Tiefebene durch eine ostrheinische Randsenke, die sich stärker abgesenkt hatte als der Oberrheingraben selbst. Hier wechselte er – wie auch der Rhein – häufig sein Bett in den Kiesbänken und mündete noch um die Zeitenwende mit einzelnen Armen etwa auf der Höhe von Darmstadt in den Rhein. Angeblich sollen die Römer die Altneckarschlingen noch mit Booten befahren haben. Inzwischen sind die Flussschlingen aber längst verlandet, hinterließen jedoch ein Band von Feuchtgebieten, die sich bis zum Rhein hinzogen.

Eines der bedeutendsten Feuchtgebiete wurde 1829 im Zuge der Rheinbegradigung mit dem Durchbruch der Flussschlinge am Kühkopf separiert. Damit umgibt seither der Altarm den Kühkopf als Insel. Das durch eine Wildnis aus Wasser, Sumpfwäldern, Hecken, Feldgehölzen, Moor, Röhricht und Schilfbeständen gekennzeichnete Gebiet wurde 1952 zusammen mit der anschließenden Knoblochsaue zum Naturschutzgebiet erklärt.

Der abgeschiedene Lebensraum des Kühkopf dient vielen Vogelarten als Gebiet zur Brut oder als Rast- und Überwinterungsquartier. Vor allem die unterschiedlichsten Entenarten sind hier zuhause. Dazu gibt es eine Reihe von Fledermausarten und alleine 24 Libellenarten.

Einst bot der Oberrhein mit seinen vielen Altarmen Lebensraum für die Europäische Sumpfschildkröte (Emys orbicularis). Zwischenzeitlich hat man hier viele Exemplare dieser Schildkrötenart ausgesetzt, um sie in ihrem ursprünglichen Verbreitungsgebiet wieder heimisch zu machen.

bis 350 Meter. Lössauflagen haben das gegliederte Relief teilweise ausgeglichen. Hier herrscht intensiver Obst- und Weinbau vor. Zwischendurch gibt es Hohlwege und Trockentäler. Gerade diese sind mit ihren Magerrasen auch Rückzugsgebiete für bedrohte Arten. Zum Schwarzwaldrand hin erstrecken sich auch Waldparzellen, dazwischen gibt es große zusammenhängende Streuobstflächen, in denen auch noch der Wiedehopf und der Wendehals anzutreffen sind.

DER NÖRDLICHE OBERRHEIN

Die nördliche Oberrheintiefebene umfasst das Stromgebiet zwischen der Offenburger Ebene und der Untermainebene. In diesem Rheinabschnitt senkt sich der Flusspegel von 110 Meter auf 84 Meter Höhe ab. Westlich begrenzen hier der Pfälzerwald und das Pfälzer Bergland die Ebene, östlich sind dies die Ausläufer des Schwarzwalds vor Karlsruhe, das Hügelland des Kraichgaus und der Odenwald. Wie die

DAS SÜDDEUTSCHE SCHICHTSTUFENLAND

Das Rheinhessische Hügelland bildet das Gebietsdreieck zwischen Bingen, Mainz und Worms. Eiszeitlich hat sich hier eine dicke Lössschicht auf den alten Sedimenten abgelagert. Im Schutz der umliegenden Bergzüge von Taunus, Hunsrück und Odenwald und angesichts der guten Böden und des milden Klimas werden die rheinhessischen Flächen intensiv agrarisch bewirtschaftet. Neben Getreide, Raps und Zuckerrüben trifft man hier auf Sonderkulturen wie Spargel, Sonnenblumen und vor allem Wein. Nicht umsonst heißt Rheinhessen „Land der Rüben und Reben". Immerhin ist Rheinhessen das größte Weinbaugebiet in Deutschland.

anderen Teile des Oberrheingrabens ist auch sein nördlicher Bereich dreigeteilt. Die Stromniederung im Zentrum wird beiderseits von Terrassenebenen begleitet, die in die Randhügel übergehen. Einst war die Ebene durch die Mäanderzone des Rheins beherrscht, mit der Begradigung des Flusslaufs Mitte des 19. Jahrhunderts wurde dieser allerdings weitgehend kanalisiert. Die Folgen der einhergehenden Grundwasserabsenkungen sind bis heute spürbar und beeinflussen beispielsweise weiterhin das Hessische Ried. So ist im Bereich des Hochwasserdammsystems nur noch eine schmale Überflutungsaue verblieben, die Altauenflächen wurden dabei weitgehend ausgedeicht und der Kontakt zu den Rheinmäandern mit ihren Verlandungszonen zum Fluss gekappt.

Trotz aller menschlichen Eingriffe sind im nördlichen Oberrheingebiet noch zahlreiche Altarme und verlandete Flussschlingen verblieben. Dazwischen erstrecken sich Dünenbänke und trockene Flugsandgebiete. Der eigentliche Auenbewuchs ist rudimentär erhalten, im Wesentlichen herrscht heute nach Entwaldung Sekundärbewuchs vor. Viele der alten Auenflächen waren in Grünland umgewandelt, andere durch Grundwasserabsenkung so weit trocken gelegt worden, dass auf ihren fruchtbaren Böden heute Ackerbau betrieben wird. Doch war vor allem das Gebiet östlich des Rheins durch die frühere Hochwassergefährdung fast siedlungsfrei, Ortschaften entstanden erst an der Geländekante zum angrenzenden Bergland. Die meisten Reste der ursprünglichen Landschaft beherbergt noch das Hessische Ried, das sich im weitesten Sinn rechtsrheinisch zwischen Viernheim und Rüsselsheim erstreckt. Darin eingebettet ist der Kühkopf als größtes hessisches Naturschutzgebiet.

DAS MAINZER BECKEN

Im Mainzer Becken, das heute das Gebiet von Rheinhessen umfasst, breitete sich im Zeitalter des Tertiärs eine 50 Meter tiefe Meeresbucht aus, die in Verbindung zum damaligen Nordmeer stand. Durch Zuflüsse vom Land war diese Meeresbucht brackig, sodass unter den hier gefundenen Fossilien auch Mischformen beider Gewässerarten enthalten sind. Dieser Prozess vollzog sich zweimal, dazwischen bestand eine Verlandungsphase. Die beginnende Hebung der Alpen trennte die Verbindung zum Mittelmeer endgültig, das Becken verlandete und hinterließ Ablagerungen aus Kalk, Mergel, Ton, Kies und Sand. Das Mainzer Becken wurde nachfolgend weiter angehoben und teilweise von Löss überdeckt. Erst in erdgeschichtlich jüngster Zeit bildete sich die bis 270 Meter Höhe reichende hügelige Landschaft Rheinhessens heraus, wobei die Mäander des Ur-Rheins, des Ur-Mains und der Ur-Nahe formgebende Rollen spielten. Insoweit überlagern auch Sedimente dieser Flüsse die darunter liegenden Schichten. Dies alles geschah noch in einer klimatisch weit wärmeren Zeit als heute. So fand man hier auch Knochenreste von Antilopen, Nashörnern, Hyänen und sogar den ältesten Ur-Menschenaffenknochen.

DIE WETTERAU

In der Wetterau setzt sich die geologische Schwächezone des Oberrheingrabens, der sich angesichts des Taunus fächerartig auflöst, nach Nordwesten fort. Benannt nach dem kleinen Fluss Wetter wird die historisch Wettergau genannte Landschaft im Nordwesten durch den Taunus, im Nordosten durch den Vogelsberg, im Südosten durch den Spessart und im Süden durch den Main begrenzt. Der am Rand des Vogelsberges entspringende und Namen gebende, 69 Kilometer lange Fluss Wetter ist ein rechter Zufluss der Nidda, die ihrerseits bei Frankfurt in den Main mündet.

Lockere Sedimente, die überwiegend aus dem Taunus und aus dem Vogelsberg angetragen wurden, bedecken in der Wetterau den Untergrund aus altem Gestein. Die Sedimente wiederum sind von einer mächtigen eiszeitlichen Lössschicht überdeckt. Das hügelige Gelände steigt von 160 Meter Höhe im Süden auf durchschnittlich 240 Meter im Norden an. Der brüchige Untergrund ließ magmatisches Gestein aufsteigen, wie es sich beispielsweise im Münzenberger Rücken zeigt. Durch ihr trocken-warme Beckenklima nahmen die Menschen die Wetterau schon in vorgeschichtlicher Zeit in Kultur. So zählt die Wetterau wegen ihrer fruchtbaren Böden zu den ältesten Kulturlandschaften Deutschlands. Die archäologischen Funde reichen bis in die Zeit der Bandkeramiker vor 5000 Jahren zurück. Heute wird die gesamte Wetterau überwiegend in großen Schlägen ackerbaulich genutzt. Nur am Rand der Region treten Waldparzellen auf, durchmischt von Grünland und Streuobstwiesen.

Südlich des Mains setzt sich die Niederung der Wetterau im Rodgau fort. Auch hier zeugen vorgeschichtliche Funde von früher Besiedlung, die wegen geringerer Bodenqualitäten aber spärlicher ausfiel.

Das Pfälzisch-Saarländische Schichtstufenland

Im Zuge der Erodierungserscheinungen durch Verwitterung, Abtragung und Einkerbung schälten sich die unterschiedlich harten Gesteinsschichten des Pfälzerwaldes heraus. Dabei sind eigenwillige, auch skurrile Felsformationen wie beispielsweise Felstürme, Felsriffe oder Felsklötze entstanden, wie man sie nur im Pfälzerwald antreffen kann.

Zwischen Oberrheingraben und französischer Grenze erstrecken sich eine Reihe von Berg- und Tallandschaften mit vielfältigen Erscheinungsbildern. Unmittelbar an den Oberrheingraben grenzt der Pfälzerwald mit der Haardt als Übergang zur Tiefebene. Über den Wasgau, seinen südlichen Teil, zieht sich der Pfälzerwald bis in das Elsass hinein. Nördlich an den Pfälzerwald schließt sich das Pfälzer Bergland an, das weit bis in das Saarland übergreift. Der mittlere Pfälzerwald setzt sich westlich über den Landstuhler Bruch im Westrich fort. Im Saarland selbst bieten der Bliesgau und der Saargau noch gesonderte Landschaftsbilder.

DER PFÄLZERWALD

Der Pfälzerwald trägt seinen Namen vom Palas der Pfalzgrafen, die im Mittelalter über das Gebiet die Herrschaft ausübten. Seine Entstehung verdankt er erdgeschichtlich dem Einbruch des Oberrheingrabens in dessen Folge sich die Gesteinsschichten an seiner Kante aufwölbten. Sein Gegenstück auf der gegenüberliegenden Seite des Oberrheingrabens wird vom Odenwald gebildet. Die Gesteinsschichten neigen sich westwärts vom Graben weg und werden daher von Osten nach Westen hin immer jünger.

Der Pfälzerwald wird hauptsächlich aus Schichten des Buntsandstein aufgebaut. Im Wasgau, dem Dahner Felsenland, treten aus dem Buntsandstein auch tonige Sande und vulkanische Gesteine auf, bei Albersweiler sogar Grundgebirge aus Granit. Während das Dahner Felsenland tief zertalt ist, zeigen sich die Bergrücken des nördlichen und westlichen Pfälzerwaldes abgeflacht und bieten zwischen Kastentälern sargdeckelähnliche Formen. Diese Strukturierung geht von drei tiefen Bachtälern aus, die den Pfälzerwald durchschneiden, dem Queichtal im Süden, dem Hochspeyerbachtal in der Mitte und dem Isenachtal im Norden. Diese drei Haupttäler werden von einer Vielzahl von Seitentälern noch untergliedert.

Der Pfälzerwald birgt die größte geschlossene Waldfläche ganz Deutschlands. Vier Fünftel seiner Fläche sind wegen seiner nährstoffarmen Sandböden des Buntsandsteins bewaldet. Nur die eher vereinzelt auftretenden besseren Böden werden ackerbaulich genutzt. Die Bewaldung besteht überwiegend aus Nadelbäumen, vor allem aus Kiefern, die am besten mit den Bodenverhältnissen zurechtkommen. Im inneren Pfälzerwald gibt es an geeigneten Standorten auch Eichenbestände.

Unterer Pfälzerwald

Der Untere Pfälzerwald wird durch das Isenachtal nach Süden hin begrenzt. Dieser nördliche Teil des Pfälzerwaldes wird von den Waldarealen des Otterberger Waldes und des Stumpfwaldes geprägt. Der Otterberger Wald ragt nordwestlich aus dem Unteren Pfälzerwald heraus, wird somit an drei Seiten von landwirtschaftlich genutztem Offenland umgeben. Der Otterberger Wald selbst wird durch kleine Wiesenbäche gegliedert, in deren Tallagen sich vielerorts Feuchtwiesen ausbreiten. Am Nordrand reicht die Region mit dem Heidenkopf bis auf 420 Meter Höhe hinauf. Im Südwesten stellt die Mehlinger Heide ein Sondergebiet dar. Diese großflächige Heidelandschaft entstand aus einem ehemaligen Panzerübungsgelände und ist inzwischen als Naturschutzgebiet ausgewiesen.

Die am weitesten nach Norden reichende Buntsandsteinstufe des Pfälzerwaldes wird vom Stumpfwald eingenommen. Sein fast geschlossenes Waldbild wird nur von einigen Rodungsinseln entlang von Quellbächen durchsetzt. Die höchsten Erhebungen sind hier der 460 Meter aufragende Kieskaut und der 400 Meter aufragende Bocksrück.

Markant ragt der Leininger Sporn als Nordostabschluss des Buntsandsteingebirges vom Oberrheingraben empor. Steile bewaldete Flanken sind kennzeichnend für diesen Sporn,

Im Pfälzerwald beheimatet: Der Kaisermantel (Argynnis paphia).

der sich mit dem 516 Meter hohen Rahnfels über dem Isenachtal erhebt.

Mittlerer Pfälzerwald

Im Mittleren Pfälzerwald beträgt die Waldbedeckung 90 Prozent der Gesamtfläche. Dieser Teil des Pfälzerwaldes zwischen Isenach und Queich reicht im Westen bis zur Wasserscheide zwischen den sich ostwärts zum Rhein bzw. den sich zur Saar und Nahe zuwendenden Flüssen. Im Nordwesten bildet die Kaiserslauterner Senke den Übergang zum Pfälzer Bergland, ganz im Westen der Landstuhler Bruch als zentraler Teil der Kaiserslauterner Senke zum Westrich. Der Ostabschluss des Mittleren Pfälzerwaldes wird von der Haardt gebildet, die steil zur Oberrheinebene hin abfällt. Speyerbach und Hochspeyerbach sorgen für die Entwässerung der Region. Beide Flüsse wurden schon frühzeitig mit Wehren, die teilweise auch der Wiesenbewässerung dienten, für die Flößerei ausgebaut. Im Osten des Mittleren Pfälzerwaldes bestehen die wenigen waldfreien Flächen in den Tälern um die Ortschaften, im Westen eher um die Höhensiedlungen. Als höchste Erhebung ragt der Kesselberg 662 Meter empor. Markant ist der 570 Meter hohe Drachenfels, der sich als lang gestrecktes Felsgebilde aus seiner Umgebung abhebt.

Wasgau

Zwischen Queichbach und französischer Grenze erstreckt sich der deutsche Teil des Wasgaus, der sich über die Landesgrenze in den Nordvogesen fortsetzt. Auch hier bildet die Haardt den Übergang zur Oberrheinebene. Dieser Teil des Pfälzerwaldes reicht am weitesten in die Erdgeschichte zurück. Hier fanden die ältesten Hebungen statt, insofern ist hier der Buntsandstein am stärksten durch Erosion zerfurcht, im Dahner Felsenland am weitesten fortgeschritten. Hier ist auch die Bewaldung wegen des unergiebigen Untergrunds am dichtesten. Je weiter man sich in den Osten des Wasgaus wendet, umso aufgelockerter wird die Bewaldung. Hier werden die Gebiete zunehmend landwirtschaftlich in einer Gemengelage aus Äckern, Weiden und Obstanlagen genutzt.

DIE HAARDT

Die Haardt ist ein 30 Kilometer langer und zwei bis fünf Kilometer breiter Bergzug, der sich östlich an den Pfälzerwald anschließt und dessen Kante sich zur Oberrheinischen Tiefebene zwischen Albersweiler und Bad Dürkheim erstreckt. Erdgeschichtlich befindet man sich hier an der Bruchzone des Oberrheingrabens, die durch die Dehnung des Untergrunds entstand. Das Erscheinungsbild der Haardt wird durch tief eingekerbte Täler gekennzeichnet, die lang gezogene Höhenrücken voneinander trennen und ihnen dadurch teilweise den Charakter von Bergstöcken geben. Der Gebirgsrand fällt steil von den Bergen der Haardt herab. Der 673 Meter hohe Kalmit und der 662 Meter hohe Kesselberg sind seine höchsten Erhebungen.

Im Westen geht die Haardt über die sogenannte Lambrechter Verwerfung in den inneren Pfälzerwald über. Zu solchen Gesteinsverschiebungen kam es im Zuge der Absenkung des Oberrheingrabens. Durch die Dehnungskräfte im Erdinneren wurden die einzelnen übereinanderliegenden Gesteinsschichten an der Bruchkante gegenseitig versetzt. Die parallel zur Bruchkante verlaufende Lambrechter Verwerfung zeigt eine Versetzung der verschiedenen Gesteinsschichtungen um 80 bis 100 Meter.

Länderübergreifende Naturschutzbemühungen führten zur Etablierung des Naturparks Pfälzerwald-Nordvogesen, der inzwischen zum Biosphärenreservat erklärt worden ist. In diesem Naturpark gibt es 12 000 Kilometer gut markierte Wanderwege, ein Netz von über 100 Hütten sowie viele Burgen und Burgruinen, die immer wieder neue Ausblicke preisgeben und als touristische Ziele Besucher und Erholungsuchende anlocken. Die bekannteste darunter ist die Reichsburg Trifels bei Annweiler (Bild links), in der im Mittelalter die Reichskleinodien des Heiligen Römischen Reichs Deutscher Nation aufbewahrt wurden.

DAS SÜDDEUTSCHE SCHICHTSTUFENLAND

Der stark zertalte Mittlere Pfälzerwald erreicht Höhen von 400 bis 500 Metern, im Südosten sogar über 600 Meter. Als höchste Erhebung ragt der Kesselberg 662 Meter empor. Markant ist der 570 Meter hohe Drachenfels, der sich als lang gestrecktes Felsgebilde aus seiner Umgebung abhebt. (links)

Der Wasgau als interessantester Teil des Pfälzerwaldes wird stark touristisch genutzt. Natürlich finden hier vor allem Kletterer in den senkrecht aufstrebenden Felsformationen ideales Gelände vor. Das Gleiche gilt für Wanderfalken (Falco peregrinus), die in diesen Formationen ihre geeigneten Reviere haben. Nachdem diese Vögel durch Bejagung ausgestorben waren, hat man in den 1960er-Jahren 25 Brutpaare ausgesetzt, die inzwischen zu einem sicheren Bestand geführt haben.(rechts)

Wie der gesamte Pfälzerwald ist auch die Haardt überwiegend bewaldet. Aufgrund der unmittelbaren Nähe zur dicht besiedelten Reinebene wuchs seit dem Mittelalter der Kolonisierungsdruck auf die Haardtwälder. Die bäuerliche und forstliche Übernutzung führte zur Verarmung der Wälder. Die Buchen- und Eichenbestände wichen vielerorts Beständen an anspruchslosen Kiefern. Trotz aller Bemühungen der Umgestaltung zu artenreicheren Mischwäldern macht die Kiefer bis heute zwei Drittel des Baumbestandes in der Haardt aus. Eine Besonderheit stellen die Edelkastanienbestände am Haardtrand im Übergang zur Zone der Rebkulturen dar – Edelkastanien waren von den Römern hierher gebracht worden.

DER WESTRICH

Der Westrich zieht sich von der Pfalz bis in das französische Lothringen hinein. Der deutsche Teil wird auch als Zweibrücker Westrich bezeichnet. Im Nordosten grenzt er sich mit dem Landstuhler Bruch vom Pfälzerwald ab, nordwestlich wird er durch die Westricher Niederung begrenzt. Im Süden reicht er – wie gesagt – bis zur französischen Grenze und reicht südwestwärts in das Saarland hinein, wo er fast unmerklich in den Bliesgau übergeht. Höhenlagen von 300 bis 400 Meter kennzeichnen seine wellige Hügellandschaft, die mit ihren Kernlandschaften der Westricher Hochfläche und dem Zweibrücker Hügelland Mittelgebirgscharakter hat und stark an die Landschaft des angrenzenden Pfälzer Berglandes erinnert. Der Untergrund wird aus Muschelkalk gebildet, in den sich aufgrund seiner Härte die Täler eher flach einsenken. Wo Buntsandstein ansteht, breiten sich eher Wälder aus. Zum Bliesgau hin finden sich verbreitet Streuobstwiesen.

Die Westricher Hochebene ist altes Kulturland. Diese Kernregion des Westrichs erstreckt sich zwischen Landstuhl und dem Schwarzbachtal. Die Hochebene ist fruchtbar und war deshalb schon früh und auch dicht besiedelt. Hier waren die Herren von Sickingen, deren bedeutendster Vertreter Franz von Sickingen, auch als „Der letzte Ritter" bezeichnet, be-

EIGENWILLIGE FELSFORMATIONEN

DAHNER FELSENLAND

Das Dahner Felsenland bildet das Zentrum des Wasgaus. Es ist mit seinen Kegelbergen, Bergkämmen, weit ausgeräumten Tälern und aufregenden Felsformationen, die aus der Bewaldung emporragen, der abwechslungsreichste und vielgestaltigste Landschaftsraum des Pfälzerwaldes. Hier ist die Verwitterung durch das Alter der Gesteine und ihre unterschiedlich kieselige Verfestigung am weitesten fortgeschritten. Dabei wurden durch die kleinförmige Verwitterung der unterschiedlich harten Schichten aufragende Felstürme, Felskanzeln, Tor- und Tischfelsen, Felsenriffe und -spalten, Überhänge und alles durchziehende Felsöffnungen geschaffen.

Der Teufelstisch bei Hinterweidental ist als eine dieser Felsformationen zum Wahrzeichen des Pfälzerwaldes geworden. Es ist ein 14 Meter hoher geschichteter Felsen in Pilzgestalt auf einem über 300 Meter hohen Bergrücken. Das Gewicht dieses frei stehenden Felsenturms wird auf fast 300 Tonnen geschätzt. Die weicheren Buntsandsteinschichten der Umgebung wurden durch Erosion abgetragen, übrig blieb der härtere Kern, der heute den Teufelstisch ausmacht. Obenauf liegt eine drei Meter dicke Platte, die den Pilzcharakter des Teufelstisches hervorruft. Der Fuß ist weniger hart als der Kopf, deshalb auch stärker angegriffen.

Nicht minder prägnant ist der Altschlossfelsen, eine anderthalb Kilometer lange Felsenwand bei Eppenbrunn auf etwa 400 Meter Höhe nahe der französischen Grenze. Auch hier haben die Verwitterungskräfte unterschiedlichste Formationen mit zwei Sandsteintürmen am Anfang hervorgebracht. Auch beim Jungfernsprung bei Dahn handelt es sich um einen Felsen aus Hartgestein, der von den weicheren Gesteinen seiner Umgebung freigelegt wurde. Weitere Formationen bieten der Schwalbenfelsen und der Römerfelsen, ebenfalls bei Dahn gelegen, der Christkindelsfelsen bei Rumbach, der Pfaffenfelsen bei Schönau, der Lindelskopf bei Ludwigswinkel oder etwa der Felslandblick genannte Hahnfelsen bei Erfweiler. Bei dieser Formation handelt es sich um einen 31 Meter hohen Felsturm unmittelbar am Dorf, der – wie manch andere auch – mit einer gesicherten Aussichtsplattform versehen ist, von der man einen weiten Überblick über das Dahner Felsenland hat.

Wahrzeichen des Pfälzerwaldes: der Teufelstisch bei Hinterweidental.

DAS SÜDDEUTSCHE SCHICHTSTUFENLAND

Das Hambacher Schloss, das auf der Gemarkung des bis 1969 noch selbständigen Dorfes Hambach liegt, wurde im 11. Jahrhundert als Kastenburg (= Kastanienburg) auf einem Vorberg der Haardt oberhalb von Neustadt an der Weinstraße errichtet.

gütert. Als Führer der Ritterschaft kämpfte er für die Reformation und gegen die Territorialherren, war aber deren moderner Kampfkraft nicht mehr gewachsen. Er verstarb 1523 nach Belagerung auf Burg Nanstein bei Landstuhl.

Der Landstuhler Bruch zeigt als Zentrum der Kaiserslauterner Senke den Charakter einer feuchten Niederung. Hier wurde über Jahrhunderte Torf gestochen. Längst ist der Bruch ausgetorft. Auch ist das Feuchtgebiet trocken gelegt, sodass von der einstigen Moorlandschaft nur noch Reststücke erhalten sind, die allerdings teilweise unter Naturschutz stehen. Der Ostteil des Landstuhler Bruchs wird von der Ramstein Air Base eingenommen, dem größten US-amerikanischen Luftwaffenstützpunkt in Europa.

Auch das Zweibrücker Hügelland südlich des Schwarzbachtals ist fruchtbar. Es ist durch weite Täler mit flachen Hängen gegliedert. Die Dörfer liegen verstreut auf der Höhe, die hier zwischen 300 und 400 Meter aufragt. Je weiter sich das Gelände zum Bliesgau hinwendet, umso mehr Obstbäume findet man in der Landschaft.

DAS SAAR-NAHE-BERGLAND

Das Saar-Nahe-Bergland ist ein lang gestreckter Höhenzug, der sich von der Oberrheinebene südwestwärts in das Saarland hinein erstreckt. Es grenzt im Norden an den Hunsrück und im Süden an den Pfälzerwald, den Westrich und den Bliesgau, im Westen an den Saargau. Der nordöstliche Teil wird vom Pfälzer Bergland eingenommen, der südwestliche Teil wird auch als Saarkohlenwald bezeichnet. Im erdgeschichtlichen Zeitalter des Perms breitete sich auf dem Gebiet des Saar-Nahe-Berglandes ein großes Meeresbecken aus, das mit einer dicken Sedimentschicht überlagert wurde und in dem sich auch vulkanische Aktivitäten zutrugen, die weitflächig Ergussgesteine hinterließen. Insgesamt zeigt sich das Saar-Nahe-Bergland heute als welliges Bergland in Höhenlagen überwiegend zwischen 350 und 600 Meter mit weiten Tälern, die nur stellenweise durch Engabschnitte unterbrochen sind. Charakteristisch sind die zahl-

DIE DEUTSCHE WEINSTRASSE

Die Haardt geht ostwärts zur Oberrheinebene hin in die Vorhügelzone des Pfälzerwaldes über. Klimatisch begünstigt im Windschatten des Pfälzerwaldes gelegen, ist diese lössbedeckte Vorhügelzone über eine Breite von mehreren Kilometern mit Rebkulturen bedeckt, nur unterbrochen von Siedlungsflächen wie auch von Bachniederungen und Heckenzügen. Mediterranes Flair kennzeichnet die Weindörfer der Region, die durch die 85 Kilometer lange Deutsche Weinstraße zwischen Schweigen und Bockenheim miteinander verbunden sind.

Die Deutsche Weinstraße wurde Mitte der 1930er-Jahre als Wirtschaftshilfe zur Unterstützung der Winzer der Region eingerichtet. Entsprechend dem Zeitgeist ließen die damaligen Machthaber am Endpunkt an der Grenze zum französischen Elsass das deutsche Weintor errichten. Am Beginn der Deutschen Weinstraße steht an der „Grenze" zu Rheinhessen seit 1995 das Haus der Deutschen Weinstraße. Schon vor dem Zweiten Weltkrieg zeigte das Projekt Wirkung – der Fremdenverkehr nahm nachhaltig zu. Auch in der Nachkriegszeit lockte die Anziehungskraft der Deutschen Weinstraße immer mehr Besucher an; Weinfeste in den Orten an der Weinstraße sind die großen Attraktionen der Region. Die größten darunter sind der Dürkheimer Wurstmarkt sowie das deutsche Weinfest in Neustadt, auf dem alljährlich die Deutsche Weinkönigin gewählt wird.

Im Stil der Zeit: Das in den 1930er-Jahren errichtete „deutsche Weintor".

reichen Melaphyrkuppen – dabei handelt es sich um dunkel gefärbtes vulkanisches Gestein mit Hohlräumen, die mit Sekundärmineralien gefüllt sind. In solchen Melaphyrgesteinen fand man im Hunsrück Achate, deren Vorkommen aber längst erschöpft sind.

Der Norden des Pfälzer Berglandes wird durch eine tektonische Störung begrenzt, mit der das Bergland in den Hunsrück übergeht. Hier breitet sich das Glan-Alsenz-Hügelland aus, dessen Relief durch ausgedehnte Hochflächen und Bergrücken geprägt und durch diese unruhige Morphologie auch als „Buckeliges Land" bezeichnet wird. Die höchste Erhebung des Pfälzer Berglandes stellt das 687 Meter aufragende Donnersbergmassiv dar. Es erhebt sich an die 300 Meter über sein Umland schon in Sichtweite Rheinhessens. Auch seine Entstehung geht auf die vulkanischen Aktivitäten im Zeitalter des Perms zurück. Es handelt sich aber nicht um ein Vulkanmassiv im eigentlichen Sinn, denn die unter ihm aufsteigenden zähflüssigen Magmen blieben unter der Oberfläche stecken, wölbten sie aber auf. So entstanden neben dem Hauptstock eine Reihe weiterer Bergkuppen als Einzelberge, die durch Abtragung der umliegenden Gesteine als Härtlinge herauspräpariert wurden und heute durch tiefe Täler voneinander getrennt sind. Ihre Hänge werden überwiegend von einem geschlossenen Laubmischwald bestanden.

DAS SÜDDEUTSCHE SCHICHTSTUFENLAND

Der Saarkohlenwald liegt als südwestlicher Teil des Saar-Nahe-Berglandes überwiegend auf Saarbrücker Stadtgebiet und erstreckt sich von Homburg und Neunkirchen im Nordosten bis nach St. Avold im lothringischen Grenzraum. Sein Untergrund besteht aus Buntsandstein, der von Schichten aus den Erdzeitaltern des Perms und Karbons überlagert ist. In den Karbonschichten sind Kohleflöze eingelagert, die zu Tage ausstreichen. Dazwischen finden sich Konglomerate aus Schiefer und Sandstein. Die Flöze wurden schon in vorindustrieller Zeit abgebaut. Die Böden des Saarkohlenwaldes sind wenig ertragreich. Deshalb wurden und werden sie landwirtschaftlich kaum genutzt. Zusammen mit den feudalen Jagdinteressen blieb hier der ursprüngliche Eichen-Buchen-Mischwal erhalten.

Seit der Zeit vor 250 Jahren wurde der Bergbau im Saarland industrialisiert und es siedelte sich Schwerindustrie an. Zur Verhüttung wurde viel Holz aus den Wäldern des Umlandes entnommen, weniger aus dem Saarkohlenwald, der dadurch heute ein großartiges Naherholungsgebiet für den saarländischen Ballungsraum geworden ist.

Eisvogel (Alcedo atthis).

DER BLIESGAU

Der Bliesgau im Südwesten des Saarlandes ist eine Muschelkalk-Region im Schichtstufenland. Die Region ist klimatisch begünstigt und deshalb schon seit vorgeschichtlicher Zeit besiedelt und bis heute vielseitig landwirtschaftlich genutzt.

Die Kulturlandschaft des Bliesgau zeigt eine kleinparzellige Struktur aus Äckern, Weiden und eingebetteten Streuobstwiesen. Waldflächen finden sich nur in den höheren Lagen. Den Kern der welligen Landschaft bildet die Blies. Der 100 Kilometer lange Fluss entspringt oberhalb von St. Wendel und mündet bei Saargemünd in die Saar. Im eigentlichen Bliesgau sind seine Auen landschaftsbestimmend, hier breiten sich Feuchtwiesen, Feuchtbrachen und Schilfbereiche mit Nassbrachen aus, die teilweise als Naturschutzgebiete ausgewiesen sind. Das bedeutendste darunter ist das 34 Hektar große „Naturschutzgebiet Bliesaue" bei Wiebelskirchen. Hier wachsen Seggen, Knabenkräuter, Wasserfenchel und Wasserampfer – ein Gebiet, das für den Biber wieder interessant ist, der hier erneut eingebürgert wurde.

Im Jahr 2009 wurden große Teile des Bliesgaus zum „Biosphärenreservat Bliesaue" erklärt. Hier findet sich der überwiegende Teil des saarländischen Steinkauz-Bestandes. Dazu gibt es beispielsweise die Heidelerche, den Rotkopfwürger oder auch den Neuntöter. Im Naturschutzgebiet Höllengraben kommen des Weiteren die Rohrweihe, die Wasserralle, der Wachtelkönig, die Bekassine und der Pirol vor. An den gelegentlichen Steilufern der Blies ist der Eisvogel zuhause. Häufig ist hier auch der sonst so seltene Skabiosen-Scheckenfalter anzutreffen, für den die Blütenpflanzen der

DAS PFÄLZISCH-SAARLÄNDISCHE SCHICHTSTUFENLAND

Kalk-Magerrasen der Region lebenswichtig sind. Diese kalkigern Böden bieten auch die Grundlage für vielfältige Orchideen-Vorkommen.

DER SAARGAU

Der Saargau besteht im Wesentlichen aus einem Höhenzug im Westen des Saarlandes zwischen Saar und Mosel. Im Süden liegt seine Grenze bei Wadgassen, im Norden bei Konz, wo die Saar in die Mosel mündet. Der Saargau ist eine historische Landschaft, über die einst fränkische Gaugrafen herrschten. Das landschaftliche Erscheinungsbild des Saargaus, der sich in Höhenlagen zwischen 300 und 400 Meter erstreckt, wird von Kuppen und Mulden geprägt, die an den Rändern zur Saar und Mosel durch Bachtäler eingeschnitten sind. Auf der Höhe bieten sich immer wieder wundervolle Ausblicke in das Mosel- oder Saartal.

Während die Höhenlagen des Saargaus landwirtschaftlich genutzt werden, findet man an den eingeschnittenen Bachtälern überwiegend Laubmischwald vor. Genau wie im Bliesgau ist der Untergrund durch Muschelkalk geprägt. Streuobstwiesen sind weit verbreitet. An den zur Sonne exponierten Hanglagen wird auch Wein kultiviert, dem der Kalkboden seine individuelle Note verleiht. An der Mosel befindet sich auch die einzige Winzergemeinde des Saarlandes. In Perl am Ländereieck Deutschland-Frankreich-Luxemburg werden die Rebsorten Auxerrois, Elbling, Riesling und die Burgundersorten angebaut.

Landschaftlicher Höhepunkt und Wahrzeichen des gesamten Saarlandes ist die Saarschleife von Mettlach. Hier hat sich die Saar in Jahrmillionen einen weiten Bogen in den kalkigen Untergrund gegraben. Vor dem 180 Meter über dem Fluss gelegenen Aussichtspunkt „Cloef" in Orscholz kann man die ganze Schönheit dieses Naturwunders betrachten.

Die Mainfränkischen Bergländer

Die typische Buchenwald-Landschaft des Steigerwalds in Oberfranken ist weltweit eine Rarität.

Beiderseits des Mains erstrecken sich Bergzüge ganz unterschiedlichen Charakters, die das Süddeutsche Schichtstufenland nach Norden gegen die Bergzüge des Rheinischen Schiefergebirges abgrenzen, die hier vom Vogelsberg, der Rhön und dem Thüringer Wald gebildet werden. Bei diesen mainfränkischen Bergländern handelt es sich um den Spessart und den Odenwald im Bereich des Mainvierecks, die westlich an die Oberrheinebene grenzen. Im oberhalb gelegenen Bereich des Maindreiecks sind es die Haßberge und der Steigerwald. Ihnen allen gemeinsam ist, dass sie aus zumeist flach nach Osten bis Südosten einfallenden Sedimentgesteinen ausgeformt sind, die durch Verwitterung die jeweils typischen Schichtstufen ausgeformt haben.

DER SPESSART

Der Spessart baut sich aus kristallinem Grundgebirge aus Glimmerschiefern und Gneisen auf. Die darüber lagernden Sandsteinschichten weisen eine weitgehend horizontale Lage auf, was die ausgedehnten Bergrücken plateauartig gestaltet. Im nordwestlichen Vorspessart ist das Relief allerdings vielgestaltiger. Seine Kuppen werden ackerbaulich genutzt, der Wald tritt hier zurück. Aus dem Vorspessart ragt der ausgewitterte Quarzitrücken des 436 Meter aufragenden Hahnenkamms als seine höchste Erhebung hervor. Der Spessartabstieg zur Mainebene ist durch Kerbtäler zerschnitten. Dort, wo an den Hängen des Maintals Steinbrüche betrieben wurden, treten rote Bunt-

DAS SÜDDEUTSCHE SCHICHTSTUFENLAND

„Wald der Spechte" ist der Namensursprung des Spessarts. Das 1500 Quadratkilometer große Waldgebirge wird klar umgrenzt – im Norden durch die Flüsse Kinzig und Sinn, im Westen, Süden und Osten durch das tief in den Buntsandstein eingeschnittene Tal des Mains, der hier sein Viereck um den Hochspessart ausbildet. Geografisch schließen sich im Westen der Odenwald und die Untermainebene an, im Süden und Osten die Mainfränkischen Gäulandschaften. Zum Kinzig- und Sinntal hin senkt sich der Hinterspessart plateauartig ab, jenseits der Flüsse geht die Landschaft in den Vorspessart über. (oben)

Erfreulich können Naturschützer vermelden, dass der Luchs in den Spessart zurückgekehrt ist. Seit den 60er-Jahren des vorigen Jahrhunderts ist auch der aus Amerika zugewanderte Waschbär (Procyon lotor – Bild) im Spessart heimisch. Hinsichtlich der Flora des Spessarts können der Frauenschuh und die Schachbrettblume als Besonderheiten aufgeführt werden. (unten)

sandsteinwände hervor. Die Mainschleife bei Urphar im Südosten des Mainvierecks ist so gewunden, das sie in geologischer Zukunft einen Umlaufberg ausbilden wird. Der Hochspessart hat trotz der tertiären Gebirgshebung seine Sedimentbedeckung aus Buntsandstein weitgehend behalten. Im Westen ist diese Bedeckung allerdings durch noch stärkere Hebung des Geländes bis zum Grundgebirge abgetragen worden. Die Buntsandsteinflächen des Hochspessarts sind zertalt und weitgehend mit Wald bedeckt. Bewaldet ist auch der 586 Meter hohe Geiersberg als höchste Erhebung des gesamten Spessarts. In den Bachtälern werden die Wiesen als Grünland genutzt. Reste von Muschelkalkböden finden sich im Norden. Auch Überreste des Vulkanismus sind im Spessart zu finden, so der 495 Meter hohe Beilstein bei Lettgenbrunn, der vor über 10 Millionen Jahren in den 200 Millionen Jahre alten Buntsandstein einbrach – und sein Härtling wurde durch Erosion freigestellt.

Der Naturpark Spessart unterteilt sich in einen bayerischen und einen hessischen Teil. Im Kern umfasst er die Fläche seiner bis zu 400 Meter dicken Sandsteinplatte. Auf ihm breitet sich das größte deutsche Mischwaldgebiet aus. Diese Laubwaldungen konnten sich weitgehend erhalten, weil der Hochspessart durch kurmainzische Jagdinteressen geschützt war. Der nördliche Teil des Spessarts war schon immer stärker industrialisiert, vor allem wurde dort durch die Glashütten der Wald stärker beansprucht. Spätere Aufforstungen hinterließen schnell wachsende Fichtenbestände. Die Naturparkverwaltung hat erste Wasserbüffel zur Renaturierung von Auenlandschaften eingesetzt.

DER ODENWALD

Geologisch gesehen ist der Odenwald das Gegenstück zum Spessart. Begrenzt wird er im Westen durch die Oberrheinebene, im Norden durch die Untermainsenke und im Süden durch den Neckar. Unterteilt wird er von Westen nach Osten in den Vorderen und Hinteren Odenwald, südlich des Neckars liegt der Kleine Odenwald, der in den Kraichgau übergeht. Jenseits des Neckars erstreckt sich das Bauland.

Wie beim Spessart gibt es einen kristallinen Teil des Odenwaldes, der seinen Westen einnimmt. Hier stellte sich die im Zuge der Oberrheinabsenkung aufgewölbte Odenwaldkante schräg, sodass die aufliegenden Sandsteinsedimente später abgetragen wurden und das Grundgestein zutage trat. Ihm westlich vorgelagert ist der schmale Streifen der Hessischen Bergstraße mit seinen Weinbergen und Obsthainen. Östlich der kristallinen Strukturen sind die Schichten des Buntsandsteins erhalten geblieben. Der Vordere Odenwald ist durch kuppige Strukturen und stark zertaltes Relief gekennzeichnet. Die parallel zum Oberrheingraben nord-südwärts verlaufende Otzbergstörung teilt das Gelände in den westlichen Bergsträßer und den östlichen Böllsteiner Odenwald. Diese noch aus dem Erdaltertum stammende Störungslinie wurde im Zuge der Alpengebirgsbildung wieder aktiv und ließ im Erdzeitalter des Tertiärs vor 35 Millionen Jahren basaltische Gesteinsschmelzen aus der Tiefe empor quellen. Der Rossberg und der Otzberg sind vulkanische Relikte aus jener Zeit. Auch der 517 Meter aufragende Melibokus bei Bensheim als höchste Erhebung des Vorderen Odenwaldes ist magmatischen Ursprungs.

DIE MAINFRÄNKISCHEN BERGLÄNDER

DER MAIN

Über 500 Kilometer misst die Länge des Mains, genau 472 Kilometer von dem Zusammenfluss seiner Quellflüsse Weißer und Roter Main bei Kulmbach bis zur Mündung in den Rhein bei Mainz. 80 Kilometer unterhalb fließt in Bamberg die Regnitz zu, die eine größere Wasserführung als der Main selbst hat. Von der Mündung bis Bamberg ist der Main auf einer Strecke von 390 Kilometern schiffbar. Hier zweigt der 1992 fertig gestellte Main-Donau-Kanal ab, der eine direkte Schifffahrtsroute von der Nordsee zum Schwarzen Meer herstellt.

Von Bamberg aus verläuft der Main zunächst westwärts zwischen den Ausläufern des Steigerwaldes und der Haßberge entlang. Bei Schweinfurt schwenkt er dann südwärts ein, um von hier ab das Maindreieck zu bilden. Unterhalb von Kitzingen dreht der Main in einem großen Bogen nach Nordwesten ab. Über Würzburg und Karlsstadt verläuft der Main weiter abwärts, um an der Mündung der Fränkischen Saale windungsreich wiederum nach Südwesten einzuschwenken. Hier setzt das Mainviereck ein. Oberhalb von Wertheim vollzieht er noch eine lang gezogene Schleife und folgt nunmehr weiter windungsreich einem westlichen Kurs. Der große Mainbogen von Miltenberg bildet die dritte „Ecke" des Mainvierecks. Von hier aus strebt der Main wieder nordwärts, bis er bei Aschaffenburg aus dem Spessart austritt und in die Rhein-Main-Ebene eintritt. An Frankfurt vorbei fließt er in einem westwärts gerichteten Bogen durch die Ebene bis zu seiner Rheinmündung in Mainz.

Begleitet wird der Verlauf des Mains in seinem fränkischen Teil von kleineren und größeren Städten mit wunderschön gepflegten Ortskernen, viel Fachwerk und grandiosen Barockbauten. Bamberg ist mit seinem großen mittelalterlichen Stadtkern sogar als Weltkulturerbe ausgezeichnet. In Würzburg bildet die Festung Marienberg über der Mainbrücke ein prächtiges Bild über der Stadt mit der Residenz, ihren historischen Schlössern, Kirchen und Herrenhäusern. An den Hängen ziehen sich die Weinberge entlang, die den durch ihren einzigartigen Charakter geprägten Frankenwein hervorbringen. Hier ist Bocksbeutel-Land! In diese bauchige Flaschenform, die an die früheren, an Bockshoden erinnernden Feldflaschen der Bauern erinnern, wird vor allem Silvaner abgefüllt. Diese Rebe macht den größten Teil des Frankenweins aus, der vollkommen trocken ausgebaut, durch seine frische, mineralisch-herbe Note ausgezeichnet ist.

Die Festung Marienberg oberhalb von Würzburg.

DIE HASSBERGE

Die Haßberge sind genauso wie der Steigerwald und die Frankenhöhe Teil des Fränkischen Schichtstufenlandes, dessen Ablagerungen dem Zeitalter des Keuper, der untersten Formation des Trias-Erdzeitalters, vor über 200 Millionen Jahren entstammen. Die Region war zwischen den Erdzeitaltern des Perms und der Trias von England westwärts bis Polen von einem großen Meer, dem sogenannten Germanischen Becken, bedeckt. Dieses Becken hinterließ Sandstein- und Tonablagerungen, in flacheren Lagunen auch Gips und Steinsalz. Auch in den Haßbergen hat Vulkanismus seine Spuren hinterlassen.

FELSENMEERE IM GEO-NATURPARK BERGSTRASSE-ODENWALD

Der Geo-Naturpark Bergstraße-Odenwald umfasst die drei geologisch interessanten Gebiete der Rheinischen Tiefebene im Westen, des Vorderen Odenwalds im Zentrum und des Hinteren Odenwald im Osten. Sie bilden klar voneinander abgegrenzte Landschaften, deren Entstehung auf unterschiedliche Erdzeitalter zurückgeht.

Ein „geologisches Highlight" im Geopark sind die Felsenmeere. Sie geben Einblick in die vulkanischen Tiefengesteine des Odenwalds, die hier in ganz besonderer Weise an die Oberfläche getreten sind. Ihre Entstehung geht auf die Einwirkungen der letzten Eiszeit vor zwei Millionen Jahren zurück. Mit Beginn der Eiszeit nahmen die Niederschläge zu, Flüsse und Bäche gruben sich immer tiefer in den Untergrund ein. Mit dem in der Eiszeit sinkenden Meeresspiegel entstanden tiefer liegende Terrassen. Das heutige Erscheinungsbild der Mittelgebirge geht weitgehend auf diesen Prozess zurück, in dessen Verlauf weiche Gesteine durch Erosion stärker abgetragen werden als härtere, die so aus ihrem Umfeld auf verschiedene Weise herausragen. So entstanden auch außergewöhnliche Gesteinsformationen wie die Felsenmeere im Odenwald. Das beeindruckendste darunter ist das Felsenmeer bei Reichenbach. Hier wurden talwärts angelegte Blöcke aus Quarzdiorit, einem jener Tiefengesteine wie Granit, freigelegt. Ihre abgerundete Form erhielten sie noch in voreiszeitlicher Zeit durch Verwitterung aufgrund des vormals tropischen Klimas. Talbildung und Hangrutsche führten dazu, dass die abgerundeten Felsblöcke in vorhandene Rinnen rutschten und so das heutige Bild ergaben.

Die Felsenmeere, von denen es insgesamt fast 20 im Vorderen Odenwald gibt, sind integraler Bestandteil der hier vorherrschenden kleinstrukturierten Waldlandschaft mit eingebetteten Streuobstwiesen, Weiden, Hecken und Feldgehölzen. Hier bilden die Felsenmeere die so typischen „Blockschuttwälder".

Dass solche außergewöhnlichen Felsblockformationen die Fantasie der Menschen anregen, bleibt kaum aus. So erzählt die Sage von zwei Riesen, die im Odenwald wohnten, der eine auf dem Felsberg, der andere auf dem Hohenstein. Sie bekamen Streit miteinander, bei dem der Hohensteiner den Felsberger Riesen schließlich mit Felsblöcken erschlug. Gelegentlich soll man den Felsberger Riesen noch unter den Steinblöcken brüllen hören …

Schon die Römer wussten die Blöcke der Felsenmeere im Odenwald zu nutzen. Im römischen Steinbruch sind noch eine Reihe bearbeiteter Steine zu sehen, die Aufschluss über die damaligen Arbeitsverhältnisse geben. Die liegen gebliebenen Steine entsprachen offensichtlich nicht den qualitativen Anforderungen und wurden deshalb nicht verwertet. So auch eine Steinsäule, die heute noch so im Felsenmeer liegt, wie die Römer sie hinterlassen haben.

FENSTER IN EINE FERNE WELT
GRUBE
MESSEL

Vor 47 Millionen Jahren erschütterte ein Vulkanausbruch die Region um die heutige Ortschaft Messel im Norden des Odenwaldes. Der Ausbruch hinterließ ein 300 Meter tiefes Maar. Damals herrschte feucht-warmes tropisches Klima, üppiges Pflanzenwachstum charakterisierte die sumpfigen Uferzonen. Das Maar war Anziehungspunkt für Lebewesen aller Art zu einem Zeitpunkt, als die Saurier ausstarben. Hier trafen sich frühe Huf- und Nagetiere, Vorfahren unserer Vögel, der Uferbewuchs schwirrte vor Insekten und Reptilien warteten am Rand auf Beute. Manche dieser Lebewesen blieben im Uferschlamm stecken. Sand und Staub, Pflanzenteile und Kleinstlebewesen sanken auf den Grund und verdichteten zu Ölschiefer. In den Schichten des Schiefers blieben diese Tiere als Fossilien erhalten. Ihr Erhaltungszustand ist so gut, dass sogar sogenannte Hautschatten um viele der Fossilien erhalten sind. So zeigen sich noch Weichteilabdrücke, Mageninhalte und beispielsweise auch Flügel von Insekten. Gefunden wurden die verschiedensten Säugetiere, die sich jetzt ohne die konkurrierenden Saurier entwickeln konnten, Vögel, Fische und urtümliche Pflanzen. Besonders spektakulär war das Jahr 2009, als ein aus der Grube stammender Primat, dem der wissenschaftliche Name *Darwinius masillae* gegeben wurde, vollständig erhalten, sogar mit Resten der Fellstruktur, entdeckt wurde. Das 47 Millionen Jahre alte Fossil ist ein wichtiges Bindeglied in der weiteren Entwicklung der Menschenaffen bis hin zum Menschen selbst.

Die Grube Messel wurde 1995 wegen ihrer wissenschaftlichen Bedeutung in die Weltnaturerbeliste der UNESCO aufgenommen. Dabei stand es vor noch nicht allzu langer Zeit gar nicht gut um die Grube. Denn 1860 wurde in ihrem Inneren ein Tagebau zur Verwertung des bituminösen Schiefergesteins eingerichtet, um daraus Rohöl herzustellen. Der Betrieb wurde 1960 geschlossen, danach sollte die Grube Mülldeponie der Stadt Darmstadt werden. Erst das beherzte Eingreifen von engagierten Bürgern verhinderte mit Unterstützung des damaligen hessischen Umweltministers Jakob „Joschka" Fischer dieses Vorhaben, sodass diese weltweit einmalige Fossilienquelle der Nachwelt erhalten bleiben konnte.

Zu den bedeutendsten Fossilien, die in der Grube Messel gefunden wurden, zählen die Urpferde, von denen allein 70 Exemplare erhalten sind (oben). Aber auch zahlreichen Nagetieren (unten) wurde die sumpfige Uferzone des einstigen Sees zum Verhängnis.

DIE HESSISCHE BERGSTRASSE

An der Hessischen Bergstraße setzt der Frühling eher ein als andernorts in Deutschland. Er beginnt mit der Mandelblüte, es folgen Forsythien, Kirschen, Aprikosen und Magnolien. Kein Wunder, dass hier der Wein an den zur Sonne exponierten Hängen des Vorderen Odenwalds besonders gut wächst.

Seit 1971 ist der hessische Teil der Bergstraße ein eigenständiges Weinanbaugebiet mit einer Rebfläche von nur 440 Hektar – klein aber fein, lautet hier die Devise. Die Rebkulturen konzentrieren sich um Groß-Umstadt, Auerbach, Bensheim und Heppenheim, sind teilweise sehr steil, teilweise auch terrassiert. Neben den überwiegend trocken ausgebauten Weinen werden hier auch sogenannte „edelsüße" Weine gekeltert. Als Rebsorte dominiert Riesling, unter den weißen Sorten kommt Müller-Thurgau. Grauburgunder, Silvaner, Kerner und Weißburgunder dazu. Vermehrt werden auch rote Sorten angebaut, unter ihnen vor allem der Spätburgunder.

Heppenheim an der Bergstraße.

Der bis über 500 Meter Höhe hinaus ragende Mittelgebirgszug der Haßberge erstreckt sich in Oberfranken zwischen der Fränkischen Saale und dem Main in seinem Abschnitt unterhalb von Bamberg bis zum Maindreieck. Von den höheren Teilen im Nordosten fällt das Gelände auf 250 Meter Höhe im Südosten ab. Auch wird das Gelände nach Südosten hin stärker von Tälern durchzogen. Markant ist die Westgrenze der Haßberge, die sich als Steilstufe 150 Meter über der westlich vorgelagerten Muschelkalkfläche erhebt. Die Hochlagen sind bewaldet, die flach geneigten Hänge werden ackerbaulich, die Bachauen als Grünland genutzt. Auf den Südhängen zum Main wächst Wein.

Das kleinstrukturierte Relief der Haßberge mit den vielen Bachtälern bietet Lebensraum für eine außergewöhnliche Vielfalt an Pflanzen und Tieren. Nadel-, Laub- und Mischwälder nehmen den größten Raum ein. Zum Main hin

DAS SÜDDEUTSCHE SCHICHTSTUFENLAND

Die Haßberge bieten Lebensraum für eine Vielfalt an Pflanzen und Tieren, darunter auch die für Menschen ungefährliche Schlingnatter (Coronella austriaca), *die überwiegend in den wärmeren Mittelgebirgsregionen Südwest-, Süd- und Südostdeutschlands anzutreffen ist.*

bestimmen wärmeliebende Eichen-Hainbuchenwälder im Wechsel mit Trockenrasen und Weinbergen das Bild. In den klaren Bächen sind noch der Steinkrebs und der Flusskrebs zuhause. Auch kommt die seltene Schlingnatter vor. Groß ist die Anzahl der Amphibien. Und in den Mainauen gibt es den Biber wieder.

Besonders reizvoll ist die Kulturlandschaft der Haßberge an deren Rand sich die größeren Orte mit ihren pittoresken historischen Fachwerkensembles befinden. Das Innere ist noch weitgehend bäuerlich geprägt. Die Nähe zur ehemaligen Zonengrenze, die der Region zunächst viele wirtschaftliche Nachteile einbrachte, bewahrte aber die alten Dorfstrukturen. Gleichermaßen hat die fränkische Adelsstruktur die Region geprägt. Die Vielzahl der inzwischen meist ruinösen Burgen, die herrlichen Schlösser und Herrenhäuser zeugen aber noch von der alten Feudalpracht.

DER STEIGERWALD

Südlich an die Haßberge schließt sich jenseits des Mains der Steigerwald an. Auch er wurde im Erdzeitalter des Keupers geformt. Sein welliges Erscheinungsbild spielt sich in Höhen knapp unter 500 Meter ab und sackt nach Osten zur Rednitzsenke langsam auf Höhen um 350 Meter ab. Nach Westen zeigt der Steigerwald eine getreppte Stufenstirn, die 200 Meter gegenüber dem vorgelagerten Gelände aufragt. Durch den für das Keuperland typischen Wechsel von leichter verwitterbaren Tonschichten und härteren Sandsteinbänken entstand die Terrassengliederung des Westabfalls, der zudem noch im Norden durch Bergvorsprünge weit in das Vorgelände eingreift. Nach Süden reicht der Steigerwald noch über die Aisch hinaus und geht dann allmählich in die Frankenhöhe über.

Bach- und Flussläufe geben der Landschaft Struktur, die so in einzelne Höhen, Kuppen und Riedel zertalt wird. Im Norden sind die Höhen mit Laubmischwäldern versehen, wo unter anderem einige der ältesten Buchen Deutschlands überlebt haben. Ostwärts gehen die Wälder, auch mit nachlassenden Niederschlägen, in Nadelbaumbestände mit hohen Kiefernanteilen über. Wie die Haßberge, so weist auch der Steigerwald noch durchaus naturnahe Biotope aus Quellbereichen, Fließgewässern, Bachauen, Auwäldern, Feuchtwiesen und Teichen auf. Der überwiegende Teil der Fläche des Steigerwaldes ist seit 1988 als Naturpark ausgewiesen.

Im Westen fällt der Steigerwald zum Main hin ab. Hier bietet sich dem Besucher ein ganz anderes Landschaftsbild aus sanften Hügeln, deren südwärts gerichtete Hänge mit Weinkulturen bewachsen sind. Die Keuperböden des Steigerwaldes bilden das Herz des Silvaner-Anbaus in Franken. Die frischen, mineralischen Weine sollen es mit den besten Riesling-Weinen aufnehmen! Die wichtigsten Weinorte sind Iphofen, Rödelsee, Castell und Ippesheim. Doch am Steigerwald wachsen nicht nur herrliche Weine – der Steigerwald ist auch für sein Bier berühmt. Hier gibt es noch eine große Zahl an Familienbrauereien, von denen sich einige zur „Aischgründer Bierstraße" zusammengeschlossen haben. Und noch mit einer dritten Spezialität kann der Steigerwald aufwarten. Beiderseits der Aisch in Richtung auf die Fränkische Schweiz wurden im Lauf der Jahrhunderte an die 29000 Karpfenteiche angelegt. Hier wächst der Aischgründer Spiegelkarpfen heran, der als wahre Delikatesse nicht nur in den Restaurants der Region auf die Speisekarte kommt.

Rauchblättrige Schwefelköpfe (Hypholoma capnoides) *auf einer umgestürzten und mit Moos bewachsenen Buche im Steigerwald.*

Der Kraichgau

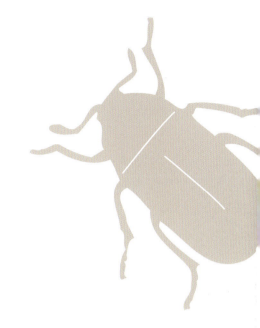

Der Kraichgau stellt die Verbindung zwischen dem Odenwald im Norden und dem Schwarzwald im Süden mit ganz eigenständigem landschaftlichem Erscheinungsbild dar. Die Westgrenze bildet eine Geländestufe zum Oberrheingraben zwischen Heidelberg und Karlsruhe. Östlich geht der Kraichgau fast unmerklich in das Bauland und die Hohenloher Ebene im Einzugsbereich des Neckars über. Im Zuge der Oberrheinabsenkung und der damit verbundenen Anhebung seiner Kante verblieb das Gebiet des Kraichgaus – im Gegensatz zu den höheren beziehungsweise weit höheren Bergzügen des nördlich gelegenen Odenwalds und des südlich gelegenen Schwarzwalds – als Mulde. So zeigt sich der Kraichgau heute als hügelig-welliges Land, das sich in Höhenlagen um 200 bis 300 Meter erstreckt und nur in der sich östlich anschließenden Stromberg-Landschaft Berge mit über 400 Meter Höhe, so dem Stromberg selbst und dem Heuchelberg, aufweist. Dieses Gebiet ist inzwischen als Naturpark Stromberg-Heuchelberg ausgewiesen.

Den Untergrund des Kraichgaus bilden Schichten des Buntsandsteins und Muschelkalks, darüber wurde eiszeitlicher Löss in Schichten bis zu 30 Meter Mächtigkeit angeweht. Kleinräumliche Verwerfungen und Bruchzonen sind teilweise von diesem Löss überdeckt. Geologisch interessant an dem nur 330 Quadratkilometer messenden Naturpark Stromberg-Heuchelberg ist, wie hier durch Erosion die tiefer liegenden Sandsteinschichten freigelegt und auf Höhen von fast 440 Metern angehoben wurden. Als oberste Schicht verblieb Stubensandstein, eine besondere Sandsteinart, die in gemahlener Form als Reinigungssand für die Stuben wie auch für die Geräte bäuerlicher Haushalte Verwendung fand.

Größere Waldflächen finden sich im Kraichgau vor allem in den höheren Lagen.

DAS SÜDDEUTSCHE SCHICHTSTUFENLAND

Gemeiner (Heuchechel-)Bläuling (Polyommatus icarus)

Das milde Klima und die fruchtbaren Böden des Kraichgaus bilden die Grundlage der intensiven Landschaft, die hier mit Getreide, Kartoffeln und Zuckerrüben betrieben wird und die nur wenige Waldinseln auf den Kuppen hinterließ. Neben Obstplantagen und Streuobstwiesen bestimmen auch Sonderkulturen wie Tabak das Bild. (rechts)

Das milde Klima und die fruchtbaren Böden des Kraichgaus bilden die Grundlage der intensiven Landschaft, die hier mit Getreide, Kartoffeln und Zuckerrüben betrieben wird und die nur wenige Waldinseln auf den Kuppen hinterließ. Neben Obstplantagen und Streuobstwiesen bestimmen auch Sonderkulturen wie Tabak das Bild. Hier ist das Reich des Feldhamster *(Criutus criutus)*, der die reichhaltige Agrarlandschaft und die für seine Bauten geeigneten Böden zu nutzen weiß. Zur Oberrheinebene hin haben die abfließenden Gewässer Rinnen in den Boden gewaschen.

Südlich der Pfinz, die in den Ausläufern des Schwarzwalds entspringt und bei Grötzingen in die Oberrheinebene eintritt, ändert sich das Landschaftsbild etwas. Durch die Annäherung an den Schwarzwald erhebt sich das Geländeniveau auf bis zu 400 Meter Höhe. Das Gebiet wird weniger intensiv landwirtschaftlich genutzt, dafür gibt es größere Waldflächen und in geeigneten Lagen zum Rhein neben Obstbau auch Weinbau, in denen so seltene Vogelarten wie der Wendehals und der Raubwürger zuhause sind.

Der Kraichgau ist schon in weit zurückliegenden Epochen von Frühmenschen besiedelt worden. Auf halbem Weg zwischen Heidelberg und Sinsheim wurde 1907 nahe dem kleinen Ort Mauer in einer Sandgrube der Kieferknochen eines 500 000 Jahre alten Vertreters der Gattung Homo gefunden. *Homo heidelbergensis* ist ein Vorfahr der Neandertaler, die später ausstarben. Auch in viel jüngerer Vergangenheit siedelten im Kraichagu wegen der günstigen klimatischen Verhältnisse und der ertragreichen Böden Menschen – Funde aus der Steinzeit und Bronzezeit belegen dies. Im Mittelalter galt der Kraichgau als „Land der Adeligen". Hier gab es über 100 Rittergeschlechter, von denen viele die schweren Zeiten der Reformation, des Dreißigjährigen Krieges und der Gegenreformation überstehen konnten und ihre Reichsunmittelbarkeit behielten. Aber in nachnapoleonischer Zeit gingen sie in dem neu entstandenen Königreich Baden auf.

Zeugen der Ritterzeit sind die vielen Burgen, die von den kleinen Herrschern des Kraichgaus hinterlassen wurden. Einer dieser Adelsfamilien, die Grafen von Oettingen, errichteten ihre Burg auf der 333 Meter aufragenden Vulkankuppe des Steinsberg, dem höchsten Berg des Kraichgaus.

DER KRAICHGAU

Der Schwarzwald

Der geologische Aufbau des Schwarzwalds gleicht einem Blick in die Erdgeschichte. Gneis ist das älteste Gestein im kristallinen Grundgebirge, entstanden zwischen dem Ende des Kambriums und dem Beginn des Ordoviziums vor rund 500 Millionen Jahren – teilweise sind diese Gesteine sogar bis zu einer Million Jahre alt. Im Zuge der variskischen Faltenbildung, beginnend vor 350 Millionen Jahren, wölbte sich auch das Gebiet des heutigen Schwarzwalds auf. Die an die 300 Millionen Jahre alten Granite, wie sie vornehmlich im Nordschwarzwald zu finden sind, entstammen dieser Zeit der Gebirgsbildung. Vor 250 Millionen Jahren war dann der damals mehrere tausend Meter hohe Schwarzwald wieder völlig abgetragen, ein Senkungsgebiet entstand, das mit Sand und Geröll als der Basis einer Sandstein-Deckschicht zugeschüttet wurde. Durch Hebungs- und Senkungsprozesse drang zwischendurch immer wieder das Meer in das Gebiet ein und bildete neue Deckschichten. Eine völlig neue Situation entstand mit der Einsenkung des Oberrheingrabens, in dessen Verlauf sich die Vogesen und der Schwarzwald um mehr als 1000 Meter anhoben.

Der Schwarzwald ist das mächtigste Gebirge, das im Zuge der Absenkung des Oberrheingrabens als eines seiner Kantengebirge entstand. Im Verlauf dieser Geschehnisse wurden die Deckschichten des Schwarzwalds schräg gestellt, sodass diese seither mit zunehmend sanfterer Abdachung nach Osten vom Oberrheingraben weg in das Schichtstufenland eintauchen. Die Abtragung der Deckgebirgsschichten schritt so weit fort, dass das kristalline Grundgebirge

Kleiner Bach beim Burgbachwasserfall nahe Bad Rippoldsau-Schapbach.

DAS SÜDDEUTSCHE SCHICHTSTUFENLAND

Große Teile des Nordschwarzwalds und auch des südlich angrenzenden Mittleren Schwarzwalds sind seit dem Jahr 2001 vom Naturpark Schwarzwald Mitte/Nord erfasst. Mit einer Fläche von 3750 Quadratkilometern ist er derzeit der größte dieser Art in Deutschland. Die Einrichtung eines Nationalparks Nordschwarzwald ist in Überlegung. Auf jeden Fall weist der Naturpark Schwarzwald Mitte/Nord die am wenigsten zerschnittenen Waldgebiete auf, weshalb wohl auch seine Tierwelt besonderes artenreich und vor allem reich an selten gewordenen Arten ist – hier gibt es den nur in Höhenlagen in Deutschland vorkommenden Dreizehenspecht, den Sperlingskauz, die Zippammer, den Wanderfalken (Falco peregrinus – Bild) und nicht zuletzt den Charaktervogel des Schwarzwaldes, das Auerhuhn.

des Schwarzwalds in großen Bereichen wieder freigelegt wurde, während vor allem im Norden und Osten die Buntsandsteinbedeckung erhalten blieb. Die Schichtstufe des Buntsandsteins ist durch die Flüsse Kinzig, Enz und Murg in Sporne zerlegt.

Während der Eiszeit gehörte der Schwarzwald zu den wenigen Mittelgebirgen, die eigene Gletscher aufwiesen. Relikte der Gletscherbedeckung sind vor allem aus der Riß- und Würmeiszeit erhalten. Der Feldberg war mit seiner dicken Eiskappe das Zentrum der Vergletscherung des Hochschwarzwalds. Nur ganz im Süden trafen im Hotzenwald Schwarzwaldgletscher mit den Alpengletschern zusammen.

Dass der Oberrheingraben immer noch weiter einsinkt, spürt man im Schwarzwald beispielsweise an auftretenden Erdbeben. Meist sind diese Beben schwach und die kleinen Erdbewegungen der Stärke 2 bis 3 auf der Richterskala kaum zu spüren, aber 2004 ereigneten sich auch schwere Erdstöße, und ein Erdbeben im Jahr 1356 führte sogar zu großen Schäden in Basel. Auch die Thermen in Baden-Baden, Badenweiler und Bad Wildbad sind Zeugen der Unruhe in den Tiefen des Oberrheingebiets.

Der Bergbau im Schwarzwald hat seine Grundlage in Erz- und Mineralgängen, die aus der Frühzeit des Gebirges resultieren, als magmatische Gesteinsschmelze erstarrte. Teilweise sind die Erzeinfüllungen auch späteren Ursprungs. Erste bergbauliche Aktivitäten unternahmen bereits die Kelten seit dem 5. Jahrhundert v.Chr., eine frühe Blütezeit erlebte der Bergbau im Mittelalter mit der Ausschürfung von Silbererzgängen. Im 18. und 19. Jahrhundert wurde im Kinzigtal nach Kobalterzen, Schwerspat (Baryt) und Silber geschürft. Eine Barytgrube ist noch in Oberwolfach offen, andere Gruben sind als Schaubergwerk zu besichtigen, wie etwa die ehemalige Silbergrube Wenzel in Oberwolfach, Grube Teufelsgrund im Münstertal oder das Bergwerk Schauinsland.

Naturräumlich wird der Schwarzwald in den wald- und niederschlagsreichen Nordschwarzwald, den von Tälern geprägten Mittelschwarzwald und den höheren Südschwarzwald gegliedert – der südliche Teil des Schwarzwaldes wird auch als Hochschwarzwald bezeichnet.

DER NORDSCHWARZWALD

Der Nordschwarzwald umfasst das Gebiet vom Übergang in den Kraichgau im Norden bis zum Renchtal im Süden – von der Linie Karlsruhe-Pforzheim bis zur Linie Offenbach-Freudenstadt. Seine höchste Erhebung ist die 1164 Meter aufragende Hornigsrinde. Es gibt aber eine Reihe weiterer Kuppen, die im Zentrum der Region die 1000-Meter-Grenze überragen. In diesen Höhen wurde auf der 1002 Meter hohen Badener Höhe der Friedrichsturm als Aussichtsturm errichtet. Nahebei wird der Schwarzenbach mit einer 65 Meter hohen Gussbetonstaumauer als Ausgleichsspeicher zur Schwarzenbachtalsperre aufgestaut. Der Stausee ist heute ein beliebtes Naherholungsziel.

Geologisch gesehen ziehen sich die Buntsandsteinschichten des zentralen Schwarzwalds in seinen Nordteil hinein. Sie weisen hier eine Mächtigkeit von bis zu 400 Metern auf. Die nach Norden entwässernden Flüsse Enz und Nagold haben mit ihren Nebenflüssen das Gelände stark zertalt. Unterbrochen werden die Waldgebiete zudem durch mehrere kleinere, meist runde Karseen. Als Relikte der letzten Eiszeit verblieben so der Mummelsee, der Hutzenbachsee, der Wildsee oder auch der Buhlbachsee. Der Mum-

Die Relikte der Gletscherbedeckung bestehen vor allem aus den typischen, Kar genannten Taleinkerbungen, die sich als Stauseen mit Wasser füllten, wie etwa der Mummelsee, Wildsee oder Feldsee. Solche Kare entstanden vor allem an den nach Nordosten exponierten Hängen im Buntsandstein. Sogar Moränen sind als Gletscherzungenablagerungen noch am Titisee und Schluchsee (Bild) nachweisbar.

melsee erstreckt sich mit einem Umfang von 800 Metern auf 1036 Meter Höhe angesichts der Hornigsrinde. Der Hutzenbachsee entstand vor 30 000 Jahren auf 747 Meter Höhe. Der Wildsee liegt mit einer Fläche von über zwei Hektar auf 909 Meter Höhe und wird von einer Moorlandschaft umgeben, dem größten naturbelassenen Hochmoorgebiet Deutschlands. Dieser unter Naturschutz stehende See entstand am Ende der letzten Eiszeit vor 10 000 Jahren als sich starke Niederschläge über wasserundurchlässigen Sandsteinschichten sammelten und zur Vermoorung des Geländes führten. Auch der Buhlbachsee entstand am Ende der letzten Eiszeit vor 10 000 Jahren an der Ostseite des Schliffkopf-Höhenzuges. Er wird vom Buhlbach gespeist. In der Mitte des idyllischen Sees treibt als große Attraktion eine von Moorbirken bewachsene Pflanzeninsel.

Wie der ganze Schwarzwald, so ist auch der Nordschwarzwald ein großartiges Feriengebiet, das durch seine großen Wälder vor allem Wanderer anlockt. Zusätzlich die Schwarzwaldbäderstraße, die die Heil- und Thermalbäder Bad Herrenalb, Wildbad, Bad Rippoldsau, Bad Teinach-Zavelstein, Bad Liebenzell und Schömberg miteinander verbindet. Noch berühmter ist die Schwarzwald-Hochstraße von Baden-Baden nach Freudenstadt, die mit einer Länge von 60 Kilometern die großen Waldgebiete des Nordschwarzwalds durchquert. Nicht unerwähnt bleibt die sogar 100 Kilometer lange Schwarzwald-Tälerstraße, die durch die ro-

mantischen Täler der Murg und oberen Kinzig durch viele kleine Orte und am Kloster Klosterreichenbach vorbei verläuft.

DER MITTELSCHWARZWALD

Der mittlere Schwarzwald bildet zwischen den Gebirgssockeln des Nord- und Südschwarzwalds eine tektonische Mulde, die vom Flusssystem der Kinzig eingenommen wird. Dieser Taleinschnitt durch den Schwarzwald bildet einen wichtigen Verkehrsweg zwischen Rhein und Bodensee, der schon von den Römern genutzt wurde. Zwischen Freudenstadt und St. Georgen zieht sich die europäische Wasserscheide zwischen den Zuflüssen zum Rhein und denen zur Donau hin. Hier entspringen die Brigach und die Breg als Quellflüsse der Donau. Die Gutach, die Schiltach und die Kinzig sind als Abflüsse zum Rhein wesentlich steiler und deshalb auch tiefer eingeschnitten. Die zu überwindenden Höhenunterschiede sind so groß, dass die Gutach bei Triberg in die Tiefe stürzt – die Triberger Wasserfälle sind eine der großen Attraktionen des Schwarzwalds insgesamt.

Entsprechend dem geologischen Muldencharakter des mittleren Schwarzwalds überschreiten seine Bergkuppen nur selten die 1000-Meter-Marke, so beispielsweise mit dem lang gestreckten, in Nord-Süd-Richtung verlaufenden Farnberg-Plateau, dessen höchster Gipfel der 1177 Meter hohe Obereck ist. An seiner Kuppe fällt ein scharfkantiger Grat 700 Meter tief in das Tal der Wilden Gutach ab. Das Plateau ist übrigens im Winter ein beliebtes Skigebiet. Noch höher als der Obereck sind im mittleren Schwarzwald nur noch der solitär stehende 1241 Meter hohe Kandel bei Weißkirch und die 1190 Meter hohe Weißtannenhöhe bei Breitenau nördlich vom Titisee, schon im Übergang zum Hochschwarzwald.

Dem Relief des mittleren Schwarzwalds in durchschnittlichen Höhen um 800 bis 900 Meter entsprechend sind die tieferen Lagen zum Oberrheingraben hin mit Wein- und Obstkulturen bewachsen. In höheren Lagen geht die Bewirtschaftung in ein Acker-Grünlandgemisch über, bei dem der Ackeranteil mit zunehmender Höhe abnimmt. In den eigentlichen Hochlagen mit fast durchgehender Bewaldung dominiert die Forstwirtschaft. Zum Rhein hin handelt es sich überwiegend um Eichen-Buchen-Laubwälder, die in höheren Lagen in supalpinen Fichtenwald übergehen. Schutzwürdige Lebensräume für eine vielfältige Flora und Fauna bieten die strukturreichen Mischwälder in niederen Lagen, aber auch Moore, Magerweiden sowie nicht zuletzt die Feuchträume der Quellgebiete von Wilder Gutach, Biederbach und Harmersbach, wo sogar noch die Kleine Flussmuschel heimisch ist. Diese Art kommt in Deutschland nur noch in Flussoberläufen vor – den Garaus machen ihr nicht nur die Kontamination des Wassers, sondern auch die (vom Menschen eingeführte) Bisamratte.

DER SÜDSCHWARZWALD

Südlich der Linie Freiburg-Donaueschingen breitet sich der Hochschwarzwald aus. Dieser Teil des Schwarzwalds wurde in dem der Eiszeit vorausgehenden Erdzeitalter des Pliozäns am stärksten aufgewölbt. So erstreckt sich der größte Teil des Geländes in Höhen-

Der nördliche Teil des Schwarzwalds wird gern als sein schwärzester Teil bezeichnet, weil sich hier die dunklen Nadelwälder, auch aus den für den Schwarzwald typischen Weißtannen, am weitesten ausbreiten. Durch den inzwischen über Jahrhunderte währenden Einfluss des Menschen sind aber große Waldareale als Waldweide genutzt worden und in waldfreie Areale, die hier als Grinden bezeichnet werden, umgewandelt worden. Die sehr hohen Niederschlagsmengen, die durch die zu den Westwinden exponierte Lage der Hochebenen des Nordschwarzwalds über 1000 Millimeter pro Jahr betragen, auf der Hornigrinde sogar über 2000 Millimeter, bewirkten mit der langen winterlicher Schneebedeckung die Vermoorung der baumarmen Hochflächen.

DAS GUTACHTAL UND DIE
TRIBERGER WASSERFÄLLE

Besonders eindrucksvoll bieten sich die Wasserfälle – übrigens die höchsten Deutschlands – bei Schneeschmelze oder nach starken Regenfällen dar.

Die Gutach entspringt in der Gemeinde Schönwald im Zentrum des mittleren Schwarzwalds ganz nah der Quellen von Breg und Brigach, den Quellflüssen der Donau. Die Gutach entwässert über die Kinzig in den Rhein – wegen des starken Gefälles zum Oberrheingraben ist ihr Verlauf von Anfang an sehr viel steiler als der der Donauzuflüsse. Schon während seines in einem Muldental gelegenen Oberlaufs machen ihre Zuflüsse sie zu einem reißenden Bach, der vor Triberg in sieben Kaskaden 153 Meter tief in ihr nun weiter führendes Kerbtal stürzt.

Das Gutach-Tal bietet auch der Schwarzwaldbahn eine höchst aufregende Trasse. Diese Strecke führt von Offenburg über Triberg und Donaueschingen nach Singen. Der Streckenabschnitt von Hornbach auf 384 Meter Höhe über Triberg auf 616 Meter Höhe bis St. Georgen auf 805 Meter Höhe ist der gebirgigste und war auch der am schwierigsten zu bewerkstelligende Abschnitt. Kehrtunnel und viele Windungen waren erforderlich, um die Höhenunterschiede zu überbrücken. Dieser Abschnitt wurde daher auch zuletzt fertig gestellt. Man hatte sich trotz der absehbaren Schwierigkeiten für diese Trassenführung entschieden, weil man ansonsten einen Abschnitt durch das Hoheitsgebiet des Königreichs Württemberg führen musste.

Die Schwarzwaldbahn wurde 1873 mit einer längeren Arbeitsunterbrechung durch den deutsch-französischen Krieg dem Verkehr übergeben.

lagen über 500 Meter. In seinem Zentrum wird er von einem Gebirgsblock beherrscht, der vom 1493 Meter hohen Feldberg, dem höchsten Berg des gesamten Schwarzwalds über das 1415 Meter hohe Herzogenhorn zum 1284 Meter hohen Schauinsland, dem „Hausberg" Freiburgs, über den gleichfalls markant über der Rheinebene aufragenden 1414 Meter hohen Belchen zum 1224 Meter hohen Köhlgarten und bis zum 1205 Meter hohen Hochgescheid reicht. Das Erscheinungsbild dieser Hochlagen mit ihren herausragenden Kuppen ist durch eiszeitliche Überformung geprägt. Inmitten des zentralen Hochgebiets des Südschwarzwalds findet man mit dem Titisee und dem Schluchsee die bekanntesten Gewässer des gesamten Schwarzwalds – beide auch eiszeitlichen Ursprungs. Von diesem Hochgebiet gehen auch alle Flüsse aus, die das Umland zum Teil in tiefe Schluchten zertalen.

Der Rotbach bildet in seinem Oberlauf das Höllental. Die Quellflüsse des Rotbachs, der in seinem unteren Verlauf als Dreisam durch Freiburg fließt, entspringen im Hinterzartener Ortsteil Oberzarten auf über 1100 Meter Höhe. Das zehn Kilometer lange Felsenengtal setzt in Höllsteig an der Ravennaschlucht ein und reicht bis Himmelreich, wo es in das Zartener Becken übergeht, an dessen Ausgang sich die Stadt Freiburg ausbreitet. In der Schlucht selbst ragen die Felsen bis zu 600 Meter empor.

Die unterhalb des Schauinsland und des Belchen entspringenden Abflüsse vereinigen sich zum Stampfbach und bilden das Münstertal, das in Staufen in das Oberrheintal einmündet. Im Mittelalter wurde hier Bergbau betrieben, der bis 1864 als Bleigrube Bestand hatte. Ein 500 Meter langer Stollen dieses Bergwerks ist zum Besucherbergwerk ausgebaut worden. Beherrschendes Bauwerk im Tal ist das Kloster St. Trudperg, dessen Gründung auf das 9. Jahrhundert zurückgeht.

Die Wiese als südwärtiger Abfluss vom Feldberg entspringt auf 1200 Meter Höhe bei Feldberg-Ort und mündet in Basel in den Rhein. Zwei Landschaftsbilder zeigt der Fluss talabwärts. Im oberen Bereich zwischen Fahl und Todtnau hat der Feldberggletscher eiszeitlich ein Trogtal durch den kristallinen Untergrund für den Fluss gegraben. Auch wenn sich die Gletscherzunge bis Wembach vorschob, reichte seine Kraft nicht mehr für weitere Ausschürfungen. Deshalb gibt es am Oberlauf noch klammartige

Todtnauer Hütte am Feldberg, südlicher Schwarzwald.

Einschnitte zwischen dem von steilen Hängen gekennzeichneten Talverlauf. Eine große Attraktion bieten die Todtnauer Wasserfälle, wo sich das Wasser des Stübenbachs über vier Stufen 97 Meter tief stürzt, um dann in die Wiese zu münden. Unterhalb von Hausen öffnet sich die Talsohle zum Unteren Wiesental. Hier ändert sich auch der Untergrund von Granit zu Sandstein, was diese Talweitung erklärt.

Die Quellflüsse der Wehra entspringen oberhalb von Todtmoos auf meist über 1100 Meter Höhe. Todtmoos selbst erstreckt sich in einer eiszeitlich ausgeformten Gletschermulde. Von Todtmoos flussabwärts hat sich die Wehra einen über viele Kilometer langen, engen Talabschnitt bis zu 400 Meter tief in das Gebirge eingegraben. Die steilen Talhänge werden immer wieder von aufragenden Felspartien unterbrochen. Der untere Abschnitt des Wehratals bildet die Grenze zwischen Dinkelberg und Hotzenwald. Die Wehra mündet bei Schwörstadt in den Rhein.

Die Menzenschwander Alb und die Bernauer Alb entspringen am Südhang des Feldberges bzw. des Herzogenhorns und vereinigen sich nach jeweils gut zehn Kilometer langem Lauf zur Alb. Der Verlauf der Quellbäche führt durch eiszeitlich verbreiterte Talsohlen, einstige Seebecken, die längst verlandet sind, so das Bernauer Becken und die Talsohle von St. Blasien. Unterhalb von St. Blasien knickt die Alb nach einem Wasserfall nach Süden ab, wird hier zum Albsee gestaut und durchfließt auf langer Strecke ein 200 bis 400 Meter breites Wiesental. Bis hier in den Mittellauf der Alb war während der Würmeiszeit der Albgletscher vorgestoßen. In der sich anschließenden Albschlucht muss die den Fluss begleitende Landstraße auf einer Trasse rund 100 Meter über der Talsohle geführt werden. Bei Albbruck mündet die Alb in den Rhein.

Zwischen Feldberg und Seebuck breitet sich der kreisrunde Feldsee als größter der Karseen im Schwarzwald aus, den die Eiszeit hier auf 1100 Meter Höhe hinterlassen hat. Er wird auf drei Seiten von steil aufragenden Felswänden eingerahmt. In einem 25 Meter hohen Wasserfall stürzt der Seebach als Quellfluss der Wutach in den Feldsee, um an der nach Nordosten offenen Seite des Sees wieder auszutreten. Im weiteren Verlauf durchfließt der Seebach den Titisee, um diesen als Gutach wieder zu verlassen. Unterhalb von Titisee-Neustadt tritt die Gutach in die spektakuläre Wutachschlucht ein. Am Beginn der Schlucht vereinigen sich die Haslach und die Gutach zur Wutach. Am Wutachknie kurz vor Blumberg knickt die Wutach nach Südwesten ab, um dann den Grenzverlauf zum Schweizer Kanton Schaffhausen zu bilden. Im Unterlauf ist die Wutach teilweise kanalisiert, ihre breite Talebene dicht besiedelt. Oberhalb Waldshut mündet die Wutach in den Hochrhein.

DER DINKELBERG

Das Dinkelberg-Plateau wird vom unteren Wiesental, vom Hochrheintal und vom Wehratal begrenzt. Geologisch handelt es sich um eine Tafelscholle, die sich in Höhen um 400 bis 500 Meter erstreckt und deren Untergrund aus Muschelkalk und Keuper besteht. Es ist ein Relikt aus dem Erdzeitalter der Trias vor annähernd 250 Millionen Jahren, als große Teile des heutigen Deutschland von einem Meer bedeckt waren. Die Erosion, die große Teile des Schwarzwalds im Zuge der Ober-

ABENTEUERLICHES WILDFLUSSTAL DIE
WUTACHSCHLUCHT

Große Teile der Wutachschlucht stehen heute wegen ihrer landschaftlichen Schönheit und ihrer geologischen Besonderheiten unter Naturschutz. Mit ihrer Schlucht hat sich die Wutach durch alle Schichten des Süddeutschen Schichtstufenlandes gegraben, durch die kristallinen Urgesteine Granit und Gneis, durch Buntsandstein, Muschelkalk und Keuper bis durch die Gesteine des Juras.

Wenn man den gewaltigen Felsdurchbruch der Wutach durch den südöstlichen Schwarzwaldrand betrachtet, so vermag man kaum zu glauben, dass dieses Engtal aus erdgeschichtlicher Sicht ganz jungen Ursprungs ist. Am Ende der letzten Eiszeit hatten sich die Flusssysteme noch nicht in ihrer heutigen Form gebildet. Noch vor 70 000 Jahren bildete die Wutach den Oberlauf der Donau, die damals als Ur-Donau („Feldberg-Donau") einen Bergrücken am Wutachknie durchbrach. Durch den dadurch entstandenen großen Höhenunterschied von 200 Metern fraß sich die Wutach flussaufwärts in das Gestein und schuf so die 30 Kilometer lange Wutachschlucht. Dafür transportierte die Wutach in nur 50 000 Jahren an die zwei Milliarden Kubikmeter Geröll zum Rhein. Im Zuge dieses Vorgangs grub die Wutach der Donau das Wasser ab. Das Tal der Feldberg-Donau wird inzwischen von der Aitrach durchflossen, die bei Giesingen in die heutige Donau mündet. Der Prozess der Eingrabung der Wutach in ihre Schlucht ist längst noch nicht abgeschlossen. Immer wieder zeugen Hangrutsche von den geologischen Kräften, die hier am Werk sind. Die Enge des Tals und die immer wiederkehrenden Hangrutsche machten eine vekehrsmäßige Erschließung der Schlucht unmöglich – nur Wanderwege führen durch sie hindurch.

Die schwere Zugänglichkeit der Wutachschlucht hat eine artenreiche Flora erhalten, angefangen bei der allgegenwärtigen Pestwurz über Salbei, Enzian und Orchideen, so den Gelben Eisenhut und den Türkenbund. Neben Reptilien und Amphibien sind hier die unterschiedlichsten Vögel zuhause – sogar Wanderfalken gibt es.

Im mittleren Bereich der Wutachschlucht kommt es zur teilweisen Versickerung im Muschelkalk. In besonders trockenen Sommern kann die Wutach sogar austrocknen, doch das Wasser kommt zwei Kilometer weiter wieder an die Oberfläche.

TITISEE & SCHLUCHSEE

Die beiden größten Seen des Hochschwarzwalds – Titisee und Schluchsee (Bild) – sind eiszeitlich entstandene Stauseen. Sie verdanken ihre Bildung dem Feldberggletscher, der Mulden im Boden aushob und dessen Moränen die Ufer der beiden Seen begrenzten. Während der Hauptvereisungszeit war der Feldberggletscher bis zu 250 Meter mächtig. Beide Seen sind heute große touristische Anziehungspunkte im Hochschwarzwald – dies sowohl für die Sommer- als auch für die Winterfreizeit.

Der Titisee erstreckt sich auf 858 Meter Höhe malerisch zwischen den bewaldeten Hängen des Feldberg-Massivs auf der einen und der des Hochfirsts auf der anderen Seite. Der See ist zwei Kilometer lang und 720 Meter breit. Bei einer Fläche von knapp zwei Quadratkilometern ist er bis zu 40 Meter tief. Gespeist wird er vom Seebach, der aus dem kreisrunden Feldsee in den Titisee mündet und ihn als Gutach wieder verlässt. Er entstand als Zungensee am Ende einer 14 Kilometer langen Gletscherzunge, die sich das Seebachtal hinunterschob. Obwohl er so hoch liegt, friert er aber im Winter nur sehr schwer zu. Die durch das Seebachtal fegenden Winterwinde lassen seine Oberfläche kräuseln, sodass sich erst bei sehr tiefen Temperaturen das Oberflächeneis zu bilden beginnt.

Genau wie der Titisee war der Schluchsee einst ein Gletscherzungenbecken. Als im 19. Jahrhundert die ersten Sommerfrischler den Schwarzwald aufsuchten, waren sie von der Schönheit des Schluchsees und seines Fischreichtums begeistert. Nach dem Ersten Weltkrieg erkannte man zusätzlich die wasserwirtschaftliche Bedeutung des Schluchsees in seiner Höhenlage inmitten des niederschlagsreichen Hochschwarzwalds. So errichtete man 1932 bei Seebrug eine 35 Meter hohe Staumauer, die den Schluchsee heute auf 930 Meter Höhe zu einer Länge von 7,5 Kilometern und einer Breite von 1,5 Kilometern aufstaut. Über Druckrohrsysteme wird sein Wasser in tiefer liegende Speicher und dabei mehrfach auf Turbinen geleitet, die der Stromerzeugung dienen und so die Höhendifferenz von 630 Metern zwischen Schluchsee und Oberrhein energetisch nutzen. Pumpen drücken in Zeiten schwächerer Stromnachfrage das Wasser wieder in die Speicher hoch, um auch bei Spitzenbedarf stets über genügend Wasserreserven zu verfügen.

Um beide Seen, den Titisee und den Schluchsee, führen Rundwege, die es Wanderern ermöglichen, die herrliche Natur rund um die Seen in aller Ruhe zu genießen.

Übrigens weist der Titisee noch eine botanische Rarität auf. Hier – und im Feldbergsee – gibt es noch das Stachelsporige Brachsenkraut, das äußerlich an herkömmlichen Schnittlauch erinnert. Bis zum Ende der letzten Eiszeit war es noch weit verbreitet, weil es damals viele nährstoffarme Seen mit sehr klarem, kühlem Wasser gab, den es als Lebensraum benötigt. Mit der nacheiszeitlichen Erwärmung engten sich ihre Lebensvoraussetzungen immer weiter ein, sodass in Mitteleuropa nur noch diese beiden Standorte verblieben.

DER SCHWARZWALD

rheinabsenkung von seinen Deckschichten befreite und das Grundgebirge wieder zutage treten ließ, verschonte aber den Dinkelberg.

Der Muschelkalk findet sich eher am Rand des Dinkelberg-Plateaus und ist dort durch Karstlandschaften mit Höhlen und Trockentälern gekennzeichnet. Auch gibt es einige Dolinen, jene trichterförmigen Einsenkungen, die durch Auflösung von Kalkstein im Karstgebiet entstehen und die eigentlich eher in tropischen Gebieten anzutreffen sind. Die bekannteste Doline ist das Teufelsloch bei Nordschwaben. Die Keupergebiete im Zentrum weisen tiefgründigere Böden auf. Klimabegünstigt ganz im Süden von Deutschland herrschen Obstbaumkulturen vor, aber auch Ackerland auf den hochwertigeren Böden und Grünlandwirtschaft in den Tallagen. Im Osten gibt es verbreitet Streuobstwiesen. Auf dem Plateau selbst, dessen höchste Erhebung der 537 Meter hohe Flum ist, breiten sich auch Wälder aus. Hier haben die wärmeliebenden Arten wie Lorbeer-Seidelbast und Buchsbaum ihre nördlichsten Verbreitungsgebiete. Der Schneeballblättrige Ahorn hat hier sogar seinen einzigen natürlichen Standort in Deutschland.

DER HOTZENWALD

Lässt sich der Dinkelberg ganz klar vom Südschwarzwald abgrenzen, so trifft dies für den Hotzenwald weniger zu. Die Region erstreckt sich zwischen dem Wutachbogen im Norden und Osten, dem Hochrhein im Süden und der Wehra im Westen, ist aber im Wesentlichen kulturhistorisch geprägt. Es handelt sich dabei um das Gebiet der ehemaligen Grafschaft Hauenstein, die Bestandteil der habsburgischen Besitzung Vorderösterreich war.

Der Hotzenwald ist am besten als Südschwarzwälder Übergangsregion zu bezeichnen. Im Untergrund besteht er aus uraltem Granit aus der Karbon-Zeit. Das vor allem im Osten und Südosten auflagernde Deckgestein ist eine bis zu 15 Meter dicke Schicht aus Buntsandstein. Das Gelände des Hotzenwalds senkt sich vom eigentlichen Südschwarzwald von Höhenlagen über 1000 Meter terrassenförmig auf das Niveau des Hochrheins auf 300 Meter ab. Sonnige Hochebenen wechseln sich mit Hochtälern ab, wie sie vom Oberlauf der Flüsse gebildet wurden. Der Geländeabsenkung folgend, fließen sie von Nord nach Süd und schneiden sich mit Annäherung an den Hochrhein immer tiefer in das Gelände ein.

Von den Höhen des Hotzenwaldes schweift der Blick bei klarer Sicht über seine vielgestaltige Landschaft bis hin zur Kette der Schweizer

Die sogenannte Teufelsküche im Hotzenwald

HÖCHSTER BERG DES SCHWARZWALDES
DER FELDBERG

Der Feldberg ist nicht nur der höchste, sondern auch der meist besuchte Berg des Schwarzwalds.

Zum Hauptgipfel des Feldbergmassivs gesellt sich südöstlich der 1448 Meter hohe Seebuck als sein Vorberg. Die Senke dazwischen ist das Grüble. Nur 900 Meter nordöstlich erhebt sich kaum merklich der 1461 Meter hohe Baldenweger Buck als sein Nebengipfel. Der zwischen Feldberg und Baldenweger Buck liegende Sattel senkt sich nämlich kaum zehn Meter ab. Auch vom Seebuck fällt das Feldbergmassiv steil ab, an dieser Seite zum Feldsee.

Die 1493 Meter hohe Kuppe des Feldbergs ragt über die Baumgrenze hinaus. Raues Klima herrscht in seiner Höhe mit durchschnittlichen Niederschlagsmengen von über 2000 Millimetern jährlich, die im Winter als lang anhaltende Schneefälle niedergehen. Seit 1937 steht das Massiv mit seiner subalpinen Flora unter Naturschutz. Auch damals waren die Umweltschäden schon enorm und haben sich trotz aller Schutzbemühungen durch Freizeitsportler weiter verschärft. Auf dem Feldbergmassiv gibt es inzwischen an die 30 Lifte, der Gipfel selbst ist für Skifahrer gesperrt. Sein kahler Rücken fällt nach Westen, Norden und Osten steil in die umgebenden Täler ab.

Als mächtiges Gneismassiv erhebt sich der Feldberg mit seiner nur flach gewölbten Kuppe über den Südschwarzwald hinaus. Während der Eiszeit war der Feldberg mit einer dicken Eiskappe versehen, deren Gletscherzungen weit in seine Täler hinunter reichten. Bei klarem Wetter reicht der Blick von seiner Kuppe bis zu den Schweizer Alpen.

Berge – eine atemberaubende Aussicht! Doch was sich heute so schön ansieht, bereitete den Menschen früher große Schwierigkeiten. Die Unwegsamkeit des Hotzenwald-Geländes behinderte seine nachhaltige Besiedlung. So lockten die großen Klöster der Umgebung St. Blasien, der Reichenau am Bodensee, der Rheinau bei Schaffhausen und Kloster Säckingen im Mittelalter Bauern zur Urbarmachung der Hochflächen des Hotzenwaldes an. Dafür bot man ihnen Freiheiten, wie sie die meist hörigen Bauern nicht kannten. So entwickelte sich im Hotzenwald ein Menschenschlag, der sich von der Obrigkeit so gar nichts sagen lassen wollte. Das störte die Klöster und vor allem die Habsburger als die eigentlichen Herren über den vorderösterreichischen Hotzenwald. Im 18. Jahrhundert war es mit den Freiheiten vorbei – die Rädelsführer von Aufständen wurden verhaftet, gehängt oder deportiert.

DIE BAAR

Die Baar ist die Übergangslandschaft zwischen mittlerem Schwarzwald und Schwäbischer Alb. Hier entspringt der Neckar, hier vereinigen sich Brigach und Breg zur Donau. Und hier wurden die nur gering mächtigen Schichten des Süddeutschen Schichtstufenlandes im Zuge der Oberrheinabsenkung nur mäßig gekippt, sodass das Relief der Baar relativ ausgeglichen ist.

Die hier durchschnittlich auf 700 Meter Höhe liegenden Talplatten sind breit, die Schichtstufen wenig markant und die abfließenden Gewässer haben nur geringes Gefälle und bilden versumpfte Niederungen. Die höchste Erhebung bildet der 977 Meter aufragende Lupfen, ein Jura-Zeugenberg im Übergang zur Alb. Dieser Ostteil der Baar, auch Baaralb genannt, ist ohnehin sehr viel zertalter. Eine ganze Reihe solcher Zeugenberge wechselt mit bis zu 200 Meter tiefen Sohlentälern ab. Hier bestimmen steile Felsen und eingeschnittene Schluchten sowie die Schuttkegel in den Tälern das landschaftliche Erscheinungsbild.

Durch die Lage der Baar zwischen zwei relativ hohen Mittelgebirgen ist das Klima fast schon kontinental mit kalten Wintern und heißen Sommern. Um Donaueschingen bildet sich im Winter eine Kaltluftmulde, die diesen Teil der Baar zur kältesten Region Deutschlands machen. Wegen ihrer fruchtbaren Böden ist die Baar aber altbesiedeltes Bauernland, durch ausgedehnte Ackerfluren und baumarme Weiden geprägt. Diese Offenlandschaft geht nur in den Hangbereichen in dichte Nadelwälder über.

Die Hexenlochmühle bei Neukirch. Sie wurde einst als Nagelschmiede (kleines Wasserrad) und Sägemühle (großes Rad) genutzt.

Das Neckar- und Tauberland

Das Herz Schwabens schlägt am Neckar! Hier breiten sich die Gäulandschaften aus, jene fruchtbaren Gebiete, in denen intensiv Ackerbau betrieben wird. Die altmittelhochdeutsche Bezeichnung „Gau" (süddeutsch = Gäu) beschreibt allgemein flache und wasserreiche, meist erhöht gelegene Landschaften, wie sie sich beispielsweise gegen Gebirge absetzen. Unter den Karolingern diente der Begriff als Verwaltungseinheit, auf deren Basis Karl der Große in den von ihm eroberten Gebieten seine Gaugrafschaften anlegte. Im heutigen Sprachgebrauch ist der Begriff unter anderem auf die Neckar- und Taubergäuplatten übergegangen, die den zentralen Teil des Süddeutschen Schichtstufenlandes ausmachen. Es handelt sich um flachwellige Hügellandschaften, deren Untergrund von Muschelkalkschichten gebildet wird, die zum großen Teil von Löss bedeckt sind. Aus diesen Landschaften erheben sich immer wieder einzelne Bergzüge, die als Keuperbergrücken aus dem umgebenden, von Muschelkalk geprägten Gäuland herausragen.

Ursprung des Neckars: das Schwenninger Moos.

DAS NECKARBECKEN

Das Neckarbecken ist das Zentrum Baden-Württembergs. Es breitet sich beiderseits des Neckars zwischen Heilbronn über Leonberg bis Stuttgart aus, wobei es sich südwärts zu einem Dreieck verbreitert. Seine West-Ostpunkte werden von Vaihingen und Backnang gebildet. Wie überall in den Gäuflächen ist die hügelige bis wellige Hochflächenlandschaft durch tief eingeschnittene Täler strukturiert. Umrahmt wird das Neckarbecken im Süden und Osten von den aus dem Muschelkalkuntergrund herausragenden Keuper-Höhenzügen des Glems- und Schurwalds bis zu den Löwensteiner Bergen, im Norden vom Strom- und Heuchelberg. Die Lössbedeckung des Neckarbeckens ist durch seine nach Westen relativ offene Lage noch stärker als in den angrenzenden Oberen Gäuen. So verwundert es nicht, dass sich die Menschen zu Beginn des Ackerbaus im Neckarbecken niederließen.

DIE OBEREN GÄUE

Die Oberen Gäue ziehen sich als lang gestreckter Landschaftsstreifen östlich des Schwarzwalds entlang. Die Gebietsbezeichnung gibt keinen klar umrissenen Raum wider. Teilweise wird auch der Kraichgau hinzugerechnet, aber auf jeden Fall der Landschaftsstreifen östlich des Kraichgaus. So kann man sagen, dass sich der Landschaftstypus der Oberen Gäue in Süd-Nord-Richtung vom Oberen Neckar bei Rottweil bis an die Enz zwischen Pforzheim und Vaihingen erstreckt und bis in die Randlagen des Schwarzwalds vor Freudenstadt hineinragt. Auch hier zeigt sich eine überwiegend flachwellige, vom Muschelkalk- bzw. Keuperuntergrund geprägte und weitgehend von Löss bedeckte Ackerlandschaft. Ein Teil der Oberen Gäue wird sogar als Korngäu bezeichnet, was auf den hohen Ertrag der Böden schließen lässt.

Die Geländepartien der Oberen Gäue sind überwiegend nach Osten geneigt und nur von wenigen tief eingeschnittenen Tälern zerschnitten. Auch hier ragen einzelne Keuperbergzüge empor wie beispielsweise der Schönbuch westlich von Herrenberg und der Rammert südwestlich von Rottenburg. Insgesamt besteht also kein auffälliger Unterschied in der Ausprägung zu den ländlichen Gebieten des Neckarbeckens.

Der Rammert und der Schönbuch sind wie die anderen Keuperbergzüge der Neckar-Region im Gegensatz zum umgebenden Gäuland bewaldet. Sand- und Tonböden machen die Höhenzüge für den Ackerbau ungeeignet. Hauptsächlich sind Rotbuchen, Fichten, Kiefern und Eichen im Wald vertreten. In den den Wald durchziehenden Flusstälern breiten sich Feuchtwiesen aus. Der 18 Kilometer lange und bis zu sieben Kilometer Breite Rammert erstreckt sich zwischen Neckar und Steinlach mit Rottenburg und Tübingen an den Endpunkten. Im Westen wird der Rammert vom Durchbruchstal der Starzel begrenzt, im Zentrum ragt der 590 Meter hohe Hohwacht als höchster Berg empor. Zum Neckar besteht eine an die 200 Meter hohe Abbruchkante, davon ausgehend neigt sich das Gelände südostwärts flach ab und geht in das Albvorland über. Der Naturpark Schönbuch erstreckt sich in zehn Kilometer Breite in Nord-Süd-Ausdehnung sowie 25 Kilometer Breite in Ost-West-Ausdehnung als größtes zusammenhängendes Waldgebiet am Südrand des Neckarbeckens. Er ist das wichtigste Naherholungsgebiet für den Stuttgarter Raum. Seine Höhenlagen reichen von 300 Metern am Neckartal bis zum 583 Meter aufragenden Bromberg als seiner höchsten Erhebung, wobei das Areal von der Filderebene im Nordosten erst langsam ansteigt, um im Südosten zum Neckartal steil abzufallen. Um den Stuttgartern den Schönbuch in seiner Natürlichkeit als Erholungsraum zu erhalten, wurden 156 Quadratkilometer seines Kerngebiets 1974 zum Naturpark erklärt – übrigens als erster in Baden-Württemberg.

URTÜMLICHSTER FLUSS SCHWABENS

DER NECKAR

Der Neckar entspringt in der Baar bei Schwenningen auf über 700 Meter Höhe und mündet nach 367 Kilometer langem Lauf im Rhein. Dabei durchquert er das Süddeutsche Schichtstufenland und entwässert als urtümlichster schwäbischer Fluss den größten Teil der Fläche Württembergs. Im Oberlauf fließt er nordwärts am Rand des Schwarzwalds entlang, wobei er sich immer tiefer in das Schichtstufenland eingräbt. Etwa auf der Höhe von Horb wendet er sich nordostwärts, um – am Rammert und Schönbuch entlang – mit einer Talweitung bei Tübingen am Neckarknie bei Plochingen mit nordwestwärtigem Verlauf in das Stuttgarter Becken einzumünden. Ab Stuttgart durchfließt der Neckar das Becken in nordwärtigem Verlauf windungsreich bis Heilbronn. In diesem Abschnitt stößt ihm die Enz als einer seiner drei großen Nebenflüsse zu. Kocher und Jagst, die beiden anderen großen Nebenflüsse folgen unterhalb von Heilbronn. Im Unterlauf tritt der Neckar weit unterhalb von Bad Wimpfen in die südlichen Ausläufer des Odenwalds ein. Schluchtartig vertieft wendet er sich am Eberbacher Knie westwärts. Bei Neckargemünd mündet von Süden die Elsenz als letzter größerer Nebenfluss, Nachdem der Neckar die Altstadt von Heidelberg gequert hat, tritt er in die Rheinische Tiefebene ein und mündet bei Mannheim auf 95 Meter Höhe in den Rhein.

Der Neckar war bis in das 19. Jahrhundert hinein ein Fluss, dessen Talterrasse auf weiten Strecken wegen Hochwassergefahr kaum besiedelt war. Dank dieser Wasserführung war der Neckar zum Holztransport geeignet. Im Frühjahr wurde das geschlagene Holz zu Flössen zusammengestellt, um es in die holzhungrigen Niederlande zu verschiffen. Erst mit der Industrialisierung und dem Ausbau der Verkehrswege an seinen Ufern setzten Maßnahmen zur Hochwassereinschränkung ein. Hierfür wurde der Fluss zunächst stellenweise begradigt. Aber wegen verbleibender Untiefen blieb die Schifffahrt auf dem Neckar eingeschränkt. Mit dem Ausbau des Neckars zur Großschifffahrtsstraße ab 1921 änderte sich die Situation. Nach Unterbrechung der Bauarbeiten während des Zweiten Weltkriegs, konnte der Ausbau bis Stuttgart 1958 und bis Plochingen endgültig 1968 fertiggestellt werden. Seither wird der Neckar in seinem schiffbaren Bereich in 27 Schleusen aufgestaut.

Der Neckar bei Heidelberg, Blick auf die Altstadt und das Schloss.

DAS SÜDDEUTSCHE SCHICHTSTUFENLAND

Große Flächen in Württemberg sind mit Weinreben bestockt. Steillagen werden an den Flüssen genutzt, die durch die Geologie des Landes auf großen Strecken tief in das Gelände eingeschnitten sind. Hierfür kommen neben dem Neckar vor allem Kocher und Jagst in Betracht. Traditionell werden in Württemberg die klassischen Rotweinsorten Trollinger, Schwarzriesling und Lemberger angebaut, in den Steillagen auch bevorzugt Riesling.

BAULAND, TAUBERLAND, HOHENLOHER EBENE

Das Bauland, das Tauberland und die Hohenloher Ebene bilden im Städtedreieck Tauberbischofsheim, Mosbach und Crailsheim den nordöstlichen Abschluss der Gäulandschaften. Es sind Hügellandschaften, die östlich von den Sandsteinplatten des Odenwalds abgegrenzt werden, nördlich vom Main und östlich von der Tauber. Südlich gehen die Gäulandschaften in die höheren Lagen der Hohenloher Ebene, wo Täler von Jagst und Kocher tiefer einschneiden und dann in die Keuper-Schichtstufe der Fränkischen Waldberge übergehen. Die Böden der Gäulandschaften sind überwiegend mit Löss und Lösslehm bedeckt, es gibt aber auch steinige Muschelkalk- und schwere Tonböden. Es überwiegt die ackerbauliche Nutzung, dazu kommen Weidegebiete und alles zusammen ist von einzelnen Waldparzellen durchsetzt.

Das Bauland erstreckt sich als Teil der nordöstlichen Gäulandschaften zwischen Necker, Odenwald, Tauber und Jagst. Das flach-hügelige Land in Höhenlagen von 300 bis 400 Metern ist von Trockenmulden durchzogen. Es ist eine offene Landschaft mit geringem Waldanteil. Häufig treten die Untergrundschichten des Muschelkalks zutage, wurden doch die darüberliegenden Schichten vielfach abgetragen und setzten den Untergrund damit der Verkarstung aus, in deren Folge sich auch Höhlensysteme bildeten – die Eberstadter Höhlensysteme sind ein markantes Beispiel dafür. Die dünne Lössüberdeckung der Kalkböden wurde durch Erosion in die Talmulden verweht. Hier weist der Boden einen hohen Steingehalt auf, was ihn weniger ertragreich, dafür in der Bearbeitung umso aufwändiger macht. Diese Böden eigneten sich traditionell für die Grünkernerzeugung. Grünkern, auch „Schwabenkorn" genannt, wird aus halbreifen Dinkelkörnern durch Trocknung hergestellt. Im Zuge der Hinwendung der Verbraucher zu regionalen

Dinkel ist eine anspruchslose Getreideart, die auf den steinigen Böden des Baulands noch recht gut gedeiht, aber wegen der rauen Klimabedingungen nicht immer vollständig ausreifen kann. Bis in das 19. Jahrhundert war Dinkel ein Grundnahrungsmittel in Nordbaden, doch geriet dieser „Badische Reis" durch verbesserte Landwirtschaftsmethoden und neue Getreidezüchtungen in Vergessenheit.

und biologisch erzeugten Nahrungsmitteln erlebt Grünkern derzeit eine Renaissance.

Das Tauberland bietet ein eigenständiges Landschaftsbild im Rahmen der nordöstlichen Gäulandschaften. Es erstreckt sich beiderseits des Unterlaufs der Tauber zwischen Wertheim und Bad Mergentheim in Höhenlagen um 400 Meter. Die Talsohle der Tauber liegt 100 bis 150 Meter tiefer. Die Hochflächen sind stark zertalt. Hier haben sich im Gegensatz zum benachbarten Bauland die Lössabdeckungen der Muschelkalkböden erhalten und sie fruchtbarer belassen. In der Talmulde der Tauber wird Obst- und Weinbau betrieben, begünstigt durch die vom Spessart herrührende Leelage des Taubertals.

Die Hohenloher Ebene ist landschaftlich sehr viel stärker strukturiert als die anderen nordöstlichen Gäulandschaften. Im Bereich der Jagst- und Kochermündung reicht die Hohenloher Ebene an den Neckar heran, wird nördlich durch das Bauland und das Tauberland, östlich durch die Frankenhöhe und südlich durch die Schwäbisch-Fränkischen Waldberge begrenzt. Sie ist von flachem bis flachhügeligem Erscheinungsbild in Höhenlagen zwischen 300 und 400 Meter. Den Untergrund bilden Muschelkalkschichten mit weitflächig darauf verbreiteten Keuperschichten. Auch hier ist umfängliche Verkarstung eingetreten. Besonders häufig sind die Erdfälle im Hohenloher Land, die entstehen, wenn im Untergrund die Karsthöhlen einstürzen, den Oberboden absenken und sogenannte Erdfalltrichter hinterlassen. In den harten Muschelkalk haben sich die Tauber in ihrem Oberlauf, Jagst und Kocher mit ihren Zuflüssen tief eingeschnitten. Beim Austritt dieser Flüsse aus dem Schwäbisch-Fränkischen Waldberge, wo sie entspringen,

schwemmten sie dann Buchten in die weicheren Keuperschichten ein – so die Crailsheimer Bucht, die Michelbacher Bucht und ganz im Süden die Haller Bucht.

Die Böden der Hohenloher Ebene sind weitgehend mit Löss bedeckt. Auch hier hat die Besiedlung und Bewirtschaftung bereits in der Jungsteinzeit begonnen. Bis heute werden die Flächen überwiegend ackerbaulich genutzt, der Waldanteil ist gering. Klimatisch begünstigt wird in bevorzugten Hanglagen auch Wein angebaut. Die Hohenloher Bauern unterscheiden in ihrer Region die „Weißen Felder" von den „Braunen Feldern". Bei den „Weißen Feldern" handelt es sich um talferne Bereiche, die durch Staunässegefahr beeinträchtigt sind und sich als helle gebleichte Böden zeigen. Drainage und Düngung haben daraus aber gute Ackerböden entstehen lassen. Den größten Teil der Fläche machen aber die eher talrandnahen „Braunen Flächen" aus, die durch geringere Nässeprobleme dem Lösslehm seine ursprüngliche Farbe beließen. Es sind die besten Ackerböden des Hohenloher Landes und werden auch gern als Kornkammer bezeichnet, auf denen neben Weizen vor allem auch Zuckerrüben gedeihen.

Die Bezeichnung als „Hohenloher Land" geht auf den dynastischen Namen der Grafschaft und des späteren Fürstentums Hohenlohe zurück. In nachnapoleonischer Zeit ging der Herrschaftsbereich in das neu gegründete Königreich Württemberg ein, der dynastische Name wurde zum geografischen Begriff. Aber auch in anderer Hinsicht war das Hohenloher Land eine stark vom Adel geprägte Region – „Land der Burgen und Schlösser" wird es auch genannt. Zahlreich sind die Ritterburgen, ebenso zahlreich die Schlösser.

DAS SÜDDEUTSCHE SCHICHTSTUFENLAND

DAS ALBVORLAND

Ganz im Norden der Limpurger Berge erhebt sich die Comburg in exponierter Lage auf einem von der Kocher gebildeten Umlaufberg. Hier errichteten die Grafen von Comburg-Rothenburg anstelle ihrer Burg ein Kloster, das in der Barockzeit aufwändig erneuert wurde. Erhalten blieb dabei die Ringmauer mit Wehrtürmen aus dem 16. Jahrhundert, die noch heute die Anlage umrunden und ihr einen wehrhaften Charakter verleihen. Die Schenkenkapelle der Klosteranlage wurde nach der Adelsfamilie der Schenken von Limpurg benannt, nach denen auch der gesamte Bergzug seinen Namen trägt.

Im Vorfeld der sich von Südwest nach Nordost erstreckenden Schwäbischen Alb breitet sich der Streifen des Albvorlands aus. Der Albtrauf als nordwestlicher Steilabfall der Schwäbischen Alb trennt beide Landschaftsbilder deutlich voneinander. Das Albvorland in Höhenlagen um 400 Meter reicht bis zum oberen Neckar, im nordöstlichen Teil bis zu den Neckarzuflüssen Rems, Fils und Kocher, die in der Schwabischen Alb entspringen. Im mittleren Bereich des Albvorlands bildet der Fildergraben eine tektonische Absenkung, sodass sich hier die Vorlandflächen bis vor die Tore Stuttgarts ausweiten. Eine weitere Senkungszone bildet das Kirchheimer Becken, wo das Gelände auf unter 300 Meter Höhe absinkt. Von besonderem geologischem Interesse sind die wenigen Vulkankuppen, die das Vorland zu bieten hat. Sie entstanden vor 16 Millionen Jahren und konzentrieren sich auf die Region zwischen Reutlingen und Kirchheim. Die von den Albhöhen herabfließenden Gewässer haben tiefe Täler in den Albtrauf gefräst, die sich dann im Vorland ausweiten. In solchen Tallagen haben sich aus den historischen Siedlungen die Verdichtungsräume des Vorlands entwickelt, angefangen in Balingen über Reutlingen, Kirchheim, Göppingen, Schwäbisch Gmünd bis Aalen.

Der Untergrund des Albvorlandes besteht aus Gesteinen, die im Erdzeitalter des unteren und mittleren Juras vor 200 bis 160 Millionen Jahren aus Meeresablagerungen aufgebaut wurden. Zum Albtrauf hin sind die Flächen mit eiszeitlichen Lössschichten bedeckt, die für die hohe Fruchtbarkeit der Ackerböden dieser Region verantwortlich sind. Waldflächen sind selten, dann überwiegend als Laubwaldbestände. Zum Albtrauf nehmen Hang- und Schluchtwälder zu. Um die Siedlungen breiten sich die für das „Ländle" so typischen Streuobstwiesen aus. Grünlandwirtschaft wird fast nur in den Talauen mit schweren Tonböden betrieben.

Die Filder ist wohl die bekannteste Landwirtschaftsregion des Albvorlands. Sie erstreckt sich zwischen Stuttgart und dem Albtrauf und stellt geologisch eine Verwerfungszone aus der Zeit des unteren Juras dar. Sie wird vom Neckar- und Aichtal sowie von den bewaldeten Höhenzügen des Schönbuchs und Glemswalds begrenzt und bildet eine Hochebene etwa 200 Meter über dem Talkessel von Stuttgart. Im Nordwesten erreicht die Filder mit der 549 Meter aufragenden Bernhardshöhe ihren höchsten Punkt. Von hier aus senkt sich die Filder langsam nach Südosten ab. Auf dem 485 Meter hohen Bopser steht der Stuttgarter Fernsehturm. Auf der vier Meter dicken

> Jedes Naturgesetz,
> das sich dem Beobachter offenbart,
> lässt auf ein näheres,
> noch unerkanntes schließen.
>
> *Alexander von Humbold (1769–1859)*

Lössschicht, die als sogenannter Filderlem den Boden bedeckt, wurde schon in vorgeschichtlicher Zeit Ackerbau betrieben. Heute wird hier das allseits bekannte Filderkraut angebaut.

DIE SCHWÄBISCH-FRÄNKISCHEN WALDBERGE

Einst verlief die Grenze zwischen fränkischen und schwäbischen Landen genau durch die Bergzüge, die heute als Schwäbisch-Fränkische Waldberge bezeichnet werden. Sie erstrecken sich zwischen der Hohenloher Ebene im Norden, der Frankenhöhe im Osten, dem Albvorland im Süden und dem Neckarbecken im Westen, reichen aber nur mit dem Weinsberger Tal unmittelbar an den Neckar heran. Sie sind Teil des Keuperberglands, das sich durch ganz Baden-Württemberg zwischen Gäulandschaften und Schwäbischer Alb mit ihrem Vorland erstreckt. Das Zentrum dieses Keuperberglands wird von den Schwäbisch-Fränkischen Waldbergen gebildet. Seit 1979 sind große Teile der Waldberge mit angrenzenden Gebieten zum 900 Quadratkilometer großen Naturpark Schwäbisch-Fränkische Waldberge erklärt worden. Durch das Naturparkgebiet verläuft ein Teilstück des im 2. Jahrhundert n. Chr. von den Römern zwischen Rhein und Donau angelegten Limes.

Zu den Waldbergen zählen die nachfolgenden Bergzüge (in West-Ost-Richtung): Heilbronner Berge, Löwensteiner Berge, Mainhardter Wald, Murrhardter Wald, im Süden des Gebiets die Kammlagen von Welzheimer Wald und Frickenhofer Höhe sowie jenseits der Kocher noch die Limpurger Berge und die Ellwanger Berge. Sie alle liegen im Einzugsbereich von Nebenflüssen des Neckars, hauptsächlich der Murr, der Kocher und der Jagst. Zu den Gäulandschaften zeigen die Bergzüge mehrfach abgestufte Stufenränder, die nach Norden hin stark ausgefranst sind und bis zu 200 Meter über den Gäuflächen liegen. Die vielfach plateauartigen Hochflächen der Bergzüge erreichen Höhenlagen von über 500 Metern. Die Randberge im Süden und Osten zeigen dagegen weit mehr Reliefenergie. Im Übergang zur Donau wird die Landschaft eher wieder durch schwach wellige Hochflächen gekennzeichnet. Die vorwiegend kargen Sandböden der Bergzüge führen dazu, dass der überwiegende Teil der Flächen bewaldet ist.

Bei den Heilbronner Bergen handelt es sich eigentlich um den Westausläufer der Löwensteiner Berge. Hier entspringt die Bottwar als rechter Nebenfluss der Murr. Seine höchsten Erhebungen sind der 539 bzw. 533 Meter aufragende Stocksberg und Juxberg. Während der Übergang zum Mainhardter Wald eher fließend ist, trennen Schichtstufenränder die Löwensteiner Berge zur Backnanger Bucht, zum Neckarbecken und zur Hohenloher Ebene ab. Der Bergzug ist überwiegend bewaldet, zum Neckar hin wird Wein angebaut.

Der Mainhardter Wald bildet das westliche Zentrum der Schwäbisch-Fränkischen Waldberge. Höchster Berg ist hier der bei Großgerlach 586 Meter aufragende Hohe Brach mit dem weithin sichtbaren 133 Meter hohen Fernmeldeturm. Mitten durch den Mainhardter Wald führt der Limes. In diesem Abschnitt hat es auch Kastelle gegeben, ein hölzerner Wachtturm wurde nachgebaut.

Der Murrhardter Wald erstreckt sich beiderseits des Oberlaufs der Murr, die auch in diesem Bergzug entspringt. Standorttypische Mischwälder aus Fichte, Tanne, Buche und Eiche kennzeichnen den überwiegend bewaldeten Bergzug, der auch mehrere Naturschutzgebiete aufweist. Als höchster Berg erhebt sich der 572 Meter hohe Hohenstein bei Sechselberg.

Jenseits des tiefen Taleinschnitts der Kocher erstrecken sich die Limpurger Berge in Nord-Süd-Richtung. Auch hier besteht der Boden aus einer geschlossenen Keuper-Sandsteinschicht, auf deren sandigen Böden überwiegend reine Nadelwälder wachsen. Dazu kommen Mischwälder, reine Laubwälder sind kaum vertreten. Die höchste Erhebung ist hier der der 565 Meter hohe Altenberg bei Sulzbach.

Zwischen den Limpurger Bergen und der Jagst erstrecken sich die Ellwanger Berge. Ihr Kamm ist als bewaldete Hochfläche ausgebildet, die an ihrer höchsten Stelle mit dem Schönberg 569 Meter aufragt. Die zweithöchste Erhebung ist der knapp 569 Meter aufragende Hohenberg. Sein Hochplateau ragt aus der Umgebung empor, ist unbewaldet und bietet daher einen weiten Rundblick. Auf der Kuppe haben Ellwanger Mönche im 11. Jahrhundert eine Wallfahrtskapelle errichtet und sie dem heiligen Jakobus als Patron der Pilger geweiht – der Hohenberg lag schon damals auf dem Pilgerweg nach Santiago de Compostella. Die alte Kirche war im Laufe der Jahrhunderte baufällig geworden, sodass Ende des 19. Jahrhunderts auf dem alten Grundriss eine dreischiffige Basilika mit Querschiff und Turm neu erbaut wurde.

DIE FRANKENHÖHE

Auf halber Strecke zwischen Stuttgart und Nürnberg erstreckt sich die Frankenhöhe. Dieses hügelige Keuperbergland liegt schon großenteils auf bayerischem Gebiet. Es führt in einem leichten Bogen östlich um Rothenburg ob der Tauber herum, eingegrenzt im Norden vom Steigerwald, im Westen durch die Hohenloher Ebene, im Südwesten durch die Schwäbisch-Fränkischen Waldberge und im Osten durch den Oberlauf der Altmühl. Im Westen fällt die sich in Höhen zwischen 450 und 550 Meter erstreckende Frankenhöhe traufartig 150 bis 200 Meter steil ab, während sie nach Osten mit geringem Gefälle in das Mittelfränkische Becken übergeht. An diesem Trauf entlang führt die europäische Hauptwasserscheide. Es sind nur kleinere Abflüsse, die über die Steilstufe nach Westen zum Rhein fließen. Hauptsächlich wird die Frankenhöhe in südlicher bis südöstlicher Richtung zur Donau hin entwässert, die Abflüsse haben über längere Abschnitte bis zu 50 Meter tiefe Täler eingegraben. In diesen Tälern wird in angelegten Teichen Fischzucht betrieben. Die Hochfläche der Frankenhöhe ist mit ihren sandigen Böden überwiegend bewaldet. Im Westen überwiegt Mischwald, der nach Osten zunehmend in Fichten- und Kieferbestände übergeht. Hier haben sich auch noch historische Bewirtschaftungsformen erhalten, wie sie noch an Schafhutewäldern, Streuobstwiesen, Heckenlandschaften, Wacholderweiden und anderen Magerrasen zu erkennen sind. Am nördlich Steilabfall der Frankenhöhe wird auch Weinbau betrieben.

DIE TAUBER

Die Tauber entspringt im Bereich der Frankenhöhe auf 447 Meter Höhe südlich von Rothenburg und mündet nach 135 Kilometer langem Lauf bei Wertheim als linksseitiger Nebenfluss in den Main. Die Ur-Tauber floss noch südwärts in den Main, doch mit den tektonischen Veränderungen im Bereich des Süddeutschen Schichtstufenlandes änderte sie ihren Verlauf nordwestwärts. Die einst keltische Bevölkerung wurde in nachrömischer Zeit durch Alemannen und später durch Franken abgelöst, sodass der tauberfränkische Bereich heute den baden-württembergischen Anteil am Frankenland ausmacht. Ortsnamen, die auf -heim (z. B. Wertheim) oder -hausen (z. B. Waldenhausen – Stadtteil von Wertheim) enden, weisen auf fränkische Gründungen hin.

Die Tauber durchfließt eine der abwechslungsreichsten Kulturlandschaften Deutschlands. Ihr Tal wird von Wald und Wiesen begleitet, von Weinbergen umsäumt, und immer wieder trifft man auf reizvolle Fachwerkstädte und -dörfer. Nicht ohne Grund bezeichnet die Fremdenverkehrswirtschaft ihre Region als „Liebliches Taubertal".

Mehrere der bekanntesten deutschen Touristikstraßen führen durch Tauberfranken, so die „Romantische Straße" von Würzburg nach Füssen, die „Burgenstraße" vom Rhein durch den Odenwald bis hin zum Main und die „Siegfriedstraße", ebenfalls vom Rhein bis nach Würzburg. Sie alle führen durch Rothenburg ob der Tauber (Bild) mit seiner weitgehend erhaltenen Altstadt, dem Innbegriff vom romantischen Mittelalter.

Große Teile der Frankenhöhe werden vom gleichnamigen Naturpark eingenommen. Er erstreckt sich auf 1100 Quadratkilometer nordöstlich von Rothenburg ob der Tauber, einem der sonnenreichsten Gebiete Deutschlands. Durch den Schutz sollen seine ausgedehnten Mischwälder und die speziellen historischen Kulturlandschaften aus Trockenbiotopen, Streuobstwiesen, Schafweiden und Halbtrockenrasen erhalten werden.

Die Schwäbisch-Fränkische Alb

Der baden-württembergische Teil der Alb zwischen Schwarzwald und Nördlinger Ries wird von der Schwäbischen Alb eingenommen. Das Nördlinger Ries selbst ist ein über 14 Millionen Jahre alter kreisrunder Einschlagkrater eines Meteoriten in das Albgebirge. Die Alb setzt sich über das Nördlinger Ries hinaus in der Fränkischen Alb fort, die sich aus der Altmühl-Alb und der Fränkischen Schweiz als ihrem nördlichen Ausläufer zusammensetzt. Im Bild: Die Kunstmühlefelsen bei Bad Urach, am Fuße der Schwäbischen Alb.

Der Begriff „Alb" erklärt sich aus dem mittelhochdeutschen Wort albe (= Weideplatz auf dem Berg), wohingegen mit alpe eine Weide im Hochgebirge bezeichnet wird. Die Alb ist ein lang gezogenes Mittelgebirge, das sich vom Schwarzwald nordostwärts über das Nördlinger Ries hinaus in einem Bogen weiter nordwärts bis zum Oberlauf des Mains erstreckt. Ihre Entstehung verdankt die Alb den Sedimenten eines Meeres, das im Zeitalter des Juras den süddeutschen Raum bedeckte, sich aber noch vor dem eigentlichen Ende dieser Epoche aus dem süddeutschen Raum zurückgezogen hatte. Die Sedimente dieses Jurameeres bilden die jüngste und zugleich mächtigste Stufe der südwestdeutschen Schichtstufenlandschaft. Das erdgeschichtliche Zeitalter des Juras erstreckte sich vor 200 bis 140 Millionen Jahren und wird nach seiner Gesteinsschichtenabfolge in die Epochen des Schwarzen Juras (vor 200-180 Millionen Jahren), des Braunen Juras (vor 180-160 Millionen Jahren) und des Weißen Juras (vor 160-140 Millionen Jahren) unterteilt. Im Wesentlichen baut diese Schichtenfolge des Juras die Schwäbisch-Fränkische Alb geologisch auf. Schwarzer und Brauner Jura bilden das Albvorland, während die Schwäbische Alb selbst weitgehend durch Schichten des Weißen Juras gebildet wird. Lediglich am Albtrauf finden sich in den sanfteren Unterhängen auch Schichten des Braunen Juras.

Mit der Aufwölbung des Oberrheingrabens wurden die Schichten im Bereich des Süddeutschen Schichtstufenlandes, dessen südöstliche Grenze die Alb bildet, schräg gestellt. Diese Verkippung erzeugte durch die nunmehr 140 Millionen Jahre andauernde Abtragung ihre nach Nordwest bzw. nach West

DAS SÜDDEUTSCHE SCHICHTSTUFENLAND

Der Stammsitz des Fürstengeschlechtes Hohenzollern ist imposant auf einem Zeugenberg am Rand der Schwäbischen Alb gelegen. Die heutige Burg Hohenzollern ließ Friedrich Wilhelm IV. (1795–1861) durch den preußischen Baumeister Friedrich August Stüler (1800–1865) auf den Resten einer Burganlage aus dem 11. Jahrhundert errichten.

abfallende Steilkante, während der größte Teil der Alb nach Südosten zur Donau hin sanft abdacht und jenseits des Donautals in das Alpenvorland übergeht.

DIE SCHWÄBISCHE ALB

Die Schwäbische Alb erstreckt sich als 250 Kilometer langes und bis zu 40 Kilometer breites Mittelgebirge des Süddeutschen Schichtstufenlandes zwischen der oberen Donau und dem Albvorland, grenzt im Südwesten an den Hochrhein, im Nordwesten an den Schwarzwald und endet östlich am Nördlinger Ries. Die Unterteilung des Bergzugs erfolgt unter verschiedenen Gesichtspunkten. So wird zwischen der West-, Mittleren und Ostalb oder zwischen der nördlicheren Kuppenalb und der südlicheren Flächenalb unterschieden. Die landschaftsbezogene Einteilung erfolgt von Südwesten nach Nordosten vom Klettgau und dem Randen über die Hohe Schwabenalb, die Mittlere Kuppenalb, die Mittlere Flächenalb über den Albuch bis zur Niederen Flächenalb und abschließenden Riesalb.

Das markante Landschaftselement der Alb ist ihre nach Nordwesten gerichtete Kante, der Albtrauf, der als steile, zertalte Kante das sanft abfallende Albhochland vom Albvorland trennt. Das nördliche Albvorland besteht im Wesentlichen aus Schichten des Schwarzen Juras, wohingegen die Vorberge aus Braunem Jura aufgebaut sind. Die Albvorberge sind meist bewaldet, so vor allem das Rehgebirge um die drei Kaiserberge Hohenstaufen, Stuifen und Reckberg. Über ihnen erhebt sich weithin sichtbar der Steilanstieg des Albtraufs mit seinen das Vorland um 250 bis 350 Meter, an anderen Stellen sogar um 400 überragenden Schichten des Weißen Juras. Die höchsten Erhebungen des Albtraufs sind im Südwesten der Schwäbischen Alb zu finden und werden vom 1015 Meter hohen Lemberg und vom 1005 Meter hohen Plettenberg gebildet.

Da das kalkige Juragestein sehr wasserdurchlässig ist, hat die Erosion durch Wasserabfluss wesentlich zur Oberflächengestaltung der Alb beigetragen. Am Trauf haben Abflüsse auf kurzer Strecke großes Gefälle. Sie gruben sich tief in den Untergrund ein und zertalten die Kante durch rückwärtige Erosion. Auf diese Weise wurden Teile des Traufs freigestellt, sodass sie als Zeugenberge allein stehend vor der Kante stehen. Sind solche frei erodierten Berge noch rückwärts mit dem Albsockel verbunden, spricht man von Ausliegerbergen. Da die Schwäbische Alb schon immer in tektonischer Unruhe war, hinterließen hier auch vulkanische Aktivitäten ihre Spuren. So haben manche der Zeugen- und Ausliegerberge zwar ihr typisches Aussehen, sind aber mit einem vulkanischen Kern versehen. Die höchsten Berge der Schwäbischen Alb sind Zeugenberge, allen voran der Lemberg und der Plettenberg. Ein Zeugenberg mit vulkanischem Kern ist beispielsweise der 602 Meter hohe Georgenberg bei Reutlingen.

Die an die 400 Meter mächtigen Schichten des Weißen Juras bedecken den größten Teil der Albhochfläche. Sie bestehen aus reinem marinem Kalk, der durch die Abflüsse auf andere Weise zertalt wurde als der Trauf. Das abfließende Wasser hat hier wegen des geringen Gefälles breitere Talauen geschaffen und damit die Albhochfläche mit einem unruhigen Relief versehen. Dabei ist die Kuppenalb stärker strukturiert als beispielsweise die Flächenalb. Die hohe Löslichkeit des marinen Kalks hat in großem Maße zur Verkarstung der Albhochfläche geführt. Das Oberflächenwasser dringt durch tektonische Risse und Brüche in den Untergrund ein, bildet ein unterirdisches Netz von Wasseradern und wäscht das Gestein zu Höhlen und Aquiferen genannten unterirdischen Wasserreservoirs aus. Solche Karsthöhlen sind unter der Oberfläche der Alb vielfach zu finden. Manche dieser Höhlen sind durch Gänge und Schächte miteinander verbunden und bilden so ein komplexes Höhlenlabyrinth. Oft stürzt die Decke über den Hohlräumen ein, was an der Oberfläche zu trichter- oder wannenförmigen Dolinen führt. Solche Dolinen kann man über die gesamte Hochfläche der Schwäbischen Alb finden. Ihre Trichter werden aber im Lauf der Zeit zugeschüttet, sodass sie kaum noch als solche zu erkennen sind. Tritt das Wasser aus dem unterirdischen Gangsystem in Quellen wieder an der Oberfläche aus, spricht man von Karstquellen, da sie stark vom Niederschlagswasser abhängig sind, können sie enorme Schwankungen des Wasserspiegels aufweisen. Manche dieser Quellen fallen im Sommer sogar trocken. Eine weitere Karsterscheinung besteht in den Trockentälern, die die Schwäbische Alb durchziehen. In diesen Tälern hat sich die erodierende Kraft des Wassers ganz oder teilweise unter die Oberfläche verlagert. Die Donauversickerung ist ein typisches Beispiel für diese Karsterscheinung. Auch sind Trockentäler entstanden, weil die Wasserläufe ihre Fließrichtung geändert haben. Dies geschieht durch rückschreitende Erosion, die die Täler bis zum Trauf ausgräbt und dann das Wasser zum Rhein leitet. Dadurch fehlt das Wasser schließlich den verbleibenden Donauzuflüssen.

Die Schwäbische Alb gilt als Paradies für Schmetterlinge, so auch für den Silbergrünen Bläuling (Polyommatus coridon).

DAS SÜDDEUTSCHE SCHICHTSTUFENLAND

Zu den höchsten Auslegerbergen der Schwäbischen Alb zählen der 915 Meter hohe Gräbelesberg bei Laufen an der Eyach, der 775 Meter hohe Teckberg mit der bekannten Burg Teck (Bild) obenauf oder auch der 743 Meter hohe Hohenneuffen ebenfalls mit der bedeutenden gleichnamigen Burg obenauf. Der 673 Meter hohe Jusi hat einen vulkanischen Kern mit dem größten Schlot im Uracher Vulkangebiet.

Durch unterschiedliche klimatische und unterschiedliche Bodenverhältnisse wachsen auf der Alb auch sehr vielseitige Pflanzengesellschaften. An der Sonnenseite des Albtraufs findet man Buchenwälder als ursprüngliche Vegetation weiter Teile der Alb, am Fuß des Traufs auch Ahorn-, Eschen- oder Lindenwälder, ansonsten auch Tannenbestände in Fortsetzung der Bewaldung des Schwarzwalds. An felsigen und trockenen Standorten breiten sich Steppenheiden aus. Insgesamt ist aber die heutige Vegetation auf der Alb vom Menschen geprägt, wobei insbesondere die Wacholderheiden auffallen. Das raue Klima auf der Albhochfläche machte den Ackerbau wenig ertragreich, sodass die Flächen durch die Jahrhunderte währende extensive Schafbeweidung waldfrei gehalten wurden. Diese ausgeweideten Magerrasen bereiten aber ökologische Nischen für spezialisierte Pflanzen wie die Silberdistel und verschiedene Enzianarten, vor allem den Frühlingsenzian. Auf den kalkigen Böden fühlen sich Orchideen wohl, sogar den besonders seltenen Frauenschuh kann man hier antreffen. Bei so vielen Blütenpflanzen sind natürliche Insekten häufig. Vor allem gilt die Schwäbische Alb als Paradies der Schmetterlinge.

Wegen der Besonderheiten von Landschaft, Flora und Fauna sind viele Flächen der Schwäbischen Alb unter Naturschutz gestellt. Große Bereiche der Mittleren Alb mit ihrem Vorland sind zum Biosphärenreservat erklärt worden, das mittlerweile auch von der UNESCO anerkannt worden ist. Da aber die traditionelle Schafbeweidung der Albhochflächen wirtschaftlich kaum noch tragfähig ist, werden heute die Pflegemaßnahmen zur

DIE SCHWÄBISCH-FRÄNKISCHE ALB

Erhaltung der Magerrasen auf vertraglicher Basis durchgeführt, um auf diese Weise das für die Alb so typische Landschaftsbild zu erhalten.

Klettgau und Randen

Die Ausläufer der Schwäbischen Alb erstrecken sich über das Gebiet des schweizerischen Kantons Schaffhausen hinaus südwestwärts bis zum Hochrhein. Der Klettgau ist auch eine historische Landschaft, die sich zwischen Waldshut und Schaffhausen erstreckt. Geografisch begrenzt wird sie durch den Hochrhein im Süden, die untere Wutach im Nordwesten und den Schweizer Kanton im Nordosten. Ein Zipfel reicht bis vor die Tore der Stadt Schaffhausen, wo der Rhein vier Kilometer unterhalb der Stadt im „Rheinfall von Schaffhausen" 23 Meter tief stürzt. Der Schweizer Anteil am Klettgau wird auch als Randenalb bezeichnet.

Bis zur Riß-Kaltzeit vor rund 200 000 Jahren floss der Rhein von Schaffhausen aus westlich durch den Klettgau. Dieses alte Flussbett wurde im Lauf der Zeit mit eiszeitlichen Schottern aus dem Alpenbereich aufgefüllt und hinterließ die heutige Klettgaurinne. Als diese aufgefüllt war, musste sich der Rhein nach dem Abschmelzen der Gletscher einen neuen Weg suchen und stürzt seither als Rheinfall über Jurakalksteinfelsen in die alte, tief ausgeräumte Rinne. Fünfzig Meter unter der Klettgaurinne hat sich aber ein Grundwasserstrom erhalten, der abwärts im Rhein versickert. Zwischenzeitlich wurde die Klettgaurinne von einer dicken Lössschicht überzogen. Der fruchtbare Boden und die klimatisch begünstigte Lage im Windschatten des Schwarzwalds ermöglichen hier neben dem Obstbau auch den Weinbau. Bei Erzingen und Rechberg reichen die Weinlagen bis auf 500 Meter Höhe herauf!

Die Randen liegen mit ihrer für die Alb charakterisierenden Traufkante überwiegend auf Schweizer Gebiet. Diese Kante ist albtypisch zertalt. Die höchsten Vorberge mit dem 924 Meter aufragenden Hohen Randen südlich von Blumberg an der Wasserscheide zwischen Wutach und Aitrach liegen allerdings auf deutschem Boden. Auch der 914 Meter hohe Eichberg nördlich von Blumberg wird noch den Randen zugerechnet, die sich südöstlich anschließende Randenalbhochfläche dagegen liegt schon ganz auf dem Gebiet des Kantons Schaffhausen.

Die Silberdistel (Carlina acaulis)*, die ansonsten eher eine Alpenpflanze ist, kann man auch auf den ausgeweideten Magerrasen der Alb finden.* (oben)

Eingang zur Falkensteiner Höhle bei Bad Urach. (rechts)

ERDGESCHICHTE ERLEBEN
GEOPARK SCHWÄBISCHE ALB

In den Fundstätten von Holzmaden und von Dottenhausen konnte man Meeressaurier, Flugsaurier, teilweise ausgedehnte Seelilienkolonien oder auch frühe Haiarten herauspräparieren.

Die hoch interessanten geologischen Besonderheiten der Schwäbischen Alb und ihr Reichtum an Fossilien bilden die Basis für die Einrichtung des GeoParks Schwäbische Alb im Jahr 2001. Träger des GeoParks sind die zehn Alb-Landkreise, die an unterschiedlichsten Orten Informationsstellen eingerichtet haben. Hier sollen Besucher und andere Interessierte über das reiche geologische Erbe hinaus auch mit Themen des Vulkanismus, der Vegetation, der Tierwelt und beispielsweise auch der Besiedlung vertraut gemacht werden. Doch zentrales Thema ist und bleibt der Fossilienreichtum der Alb.

Die versteinerten Funde früherer Lebewesen entstammen dem Jurameer, das einst die Region der Schwäbischen Alb bedeckte. Seine Überreste zeigen sich am Albtrauf, wo sich Kalkfelsen ohne deutliche Schichtung zeigen. Bei diesen massigen Felsen handelt es sich um Riffgesteine, die aus Resten von Kieselschwämmen und Algenkrusten aufgebaut sind, die in diesem tropischen Meer gedeihen konnten. In den Ablagerungen finden sich die Pflanzen und Tiere dieser Lebewelt wider. Viele der gemachten Funde haben weltweite Bedeutung. Vor allem auch der Posidonienschiefer, der schwäbische Ölschiefer, hat mit seinen guten Konservierungseigenschaften die Funde in außerordentlicher Qualität erhalten

Die Hegaualb

Das Gelände Hegaualb steigt von 500 Metern Höhe im Südosten bis auf 800 Meter am nordwestlichen Trauf an. Tuttlingen an der Donau liegt beispielsweise auf 650 Meter Höhe. Die Region um Tuttlingen wird auch Die Eck (oder auch: Egg) genannt. Im Kern erhebt sich hier der bis 860 Meter hohe Wittloh als Hausberg Tuttlingens. Die Hälfte des Gebietes ist bewaldet. Fichtenbestände herrschen vor, darüber hinaus gibt es auch Buchenbestände, alles zusammen in eher kleinflächigen Strukturen. Ansonsten herrscht Ackerbau vor, Grünland gibt es nur vereinzelt.

Im Bereich der Hegaualb lässt sich besonders gut nachvollziehen, wie sehr das tiefer liegende Flusssystem des Rheins dem der höher liegenden Donau allmählich das Wasser abgräbt. Bei Immendingen trifft die Donau auf besonders durchlässiges Kalkgestein. Ein Teil ihrer Wasserführung läuft ab hier im Untergrund über schräg abfallende Schichten Donauwassers in Spalten und Klüften der karstigen Alb und sucht seinen Weg unter der Oberfläche zum zwölf Kilometer entfernten Aachtopf. Im Sommer trocknet die Donau im Versickerungsbereich sogar auf einer Länge von drei Kilometern aus. Der Quelltopf speist die Radolfzeller Aach, die nach 32 Kilometer langem Lauf in den Bodensee mündet. Auf Dauer wird sich an der Donau nachvollziehen, was die Wutach schon geleistet hat. Durch rückwärts gerichtete Erosion, beschleunigt durch das poröse und leicht lösliche Kalkgestein im Untergrund, wird das Wasser der Donau irgendwann komplett dem Rhein zugeführt.

Der Aachtopf selbst ist der wasserreichste Quelltopf in Deutschland. Er liegt auf 475 Meter Höhe, sein Quelltopf reicht 18 Meter in die Tiefe. Zwei Drittel seines Wassers stammt aus Donauversickerungen. Das rückwärtige Höhlensystem ist immer noch nicht ganz erforscht. Aber schon zu Beginn des 18. Jahrhunderts hatte man die Vermutung, dass Donauwasser in den Aachtopf versickert. Ende des 19. Jahrhunderts gelang der Nachweis, in dem man gefärbtes Wasser in die Donau gab, das 60 Stunden später tatsächlich im Quelltopf auftauchte.

Die Hohe Schwabenalb

Die Hohe Schwabenalb verkörpert alle typischen Eigenschaften der Alb. Im Kern ist es die Landschaft des Großen Heubergs, die sich in Höhen zwischen 900 und 1000 Meter erstreckt. Der steile und stark gegliederte Albtrauf begrenzt im Norden die verkarstete Hochfläche und geht dann in das Vorland über. Der Albtrauf setzt sich südwestwärts fort. Im Süden fällt das Gelände zur Donau mit dem weltberühmten Benediktinerkloster Beuron im Engtal ab. Nordostwärts gliedert sich die Kuppenalb, südostwärts die Flächenalb an. Die höchsten Erhebungen der gesamten Alb findet man am Trauf der Hohen Schwabenalb. Von Südwest nach Nordost sind dies der Dreifaltigkeitsberg (985 m) bei Spaichingen, nördlich davon der Klippenheck (980 m) mit dem höchsten Segelflugplatz Deutschlands, der Lemberg (1015 m) als höchster Berg der Alb, der Plettenberg (1005 m) südwestlich von Balingen, der Lochenstein (964) südlich von Balingen, der Böllat (921 m) südöstlich von Balingen und nicht zuletzt der Raichberg (965 m), auf dessen vorgelagerter Kuppe sich die Burg Hohenzollern erhebt. Von besonderem geologischem Interesse sind die beiden ehemaligen Durchbruchstäler der Donau, die die Hohe Schwabenalb queren.

Die Hochfläche der Hohen Schwabenalb ist leicht wellig. Hier treten alle bekannten Karstformen auf: flache Trockentäler, Höhlen, Dolinen und Steinhalden, die durch den Wasser abziehenden karstigen Untergrund gebildet werden. Die kuppigen Höhen der Hohen Schwabenalb sind der rauen Witterung ausgesetzt, jährlich fallen hier über 1000 Millimeter Niederschlag, die Jahresdurchschnittstemperatur beträgt nur 5,1 Grad Celsius.

DAS SÜDDEUTSCHE SCHICHTSTUFENLAND

In einem andauernden Kraftakt hat sich die Donau zwischen Immendingen und Tuttlingen nacheiszeitlich 100 Meter tief durch die Alb gegraben. Auf diese Weise wurde ein kleiner, südlicher Teil von der Albhochfläche abgetrennt – denn ab Tuttlingen flussabwärts bildet die Donau die Südgrenze der Alb.
Jurakalkfelsen und herbstlicher Buchenwald spiegeln sich in der Donau.

Die ohnehin felsigen Böden in dieser Höhenlage haben durch Erosion an Qualität verloren. So breiten sich auf einem Viertel der Gesamtfläche der Hohen Schwabenalb großflächige, auch heute noch extensiv beweidete Magerwiesen, durchsetzt mit Wacholderheiden, Hecken und Gehölzen, aus. Aber dominierend sind die über die Hälfte des gesamten Areals einnehmenden Waldbestände, die tendenziell auf Kosten der Magerrasen zunehmen. Die Täler und Mulden sind durch Anwehung und Anschwemmung fruchtbarer und von alters her bearbeitet. Eine große Anzahl Hügelgräber zeugt noch von keltischer Besiedlung. Die Hochflächen, die auch durch mangelnde Verkehrsanbindung lange nur schwer erreichbar waren, sind bis in die jüngste Vergangenheit dünn besiedelte Armutsgebiete geblieben.

Der landschaftliche Reiz und die weithin spürbare Ursprünglichkeit der Region haben die Hohe Schwabenalb zu einem immer häufiger aufgesuchten Freizeitgebiet gemacht. Anziehungspunkte sind natürlich die hohen Aussichtsberge am Albtrauf. Aber noch bedeutsamer ist die Region für Wanderer, Radfahrer, Kletterer und für den Wintersport – hohe Niederschläge und tiefe Temperaturen halten die Schneedecke lange!

Der Lemberg

Der 1015 Meter hohe Lemberg ist der höchste Albgipfel. Er erhebt sich weniger spektakulär als manch Zeugenberg ohne Steilabstürze und schroffe Kalkfelsen am Albtrauf, aber die Sicht von diesem Standort kann atemberaubend sein. Vom Wanderparkplatz unterhalb des Lembergs führt ein nur 15-minütiger Fußweg auf den abgerundeten Gipfel. Der Schwäbische Albverein hat schon 1899 auf dem Gipfel einen Aussichtsturm in Metallskelettbauweise – höher als der umgebende Fichtenwald – errichtet. Auch wenn dieser Turm im Wind schwankt, schmälert das nicht den Blick bis zum Feldberg im Schwarzwald und über die Albhochfläche bis zu den Alpen.

Die Mittlere Kuppenalb

Im mittleren Teil der Alb tritt eine Zweiteilung des landschaftlichen Erscheinungsbildes ein. Die Mittlere Kuppenalb hebt sich zwischen Burladingen und Bad Urach als Hochfläche mit einer Stufe deutlich gegenüber der sich südlich anschließenden Flächenalb ab. Ihr Untergrund besteht aus porösen, gründlich verkarsteten Massenkalken, deren Entstehung weniger auf Riffe sondern auf Schwämme zurückzuführen ist – die Schwammriffe des Jurameeres aus ungeschichteten harten Massenkalken widerstehen der Abtragung eher als die dazwischen liegenden geschichteten Kalke, wodurch die Kuppen stärker herausgearbeitet wurden.

Die Hochfläche der Kuppenalb ist stark von Trockentälern durchzogen. Die oberflächlichen Abflüsse von Lauchert und Großer Lauter werden durch Karstquellen begründet und

DER HOCHRHEIN UND DER RHEINFALL
VON SCHAFFHAUSEN

Vom seinem Austritt aus dem Untersee des Bodensees bis zum Baseler Rheinknie wird dieser Flussabschnitt des Rheins als Hochrhein bezeichnet. In diesem Abschnitt ist seine Fließrichtung vorwiegend westwärts, ab Basel wendet sich der Fluss nordwärts und geht ab hier in den Abschnitt des Oberrheins über. Von der Seehöhe des Bodensees auf 395 Meter fällt der Hochrhein bis Basel auf 252 Meter Höhe ab. Dabei bildet er in diesem Abschnitt die Grenze zwischen Deutschland und der Schweiz, wobei einzelne Teile der Schweiz über den Rhein hinausragen, so vor allem der Kanton Schaffhausen.

Die Zählung der Stromkilometer für die Schifffahrt auf dem Rhein beginnt ab Konstanz, obwohl der Rhein bis hierhin schon eine ganze Strecke zurückgelegt hat. Schifffahrt ist ohnehin erst unterhalb des Rheinfalls möglich, wobei man allerdings einige Unbequemlichkeiten in Kauf nehmen und an den Staustufen Rollwagen, Schleusen oder Schrägaufzüge benutzen muss.

Der Charakter des Hochrheins ist der eines schnell fließenden Gebirgsflusses, der sich ein Engtal in den harten Kalkuntergrund gegraben hat. In diesem Abschnitt münden eine Reihe wichtiger Nebenflüsse, so vor allem die aus der Schweiz zufließende Aare, die sogar eine höhere Wasserführung als der Hochrhein selbst hat. Ein Großteil des Gefälles des Hochrheins wird durch seit 1929 angelegte Staustufen zur Energiegewinnung genutzt. Diese elf Laufwasserkraftwerke haben dem Fluss nur noch kleine natürliche Abschnitte belassen, so zwischen Rheinau und oberhalb der Thurmündung sowie zwischen dem Kraftwerk Reckingen und dem Koblenzer Laufen. „Laufen" nennt man hier die Stromschnellen, die es in diesen natürlichen Abschnitten noch gibt.

Seine Entstehung verdankt der Rheinfall bei Schaffhausen vor allem eiszeitlichen Geschehnissen, die durch Gletschervorstöße vor 500 000 Jahren große Geröllmassen in das Alpenvorland drückten. In der Riß-Kaltzeit floss der Rhein durch die Klettgaurinne, bis diese mit Schottern aufgefüllt war. Vor 120 000 Jahren wurde der Rhein in ein neues Bett bei Schaffhausen und während der sich anschließenden Würm-Kaltzeit in einem weiten Bogen nach Süden in sein heutiges Bett gelenkt. Hier traf er nach hartem Kalkuntergrund auf leicht auszuwaschende Schotter – in diesem Übergang entstand vor 15 000 Jahren der Rheinfall. Die im Wasserfall aufragenden Felsen sind Teil dieser Kalksteinflanke. Oberhalb des Rheinfalls bilden die steinernen Bögen der 1857 errichteten Eisenbahnbrücke einen zusätzlichen Blickfang. Bemerkenswert an dieser Brücke ist die Ungleichheit der Bogenmaße, weil man sich zur Fundamentierung nach geeigneten Stellen im Flussbett richten musste.

Beeindruckend ist der Rheinfall unterhalb von Schaffhausen, der mit einer Höhe von 23 Metern und eine Breiter von 150 Metern als der zweitgrößte Wasserfall Europas gilt.

DAS SÜDDEUTSCHE SCHICHTSTUFENLAND

haben von Kalktuffrasen bedeckte Täler in die Oberfläche eingeschnitten. Starke Temperatur- und Niederschlagsschwankungen in den einzelnen, stark strukturierten Teilgebieten haben eine Mischung aus Ackerland, intensivem Grünland, weitflächigen Magerrasen sowie Wald hervorgebracht. Bei geringerer Verkarstung wird eher Ackerbau betrieben, der Wald ist auf die ertragsarmen Hänge und flachgründigen Kuppen begrenzt. Um Bad Urach breitet sich das größte Vulkangebiet der Alb aus – hier zählt man zwischen Vorland und Hochfläche an die 350 Ausbruchsstellen.

> Kein Teil der Erde ist so hoch,
> dass er nicht einst Meeresgrund gewesen,
> keine Meerestiefe so tief,
> dass sie nicht einst Grund
> höchster Berge gewesen wäre.
>
> *Leonardo da Vinci (1452–1519)*

Die Mittlere Flächenalb

Die Mittlere Flächenalb breitet sich südlich der Mittleren Kuppenalb bis zur Donau zwischen Sigmaringen und Ulm aus. Obwohl sie durch eine mindestens 50 Meter hohe Stufe von der nördlicher gelegenen Hochfläche abgesetzt ist, erstreckt sich die Mittlere Flächenalb immer noch in Höhenlagen bis 800 Meter. Diese auch Klifflinie genannte Stufe entstand aus der Brandungszone eines voralpinen Binnenmeeres, das sich hier im Erdzeitalter des Miozäns ausbreitete. Südlich der Klifflinie wurden Tonböden und sandige Lehme als Sedimente aus diesem Binnenmeer abgelagert, die zu größeren Fruchtbarkeit der Flächenalb gegenüber der „steinreichen" Kuppenalb geführt haben. Diese Sedimente führten zu einer flächenhaften Einebnung des Geländes. Insgesamt ist der Untergrund hier also weniger karstig. Das schließt aber das Auftreten der typischen Karsterscheinungen wie Quelltöpfen, Trockentälern oder Magerrasen nicht aus.

Typisch für die Mittlere Flächenalb sind seine tiefen, zur Donau hin ausgerichteten Schluchttäler im ebenen Gelände. In diesen Tälern findet man eine Vielzahl von Quelltöpfen, darunter den Blautopf als berühmtesten aller Quelltöpfe der Alb (siehe Kasten Seite 300). Eines dieser tiefen Täler ist das die Westgrenze bildende Schmidatal, das die Schmida bis zu 150 Meter tief eingegraben hat. Dieser Fluss mündet kurz oberhalb von Sigmaringen in die Donau. Weiter ostwärts durchfließt der Lauchert die Mittlere Flächenalb am Trauf entspringend südwärts. Rißkaltzeitliche Geröllmassen zwangen die Donau in ein weiter südlich gelegenes Bett, wodurch dem Lauchert der Weg zur Donau verwehrt wurde. Deshalb nahm er einen neuen Weg durch das Juragestein und durchschnitt dafür in einem 300 Meter langen Einschnitt, dem sogenannten Bittelschießer Täle, eine der alten Schlingen des ehemaligen Donautals. Das Zentrum der Mittleren Flächenalb entwässert die Große Lauter. Hier besteht eines der fünf PLENUM-Gebiete Baden-Württembergs. Mit diesen Projektgebieten will das Land Baden-Württemberg zur Erhaltung und Entwicklung von Natur und Umwelt beitragen. In Zusammenarbeit mit der Bevölkerung und den Landnutzern sollen Wirtschaftskreisläufe von hohem Naturschutzwert etabliert werden, die der Erhaltung landschaftstypischer Merkmale dienen – in der Mittleren Flächenalb sind dies beispielsweise die Magerrasen, Wacholderheiden und großen Streuobstbestände. Während im Westteil der Region Wälder vorherr-

DIE SCHWÄBISCH-FRÄNKISCHE ALB

schend sind, nimmt weiter nach Osten die Landwirtschaft zu. Besonders häufig sind die Hülben in der Region, jene Dorfteiche, die aus Dolinen entstanden, in denen sich am Boden eine wasserundurchlässige Tonschicht gesammelt hat.

Albuch und Härtsfeld

Der nordöstliche Abschluss der Schwäbischen Alb wird von den Landschaften der Albuch und des Härtsfelds gebildet, die sich südlich im Lonetal bis zur Donau fortsetzen. Der Albuch reicht von Geislingen bis Heidenheim, das Härtsfeld bis zum Nördlinger Ries und dem Unterlauf der Wörnitz, die in Donauwörth in die Donau mündet. Beide Landschaften werden durch das durchgehende Tal der Kocher und der Brenz getrennt. Eher ruhige Oberflächenformen kennzeichnen die Ostalb, die von der Höhenlage von 750 Meter im Westen auf 600 Meter im Osten abflacht. Das Innere Härtsfeld ist durch eine Senkungszone in Höhenlagen um 550 Meter gekennzeichnet. Im Albuch und Härtsfeld setzt sich zwar die Alb-Kuppenlandschaft ostwärts fort, zeigt sich aber immer weniger ausgeprägt. Auch der Albtrauf findet mit einem 200 bis 300 Meter hohen Steilanstieg seine Fortsetzung und erreicht östlich von Aalen mit dem Ipf seinen nördlichsten Punkt. Dieser 668 Meter hohe Zeugenberg ragt markant über die nahe liegende Stadt Bopfingen hinaus.

Das voralpine Binnenmeer, das sich im Erdzeitalter des Miozäns aus der Mittleren Flächenalb weiter ostwärts erstreckte, hat auch den südlichen Teil der Ostalb bedeckt und entsprechende Sedimente abgelagert. Durch spätere Hebungsphasen wurden diese aufliegenden Sedimente teilweise wieder abgetragen. Auch die Geländekante, die sich als Klifflinie zwischen Mittlerer Kuppen- und Flächenalb entlang zieht, setzt sich in der Ostalb fort – ebenfalls in abgeschwächter Form.

Die weitgehend ebenen Flächen des Albuchs und des Härtsfelds sind durch Trockentäler, Karstwannen, Geländewellen und Kuppen geprägt. Auf der flachen Hochfläche von Albuch und Härtsfeld haben sich im Laufe der Zeit Verwitterungsrückstände angesammelt, deren Kalkbestandteile allmählich ausgewaschen wurden, sodass nur noch schwerer

Der 37 Meter in die Tiefe stürzende Uracher Wasserfall bei Bad Urach im Maisental am Rande der Schwäbischen Alb.

DAS URACHER VULKANGEBIET

Das Randecker Maar: In seinen Sedimenten verblieben Pflanzen- und Tierreste, so zum Beispiel besonders gut erhaltene fossile Blüten und Blätter subtropischer Pflanzen, dazu Frösche und Salamander und auch einzelne Säugetiere.

Als vor 17 bis 15 Millionen Jahren im Zeitalter des Miozäns die Plattentektonik erneut im albländischen Raum aktiv wurde, kam es zu vielfachen Vulkanausbrüchen. Tuffschlote des Uracher Vulkangebiets durchschlugen die Jurakalke, aus denen die Alb aufgebaut ist. 350 solcher Ausbruchstellen sind im 25-Kilometer-Umfeld von Urach bekannt. Fast alle entstammen dem explosiven Vulkanismus vom Maar-Typ. Beim Aufsteigen heißer Magma kam es zum Kontakt mit dem Grundwasser des karstigen Untergrunds. Die darauf folgende Wasserdampfexplosion sprengte die darüber liegenden Schichten fort, sodass ein Krater zurückblieb. Diese Krater auf der Hochfläche der Schwäbischen Alb füllten sich mit Wasser, verlandeten dann aber im Laufe der Zeit. Der bekannteste dieser Sprengkessel ist das unmittelbar am Albtrauf gelegene Randecker Maar. Bei den meisten Ausbrüchen blieb das aufsteigende Magma im Schlot stecken, sodass sich keine Vulkankuppen ergaben. Im Albvorland überragen aber einige dieser Basalt-Härtlinge das weichere Nebengestein ihrer Umgebung.

Trotz hoher Niederschläge auf der Alb herrschte dort durch die Verkarstung immer Wasserknappheit. Durch die sandigen und tonigen Ablagerungen in den Sprengkratern des Uracher Vulkangebiets stand dort immer Wasser zur Verfügung, sodass sich von diesen Punkten aus die Besiedlung der Albhochfläche vollzog.

Die akute Phase des Vulkanismus im Uracher Gebiet ist zwar längst abgeschlossen, aber bis heute zeugen noch die sprudelnden Mineralquellen von dieser Epoche. Heilbäder wie Bad Urach machen sich diese Quellen zunutze.

lösliche Tonbestandteile und aus Quarz bestehende Feuersteine verblieben. Daher ist der nördliche Teil der Ostalb weitflächig mit kalkarmen Feuersteinlehmen überdeckt. Unterirdische Wasseradern haben auch hier zu Einbruchstrichtern geführt. Die beeindruckendste Doline ist das Wollenloch bei Oberkochen, ein nur wenige Meter breiter Schacht, der 62 Meter in die Tiefe führt. Der mittlere Teil der Ostalb ist im Einzugsbereich von Kocher und Brenz großflächig bewaldet, westlich und östlich davon überwiegt die landwirtschaftliche Nutzung.

DIE SCHWÄBISCH-FRÄNKISCHE ALB

Das charakteristische Trockental im Süden der Ostalb wird von der Lone gebildet. Die Lone entspringt in Urspring und mündet nach 30 Kilometer langem Lauf bei Gingen über die Hürbe in die Brenz. Der kleine Fluss führt über weite Strecken kein Wasser – es versickert im Untergrund. Messungen haben ergeben, dass das Restwasser zunehmend weniger wird. Ob dies eine Auswirkung des Klimawandels ist, kann noch nicht gesagt werden. Die Ur-Lone mündete zunächst in dem Binnenmeer des Miozän-Zeitalters, dessen Meerestiere im Gestein erhalten blieben. Am Ende der Eiszeit bildeten die Höhlen des Lonetals Unterkunft für die ersten, vor 40 000 bis 30 000 Jahren zugewanderten Menschen. In diesen Höhlen wurden viele Kunstgegenstände und Werkzeuge altsteinzeitlicher Herkunft gefunden. Unter den Höhlen im unteren Lonetal sind vor allem der Hohlenstein zu erwähnen, die Vogelherdhöhle, die Charlottenhöhle und die Bocksteinhöhle, in der sogar 70 000 Jahre alte Funde gemacht wurden. Diese Höhle gilt seither als die älteste bewohnte Höhle Deutschlands.

DAS NÖRDLINGER RIES

Der kreisrunde Krater des Nördlinger Rieses von über 20 Kilometer Durchmesser ist bei gutem Wetter leicht vom Flugzeug aus zu erkennen. Er ist zum oberen Albrand rund 100 Meter tief eingeschnitten. Sein Boden liegt in 430 Meter Höhe. Er trennt die Schwäbische Alb im Westen von der Fränkischen Alb im Osten. Vor etwa 14,6 Millionen Jahren schlug ein gewaltiger Meteorit in die Alb ein und hinterließ eben jenen Krater – gleichzeitig mit dem Steinheimer Becken, das sein ihn begleitender Satellit in den Untergrund grub. Der Ries-Meteorit muss einen Durchmesser von 800 bis 1200 Meter gehabt haben. Seine Aufschlaggeschwindigkeit betrug 20 bis 50 Kilometer pro Sekunde. Die Aufschlagenergie ist vergleichbar mit der Sprengkraft von 250 000 Hiroshima-Bomben. Durch den wohl einen Kilometer tiefen Einschlag in den Jurakalk der Schwäbischen Alb wurden sowohl das kosmische Material des Meteoriten als auch das Gesteinsmaterial des Untergrunds auf weniger als die Hälfte ihrer ursprünglichen Dichte zusammengepresst. Das Material verdampfte Explosionsartig in einem Feuerinferno mit einer Temperatur von 30 000 Grad Celsius. Der hohe Wasseranteil des karstigen Einschlaggebiets trug in hohem Maß zu diesem Explosionsinferno bei, führte doch die schlagartige Verdampfung des Wassers zu einer phreatomagmatischen Reaktion, wie sie von den Eifel-Maaren her bekannt ist. Eine heiße Glutwelle vernichtete mit Überschallgeschwindigkeit alles Leben

Mäusebussard (Buteo buteo) *im Biosphärenreservat Schwäbische Alb.*

ORT VON MYTHEN UND LEGENDEN
DER BLAUTOPF

Deutschlands berühmtester Quelltopf in Blaubeuren ist wegen seiner unergründlichen Tiefe und wegen seiner blauen Wasserfärbung ein Ort der Mythen und Legenden. Hier entspringt die Blau, deren 15 Kilometer langer Lauf in Ulm in der Donau endet. Heute weiß man, dass der hohe Wasserdruck aus dem karstigen Untergrund den Quelltopf entstehen ließ und das seine Blaufärbung durch Lichtbrechung im kalkhaltigen Quellwasser entsteht. Eduard Mörike wusste aber noch manch Märchen zu erzählen, das vor dem Hintergrund des Blautopfs spielt, so auch das von der „Schönen Lau". Dabei handelt es sich um eine Wassernixe aus dem Schwarzen Meer, die von ihrem Mann, dem Donaunix, in den Blautopf verbannt wurde, weil sie nur tote Kinder gebar.

Der Blautopf hat als typische Karstquelle ein sehr großes unterirdisches Einzugsgebiet von 160 Quadratkilometern, das weit in die Alb hineinreicht. Unterirdisch setzt sich der Quelltopf in einem Hohlensystem fort. Neben Wasser gefüllten Höhlen gibt es auch „trockene" Höhlen, darunter die „Apokalypse" genannte Höhle von 170 Metern Länge. 3000 Höhlenmeter sind bislang erkundet.

In den Höhlen rund um Blaubeuren wurden hoch interessante vorgeschichtliche Funde gemacht, die auf die lange Besiedlungsgeschichte von Teilen der Alb zurückgehen. Darunter sind über 30 000 Jahre alte Elfenbeinfiguren von Wasservögeln, Pferdeköpfen und einem Löwenmenschen. Gefunden hat man auch Flöten, die als älteste Musikinstrumente der Menschheit gelten.

Die bekannteste Karstquelle auf der Schwäbischen Alb: der Blautopf von Blaubeuren.

Im Wasser des Blautopfs spiegeln sich die 1744 errichtete Schleifmühle und das auf das Jahr 1085 zurückgehende Kloster Blaubeuren wider. Die Mühle wurde Mitte des 19. Jahrhunderts zum Hammerwerk erweitert. Die heutigen Klosterbauten wurden, nachdem sie im Lauf des Mittelalters verfallen waren, im spätgotischen Stil neu errichtet.

im Umkreis von 100 Kilometern. Auswurfmaterial wurde hunderte von Kilometern weit in alle Richtungen geschleuderte. So findet man beispielsweise in der Lausitz und in Mähren heute noch Tektite genannte perlenförmige flaschengrüne bis schwarzgrüne Glasgesteine, die als glühende Brocken durch die Luft geschleudert wurden, im Flug abkühlten und so auf die Erde trafen. Einzelne Tonnen schwere Gesteinbrocken flogen bis in die heutige Schweiz, ganze Trümmermassen bedeckten den Umkreis von 30 Kilometern. Interessant an diesen „Bunte Breccie" genannten, bis zu 100 Meter ho-

Eines der Trockentäler ist das Wental südwestlich von Aalen, in dem sich frei stehende, bizarr geformte Kalkfelsen erhalten haben und von der örtlichen Bevölkerung als Nilpferd, Sphinx, Spitzbubenstadel, Wentalweible oder Hirschfelsen bezeichnet werden.

hen Trümmerschichten ist, dass sie nicht nur aus dem Kalkmaterial der Juraschichtstufe, sondern auch aus dem Material des darunterliegenden Grundgebirges zusammengesetzt sind – Granit und Gneis sind hier auf der Alb aber erst 600 Meter unter der Juradeckschicht anzutreffen. Der Impakt-Krater des Nördlinger Rieses blieb nicht in seiner primären Tiefe bestehen. Das eingedrückte Material dehnte sich wieder aus und bildete in der Mitte des Kraters einen zentralen Berg. Seitliche Geröllmassen stürzten in den Krater, bedeckten seinen Boden und erweiterten den Kraterrand auf die heutige Breite von 24 Kilometern. Der Zentralberg, der auch wieder in sich zusammensackte, wurde von den einstürzenden Geröllmassen überdeckt, die den inneren Ring im Krater bildeten, der noch heute zu erkennen ist. In diesem inneren Ring ist Material aus dem unter dem Krater liegenden Grundgebirge enthalten. Der Krater hatte in diesem Stadium wenige Minuten nach dem Einschlag nur noch eine Tiefe von 500 Metern. Wenig später sank die über dem Krater aufgewirbelte glutheiße Staubwolke in sich zusammen und bildete aus dem teilweise geschmolzenem staubigen Kalk- und Grundgebirgsmaterial das charakteristische, einem vulkanischen Tuff ähnliche Ries-Impaktgestein, das den Krater um 400 Meter auffüllte und die Trümmerschichten der „Bunten Breccie" der näheren Umgebung des Kraters bedeckte. Solches Ries-Impaktgestein mit seinem relativ hohen Gehalt an kristallinem Material wird auch Suevit (= „Schwabenstein") genannt, weil es lange

DAS SÜDDEUTSCHE SCHICHTSTUFENLAND

Die Figur eines Löwen aus der Altsteinzeit (links) sowie die rund 35 000 Jahre alte Darstellung eines Mammuts (rechts), die beide aus Mammutelfenbein hergestellt wurden, sind bei Ausgrabungen in der Vogelherdhöhle im Lonetal gefunden worden. Letztere gilt als ältestes vollständig erhaltenes plastisches Kunstwerk der Menschheit.

Zeit nur aus dem Nördlinger Ries bekannt war, längst aber auch an anderen Impakt-Kratern gefunden worden ist.

Nach dem Meteoriteneinschlag füllte sich der Trichter des Nördlinger Rieses mit Wasser. Über 250 000 Jahre breitet sich in ihm ein riesiger Binnensee aus. Durch Verdunstung versalzte der abflusslose See, bis er völlig verlandete. Unter einer zwei Meter mächtigen Lößdecke am Beckenboden finden sich jungtertiäre Süßwassersedimente mit stark schwefelhaltiger Braunkohle.

Das Nördlinger Ries ist der wohl am besten erhaltene Impaktkrater auf der Erde. Dennoch bröckeln seine Ränder seit seiner Entstehung vor über 14 Millionen Jahren. Jedenfalls ist es der Wörnitz, von Norden kommend, gelungen, einen Weg durch den Kraterrand zu finden. Im Krater selbst mäandriert sie auf dem weitgehend ebenen Kraterboden, den sie südwärts wieder verlässt, um bei Donauwörth in die Donau zu münden.

Bis zum Ende der letzten Eiszeit bestand im Ries waldfreie Tundra. Im Zuge der Erwärmung drangen Birken in den Ries-Krater vor, danach ging die Bewaldung allmählich in Eichen-Hainbuchenwald über. Eingewehter Löss machte den Boden im Krater fruchtbar, sodass die menschliche Besiedlung schon in der altsteinzeitlichen Epoche einsetzte. Die heutige Kulturlandschaft entstand im Zuge der mittelalterlichen Landnahme, die von Kirche und Klöstern, Adel und Städten betrieben wurde. Nördlingen weist als zentraler Ort im Ries einen der schönsten mittelalterlichen Stadtkerne auf.

Der Kraterboden wird wegen der günstigen Klima- und Bodenverhältnisse überwiegend ackerbaulich genutzt. Waldflächen gibt es vor allem noch am Kraterrand. Und in der ebenen Landschaft sind noch Feuchtgebiete bewahrt, in denen der Kiebitz, der Große Brachvogel und die Bekassine anzutreffen sind. Darüber hinaus gibt es magere Trockenrasen- und Wacholderbereiche am West-, Süd- und Ostrand. Diese Flächen werden durch die traditionelle Wanderschäferei beweidet. So können sich im Ries manche vom Aussterben bedrohte Tier- und Pflanzenarten halten. Küchenschelle und Trollblume, Frühlingsenzian und viele Orchideenarten sind häufig. Und ganz speziell ist hier der Steppenfenchel noch anzutreffen. Der GeoPark Ries, der 2006 ins Leben gerufen wurde, will das geologische Naturerbe der breiten Öffentlichkeit zugänglich machen, gleichzeitig aber auch die Natur- und Kulturlandschaft im Ries bewahren helfen.

DIE FRÄNKISCHE ALB

Die Fränkische Alb bildet den sich über das Nördlinger Ries hinaus fortsetzenden östlichen Teil des Albstrangs. Während die Schwäbische Alb als westlicher Teil sogar Höhen von über 1000 Metern aufweist, erreicht die Fränkische Alb nur Höhen von knapp unter 700 Meter. Der nach Nordwesten abfallende Albtrauf, der auch die Fränki-

METEORITENKRATER
STEINHEIMER BECKEN

40 Kilometer westlich vom Nördlinger Ries zeigt inmitten des Albuchs eine kreisrunde Vertiefung im Gelände einen weiteren Krater eines Meteoriteneinschlags vor annähernd 14,2 Millionen Jahren an. Die Kraft des Einschlags war groß, verwüstete große Teile des Albuchs und bildete einen Einschlag von 200 Metern Tiefe. Zurückschlagendes Gestein häufte den Steinhirt als zentralen Hügel inmitten des Kraters an, der sich noch heute 50 Meter über dessen Boden erhebt. Auf dem Gipfel des Steinhirts befindet sich der acht Meter hohe Wäldlesfels als Rest eines ehemaligen Algenriffs, der anzeigt, dass sich im Steinheimer Becken Wasser ansammelte. Der Steinheimer See war einst so tief, dass er selbst den Zentralhügel bedeckte. Der Fels wurde nämlich von kalkfällenden Algen aufgebaut. Später entwässerte der See über das Wental und trocknete aus. Bis dahin war der Kraterboden mit 50 Meter mächtigen Sedimenten bedeckt worden, sodass er nunmehr 100 Meter unter dem Umland liegt. In seiner Mitte breitet sich der Ort Steinheim aus.

Heute geht man davon aus, dass die beiden Krater von Nördlingen und Steinheim dem gleichen Ries-Ereignis entstammen. Bei dem verursachenden Meteor muss es sich um einen Asteroiden mit einem umkreisenden Satelliten gehandelt haben.

Da die verkarstete Alb wenig offene Wasserstellen bereitstellt, bildete der Steinheimer See, der wohl über eine Million Jahre existiert hat, einen Anziehungspunkt für eine vielfältige Tierwelt, die auch den Dünger für eine reichhaltige Flora im See bereitstellte. Von den über 200 in den Sedimenten gefundenen Tierarten handelt es sich um Säugetiere, Vögel, Amphibien, Schildkröten. Darüber hinaus fand man die Gehäuse von annähernd 140 Schneckenarten, die schon in vorgeschichtlicher Zeit von der lokalen Bevölkerung zur Schmuckherstellung genutzt wurden. Anhand dieser Fossilien ließ sich die biologische Entwicklung einzelner Schneckenarten nachvollziehen, womit dem Zoologen Franz Hilgendorf in den 60er-Jahren des 19. Jahrhunderts ein erster Nachweis der von Charles Darwin aufgestellten Evolutionstheorie gelang.

Steinheimer Becken: Schädel eines Gabelhirsches im Meteorkratermuseum in Sontheim-Stubental, Stuttgart/Schwäbische Alb.

DAS SÜDDEUTSCHE SCHICHTSTUFENLAND

Harburg im Tal der Wörnitz, zwischen Nördlingen und Donauwörth gelegen.

sche Alb als Teil des Süddeutschen Schichtstufenlandes kennzeichnet, ist gleichfalls vorhanden, in seinem weiteren Verlauf aber weniger ausgeprägt. Unterteilt wird die Fränkische Alb in die Südliche, Mittlere und die Nördliche Frankenalb. Während der Bergzug der Südlichen Frankenalb noch nordostwärts verläuft und zu der am Südrand verlaufenden Donau abflacht, dreht sich die Richtung der Mittleren Frankenalb weiter in nördlicher Richtung, um mit der Nördlichen Frankenalb fast schon nordnordwestliche Richtung einzunehmen. Das untere Altmühltal trennt die Südliche von der Mittleren Frankenalb – letztere wird östlich durch die Naab begrenzt.

Jenseits des Oberlaufs der Regnitz erstreckt sich die Nördliche Frankenalb, die im Norden in einem großen Bogen vom Roten Main bzw. dem Oberlauf des Mains umflossen wird.

Südliche Frankenalb

Die südliche Frankenalb erstreckt sich leicht nach Osten abfallend in durchschnittlichen Höhenlagen von 500 Metern. Die Oberfläche ist mit den lehmigen Verwitterungsschichten bedeckt, die sich nach Süden zum Donautal verstärkt und flächigen Charakter annimmt. Das mittlere Altmühltal, das diesen Teil der Alb in West-Ost-Richtung durchzieht, ist 150 Meter tief darin eingeschnitten. In der Südlichen Frankenalb ist die Zertalung besonders ausgeprägt. Neben der Altmühl bilden die Schwarzach, die Wörnitz, die Weiße Laber und die Sulz weitere, tief in den Fels eingegrabene Täler. Dadurch wird die Albfläche in einzelne, an den Kanten steil abfallende Hochflächen unterteilt. Zum Albtrauf hin zeigen sich diese Einzelflächen teilweise als Sporne. Einen solchen Sporn bildet der Hahnenkamm, der weit nördlich in das Albvorland hineinreicht.

DIE SCHWÄBISCH-FRÄNKISCHE ALB

Dieser Nordwestausläufer der Südlichen Frankenalb weist mit dem 656 Meter aufragenden Dürrenberg sogar den höchsten Berg der gesamten Fränkischen Alb auf. Auch die Weißenburger Alb weist einen entsprechenden Charakter auf. Hier erhebt sich der Weißenburger Berg mit 820 Meter Höhe. Noch vorgelagert ist der Schlossberg mit 806 Meter Höhe.

Wie die gesamte Alb weist auch die Frankenalb die typischen Karstformen wie Quellen, Höhlen und Felsnischen, Dolinen, Erdfälle und Rinnen auf. Die Wasserdurchlässigkeit hat viele Trockentäler hinterlassen. Ein solches Tal ist das Wellheimer Trockental, ein Seitental der Altmühl. Dieses einst von der Ur-Donau geschaffene Tal wird heute von der aus Norden kommenden Altmühl durchflossen. Dort, wo die Altmühl ostwärts abdreht, setzt sich das Wellheimer Trockental fort. Durch rückwärtige Erosion hat die Donau während der Eiszeit zweimal ihr Bett gewechselt, sodass das Wellheimer Tal austrocknete und heute diesen Teil der Alb in einen westlichen und östlichen Teil trennt. Nördlich des mittleren Altmühltals sind die Bachtäler bewaldet, südlich des Tals gibt es auch größere Waldbestände. Ansonsten ist landwirtschaftliche Nutzung vorherrschend, sodass sich ein sehr abwechslungsreiches Landschaftsbild ergibt und die Region für Freizeit und Erholung anziehend macht.

Landschaftlich besonders reizvoll ist das Altmühltal. Der Fluss hat sich tief in die Schichten des Juras eingegraben und offenbart so ein Stück Erdgeschichte. Über Jahrmillionen hat die Wirkung des Wassers im karstigen Untergrund bizarre Kalksteinformationen her-

Der Untergrund der Fränkischen Alb besteht wie der der Schwäbischen Alb aus den Schichten des Juras. Erosionsvorgänge haben nach dem Erdzeitalter des Juras die Verkarstung, Zertalung und auch teilweise Einebnung des Albgeländes herbeigeführt und die Oberfläche mit Verwitterungslehm versehen, auf den in der Eiszeit noch Flugsande geweht wurden (Bild – Burg Pottenstein)

305

DER MAIN-DONAU-KANAL

Der Traum von einer Schifffahrtsverbindung zwischen Main und Donau stammt aus dem frühen Mittelalter. Schon Karl der Große versuchte im Jahr 793 diesen Traum zu verwirklichen. Die Fossa Carolina konnte aber aus technischen Problemen nie fertig gestellt werden, nur ein Teilstück der Verbindung zwischen der Schwäbischen Rezat und der Altmühl ist bei Treuchtlingen noch vorhanden. König Ludwig I. von Bayern griff diesen Traum wieder auf. In neunjähriger Bauzeit wurde unter seiner Regentschaft bis 1845 der 178 Kilometer lange Ludwig-Donau-Main-Kanal mit 101 Schleusen angelegt. Das war zu zeitraubend für den bald auf Dampfschifffahrt umgestellten Wassertransport. Der endgültige Anlauf wurde 1921 mit der Gründung der Rhein-Main-Donau Aktiengesellschaft unternommen. Baubeginn war aber erst im Jahr 1960. Im Herbst 1992 konnte dann der Kanal zwischen Bamberg am Main und Kehlheim an der Donau dem Verkehr übergeben werden.

Der neue Main-Donau-Kanal ist 171 Kilometer lang. Er überwindet 243 Höhenmeter in 16 Schleusen. Er wurde so angelegt, dass Schubverbände bis 11,5 Meter Breite ihn befahren können.

Der Bau des Main-Donau-Kanals wurde von heftiger Naturschutzkritik begleitet. Nicht nur die Kanalisierung des pittoresken Landschaftsbildes wurde angeprangert, sondern vor allem galt die Aufmerksamkeit dem Verlust von Mooren, Feuchtwiesen, Auen und dem damit verbundenen Rückgang der Artenvielfalt an Fischen, Vögeln, Amphibien und Insekten. Andererseits wurden große Summen verausgabt, um beim Bau möglichst viele Ausgleichsflächen wie etwa naturnahe Flachufer und Stillwasser

einzurichten. Selbst Kritiker müssen trotz aller weiterhin geltenden Vorbehalte einräumen, dass das Landschaftsbild des Altmühltals eine neue Qualität erhalten hat.

Der Main-Donau-Kanal durchquert auf 53 Kilometer Länge den Naturpark Altmühltal, der sich flächenmäßig in etwa mit der Südlichen Frankenalb deckt.

vorgebracht, Kalktuff-Kaskaden geschaffen und Felsentürme freigestellt. Die markanteste dieser Felsfreistellungen wird von den „Zwölf Aposteln" gebildet. Als die Frankenalb am Ende der Tertiärzeit erneut angehoben wurde, gruben sich die Flüsse noch tiefer in das Kalkgestein ein, wobei sich das härtere Riffgestein der Erosion stärker widersetzte und dadurch an den Talhängen der Altmühl Felstürme zurückblieben. Bei Solnhofen durchschneidet die Altmühl einen solchen Riffgürtel und legte die heute „Zwölf Apostel" genannte Felsformation frei. Einst handelte es sich um einen geschlossenen Riffgürtel, der erst während der Eiszeit zu Einzelfelsen erodierte.

Der Riffkalk der Frankenalb ist auch ein begehrtes Steinmaterial. Berühmt ist der Solnhofener Plattenkalk, der als einer der dichtesten Kalksteine im Innenausbau für Bodenbeläge und Treppen, für Grabmale und in der Lithographie Verwendung findet – die Feinkörnigkeit des Materials eignet sich besonders für Druckplatten. Die Steinbrüche locken gleichzeitig Fossiliensucher an. Insbesondere die Solnhofener Plattenkalke zählen zu den bedeutendsten Fossilienfundstätten der Welt, unter anderem auch deshalb, weil neben Knochen auch noch Abdrücke von Weichteilen wie Fell, Hautpartien, Innereien und Federn darin erhalten sind.

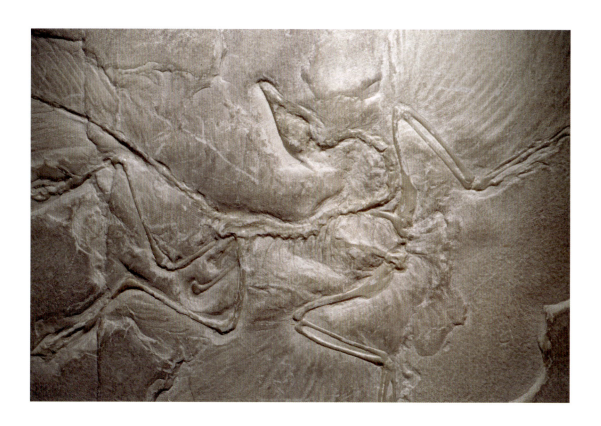

Alle bisher gefundenen Exemplare des Urvogels Archaeopteryx entstammen dem Solnhofener Plattenkalk. Die Flugfähigkeit dieser von den Dinosauriern abstammenden Tiere zeigte sich unter anderem auch an den Federabdrücken ihrer Flügel.

Mittlere Frankenalb

Der mittlere Teil der Frankenalb erstreckt sich von der Altmühl und der Donau im Süden bis zur Pregnitz im Norden, von der Sulz im Westen bis zur Naab bzw. ihrem Nebenfluss Haidenaab im Osten. In der Region wird sie auch als Oberpfälzer Alb bezeichnet. Den

DAS SÜDDEUTSCHE SCHICHTSTUFENLAND

Die von Felsen durchsetzten Kalkmagerrasen des Wellheimer Trockentals weisen eine reichhaltige Schmetterlingsfauna auf, darunter auch den Silbergrünen Bläuling (Lysandra coridon – Bild links).

In der nördlichen Frankenalb besonders geschichtsträchtig ist der 532 Meter hohe Ehrenbürg, ein doppelter Zeugenberg mit der 532 Meter hohen Kuppe des Rodensteins und der 514 Meter hohen Kuppe des Walberla (Bild rechts).

Kern der Mittleren Frankenalb bilden von Magerrasen bestandene Hochflächen, durchsetzt mit Ackerflächen, eingestreuten Waldflächen und Wiesentälern. Diese Hochflächen werden durch die Schwarze Laber, die Lauterach und die Vils in drei nord-südwärts ausgerichtete Stränge unterteilt, die alle die typischen Karsterscheinungen der Höhlen, Dolinen, Felsformationen bis hin zu Zeugenbergen am Trauf aufweisen. Der jeweils fast 600 Meter hohe Dillberg und Buchberg sind solche dem Trauf westwärts vorgelagerte Zeugenberge. Der 652 Meter hohe Poppberg ist die höchste Erhebung im nördlichen Strang der Mittleren Frankenalb und gleichzeitig der zweithöchste Berg der gesamten Fränkischen Alb.

Die Hochflächen der Mittleren Frankenalb erstrecken sich in Lagen um 400 bis 600 Meter. Sie sind durch Versickerung des Oberflächenwassers relativ trocken. Dort, wo sich das Oberflächenwasser sammelt, haben sich die Flüsse tief in die Hochflächen eingegraben und so die geografische Grundstruktur der Mittleren Frankenalb geschaffen. Besonders romantisch ist das Felsental der Schwarzen Laber, das sich unterhalb der Ortschaft Laaber seinen Weg durch den Jurakalk gesucht hat.

Der Nordteil der Mittleren Frankenalb wird von der Hersbrucker Alb gebildet. Auch hier hat die Verkarstung wesentlich zum Erscheinungsbild der Landschaft beigetragen. Besonders die markanten Felslandschaften ziehen vor allem Kletterer an. Das Gelände, das von der Tourismuswirtschaft auch gern als Hersbrucker Schweiz bezeichnet wird, ist von Höhlen durchzogen. In der Petershöhle als bekanntester darunter wurden die Reste von Tausenden von Höhlenbären gefunden, dazu von Höhlenlöwen und Nashörnern sowie von einem Neandertaler, dessen Alter auf etwa 100 000 Jahre geschätzt wird.

Nördliche Frankenalb

Die Nördliche Frankenalb wird durch einen Ring von Flüssen flankiert, der vom Roten Main über den Main, den Regnitz-Mittellauf und den Regnitz-Oberlauf reicht. Die Hochfläche der Nördlichen Frankenalb überragen einige Kuppen, deren höchste die 614 Meter hohe Hohenmirsberger Platte ist. Am nordwestlichen Trauf ragen eine Reihe markanter Berge empor, so die Friesener Warte (562 m), der Geisberg (585 m), der Reisberg (554 m), der Kemitzenstein (581 m), der Kordigast (538 m) und der Ehrenbürg (532 m).

Ganz im Nordwesten der Nördlichen Frankenalb gab es auch vulkanische Aktivitäten, die aber nicht mehr erkennbar sind, weil das aufsteigende Flüssiggestein in den Kalkspalten des Untergrunds steckenblieb. Es handelt sich um Ausläufer der Heldenburger Gangschar, jenem tertiären Vulkansystem, das sich hauptsächlich über Südthüringen bis Nordbayern erstreckt.

Den Kern der Nördlichen Frankenalb nimmt die Fränkische Schweiz ein. Hier breitet sich auch der Veldensteiner Forst als eines der größten Waldareale Bayerns aus. Die Fränkische Schweiz wurde früher Muggendorfer Gebürg genannt und erst im 19. Jahrhundert auf ihren heutigen Namen getauft. „Schuld" daran waren die Romantiker, die zu dieser Zeit die Schönheiten deutscher Landschaften entdeckten und gern mit dem Zusatz „Schweiz" versahen. In der Nördlichen Frankenalb ist dies das Gesamtbild aus albtypischen Karsterscheinungen, besonders bizarren Felsen, naturnahen Fließgewässern, Quellbereichen, Feuchtwiesen und Höhlen – und dazu besonders viele Burgen. Allein 170 solcher alten Burgen gibt es in der Fränkischen Schweiz, viele davon als Ruinen, manche werden sogar noch von Nachfahren ihrer Erbauer bewohnt.

Unter den Höhlen ist vor allem die Teufelshöhle bei Pottenstein zu erwähnen, deren Gesamtlänge drei Kilometer misst. 800 Meter davon sind zugänglich und im Rahmen von Führungen zu besichtigen. Der „Tor zur Unterwelt" genannte Einlass befindet sich auf 400 Meter Höhe. Zu den Tropfsteinhöhlen zählt die Binghöhle bei Streitberg, die seit etwa fünf Millionen Jahren Stalaktiten und Stalagmiten ausbildet. Eine weitere Tropfsteinhöhle ist die Sophienhöhle bei Burg Rabenstein, die älteste urkundlich erwähnte Höhle der Frankenalb. In ihrem Vorraum wurde schon Ende des 15. Jahrhunderts Salpeter abgebaut. Doch besucht war sie bereits in prähistorischer Zeit, wie aus den zahlreichen vorgeschichtlichen Keramikfunden hervorgeht.

Im Rosenbach, der nordwestlich von Röckenricht als Klafferbach entspringt und bei Poppenricht als rechter Zufluss in die Vils mündet, finden sich noch Restbestände des vom Aussterben bedrohten Europäischen Flusskrebses (Astacus astacus).

ALPENVORLAND UND ALPEN

Das Donautal

Vorangehende Doppelseite: Der Kochelsee am Rand der Bayerischen Alpen.

Eine der wohl schönsten Landschaften Baden-Württembergs: das Obere Donautal.

Die Donau ist der zweitgrößte europäische Fluss. Ihre Quellflüsse Brigach und Breg entspringen im mittleren Schwarzwald und bilden die symbolische Donauquelle in Donaueschingen. Ihr Oberlauf führt sie in Ost-West-Richtung quer durch fast ganz Süddeutschland. Unterhalb von Passau fließt die Donau auf österreichischem Gebiet weiter, durchquert den Balkan und mündet in das Schwarze Meer. Von der Donauquelle bis zur Mündung sind es 2810 Flusskilometer, davon 571 in Deutschland.

Die 40 Kilometer lange Brigach entspringt auf 920 Meter Höhe bei St. Georgen im Schwarzwald. Im Oberlauf bildet sie das unter Naturschutz stehende Groppertal, durchläuft Villingen und Donaueschingen, durchquert hier den Schlosspark, wo ihr der Donaubach als Austritt einer Karstquelle zufließt. Danach vereinigt sich die Brigach mit der Breg. Dieser Zusammenfluss östlich von Donaueschingen auf 672 Meter Höhe wird allgemein als der Ursprung der Donau angesehen.

Die Breg entspringt auf 1078 Meter Höhe im Keller eines Bauernhofs im Schwarzwald bei Furtwangen. Im Oberlauf durchfließt sie ein breites Gletschertal, an dessen Rand einige der traditionellen Schwarzwaldhöfe stehen. Weiter abwärts, nach dem Austritt aus dem Schwarzwald, bildet sie wie die Brigach ein breites Tal auf der Baar.

Im Schlosspark von Donaueschingen befindet sich die Quelle des Donaubachs, die gemeinhin als „Donauquelle" bezeichnet wird. Die pompöse Fassung des Karstquelltopfs zwischen Schloss und Stadtkirche entstammt dem Jahr 1875. Bereits seit 1820 wird der Bach unter-

ALPENVORLAND UND ALPEN

Das Donaudurchbruchstal: Wanderwege führen an den Felskanten entlang zu Aussichtspunkten wie dem Knopfmacherfelsen, von dem man einen besonders beeindruckenden Einblick in das Tal und die Donauschlinge beim Kloster hat, oder dem Pfannenstil im Seitental der Bära mit der gleichnamigen Burgruine auf dem vorragenden Felssporn auf 804 Meter Höhe. Darunter liegt die Talsohle auf 640 Meter Höhe.

irdisch durch den Schlossgarten geleitet und fließt nach wenigen hundert Metern der Brigach zu.

DER ALBDURCHBRUCH

Als kleiner Fluss nähert sich die Donau der Albhochfläche, die sie in einem schmalen Canyon durchbricht. Diese Erosionsrinne des Oberen Donautals zwischen der Baar, der Hohen Schwaben- bzw. der Hegaualb gehört zu den aufregendsten Landschaften Deutschlands und erstreckt sich über Tuttlingen bis zur Talweitung von Sigmaringen. Die hier noch recht wilde Donau schlängelt sich zwischen hohen wie gleichermaßen schroffen Felsformationen aus Weißem Jura hindurch, kaum Platz für eine Straße lassend. Die Talränder erstrecken sich auf Höhen um 800 Meter und sind mit Donauschottern aus jener Zeit bedeckt, als der Fluss noch auf dieser Höhe mäandrierte. In der Zwischenzeit hat sich die Donau so tief in den Jurakalk hineingefressen, dass die Talsohle nunmehr auf Höhen um 600 Meter liegt. Die Kräfte der Natur lassen die Felsen steil emporragen, bilden Bänder, Kränze und Terrassen, zeigen Nischen und Höhlen. Dieser Prozess der Landschaftsgestaltung ist weiterhin im Gange, die tektonischen Kräfte drücken, die Verkarstung des Grundgebirges lässt weiter Wasser im Untergrund verschwinden. Bestes Beispiel hierfür ist die Donauversickerung bei Immendingen und Fridingen. Es kommt vor, dass die Donau hier über Monate ihr gesamtes Wasser verliert – es taucht dann weiter südlich in der Aachquelle wieder auf, von wo aus es den Rhein erreicht.

Die zahlreichen Burgen auf den Felsnadeln des Oberen Donautals bieten sich dem Besucher als reizvolle Blickpunkte dar. Zwar gab es hier im Engtal keine Straße zu bewachen, also auch keine Zölle abzukassieren, aber die Felsnadeln boten sich als ideale Bauplätze an. Die meisten dieser mittelalterlichen Burgen bieten als Rui-

DIE DONAU
ALS NATURRAUM

Die ersten Donauwehre zum Hochwasserschutz wurden im Wege der „Donaukorrektur" schon 1806 errichtet, die ersten Wasserkraftwerke entstanden Ende des 19. Jahrhunderts insbesondere in der Region der Oberen Donau und beispielsweise bei Ulm. Im Zuge weiterer Maßnahmen zur Donauregulierung wurden Flussabschnitte begradigt, Flussschleifen abgeschnitten. Weitergehende Veränderungen erbrachten die ab 1927 errichteten Hochwasserdeiche und die intensive Entwässerung der Donauniederung mit gravierenden Auswirkungen auf Flora und Fauna. Die Grünlandbereiche der Auen, nun nicht mehr hochwassergefährdet, konnten in Ackerland umgewandelt werden. Mit den Auwäldern verschwanden auch viele der als Lebensräume so wichtigen Feuchtgebiete.

Schon mit der Realisierung der ersten Kanalverbindung zwischen Main und Donau Mitte des 19. Jahrhunderts wurde die Frage der Schiffbarkeit der Donau abwärts der Mündung der Altmühl als Kanalausgang akut. Wenn auch der Ludwig-Donau-Main-Kanal nicht die an ihn gestellten Erwartungen erfüllt hatte, so bereitete aber die Schiffbarkeit der Donau mit den Planungen für eine dampfschifffahrtsgeeignete Kanalverbindung größere Probleme. Seit der neue Main-Donau-Kanal 1992 in Betrieb ging, gibt es Bestrebungen zur Kanalisierung des letzten größeren, frei fließenden Donauabschnitts zwischen Regensburg und Vilshofen. Dazu wurden zunächst die Staustufen Geisling und Straubing 1995 fertig gestellt. Zusätzlich wurden noch Buhnen und Leitwerke zur Verbesserung der Schifffahrtsrinne im sogenannten „Bürgerfeld" bei Vilshofen eingebaut und das Flussbett weiter ausgebaggert. Weitere Eingriffe in den Flussabschnitt zwischen Straubing und Vilshofen waren mit Staustufen bei Waltendorf und Osterhofen, hier als Schleusendurchstich der Münsinger Schleife, und einem Seitenkanal von Osterhofen nach Pleinting vorgesehen. Die Realisierung dieser Pläne scheiterte bisher an Protesten der Bevölkerung. Seither wird als Alternative zu den Staustufen und dem Seitenkanal eine wesentlich naturverträglichere flussregulierende Variante propagiert.

Eingriffe in den Flusslauf der Donau gibt es, seit die Menschen ihre Ufer bewohnen. Mit dem beginnenden 19. Jahrhundert wurden diese Eingriffe umso nachhaltiger, je mehr technische Möglichkeiten den Menschen hierfür zur Verfügung standen.

ALPENVORLAND UND ALPEN

nen ein wildromantisches Bild, andere sind wie Schloss Bronnen bei Fridingen, Burg Wildenstein unweit Leibertingen und Schloss Werenwag in der Nähe von Beuron eindrucksvoll erhalten. Burg Wildenstein wurde nach einem Brand im Jahre 1642 nach damaligen neuesten militärischen Erkenntnissen erneuert. Ein zweites Mal wurde sie 1804 vor dem Verfall gerettet. Heute ist sie Jugendherberge – eine der am schönsten gelegenen in Deutschland. Auf der gegenüberliegenden Talkante erhebt sich der 70 Meter hohe Eichfels mit über 40 Meter hohen Steilkanten, der den Blick auf Schloss Werenwag freigibt. Schloss Bronnen, mindestens genauso hervorragend wie pittoresk auf einem Sporn über der Donau errichtet, wurde Mitte des 18. Jahrhunderts zum Jagschloss umgebaut und wird bis heute privat bewohnt.

Das Landschaftsgebiet um das Obere Donautal ist als Naturpark ausgewiesen. Charakteristisch sind die Felspartien des Weißen Juras, die den größten Teil der Region ausmachen. Auch findet man die Karsterscheinungen der Abtragung, Höhlenbildung und Flussanzapfung. Die Flora des Oberen Donautals ist je nach Standort sehr vielseitig, Felspartien, südexponierte Hänge und Schluchten geben submediterranen und subalpinen Pflanzen sowie eiszeitlichen Reliktarten Lebensraum. Auf der Talsohle wird weitgehend durchgängig Grünlandwirtschaft betrieben, in den Hangwäldern ist nur extensive Forstwirtschaft möglich.

DAS OBERSCHWÄBISCHE DONAUTAL

Hat die Donau ihr Durchbruchstal durch die Alb verlassen, so verbreitert sich ihr Bett. Sie setzt ihren Verlauf mit der Talweitung von Sigmaringen zunächst windungsreich und später in großen

Der Bergfried von Schloss Werenwag stammt noch aus dem 12. Jahrhundert und überragt das Donautal weithin. Die Anlage ist immer wieder baulich ergänzt worden, hat dabei ihren mittelalterlichen Charakter erhalten können. Sie wird heute privat von Mitgliedern der Familie Fürstenberg bewohnt.

Als schützenswerte Biotope gibt es im Oberen Donautal Kalkmagerrasen mit großen Orchideenbeständen, Schutthalden, Hang-, Schlucht- und Auenwälder der Talsohle. Hier kommen noch die zu den Bärenfaltern zählende Spanische Flagge und der durch seine Färbung auffallende Alpenbock (Rosalia alpina – Bild) vor.

Bögen, aber insgesamt viel weniger spektakulär fort. Sie markiert in diesem Abschnitt bis Ulm und über Ulm hinaus bis Donauwörth die Südostgrenze der Schwäbischen Alb. Der Talboden des Oberschwäbischen Donautals ist noch mit eiszeitlichen Schottern des Rheingletschers der letzten Kaltzeit verfüllt. Östlich von Mengen findet man auch noch Aufschüttungen vorangegangener Kaltzeiten. Im weiteren Verlauf flussabwärts ist das Tal von Riedflächen gesäumt.

Im oberschwäbischen Bereich fließen der Donau auch die ersten größeren Nebenflüsse von Süden zu. Es beginnt mit der Ostrach, gefolgt von der Schwarzach, der Kanzach, die den oberschwäbischen Federsee entwässert, und der Riß bis zur Iller, die in Ulm mündet. Von Norden sind es die Große Lauter, die eines der interessantesten Täler der Schwäbischen Alb bildet, und die Blau, die den Blautopf entwässernd ebenfalls in Ulm mündet. Das Donautal selbst wird überwiegend ackerbaulich genutzt. Beiderseits des Flusses reihen sich die Orte aneinander, alle mit gut erhaltener barocker Bausubstanz versehen. Von besonderem Interesse ist die alte keltische Befestigungsanlage bei Hundersingen auf einem Bergsporn oberhalb der Donau auf über 600 Meter Höhe.

Dieser vorgeschichtliche Fürstensitz aus dem 6. Jahrhundert v. Chr. gilt als älteste Siedlung nördlich der Alpen.

Dort, wo die Riß in mehreren, teils künstlichen Mündungsarmen der Donau zufließt, breiten sich große Kiesflächen aus, in denen sich auch Altwasser erhalten haben. Die sich etwas über der Donauniederung auf 520 Meter Höhe ausbreitende Rißniederung ist ausgesprochen feucht, sodass es fast keine Waldbestände gibt. Diese ebenfalls eiszeitlich aufgeschütteten Auflächen werden zur Grünlandbewirtschaftung genutzt. Einzelne Teilbereiche der Auen stehen unter Naturschutz.

DAS DONAURIED

Zwischen der Iller- und der Lechmündung erstreckt sich das Donauried mit seinen flach nach Nordosten einfallenden Niederterrassen-Schotterflächen des hier fünf bis sieben Kilometer breiten Donautals. Diese Schotter entstammen der Riß-Kaltzeit. Überdeckt werden sie stellenweise durch nacheiszeitliche Ablagerungen von Auenlehm. Die Kiese des Rieds stellen ein wertvolles Baumaterial dar und werden großflächig abgebaut. Aufgrund des stauenden Grundwassers bildeten sich große Flachmoore beiderseits des Flusslaufs im Kern der Riedlandschaft zwischen der Mündung der Mindel bei Lauingen und der Schmutter bei Donauwörth.

Die Donauniederung wurde einst durchgängig von Auwäldern aus Ulmen, Eschen und Ahorn begleitet. Davon sind nur noch Reste erhalten – mit der Ausnahme eines sieben Kilometer langen Abschnitts, der durch den Bau des Speichersees für das Kernkraftwerk Gundremmingen in verhältnismäßig naturnahem Zustand verblieb. Ansonsten sind die Auenwälder durch Eindeichung zur Vermeidung von Überschwemmungen in ihrer ursprünglichen Form verschwunden. Insgesamt gesehen sind sowohl das Donauried als auch die flussabwärts folgende Landschaft des Donaumooses inzwischen weitgehend entwässert und werden landwirtschaftlich genutzt. Charakteristisch für die Region sind die Einzelhöfe in dem von Wassergräben durchzogenen ebenen Ried. Es sind sogenannte Schwaighöfe, auf die Rinderhaltung spezialisierte Betriebe, die oft auch über eine Sennerei verfügen.

Im Donauabschnitt zwischen Ulm und Donauwörth sind elf Staustufen angelegt. Der Fluss hinterlässt hier schon den Eindruck eines Stillgewässers, der nur noch kurz vor der nächsten Staustufe kurze Fließstrecken durchläuft.

DAS DONAUMOOS

Auf das Donauried folgt flussabwärts das Donaumoos, im Gegensatz zum Schwäbischen auch Altbayerisches Moos genannt. Es erstreckt sich südlich von Neuburg, wo die Donau eine Aufwölbung von Juragesteinen durchbricht, reicht flussabwärts bis Ingolstadt und südwärts bis Puttmes. Es handelt sich um das einst größte Niedermoor Bayerns, mit einer Fläche von ursprünglich 180 Quadratkilometern. Bis Ende des 18. Jahrhunderts war das Gebiet so versumpft, dass es kaum zugänglich war. Das Moor hatte zu diesem Zeitpunkt eine Stärke von etwa zehn Metern erreicht. Entstanden ist das Flachmoorgebiet des Donaumooses nach der Riß-Kaltzeit. Erst seitdem wird es von der Donau durchflossen. Zuvor durchzog der Lech das Gebiet und lagerte hier große Schottermassen ab, die andere südliche Zuflüsse zurückstauten. In deren Mündungsbereich entstanden Schwemmfächer, die den Wasserabfluss hemmten und das Moosgebiet auffüllten.

Erst nachdem das Herzogtum Neuburg im Kurfürstentum Bayern aufgegangen war, waren Voraussetzungen gegeben, um eine Kultivierung des Donaumooses anzugehen. Noch im 18. Jahrhundert wurden 473 Kilometer Kanäle durch das Moos als Voraussetzung für die Besiedlung und landwirtschaftliche Nutzung gezogen.

Die Folgen der menschlichen Eingriffe in das Moos waren nachhaltig. Die Entwässerung und der Torfstich führten zum Einsacken des Geländes, das seither an die drei Meter an Höhe verloren hat. Mit der ackerbaulichen Nutzung ging des Weiteren Bodenabtrag durch Winderosion einher. Doch für die Neusiedler im Moos begann ein harter Kampf gegen Nässe und Unfruchtbarkeit – es war über Generationen ein Leben am Existenzminimum. Erst als es gegen Ende des 19. Jahrhunderts gelang, moorverträgliche Roggensorten zu züchten, wurde das Leben erträglicher. Zudem brachte der auf den teilweise sandigen Schwemmfächerablagerungen begonnene Kartoffelanbau eine erweiterte wirtschaftliche Basis.

Heute bestehen noch 120 Quadratkilometer des Niedermoors im Donaumoos. Inzwischen versucht der Zweckverband Donaumoos, das Donaumoos nachhaltig zu entwickeln und dabei gleichzeitig seinen ökologischen Wert zu erhalten. Es geht um Grundwassermanagement, Moorschutz, Biotop- und Artenschutz. Extensive Beweidung soll den Grünlandanteil unter Einbeziehung von Niedermoorflächen vergrößern.

DIE WELTENBURGER ENGE

Unterhalb von Ingolstadt wird die Donau durch mehrere aufeinander folgenden Wehre aufgestaut. Träge bewegt sich das Wasser zur Staukante hin. Danach zieht sie sich nordwärts an der Hallertau mit ihrem Hopfenanbau entlang.

Nordöstlich des Donaumooses breitet sich das Ingolstädter Becken aus. Es wurde eiszeitlich von der Donau und ihren damals breit gefächerten südlichen Zuflüssen ausgeräumt. Diese südlichen Zuflüsse schütteten an dieser Stelle auch feinkörnigeres Material als Schotter auf, sodass sich in diesem Becken vor allem auf den Niederterrassen der bei Neustadt mündenden Ilm Dünen gebildet haben.

Nunmehr hat die Donau einen der wenigen größeren ungestauten Flussabschnitte vor sich,

PERLE IM SCHWÄBISCHEN DONAUMOOS
DAS GUNDELFINGER MOOS

Das Gundelfinger Moos ist Teil des auch als Schwäbischen Donaumooses bezeichneten Donaurieds. Es steht wegen seines hohen Werts als Naturraum seit 1976 unter Naturschutz. Hier blieb der Charakter der von ehemaligen Torfstichen und Gebüschinseln durchsetzten offenen Feuchtwiesenlandschaft erhalten, obwohl das große Moor- und Sumpfgebiet des Donaurieds seit Anfang des 19. Jahrhunderts zunehmend trocken gelegt wurde. Auch durch Renaturierungsmaßnahmen konnte das Naturschutzgebiet seine Artenvielfalt bewahren. Hier gibt es Kibitze und Brachvögel, Wiesenpieper und Wachtelkönige, Störche und erste Kraniche. Die Gewässer und Flachwasserzonen bieten Zugvögeln im Herbst und Frühjahr Rast- und Futterplätze. Davon machen vor allem Wildgänse Gebrauch, zunehmend auch Silberreiher.

Besondere Aufmerksamkeit erfahren die Streuwiesen im Gundelfinger Moos. Unter den Gräsern treten hier vor allem Seggen auf, dazu gibt es Lungenenzian, Schwertlilien und beispielsweise Mehlprimeln. Von den Blütenpflanzen werden Schmetterlinge wie der Ameisenbläuling angezogen. Im Kraut fühlen sich Sumpfschrecken wohl. Auch so seltene Vögel wie das Blaukehlchen und die Beutelmeise kommen hier vor.

Längst hat man hier die traditionelle herbstliche Streumahd aufgegeben, dafür gibt es alternative Pflegemaßnahmen durch extensive Beweidung. Die Futterwiesen werden durch Landwirte im Vertragsnaturschutz ein- bis zweimal jährlich gemäht. Ein interessantes Phänomen bilden die Seigen – das sind durch Moorsackung entstandene Mulden, die sich bei Niederschlägen mit Wasser füllen und von Wiesen-, Sumpf- und Watvögeln aufgesucht werden. Eine große Gefahr für das Gebiet bleibt aber der durch die Donauregulierung erfolgte gesunkene Grundwasserspiegel. Durch die schnelle Ableitung des Grund- und Oberflächenwassers in die Donau und deren Eintiefung im Flussbett droht der Grundwasserspiegel sogar noch weiter zu sinken.

Das Naturschutzgebiet Gundelfinger Moos hat auch Bedeutung als Überwinterungsraum in der kalten Jahreszeit, so zum Beispiel für die Sumpfohreule (Asio flammeus).

ALPENVORLAND UND ALPEN

Das 150 Millionen Jahre alte Felsgestein, dass die Donau bei Weltenburg durchbricht, ist fossilienreich und weist Ammoniten als typische Bewohner des einst tropischen Jurameers aus. Diese bis zu 1,5 Meter großen ausgestorbenen Weichtiere mit schneckenähnlichen Schalen sind Verwandte unserer heutigen Tintenfische

der fast bis zur Einmündung des Rhein-Main-Donau-Kanals bei Kehlheim reicht. Am spektakulärsten ist der Flussverlauf durch die Weltenburger Enge, an deren Ufer atemberaubende Felsformationen empor ragen. Es sind 150 Millionen Jahre Gesteinsschichten mit aus Korallen und Schwämmen aufgebauten Riffen der Jurazeit, die dem Fluss hier den Weg versperren. Die verbliebenen Riffe sind so hart, dass diese bis heute als Felspartien Bestand haben – so bizarr, dass ihnen mit Witz und Humor prächtige wie gleichermaßen seltsame Namen gegeben wurden. Sie heißen „Kuchelfelsen", „Bayerischer Löwe" oder „Bischofsmütze". Dann gibt es „Zwei Sich-Küssende" und den „Unverschämten Mann", der seine Rückseite der Donau zeigt. Des Weiteren gibt es „Peter und Paul", das „Bienenhaus" mit Höhlungen wie Bienenwaben und nicht zuletzt „Napoleons Reisekoffer", den er auf seinem Rückzug hier stehen gelassen haben soll. An der „Stille" und der „Langen Wand" wird das Donaubett auf 110 Meter Breite zusammengedrückt.

Bei Kehlheim trifft der Unterlauf der zum Rhein-Main-Donau-Kanal ausgebauten Altmühl auf die Donau. Von hier ab ist die Donau für Binnenschiffe bis 2,50 Meter Tiefgang befahrbar.

Abwärts von Kehlheim öffnet sich das Donautal wieder zu einem breiteren Becken. Kennzeichnend sind hier ackerbaulich genutzte Schotterterrassen an deren Rändern sich felsbestandene Gleithänge erheben.

DAS NIEDERBAYERISCHE DONAUTAL

Die Fließrichtung der Donau wendet sich von Regensburg abwärts in südöstlicher Richtung. Schon von Weitem erkennt man die Walhalla, jenen klassizistischen Ruhmesbau, den der Bayerische König Ludwig I. zwischen 1830 und 1842 hoch über dem Fluss im Stil eines griechischen Tempels errichten ließ.

Von Regensburg an nimmt die Donau bis vor Passau ihren Verlauf durch das Dungaubecken. Der Dungau, auch Gäuboden genannt, ist ein Landschaftsstreifen zwischen Bayerischem Wald und dem sich südlich anschließenden Unterbayerischen Hügelland. Seine bandartige Niederung dient der Donau als Talsohle, die sich linksseitig scharf gegen den Falkensteiner Vorwald abgrenzt, der hier staffelartig ins Tal abfällt, und rechtsseitig in die höheren Lagen des Dungaus übergehen. Die geologischen Ursachen der Entstehung des Dungaubeckens gehen auf die Alpenfaltung zurück, die hier eine Senkungslinie bis zum Bayerischen Wald hinterließ. Während der letzten Kaltzeit wehte feiner Kalkstaub aus dem nahe liegenden Juragebirge in diese Bruchzone und hinterließ eine mehrere Meter mächtige Lössschicht, die die Grundlage für die große Fruchtbarkeit des gesamten Gäubodens bildet.

In einer Donauschlinge steht das altehrwürdige Kloster Weltenburg, das älteste Kloster in Bayern, dessen erste Kirche um das Jahr 700 geweiht wurde. Die heutige Klosteranlage entstammt der Barockzeit, die zwischen 1716 bis 1739 errichtete Klosterkirche wurde von den Gebrüdern Assam entworfen und ausgestaltet. (unten links)

In der Walhalla ließ Bayernkönig Ludwig I. 160 Büsten bedeutender Deutscher aufstellen, um so auch einen Gegenpol angesichts der nachwirkenden Schmach der verlorenen Schlachten gegen Napoleon zu schaffen. (unten rechts)

Durch den Ausbau der Donau, der 1836 begann, ist der Fluss heute mit Buhnen und Leitwerken versehen und an beiden Seiten eingedeicht. Insbesondere in der Umgebung von Straubing mäandrierte die Donau stark, sodass das Gebiet bis heute innerhalb der Eindeichung von Altwasserschlingen mit Au- und Bruchwäldern geprägt ist. Größere Auwaldbereiche sind noch bei Irlbach und im Gebiet der Isarmündung erhalten. Ansonsten ist das Dungaubecken weitgehend gehölzarm.

Dort, wo die Mäander abgeschnitten wurden, verblieben Feuchtrinnen zwischen den Schottern der Niederterrasse. Diese Schotter wurden eiszeitlich aufgetragen oder nacheiszeitlich angeschwemmt, sind mit Sand, Lehm oder Löss bedeckt. Die Niederterrasse wird heute durch alle wasserbaulichen Maßnahmen nur noch bei extremen Hochwassern überflutet. Die sich anschließenden mit Löss und Lösslehm bedeckten Hochterrassenflächen grenzen sich vielerorts durch klar ersichtliche Hänge von der zwei bis 15 Meter tieferen Niederterrasse ab. Die hohe Bodenfruchtbarkeit macht hier die intensive ackerbauliche Nutzung vorherrschend.

So sehr das Dungaubecken auch heute agrarisch genutzt wird, haben die verbliebenen Auenwälder, Feuchtgebiete und Wasserflächen der Niederterrasse doch hohen ökologischen Wert. Vor allem sind sie als Überwinterungsgebiet für Wasservögel und als Wiesenbrüterflächen unersetzlich. Dazu bieten diese Lebensräume auch anderen Tierarten wie Insekten und Amphibien eine Existenzgrundlage, wie zum Beispiel dem Seefrosch (von dem als Hybride der Teichfrosch abstammt). Über 20 Fischarten gibt es hier in der Donau, über 250 Vogelarten im Gelände, davon über 150 Arten als Brutvögel.

Der Bodensee

Mit einer Fläche von 536 Quadratkilometern ist der Bodensee das größte Gewässer Deutschlands, flächenmäßig nach dem Plattensee und Genfer See der drittgrößte und volumenmäßig der zweitgrößte See Mitteleuropas. Er ist 76 Kilometer lang, fast 15 Kilometer breit und bis zu 252 Meter tief.

Dass der Bodensee auch gern „Schwäbisches Meer" genannt wird, ist lokalpatriotisch verständlich, aber nicht nur deshalb irreführend. Knapp ein Drittel der Wasserfläche des Bodensees gehören zur Schweiz, ein Zehntel zu Österreich und 58 Prozent zu Deutschland. An seiner gesamten Uferlänge von 273 Kilometern ist der deutsche Anteil mit 173 Kilometern zwar der größte, die Schweizer verfügen aber immerhin noch über einen Uferanteil von 72 und die Österreicher von 28 Kilometern – und neben den Schwaben haben auch noch die Bayern einen kleinen Anteil von 18 Kilometern Länge am deutschen Ufer. Seinen offiziellen Namen verdankt der Bodensee einer karolingischen Pfalz, die später von den Herren von Bodman übernommen wurde. Auch in dem Bodanrück genannten Höhenzug zwischen Überlinger See und Untersee wie auch in der Burgruine Hohenbodman nördlich von Überlingen ist dieser Namensbestandteil noch enthalten.

Die Entstehung des Bodensees geht auf die Alpenauffaltung zurück, die über Jahrmillionen Abtragungsprodukte als bis zu vier Kilometer mächtige Schotterschichten im nördlichen Alpenvorland hinterließen. Während der Eiszeit drangen die Alpengletscher weit in das Vorland vor, schabten es stellenweise aus und formten mit Grund- und Endmoränen die heutige Landschaft des Alpenvorlands. Während der Riß-Kaltzeit, der vorletzten Kaltzeit im Alpenvorland, hatte sich der Rheingletscher bis zur damaligen Donau bewegt. Nach seinem Rückzug versperrten seine Geröllmassen das alte Flusssystem und die Donau musste sich in ihr Ur-Bett zurückziehen. Ihre Nebenflüsse schufen neue Talbetten wie beispielsweise

ALPENVORLAND UND ALPEN

die Weltenburger Enge. Während der letzten Kaltzeit, der Würm-Kaltzeit, breitete sich der Rheingletscher noch einmal mit einer Mächtigkeit von 1200 Metern weit über den heutigen Bodensee hinaus aus. Seine Gletscherzunge formte die Vertiefung aus, die heute vom Bodensee ausgefüllt wird. Die Abschmelzung erfolgte in mehreren Stadien, während derer sich an seinem Kopfende ein Eisstausee bildete. Der Wasserspiegel dieses Ur-Bodensees lag zehn Meter über dem heutigen, erst durch Tiefenerosion des Hochrheins sank der Seespiegel auf sein heutiges Niveau. Obersee und Untersee trennten sich, ihre Verbindung wird seither durch den Seerhein aufrechterhalten.

darunter, dem Gefälle des Seerheins entsprechend. Die Fläche des Obersees beträgt 412 Quadratkilometer, woran der nach Westen reichende Finger des Überlinger Sees 61 Quadratkilometer Anteil hat. Der 63 Quadratkilometer große Untersee besteht aus dem Rheinsee, dem Zeller See und dem Gnadensee. Im Bodensee gibt es drei größere Inseln, die Mainau als vielbesuchte Blumeninsel, die Reichenau mit dem ehemaligen in die Welterbeliste der UNESCO aufgenommenen Kloster und die Altstadtinsel von Lindau. Dazu kommen noch kleinere Inseln wie die Dominikaner-Insel vor der Altstadt von Konstanz, der Triboldingerbohl und der Mittlere Langbohl als Schilfinseln

Die Lindauer Hafeneinfahrt wird gesäumt von dem 1856 errichteten Leuchtturm auf der West- und dem Bayerischen Löwen auf der Ostseite. Letzterer wurde ebenfalls im Jahr 1856 vom Bildhauer Johann von Halbig (1814-1882) geschaffen.

Der Bodensee gliedert sich in zwei, durch den Seerhein verbundene Hauptteile: den Ober- und den Untersee. Die Seehöhe beträgt 395,2 Meter, der Untersee liegt 30 Zentimeter

vor dem Wollmatinger Ried, die Liebesinsel vor der Halbinsel Mettnau bei Radolfzell, der Werd im Ausfluss bei Stein am Rhein mit dem gleichnamigen Kloster und die nur 53 Quadratmeter große, mit einer alles überdeckenden Weide bepflanzte Insel Hoy bei Lindau an der Mündung der Ach.

Für den Wasserhaushalt des Bodensees ist der Alpenrhein von allergrößter Bedeutung, der am Südostende durch seine mitgeführten Geröll- und Schlammmassen in einem sich ausweitenden Delta mündet. Des Weiteren fließen aus dem Norden die Bregenzer Ach, die Schussen und die Argen zu. Der Niederschlag trägt nur zu einem geringen Anteil am Wasserhaushalt des Bodensees bei. Verdunstung und Wasserentnahme sind gegenüber dem Hochrhein als einzigem Abfluss im Westzipfel des Untersees auch bedeutungslos. Trotzdem verursachen unterschiedliche Wasserführungen Seespiegelschwankungen bis zu 1,60 Meter. Die Erkrümmung verursacht dagegen eine Aufwölbung zwischen der Nordwest- und Südostecke des Sees von 80 Metern. Selbst in Querrichtung beträgt die Aufwölbung noch 40 Meter, sodass man das gegenüberliegende Ufer nicht erkennen kann.

Vom Gewässertyp her ist der Bodensee ein nährstoffarmer Voralpensee. Die Wasserqualität verschlechterte sich mit der beginnenden Industrialisierung und war nach dem Zweiten Weltkrieg am schlechtesten. Seither haben Kläranlagen und verringerte kontaminierende Einträge zur Verbesserung geführt – mit der Folge geringerer Fischereierträge. Die Bestände sind seither aber stabiler und noch gibt es über hundert Bodenseefischer, deren Hauptfang der berühmte Bodenseefelchen ist.

Das große Wasservolumen des Bodensees bewirkt ein mildes Klima in seinem Einzugsbereich. Probleme bereiten Föhnfallwinde aus den Alpen, Nebel im Winter und Schwüle im Sommer. Sturmböen treten unvermittelt auf und machen den See zu einem gelegentlich gefährlichen Binnenwasser. Dann gibt es auch plötzlich auftretende hohe Wellen, der schon Wassersportler zum Opfer fielen.

DER OBERSEE

Der Obersee nimmt als größter Teil des Bodensees dessen gesamten Ostteil ein. Die tiefste Stelle des Bodensees liegt 254 Meter unter dem Seespiegel zwischen Fischbach und Uttwil. Vor dem bayerischen Nordufer liegt die durch Dämme mit dem Festland verbundene Insel Lindau mit ihrer sehenswerten Altstadt, westlich davon – und noch auf bayerischem Gebiet wurde die Insel Wasserburg im 18. Jahrhundert mit einem Damm zum Ufer verbunden. Als Festung diente sie den Klosterherren von St. Gallen als Zufluchtsort. Reizvoll ist ihr Bauensemble aus Schloss und Kirche. Im Zentrum am Nordufer hat in Friedrichshafen der Zeppelin-Bau seinen Ursprung. Gegenüber von Konstanz steht in Meersburg die älteste bewohnte Burg Deutschlands, deren Ursprünge auf das 7. Jahrhundert zurückgehen.

Das größte Naturschutzgebiet des Bodensees ist das vom Alpenrhein gebildete Delta. Es hat vor allem als Vogelschutzgebiet Bedeutung. Des Weiteren stehen der Schilfgürtel von Wasserburg und die Mündung des Argen unter Schutz. Als weiteres großes Schutzgebiet besteht das Eriskircher Ried zwischen Rotach- und Schussenmündung. Das 550 Hektar große Gelände besteht aus Flachwasserzonen, Schilfflächen und Altwassern. Außerdem findet man hier noch Moränenreste des eiszeitlichen Rheingletschers. Über 650 Pflanzenarten hat man hier schon gefunden.

ALPENVORLAND UND ALPEN

Der Überlinger See

Jenseits der Schwelle zwischen Konstanz und Meersburg setzt sich der Überlinger See als westlicher Finger des Obersees bis Ludwigshafen bzw. Bodman fort. Die Ausbuchtung östlich von Konstanz wird als Konstanzer Trichter bezeichnet. Der Überlinger See ist an seiner tiefsten Stelle nur noch 147 Meter tief, wobei die Ufer relativ steil abfallen. Dadurch ist der Überlinger See insbesondere auch bei Tauchern beliebt. Dieser Steilabfall resultiert aus einem alten Grabenbruch, der eiszeitlich vom Rheingletscher überformt wurde. Der Überlinger See weist verschiedene kleinere Zuflüsse auf. Etwas größer sind die Seefelder Aach, die bei Uhldingen, und die Stockacher Aach, die zwischen Bodman und Ludwigshafen mündet.

Der Küstenverlauf des Überlinger Sees ist in vielerlei Hinsicht von Interesse. Verfolgt man die Nordostküste, so gelangt man zunächst nach Uhldingen. Hier wurden im seichten Wasser in Ufernähe Pfahlbauten aus der Bronzezeit rekonstruiert. Solche Pfahlbausiedlungen sind typisch für den Alpenraum.

Die Seefelder Aachmündung bei Seefelden ist als Naturschutzgebiet ausgewiesen. Wenig weiter folgt die oberhalb des Ufers aufragende Wallfahrtskirche von Birnau. Inmitten von Weinbergen gelegen, ist diese Kirche einer der bedeutendsten Sakralbauten des süddeutschen Barock.

Nach Südwesten trennt der lang gezogene Bergrücken des Bodanrück den Überlinger See vom Untersee. Sein stark strukturierter Kamm erhebt sich bis fast 300 Meter über den Seespiegel. Steil senkt sich der Bergrücken, durchzogen von Schluchten zum Überlinger See ab. Die wildeste Schlucht ist die Marienschlucht, stellenweise nur einen Meter breit. Sie führt als verschlungener

Die Uhldinger Pfahlbausiedlung bestand vor gut 3000 Jahren aus 80 im Wasser stehenden Häusern. Über hundert solcher Fundstellen gibt es, die zwischen 5000 v. Chr. und 500 v. Chr. entstanden. Der museale Komplex besteht aus fünf Gebäuden und einem Palisadenabschnitt. Im eigentlichen Museum „an Land" sind Gegenstände aus den Unterwasser-Ausgrabungen zu sehen, die Eindrücke aus dem wirtschaftlichen und gesellschaftlichen Leben der Dorfbewohner in einer Zeit großer Umbrüche in Europa vermitteln.

Prächtig ist die Innenausstattung der Wallfahrtskirche von Birnau mit Fresken von G.B. Göz und Skulpturen von J.A. Feuchtmayer. Die bekannteste darunter ist der Honigschlecker, eine allegorische Kleinfigur mit Bienenkorb.

Pfad, gesäumt von 30 Meter hohen Felsen, 100 Meter tief zum Seeufer hinab – und setzt sich unterhalb des Seespiegels noch fort. Am Südufer des Bodanrücks stellen sich die Höhenrücken als Drumlins dar, jene von den Alpengletschern geformten Hügel von tropfenartiger Form. Dem Bodanrück vorgelagert ist die Insel Mainau.

„Gärtnern um des Menschen willen"
INSEL MAINAU

Gerade einmal 45 Hektar groß ist die Insel Mainau im Überlinger See, zu erreichen über eine Brücke vom Konstanzer Vorort Egg am Bodanrück oder über einen Schiffsanleger. Geologisch handelt es sich um eine sogenannte Molassescholle, aus dem See ragendes Schottergestein, das im Zuge der Alpenauffaltung im Alpenvorland abgelagert und vom eiszeitlichen Gletscher kuppig geschliffen wurde. Immerhin erhebt sich die Insel an ihrer höchsten Stelle 30 Meter über den Seespiegel.

Die Insel war sicherlich wegen ihrer klimatischen Begünstigung schon jungsteinzeitlich besiedelt, vorgefundene Reste einer Pfahlbausiedlung sind gut 5000 Jahre alt. 1271 wurde die Insel dem Deutschen Orden übertragen, der hier über 500 Jahre lang eine Niederlassung betrieb. An die Zeit des Deutschen Ordens erinnern das vom Barockbaumeister Johann Caspar Bagnato errichtetes Schloss, dessen Giebel immer noch das Wappen des Ordens trägt, und eine vom gleichen Baumeister errichtete Schlosskirche. Der Gärtnerturm am Westrand des Schlossplatzes stammt noch von den Befestigungsanlagen, die die Deutschordensritter lange vor dem Dreißigjährigen Krieg dort anlegen ließen.

Nach der Säkularisation erlebte die Insel viele Eigentümerwechsel und kam schließlich in den Besitz des Großherzogs Friedrich I. von Baden, den Urgroßvater von Lennart Graf Bernadotte. Er war es auch, der die Grundlage für die Parkgestaltung der Insel schuf, indem er exotische Bäume und Gewächse pflanzen ließ, die er von seinen Auslandsreisen mitbrachte, den Rosengarten sowie die Orangerie und erste Tropenhäuser errichten ließ. So steht im heutigen Arboretum einer der ältesten Mammutbäume Deutschlands.

Der 1909 geborene Graf Bernadotte machte die Insel gemäß seinem Motto „Gärtnern um des Menschen willen" zu seinem Lebenswerk. Nach den Kriegs- und Nachkriegswirren öffnete er den Park der Mainau der Öffentlichkeit und machte die „Blumeninsel" zu einer der größten Besucherattraktionen des Bodensees – über das ganze Jahr verteilt blühen hier Tulpen und Narzissen, Azaleen und Rhododendren, Sommerblumen, Rosen und Dahlien.

Im Winter kommen die Besucher vor allem in das Schmetterlingshaus, das mit einer Fläche von 1000 Quadratmetern das größte in Deutschland ist.

DER UNTERSEE

Der Bodanrück trennt den nördlichen Überlinger See vom südlichen Untersee. Genau genommen gehört der Untersee gar nicht zum Bodensee, liegt er doch 30 Zentimeter unter dessen Seespiegel und wird durch ein Teilstück des Rheins, den Seerhein, mit diesem verbunden. Neben dem Seerhein spielt noch die Radolfzeller Aach eine Rolle als Zufluss des Untersees. Mit einer Fläche von 63 Quadratkilometern ist er nur unwesentlich größer als der Überlinger See, mit durchschnittlich 40 Metern Tiefe wesentlich flacher als die anderen Teile des Bodensees. Eiszeitliche Moränen haben zu seiner heutigen Form aus den vier Teilbereichen Rheinsee, Zeller See, Gnadensee und Markelfinger Winkel geführt. Den Mittelpunkt dieses Sees bildet die Insel Reichenau.

Der Rheinsee stellt als südlicher Teil des Untersees die direkte Verbindung des Rheinflusses vom Seerhein durch Konstanz bis zu seinem Austritt bei Stein am Rhein dar. In diesem Seeteil herrscht eine spürbare Weststömung. Sein Südufer liegt auf Schweizer Gebiet. Das Wollmatinger Ried, das bedeutendste Naturschutzgebiet des gesamten Bodensees, erstreckt sich mit einer Fläche von 767 Hektar von Konstanz am deutschen Ufer des Rheinsees entlang über den Reichenaudamm bis zum beginnenden Ufer des Gnadensees. Die Uferzone besteht aus einem dichten Schilfgürtel. Als wichtiges Brutgebiet ist das Gelände nur zu bestimmten Zeiträumen und nur unter fachlicher Begleitung zu betreten. Der Gnadensee umfasst die Wasserfläche zwischen der Reichenau und dem Festland. Der Name dieses Seeteils könnte legendären Ursprungs sein: Die Äbte des Klosters Reichenau hatten zwar die Gerichtsbarkeit auf der Insel, Vollstreckungen mussten aber auf dem Festland vollzogen werden, die Delinquenten mussten dazu mit dem Boot übergesetzt werden. Sollte der Delinquent zu allerletzt doch noch begnadigt werden, so ließ der Abt eine Glocke läuten – daher der „Gnadensee".

Der Markelfinger Winkel stellt die nordwestliche Fortsetzung des Gnadensees bis zum Unterseeende bei Radolfzell dar. Hier ist der schmalste und flachste Teil des Bodensees, der durch die Halbinsel Mettnau vom Zeller See abgetrennt wird. Der nördliche Teil des Markelfinger Winkels ist noch unbefestigt, dichte Unterwasservegetation reicht bis zu dem mit Schilf bestandenen Ufer, hinter dem noch Auenwaldrelikte vorhanden sind.

Die Halbinsel Mettnau trennt den Markelfinger Winkel vom Zeller See, der sich östlich von Radolfzell erstreckt. Die 3,5 Kilometer lange und 800 Meter breite Halbinsel Mettnau steht als Brutgebiet für Enten unter Naturschutz. Durch Baggerarbeiten entstand auf der Insel ein großes, vom leicht schwankenden Seespiegel des Bodensees abgetrenntes Gewässer, das diesen Wasservögeln Nestschutz und in den nahe gelegenen nährstoffreichen Flachwasserzonen des Markelfinger Winkels ausreichend Nahrung für die Jungenaufzucht bietet. Hier brütet sogar der Bergpieper, ein Bachstelzen großer Vogel, der ansonsten nur in Höhenlagen über 1000 Meter vorkommt.

ALPENVORLAND UND ALPEN

DIE INSEL REICHENAU

Das milde Bodenseeklima, das mehrere Ernten im Jahr ermöglicht, prädestiniert die Insel für den Gemüseanbau – nicht umsonst lässt sich der Name der Insel mit ihren fruchtbaren Böden und reichen Fischgründen von „Reiche Au" ableiten. Auf der Hochwart ist der höchste Punkt der Insel, der sich 43 Meter über den Seespiegel erhebt. Die drei Ortschaften der Insel, Oberzell, Mittelzell und Niederzell, haben zusammen über 3000 Einwohner, mehr als die Insel Lindau.

Das im Jahr 743 auf der Insel gegründete Benediktinerkloster Reichenau ist eine Wiege christlicher Kultur in Mitteleuropa. Insgesamt ist das Inselensemble aus den drei romanischen Kirchen, der Münsterkirche St. Maria und Markus, der Säulenbasilika St. Peter und Paul in Niederzell und der mit reichem Freskenschmuck verzierten St. Georgskirche in Oberzell im Jahr 2000 in die Liste des Weltkulturerbes der UNESCO aufgenommen worden. Zusätzlich wurde im Jahr 2003 die Buchmalerei des Klosters Reichenau in die Weltdokumentenerbeliste der UNESCO aufgenommen. Dem Reichenauer Scriptorium entstammen viele berühmte Handschriften des 10. und 11. Jahrhunderts, so auch die Evangeliare Kaiser Otto III. und des Bamberger Doms.

Die Reichenau liegt als 4,3 Quadratkilometer große, längliche Moräneninsel inmitten des Untersees. Seit dem Jahr 1838 ist sie durch einen aufgeschütteten Damm mit dem Festland verbunden.

DER HEGAU

Der Hegau ist eine dem Bodensee westlich vorgelagerte und bis zum Hochrhein reichende Übergangslandschaft zwischen Schwäbischer Alb und dem oberschwäbischen Alpenvorland. Das tief in den Untergrund abgetauchte Juragestein ist hier wie im gesamten Alpenvorland von Molasse, dem von der Alpenauffaltung abgelagerten Schuttmassen, überdeckt. Dazwischen eingebettet gibt es auch noch „Juranagelfluh" genannte Schuttmassen, die von der Alb abgelagert wurden.

Am Ende des Erdzeitalters des Tertiärs durchschlug im Zuge der Alpenauffaltung nach Norden gepresstes Magma explosionsartig den Abtragungsschutt und bildete die Basaltkuppen des Hohenstoffeln, des Hohenhewen, des Neuhewen und des Höwenegg. Eher aus Phonolit und Tuff aufgebaute Bergkuppen bilden der Hohentwiel, der Hohenkrähen und der Mägdeberg. Mehrfach übereinander gelagerte Tuffdecken von immer noch 100 Meter Mächtigkeit bedecken das Geländedreieck zwischen Hohenstoffeln, Hohenkrähen und Hohentwiel, denn in der Riß-Kaltzeit drang der Rheingletscher bis zu den Vulkankuppen des Hegaus vor und rieb die Tuffauflagen teilweise ab.

Der heute noch 832 Meter hohe Hohenstoffeln hatte einst zwei Gipfel. Der 844 Meter hohe Gipfel wurde durch Basaltabbau abgetragen. Seit 1941 steht der Berg unter Naturschutz, sodass kein weiterer Abbau mehr möglich ist. Am 848 Meter hohen Hohenhewen erreichte das Eis die 700-Meter-Marke, sein Gipfel ragte als Inselberg aus dem Gletscher heraus. Auf das Schmelzwasser der letzten Würm-Kaltzeit sind die Abrutschungen an der Ostflanke und die Sinterkalke am Berg auf warme Quellaustritte zurückzuführen.

Auch der 798 Meter hohe Höwenegg blieb vom Basaltabbau nicht verschont – einst war seine Kuppe 812 Meter hoch. Der Abbau wurde 1979 eingestellt und hinterließ einen 85 Meter tiefen Krater. Im Bereich des Steinbruchs bergen die Seesedimente einer 20 Millionen Jahre alten Kraterfüllung bedeutende Skelette der Säugetierfauna jener Zeit wie etwa das einer Hipparion-Stute, eines Urpferdes, mit Fohlen im Bauch.

Der Hegau erstreckt sich zwischen der Donau im Norden, dem Bodensee im Osten und dem Hochrhein im Süden. Sein Geländeniveau breitet sich in Höhenlagen zwischen 500 und 600 Metern aus. Typisch für den Hegau sind die hier bis 250 Meter aus der Umgebung aufragenden Kegelberge. Sie sind vulkanischen Ursprungs.

Oberschwäbisches Alpenvorland

Das Alpenvorland ist der breite Landschaftsgürtel, der sich angesichts der Alpenkulisse südlich der Donau über die Bundesländer Baden-Württemberg und Bayern erstreckt. Der oberschwäbische Anteil wird im Süden durch den Bodensee, im Westen durch den Hegau sowie den über die obere Donau hinausreichenden Teil der Schwäbischen Alb begrenzt und geht ostwärts über die Iller in den bayerisch-oberschwäbischen Teil und über den Lech hinweg in den eigentlichen bayerischen Teil über.

Das gesamte Alpenvorland besteht auf dem Molasse-Untergrund, der von Moränen als glazialen Ablagerungen sowie von aufgeschüttetem Schotter der Alpenabflüsse im Rhythmus der Kalt- und Warmzeiten der letzten Eiszeit überformt und zerschnitten wurde. Das Alpenvorland ist heute durch das von den südlichen Alpen nach Norden ziehende Gewässersystem in einzelne Hochflächen zerteilt. Ihre Sohlentäler zerlegen die hochgelegene Schotterebene in lang gezogene Riedel. Der Höhenunterschied zwischen den Hochflächen und den Tälern beträgt 50 bis 70 Meter.

Im Westen des Oberschwäbischen Alpenvorlands leitet die Ablenkung zum tiefer liegenden Rheintal einzelne der Abflüsse nach Süden zum Bodensee hin, so vor allem die Schussen, die in der Nähe des Federsees entspringt. Ostwärts nehmen alle größeren Flüsse den nördlichen Verlauf, so die Riß, die Iller, die Günz, die Mindel und der Lech. Die plateauartigen Hochflächen des Oberschwäbischen Alpenvorlands tragen eine acht bis 15 Meter mächtige Schotterdecke, die ehemalige Talböden darstellen. In den Warmzeiten wurden die durch eiszeitliche Schmelzwässer aufgeschütteten Schottermassen wieder zerschnitten, um dann in der nächsten Periode wieder aufgefüllt zu werden. Die Hochterrassen aus der Riß-Kaltzeit, wie zum Beispiel die der Kammlach als Nebenfluss der Mindel, sind letztendlich von einer bis drei Meter dicken Lössschicht überdeckt.

Die 50 Kilometer lange Riß wird aus den Quellflüssen Warme Riß und Kalte Riß gebildet, die der Region um Bad Waldsee bzw.

ALPENVORLAND UND ALPEN

Ingoldingen wenig nördlich der Rhein-Donau-Wasserscheide entspringen. Die Riß hat als kleiner Fluss aber große Bedeutung – sie gab der vorletzten Kaltzeit, der Riß-Kaltzeit vor etwa 200 000 Jahren, ihren Namen.

Die fast 150 Kilometer lange Iller entspringt bei Oberstorf im Oberallgäu. Bis in das beginnende 20. Jahrhundert hinein war sie ein ungebändigter Fluss, der lange auch zur Flößerei genutzt wurde. Die erste urkundliche Erwähnung der Iller-Flößerei geht auf das Jahr 1397 zurück. Ihre Wasserführung ist an der Mündung in die Donau in Ulm sogar größer als die der Donau selbst. Durch häufige Hochwasser veranlasst, die erhebliche Schäden anrichteten, wurde der Fluss gebändigt und teilweise mit Seitenkanälen versehen. Insgesamt liefern heute 13 Wasserkraftwerke an der Iller Energie. Auf weiten Strecken bildet die Iller die Grenze zwischen den Bundesländern Baden-Württemberg und Bayern.

Die Günz entsteht bei Lauben im Unterallgäu aus den Quellflüssen Westliche und Östliche Günz und mündet nach 55 Kilometer langem Lauf bei Günzburg in die Donau. Weite Strecken des mittleren und oberen Laufs sind noch naturnah oder wieder renaturiert worden, insofern gilt die Günz als das größte Bachsystem Bayerns. Die Günz ist auch Namensgeber für eine Kaltzeit vor 800 000 Jahren, nämlich der ältesten nach dem traditionellen viergliedrigen Kaltzeitschema der Alpen, obwohl es Anzeichen für noch ältere Vereisungen im Alpenvorland gibt.

Die 78 Kilometer lange Mindel entspringt westlich von Kaufbeuren und mündet bei

Die aus der letzten Kaltzeit herrührenden Niederterrassen des Alpenvorlandes wurden nacheiszeitlich oft so stark mit Schotter aufgefüllt, dass sie Grundwasseraustritte und Versumpfungen zeigen. Hier breiteten sich Auenwälder und Moore aus, bis der Mensch große Teile dieser Flächen drainierte und in Weideland umwandelte. Als größte Vermoorungsfläche des Oberschwäbischen Alpenvorlands ist das Federsee-Ried verblieben. Die hoch liegenden Schotterplatten des Vorlands, die die Spuren der Günz- und Mindelvereisung tragen, sind vorwiegend von Wald bedeckt. Dort, wo eine Lössschicht aufgetragen wurde, wird auch Ackerbau betrieben.

OBERSCHWÄBISCHES ALPENVORLAND

Oberhalb von Füssen passiert der Lech den Lechfall (Bild), wo sich die aus den Alpen gespeisten Wassermassen über fünf Stufen zwölf Meter in die Tiefe stürzen. Nach diesen Katarakten verengt sich der Flusslauf und tritt in die Lechschlucht ein, die der Fluss im Laufe von Jahrtausenden in den Untergrund gegraben hat.

Gundremmingen in die Donau. Im Bereich des Unterlaufs ist das Mindeltal besonders breit, weil die Wertach nach der letzten Eiszeit ihr Tal nutzte. Auch die Mindel ist Namensgeber für eine alpine Kaltzeit, nämlich die Mindel-Kaltzeit vor 400 000 Jahren.

Östlich des Mittellaufs der Mindel erstrecken sich noch im schwäbisch-bayerischen Gebiet bis zum Lechfeld die Stauden, die den Südteil des Naturparks Augsburg-Westliche Wälder umfassen. Es ist eine plateauartige Landschaft, die als sogenannte Stauden-

ALPENVORLAND UND ALPEN

> Vor den Alpen, die in der Entfernung von einigen Stunden hierherum sind, stehe ich immer noch betroffen, ich habe wirklich einen solchen Eindruck nie erfahren, sie sind wie eine wunderbare Sage aus der Heldenjugend unserer Mutter Erde und mahnen an das alte bildende Chaos, indes sie niedersehn in ihrer Ruhe, und über ihrem Schnee in hellerem Blau die Sonne und die Sterne bei Tag und Nacht erglänzen.
>
> *Friedrich Hölderlin (1770–1843)*

platte aus den Anfängen der letzten Eiszeit erhalten geblieben ist. Die Schmelzwasserabflüsse der Riß- und Würm-Kaltzeit haben das Plateau stehen lassen, die Täler der westlichen Mindel und das der östlichen Wertach liegen 50 bis 70 Meter tiefer als das Plateau, das mit 654 Meter Höhe seinen höchsten Punkt im Süden in der Nähe von Markt Wald erreicht.

Der Landschaftsbegriff der Stauden stammt noch von der mittelalterlichen Niederwaldnutzung, durch die der Hochwald in Mitleidenschaft gezogen wurde. Die Bauern der Randlagen verfügten nur über kleine Flächen zur Bewirtschaftung, trieben ihr Vieh zur Weide in den Wald, dem sie das Laub zum Stalleinstreu entnahmen. Bis heute hat das Landschaftsbild der Stauden dadurch seinen typischen Charakter erhalten. Sowohl die Acker- und Weidebewirtschaftung als auch die Waldbewirtschaftung ist kleinflächig geblieben, Niederwaldinseln sind noch vereinzelt vorhanden, dies oft in Form von Feldgehölzen, die ökologisch wertvolle Kleinstrukturen bilden.

Der Lech entspringt in Vorarlberg und zählt mit einer Länge von 256 Kilometern neben der Isar und dem Inn zu den drei großen rechtsseitigen Nebenflüssen der Donau in Deutschland. Er fließt durch Tirol und nimmt kurz vor der deutschen Grenze noch ihren größten Nebenfluss, die 154 Kilometer lange Vils, auf.

Der Lechfall ist am Ende der Würm-Kaltzeit entstanden, als sich der Lechgletscher zurückzog und sein Schmelzwasser einen großen See im Bereich der Vilsmündung bildete, der bis zum heutigen Ort Pfronten reichte. Seine „Staumauer" war ein Höhenzug aus kalkhaltigem Wettersteingestein. Als der See eine Tiefe von 100 Metern erreicht hatte, entstand ein Überlauf an der tiefsten Stelle dieses Höhenzugs. Die Wassermassen stürzten nun 100 Meter in die Tiefe und sammelten sich im damaligen Füssener See, den der Lechgletscher als Mulde ausgehoben hatte. Die gewaltige Kraft der Wassermassen grub eine Kerbe in das Kalkgestein ein und hinterließ den Lechfall – und der Lechsee fiel trocken. Auch der Füssener See verlandete durch mitgeführte Flusssedimente. Erst zu Beginn der 50er-Jahre des vorherigen Jahrhunderts wurde das Gelände erneut zum Forggensee aufgestaut.

Die größte Schotterebene des Oberschwäbischen Alpenvorlands wird vom Lechfeld gebildet, entstanden aus eiszeitlichen und nacheiszeitlichen Flussablagerungen. Es erstreckt sich westlich des Unterlaufs des Lechs bis zur Wertach. Neben naturnahen Flusslandschaften gibt es hier noch Heiden, Magerrasen und Trockenrasen. Diese Lechtalheiden erstrecken sich zwischen Schongau und der Donaumündung, besonders konzentriert im Lechfeld. Insgesamt sind sie aber auf einen geringen Flächenanteil geschrumpft.

IM HERZEN OBERSCHWABENS
DER FEDERSEE

Das Federseer Ried zählt zu den größten und interessantesten Feuchtgebieten des gesamten Alpenvorlands. Das Gelände erstreckt sich als Zungenbecken aus der Riß-Kaltzeit auf 580 Meter Höhe. Eine Endmoräne des würmkaltzeitlichen Gletschers riegelte das Gelände ab, sodass sich ein an die 30 Quadratkilometer großer See bildete. Ton- und Kiessedimente füllten das Becken nacheiszeitlich weitgehend auf und flache Uferabschnitte verlandeten. Einzig der Federsee verblieb als zunächst noch zehn Quadratkilometer großes Gewässer. Um die Wende zum 19. Jahrhundert senkte man den Seespiegel zur Ackerlandgewinnung um fast einen Meter ab, sodass die Wasserfläche auf heutige 1,4 Quadratkilometer schrumpfte.

Das Federseegebiet bietet ganz unterschiedliche, aber ineinander verzahnte Lebensräume für Pflanzen und Tiere. Da ist zunächst einmal der See selbst. Die Schilfgürtel sind die größten im gesamten Süden. Daran schließen sich weiträumige Feuchtwiesen an. Im Staudacher Banngebiet ist ein naturbelassener Moorurwald verblieben. Im Süden des Geländes haben Jungmoränen leicht erhöhte, sandig-trockene Standorte hinterlassen. Im Gegensatz zur Röhricht- und Moorvegetation der tieferen Lagen bestehen hier Nadelwaldparzellen.

So vielfältig der Lebensraum des Federsee-Gebiets ist, so vielfältig ist auch seine Flora und Fauna. Hier zählt man außerordentlich viele Pflanzenarten, darunter allein zehn Orchideenarten, und einige, die aus der Eiszeit überlebt haben, so die Kriechweide, die Strauchbirke und der Karlszepter genannte Moorkönig, der hier als Halbschmarotzer lebt, indem er über seine Saugwurzeln andere Pflanzen anzapft. Im See und den anschließenden Tümpeln gibt es 15 Fischarten. Das Gesamtareal ist ein Paradies für Insekten – kein Wunder, dass hier zwölf der in Deutschland bekannten Fledermausarten vorkommen.

Fast 300 Vogelarten wurden im Federsee-Gebiet schon gezählt, darunter die Bartmeise (Panurus biarmicus).

Bayerisches Alpenvorland

Die Schleierfälle der Ammer bei Saulgrub sind eine besondere Naturschönheit im Alpenvorland.

Zwischen der Donau und den Alpen setzt sich das Oberschwäbische Alpenvorland über den Lech hinaus ostwärts fort und wird durch die Salzach als Grenzfluss zu Österreich begrenzt. Der bayerische Teil des Alpenvorlands setzt sich aus dem Niederbayerischen Hügelland im Norden – auch Isar-Inn-Hügelland genannt – und den südlicher gelagerten Isar-Inn-Schotterplatten – auch als Oberbayerische Schotterplatten bezeichnet – zusammen. Die südliche Begrenzung wird von den Oberbayerischen Voralpen gebildet. Das Bayerische Alpenvorland zeigt sich als flach welliges, lössbedecktes Hügelland, das von 350 Meter Höhe der Donauniederung bis auf 550 Meter Höhe im Süden langsam ansteigt. Während der Eiszeit blieb der nördliche Teil des Gebiets gletscherfrei, sodass die tertiären Sedimente des Flachmeeres, das immer wieder durch die Burgundische Pforte bis zum Wiener Becken reichte, den Untergrund bildeten. Nur die nacheiszeitlich angewehten Stäube und Feinpartikel, die auch den Grund für seine hohe Bodenfruchtbarkeit bilden, bedecken das Gebiet. Landschaft bestimmend sind die Flüsse, die die Region in nordöstlicher Richtung durchschneiden. Vor allem Isar und Inn haben breite Kastentäler in das Hügelland gegraben, deren Talauen stark vermoort sind. Ihre Zuflüsse zerteilen das Hügelland in lang gestreckte Geländerücken. Die Bachzuläufe haben vielfach naturnahen Charakter aufrechterhalten und stellen wertvolle Biotope für gefährdete Pflanzen und Tiere dar.

Charakteristische Landschaften im Norden der Region sind die flach zur Donauniederung abfallende Hallertau und der Dungau. Die südliche Abgrenzung dieses Landschaftsteils wird durch einen Erosionshang zum Inn gebildet.

ALPENVORLAND UND ALPEN

Grundwasser und nacheiszeitliche Verlandungsprozesse schufen großflächige Feuchtgebiete, für die das von der Isar und ihren Nebenflüssen gebildete Erdinger Moos und gleichermaßen das Dachauer Moos beispielhaft stehen. Franz Marc (1880-1916) malte diese „Torfhütten im Dachauer Moos" im Jahr 1902.

Weiter südlich prägen Altmoränen der Riß-Kaltzeit und würmkaltzeitliche Jungmoränen das Landschaftsbild. Bis hierhin drangen jeweils die Kaltzeit-Gletscher vor. Die Ablagerungen der letzten Kaltzeit bilden die oberste Schicht, Ablagerungen der Riß-Kaltzeit sind in höheren Lagen obenauf verblieben. Am Ende der jeweiligen Kaltzeiten wurden durch die Schmelzwasserströme Schotter in die Region verfrachtet. Die große Münchner Schotterebene ist ein Beispiel für diesen Gestaltungsprozess.

Zwischen den Unterläufen von Isar und Amper erstreckt sich die Hallertau südlich der Donau als eines der bedeutendsten Hopfenanbaugebiete der Welt. Ihre mittelschweren, sandiglehmigen, teils lössbedeckten Böden werden intensiv für diese Sonderkultur genutzt. Die Forstflächen der Region sind auf Kuppen und Riedel zurückgedrängt, Wiesen finden sich nur in feuchten Talniederungen.

Die 80 Kilometer lange und 15 Kilometer breite Beckenlandschaft des sich östlich an die Hallertau anschließenden Dungaus besteht im Zentrum aus der Donauniederung. Südlich steigt die Landschaft sanft auf Höhenlagen bis 350 Meter an. Die lössbedeckten Böden der Region haben den auch Gäuboden genannten Dungau zur „Kornkammer Bayerns" gemacht. So zeichnet sich die Landschaft des Gäubodens durch endlos flache Felder aus, kaum ein Gehölz versperrt den Blick, der bei klarer Sicht bis zu den Alpen reicht.

Der Dungau zeigt auch klimatisch interessante Aspekte. Hier herrscht schon gemäßigtes Kontinentalklima, was dem Getreideanbau zusätzlich zugute kommt. Heiße Sommer wechseln sich mit kalten Wintern ab. Mit zunehmender Annäherung an den Bayerischen Wald steigen die Niederschläge von 600 auf 850 Millimeter pro Jahr an. In der winterlichen Jahreszeit bildet sich über der Donauniederung ein Kaltluftsee. Solche Inversionswetterlagen haben Nebel und Fröste zur Folge, auch Spätfröste, die die so bevorzugte Region für den Obstanbau allerdings untauglich machen.

Die wichtigsten Flüsse der Region zwischen Lech und Inn sind von West nach Ost die Paar, die Ilm, die Abens, die Große und die Kleine Laber, die Isar mit ihren Nebenflüssen Glon, Amper, Würm und Loisach, die Vils und der Inn. Die 135 Kilometer lange Paar entspringt nördlich des Ammersees und fließt eine lange Strecke parallel zum Lech durch das östliche Lechfeld, ohne in den Lech zu münden. Bei Kissing wendet sich die Paar nach Nordosten und verlässt in dem durch rückwärtige Erosion entstandenen Paardurchbruch das Lechfeld, um nun durch das Hügelland der Donau zuzustreben.

Die kaum mehr als 50 Kilometer lange Abens wird aus zwei Quellbächen gespeist. In ihrem Verlauf durchquert sie das Hügelland der Hallertau um mäandrierend bei Eining in die Donau zu münden. Aus wasserwirtschaftlichen Gründen wurde in den 1920er-Jahren ihre Mündung um drei Kilometer nach Norden verlegt. Die Ilm, die früher bei Gaden in die Donau mündete, fließt seither bei Bad Gögging in die Abens.

Die Große und die Kleine Laber mündeten einst getrennt in die Donau, die Große Laber weiter westlich bei Obermotzing, die Kleine Laber bei Landstorf. Im Zuge des Donauausbaus wurden sie umgeleitet, sodass die Kleine Laber seither kurz vor der Donaumündung der Großen Laber zufließt. Die Große Laber entspringt im Niederbayerischen Hügelland auf 500 Meter Höhe bei Volkenschwand, die Kleine Laber auf 436 Meter Höhe bei Pfeffenhausen. Beide Flüsse durchqueren in ihrem Oberlauf die Hallertau, um sich dann durch den Dungau der Donau zu nähern und dort unmittelbar unterhalb der Staustufe von Straubing einzumünden. Besonders die Große Laber mäandriert noch weitgehend unreguliert in ihrer breiten Talaue. Hochwässer verursachen weitläufige Auenüberschwemmungen, die aber weitgehend unschädlich verlaufen, da sich die Siedlungen am Talrand des Flusses erstrecken. Charakteristisch für die Große Laber sind des Weiteren noch viele Mühlenkanäle, für die der Fluss zweigeteilt wurde, wobei der Mühlenkanal meist am Talrand verläuft.

Der zentrale Fluss des Bayerischen Alpenvorlands ist die fast 300 Kilometer lange Isar. Sie entspringt im österreichischen Karwendelgebirge, durchfließt die Kocheler Berge und gelangt oberhalb von Bad Tölz auf bayerischen Boden. Ihren höchsten Wasserstand hat die Isar zur Zeit der Schneeschmelze. Dann transportiert sie soviel Wasser wie die Mosel oder der Main. In Bayern angekommen, durchfließt die Isar zunächst in einem engen Tal die eiszeitliche Moränenlandschaft des Voralpengebiets, die südlich von München vom Isar-Loisach-Gletscher aufgehäuft wurde. Anschließend tritt sie in die Münchner Schotterebene ein. Unterhalb von München bildet die Isar am Rand der Schotterebene das Erdinger Moos. Bei Moosburg mündet die Amper als ihr wichtigster Nebenfluss. Ab Landshut beginnt der Unterlauf der Isar, der in den durch Stauwehre geregelten Abschnitt von Landshut bis Plattling und in das Isarmündungsgebiet von Plattling bis Deggendorf unterteilt wird.

Die östlich parallel zur Isar fließende Vils ist ein innerbayerischer Fluss, die aus dem Zusammenfluss von Großer und Kleiner Vils im Landkreis Erding entsteht und nach knapp 70 Kilometer langer Strecke in Vilshofen in die Donau mündet. Die Vils hat auf weiten Strecken ihren natürlichen Lauf beibehalten und ist einer der wenigen Flüsse, der seinen Weg in großen Abschnitten regulierungsfrei findet. Unterhalb Frontenhausen wurde der Vilstalstausee als Hochwasserrückhaltebecken angelegt, seine Röhrichtbereiche sind zum Naturschutzgebiet

Die 55 Flusskilometer des Inns zwischen der Salzachmündung (Bild) und der Rottmündung sind mit ihren Flachwasserzonen und vielfältigen Verlandungsbereichen als Schutzgebiet „Unterer Inn, Haiming-Neuhaus" nach der Ramsar-Konvention, einer 1971 international in Ramsar am Kaspischen Meer verabschiedeten Vereinbarung zum Schutz von Feuchtgebieten, anerkannt worden.

ERDINGER MOOS

Das Erdinger Moos erstreckt sich als großflächiges Feuchtgebiet rechts der Isar zwischen Erding und Freising. Auf der gegenüberliegenden Isarseite schließen sich das Freisinger und Dachauer Moos an. Der Mittlere-Isar-Kanal zieht sich von Süden nach Norden durch die Region, deren Nordteil größtenteils vom Großflughafen München eingenommen wird.

Das bis zum Beginn des 19. Jahrhunderts weitgehend naturbelassene Moorgebiet wurde ab dem 8. Jahrhundert zunächst als herrschaftliches Jagd- und Weidegebiet genutzt. Erst dann begannen die Menschen dort einzudringen, um Torf abzubauen und um immer größere Flächen urbar zu machen. Bis zu der Zeit zwischen den beiden Weltkriegen war nur noch ein Zehntel der Fläche des Erdinger Mooses in seinem ursprünglichen Zustand belassen. Durch den Bau des Großflughafens München kam es zur weiteren Grundwasserabsenkung im Norden des Mooses.

Heute gibt es nur noch inselhafte Restbestände an Moorflächen und Lohwaldinseln. Verblieben sind vor allem noch das fast 250 Hektar große Naturschutzgebiet Viehlassmoos als Niedermoor und das ebenso große Naturschutzgebiet Zengermoos als Birkenwaldökosystem. Ansonsten wird heute im Erdinger Moos neben der Grünlandwirtschaft vor allem Maisanbau betrieben. Wiesenbrütergebiete sind nur noch als Flicken im Gelände vorhanden. Auch gibt es nur noch vereinzelte Fließgewässer als Lebensraum der Äsche. Das Erscheinungsbild des Südteils des Mooses wird vom Speichersee bestimmt, der als Reservoir für den Mittleren-Isar-Kanal dient, der das Gefälle im Gelände zur Stromerzeugung nutzt.

Landschaftlich stellt die Moosregion die Fortsetzung der Münchner Schotterebene dar, deren Wasserversorgung von der Isar abhängig ist. Das Gelände fällt von 500 Metern Höhe im Süden auf 450 Meter im Norden bei entsprechend nachlassender Schottermächtigkeit ab.

deklariert. Unterhalb zweigt der Vilskanal ab und vereinigt sich immer wieder mit der Altvils.

Der Inn entspringt im Schweizer Engadin auf fast 2500 Meter Höhe, durchfließt das österreichische Bundesland Tirol und gelangt bei Kufstein auf 500 Meter Höhe auf deutschen Boden. Von seiner Gesamtlänge von über 500 Kilometern führen an die 200 Kilometer bis zur Mündung in Passau auf etwas über 300 Meter Höhe durch Deutschland. Sein stark von Gletscherschmelze geprägtes, niedrig temperiertes und von Geschiebe- und Schwebstoffen durchsetztes Wasser charakterisiert ihn genauso wie die Isar als alpinen Gebirgsfluss. Und während der Schmelze ist es der wasserreichste Fluss Bayerns, bei Passau an der Innmündung führt die Donau dann nur 90 Prozent der Wassermenge mit sich wie der Inn. Unter extremen Witterungsbedingungen kann die Wasserführung des Inns stark ansteigen – verheerende Hochwasser sind die Folge, die über Jahrhunderte immer wieder großen Schaden angerichtet haben. Erst nach dem Ersten Weltkrieg konnte der Fluss mit Stauwerken und Dämmen gebändigt werden. 1924 entstand in Töging das erste Kraftwerk. Heute sind 16 Kraftwerke in Betrieb, mit denen der Inn mehr Strom liefert als alle anderen deutschen Flüsse.

Unterhalb von Kufstein bildet der Inn die deutsch-österreichische Grenze und tritt bei Fischbach in das Rosenheimer Becken ein. Dieses wurde von der Zunge des am Ende der Würm-Kaltzeit abschmelzenden Inn-Gletschers ausgehoben und staute sich zu einem See von fast der Größe des Bodensees auf. Einzig der Simssee nordöstlich von Rosenheim ist von diesem längst verlandeten See, der bis zu 150 Meter mächtige Sedimente hinterließ, verblieben. Im Zuge der Verlandung versumpfte das Rosenheimer Becken weitläufig. Nach Norden begrenzen Endmoränen den einstigen Rosenheimer See. Der Moränendurchbruch gelang dem Inn bei Wasserburg. Die Altstadt von Wasserburg erstreckt sich auf einer vom Inn umrundeten Halbinsel. Das gegenüberliegende Steilufer, die Innleiten, wurde im Lauf der Zeit immer weiter abgetragen, der Gleithang an der Stadtseite erweiterte sich entsprechend. Dieser Prozess kam zum Erliegen, als mit dem Kraftwerksbau in der ersten Hälfte des 20. Jahrhunderts auch die Ufer befestigt wurden.

Im weiteren Verlauf nimmt der einst wilde und bis zu zehn Kilometer breite Inn seinen Weg durch das Unterbayerische Hügelland und die Isar-Inn-Schotterplatten. Unterhalb von Wasserburg bis Mühldorf nimmt der Fluss noch einen mäandrierenden Verlauf. Oberhalb von Braunau mündet die Salzach in den Inn, der ab hier bis Passau wiederum die deutsch-österreichische Grenze bildet. Dieser Abschnitt war schon immer am stärksten von Hochwasser betroffen. Hochwasserschutzmaßnahmen erfolgten bis 1930 mit Dämmen und bis 1961 mit dem Bau von Pump- und Wasserkraftwerken. Gleichzeitig wurden auch Überflutungsflächen eingerichtet. Insgesamt entstand so bis Passau eine Wasserfläche von fünf fast durchgängigen Stauseen. Diese tiefgreifenden Eingriffe in die Ökologie des unteren Inns haben aber auch neue Lebensräume geschaffen. Es entstanden neue Flachwasserbereiche, und um die noch vorhandenen Auenwaldbereiche bildeten sich Seitenarme, Buchten und Gebüsche. Im Boden siedelten sich die unterschiedlichsten Schlammbewohner an. Diese Würmer, Insekten und Spinnetiere bieten die Lebensgrundlage für eine vielfältige Vogelwelt. Hier brüten sogar Silberreiher und Nachtreiher.

Eine besondere Attraktion des Bayerischen Alpenvorlands stellt das Rottaler Bäderdreieck dar, dessen heiße Quellen in der Zeit vor dem Zweiten Weltkrieg entdeckt wurden, als aus Gründen der Rohstoffselbstversorgung des Deutschen Reichs im unteren Rottal nach Erdöl gebohrt wurde. Dabei stieß man in 1000 Meter Tiefe „lediglich" auf 56 Grad Celsius heißes Thermalwasser.

Zur eigentlichen Ausbeute der Quellen kam es erst nach Ende des Zweiten Weltkriegs. Griesbach, Füssing und Birnbach profitierten von den Quellen und entwickelten sich zu ansehnlichen Kurorten, die heute alle die Auszeichnung „Bad" tragen dürfen. Ihr heilkräftiges Wasser weist einen hohen Gehalt an Schwefel-, Natrium-, Calcium, Chlorid- und Kalium-Ionen auf. Die im Wasser gelösten Ionen können beim Baden besonders gut durch die Haut aufgenommen werden – ein Effekt, der durch Wärme und Bewegung noch verstärkt werden kann.

Besonders interessant ist das Naturschutzgebiet Vils-Engtal bei Vilshofen – hier tritt Granit an die Oberfläche, der über lange Zeit abgebaut wurde. Das Vilswasser eroberte sich die Steinbrüche zurück, und es bildete sich der Taferlsee, ein Refugium für viele Wasserinsekten. In seinem Umfeld findet man den Wasserbock (Bild), der auch wegen seines Geruchs als Moschusbock (Aromia moschata) bezeichnet wird.

Das Voralpengebiet

*Angesichts der Alpenkette zählt das Voralpengebiet mit seinen Hügeln, Bergen, Seen und Wiesen zu den schönsten Landschaften ganz Deutschlands.
Im Bild: Schloss Neuschwanstein bei Füssern.*

Das Voralpengebiet stellt den Übergang vom nördlichen Iller-Lech-Riedelland und den Oberbayerischen Schotterplatten zum südlich aufragenden Hochgebirge der Allgäuer und Bayerischen Alpen dar. Dieses gebirgsnahe Voralpengebiet wird auch als „Jungmoränen-Voralpengebiet" charakterisiert. Seine Grenze wird durch die wuchtigen Endmoränenhügel bezeichnet, die die alpinen Gletscher der letzten Eiszeit nach Norden vorgeschoben haben. Die von den Gletschern ausgehobenen Mulden füllten sich mit Wasser. Von den so entstandenen Wasserflächen bestehen noch die großen bayerischen Voralpenseen wie der Ammersee, der Starnberger See und der Chiemsee. Die zentralen Landschaften dieser Region werden vom Allgäu und dem Chiemgau gebildet.

Im Zuge der Alpenauffaltung bildete sich nordwärts der Trog, der mit Schuttmassen aus dem ansteigenden Gebirge aufgefüllt wurde. Abwechselnd bildete sich ein Salzwassermeer, das immer wieder von Süß- und Brackwasseransammlungen abgewechselt wurde. Entsprechend zeigen die als Molasse bezeichneten Ablagerungen marinen, limnischen oder limnisch-brackigen Charakter. Bis 20 Kilometer vor dem Alpenrand taucht die gestauchte subalpine Molasse unter dem aufsteigenden Alpengestein unter.

Voreiszeitliche Schotter des Jura und der Alpen wurden verdichtet und treten als Höhen aus dem Untergrund heraus. Dieses verbackene Gesteinskonglomerat wird auch als Nagelfluh bezeichnet. Durch das Allgäu zieht sich gar eine ganze Nagelfluhkette hindurch,

ALPENVORLAND UND ALPEN

Im Alpenvorland ist der Chiemgau besonders seenreich. Unter den Seen ist der 80 Quadratkilometer große Chiemsee nicht nur der größte, sondern auch der prägende.

im Zentrum des Westallgäus erreicht das Nagelfluhbergland der Adeleggs eine Höhe von 1119 Metern. Die eiszeitlichen Ablagerungen sind bis zu 150 Meter mächtig und stellen sich als Moränen des Voralpenlandes dar. Diese Moränen werden den einzelnen Kaltzeiten zugeordnet. In der Abfolge sind dies die Günz- und Mindelvereisung, die die sogenannten Deckenschotter bilden, der Rißvereisung entstammen die Hochterrassenschotter und der Würmvereisung die Niederterrassenschotter.

Der Gletschervorstoß der Riß-Kaltzeit erreichte die größte Ausdehnung. Dennoch sind seine Moränen stark eingeebnet, sodass die Jungmoränenformen aus der Würm-Kaltzeit landschaftsbestimmend für das Voralpengebiet sind. Typische eiszeitliche Erscheinungsformen des Voralpengebiets sind die Drumlins. Dabei handelt es sich um stromlinienförmige, längliche Höhenrücken, die sich unter einem schiebenden Gletscher formten. Meist treten sie gestaffelt auf und bilden besonders ausgeprägt im Allgäu einen Teil der Grundmoränenlandschaft. Gletscherzungen und Toteisbecken sind für die Seen des Voralpenlands verantwortlich. Die Sedimentation der aus den Alpen herabfließenden Flüsse führte zur Verlandung und Vermoorung der Seengebiete. Im Umfeld des Chiemsees lässt sich diese Entwicklung besonders deutlich am Pfrunger Ried und dem Murnauer Moos erkennen.

DAS ALLGÄU

Das Allgäu erstreckt sich zwischen dem Bodensee und dem Lech, nach Süden begrenzt durch die Allgäuer Alpen. Es ist eine für die Voralpen typische Landschaft, die ihr heutiges Erscheinungsbild letztendlich den Auswirkungen der Eiszeit verdankt. Vor allem die Einwirkungen der Würm-Kaltzeit zeigen sich in den Moränenwällen, die den sanften Berg- und Hügelcharakter des Allgäus prägen. Dabei wurden diese Moränenhügel durch den Rheingletscher bis zum heutigen Ort Leutkirch, den Iller-Gletscher bis zur Linie Legau-Obergünzburg und den Lechgletscher bis zum heutigen Ort Kaufbeuren vorgeschoben. Diese Gletscher hinterließen zahlreiche Mulden, die als Seen oder

Hochmoore verblieben. Die wichtigsten Seen sind der Alpsee, der aufgestaute Forggensee, der Hopfensee und der Niedersonthofener See. Das aus dem Gebirge abfließende Wasser hinterließ oft schluchtartige Täler, die im Alpenbereich auch Tobel oder Klammen genannt werden. Die berühmteste ist die Breitachklamm (siehe Kasten Seite 352) in der Nähe von Oberstdorf. Doch ist das Allgäu nicht nur durch seine von Wiesen bedeckten Hügel, die Seen und die Alpenkulisse mit den Märchenschlössern Ludwigs II. charakterisiert – die Besucher suchen gleichermaßen die Dörfer und Städte mit ihren mittelalterlichen Stadtkernen und den herausragenden spitztürmigen Kirchen, die für das Allgäu so typische Almwirtschaft sowie die klischeehafte Vorstellung alter Trachten und geschmückter Kühe – doch letzteres ist inzwischen aus dem Alltagleben verschwunden und wird vor allem zu touristischen Zwecken wieder hervorgeholt.

Die Landwirtschaft war schon immer dominant im Allgäu. Da die Böden für den Ackerbau weniger geeignet sind, die Niederschläge aber eine ertragreiche Weidewirtschaft ermöglichen, herrschte schon immer die Milchviehhaltung vor. Eine Ausnahme bildet der Flachsanbau, der bis weit in das 19. Jahrhundert hinein im Allgäu weit verbreitet war und aus dem sich später die örtliche Textilindustrie entwickelte, die allerdings wieder eingegangen ist. Der heute dominierende Wirtschaftsfaktor ist der Fremdenverkehr. Vor allem bei Wanderern sind die Berge des Allgäuer Voralpengebiets beliebt, die durchaus Mittelgebirgscharakter aufweisen. Dazu gehören neben der Nagelfluhkette des Adeleggmassivs im Westen vor allem im Osten der Grünten und das Wertacher Hörnle.

Eine genaue Abgrenzung des Allgäus als Region gibt es nicht. Die landschaftlichen Übergänge zu den benachbarten Regionen sind fließend. Zentraler Ort des Allgäus ist Kempten, um das herum sich das West-, Ober-, Ost- und das Unterallgäu gruppieren. Historisch geteilt wurde die Region in der napoleonischen Zeit, seither liegt der Westteil des Allgäus überwiegend auf baden-württembergischem Gebiet, der größere östliche Teil auf bayerischem Gebiet. Gelitten hat das Allgäu wie fast ganz Deutschland unter den Wirren des Dreißigjährigen Kriegs. Doch danach erholte sich das Land wieder und mit der Kraft der Gegenreformation brach die barocke Bauwut aus, die hier unglaublich kunstvolle Kloster- und Kirchenbauwerke hinterließ.

Das Westallgäu

Das Westallgäu mit seinem Hauptort Wangen reicht mit dem äußersten Zipfel bis an den Bodensee heran. Die hügelige Landschaft breitet sich in durchschnittlichen Höhenlagen um 700 bis 800 Meter aus. Im Südwesten erstreckt

Blick über den Foggensee zu den Ammergauer Alpen.

ALPENVORLAND UND ALPEN

Durch den hohen Wiesenanteil gehört das Allgäu zu den Gebieten mit der vielfältigsten Schmetterlingspopulation. Da hier der Wald vor allem in schwerer zugänglichen Gebieten verbreitet ist, findet auch das Wild Rückzugsräume. So kommen hier neben Rot- (Cervus elaphus – Bild) und Rehwild auch Gämsen, Steinböcke und Murmeltiere vor, sogar Adler werden vereinzelt beobachtet. Unter den Pflanzen trifft man die typische Alpenflora mit Alpenrosen, Enzian, Frauenschuh, Edelweiß und sogar Seidelbast an.

sich der Pfänderrücken mit dem 1296 Meter hohen Pfänder (auf österreichischem Gebiet) und großen Waldarealen bis in das Allgäu hinein, in seinem Zentrum erhebt sich der Adelegg 400 Meter über seine Umgebung. Das Waldareal wurde erst spät besiedelt und entwickelte sich wegen des Holzreichtums zu einem Zentrum der Glasbläserei. Die Bergweiden der Adelegg – vom Herrenberg über die Schletter Alpe und Wenger Egg bis zum Wolfsberg – sind ökologisch so wertvoll, das eine weitere Verwaldung verhindert werden sollte.

Durch die Höhenunterschiede im Westallgäu sind hier die klimatischen Unterschiede auch erheblich. Zum Bodensee ist das Klima milde, bis zu 2000 Sonnenstunden wurden schon gemessen. Zum Pfänderrücken gibt es Steigungsniederschläge von über 1000 Millimeter pro Jahr, in den Höhenlagen bleibt der Schnee bis zum Frühjahr liegen. Nach Osten hin wird es dagegen wieder trockener.

Das Unterallgäu

Das Unterallgäu wird auch als das Wiesenallgäu bezeichnet. Es reicht von Kempten bis über Memmingen hinaus. Der Landkreis Unterallgäu reicht sogar bis Babenhausen und Mindelheim. Das voralpine Moränenland wird begrenzend von der Iller und der Wertach durchflossen. Das Gelände steigt vom ebenen Norden auf durchschnittlich 500 Meter Höhe nach Süden zunehmend hügelig auf über 800 Meter an. Die benediktinische Klosteranlage von Ottobeuren bei Memmingen gilt als das großartigste Barockbauwerk der Region.

DAS VORALPENGEBIET

Die seit 1983 zum Weltkulturerbe der UNESCO zählende „Wies", wie die Wieskirche auch genannt wird, ist das Rokoko-Juwel des Pfaffenwinkels, der große Teile des Allgäus einnimmt und sich östlich in das bayerische Voralpengebiet fortsetzt. Den Namen trägt diese Region nach der bayerischen Berufsbezeichnung für Pfarrer. Und in der Tat ist diese Region kirchlicher geprägt als jede andere – nirgendwo sonst gibt es so viele Klöster, Wallfahrtskirchen, Pfarrkirchen und Kapellen. Aus dieser Region stammen auch viele der berühmten süddeutschen Barockbaumeister und -künstler, darunter auch bekannte Stuckateure aus jener Zeit. (rechts: Kuppelfresko der Wieskirche)

Das Ostallgäu

Das Ostallgäu, begrenzt durch den Lech, reicht bis an das Ammergebirge heran. Hier breiten sich eine Reihe von Seen aus, von denen der durch den Lech aufgestaute Forggensee mit dem Blick auf Schloss Neuschwanstein der größte ist. Westlich davon erstreckt sich der Hopfensee, ein kaum zwei Quadratkilometer großer eiszeitlicher See von nur zehn Meter Tiefe. Er entwässert nach Süden über die Hopfensee-Ach, die nach einer östlichen Wendung in den Forggensee mündet. Gleichfalls dem Lech-Gletscher und seinem Toteis verdankt der südlich gelegene, etwas kleinere, aber sogar bis 25 Meter tiefe Weißensee seine Entstehung. Hier, im unmittelbaren Staubereich der Alpen, steigen die Niederschläge auf 1300 Millimeter jährlich an. Etwas südlicher und höher gelegen ist der zwölf Hektar große und bis 32 Meter tiefe Alatsee-angesichts der Vilser Alpen schon unmittelbar an der österreichischen Grenze. Der See wird von Süßwasser gespeist und weist im Winter in der Tiefe keine Wasserzirkulation mehr auf, weshalb sich im Laufe der letzten Jahrtausende im unteren Bereich schwefelhaltiges Tiefenwasser angesammelt hat. Ab 20 Meter Seetiefe tritt eine rote Schicht von Purpur-Schwefelbakterien auf, wie sie weltweit kaum in anderen Süßwasserseen anzutreffen ist. Oberhalb dieser Wassergrenze ist der See sauerstoffreich genug für die auch in anderen Seen anzutreffende Flora und Fauna. Der Faulenbach, als Abfluss des Alatsees, weist – wie der Name schon sagt – eine erhöhte Schwefelwasserstoffkonzentration auf. Ganz dicht unterhalb des Schlosses Neuschwanstein liegt der 1,9 Kilometer lange Alpsee, der als einer der saubersten Seen Deutschlands gilt. Er wurde im Übrigen schon von König Ludwig II. als Badesee genutzt.

Das größte Naturschutzgebiet Bayerns mit 276 Quadratkilometern Fläche im Ammergebirge kann man von Schwangau aus mit einer Seilbahn erreichen, die einen Höhenunterschied von knapp 1000 Meter überwindet.

Das Oberallgäu

Das Oberallgäu erstreckt sich südlich von Kempten tief in die Alpenketten hinein. Hauptort ist Sonthofen, bekanntester Ferien-

ALPENVORLAND UND ALPEN

Der über zwei Quadratkilometer große Bannwaldsee (Bild) erstreckt sich einen Kilometer östlich des Forggensees, in den ihn die Mühlbacher Ach entwässert. Sein Wasser ist mesotroph, also schon stark von Nährstoffen durchsetzt, weil es sich nur langsam austauscht. Zur Wassererneuerung benötigt der See mehr als fünf Jahre. Der See ist durch große Flachwasser- und Schilfzonen gekennzeichnet. Das Seegebiet zeigt typische Verlandungs-, Versumpfungs- und Quellmoorzonen auf und ist umgeben von extensiv bis mittelintensiv genutzten Wiesen – und steht deshalb unter Naturschutz.

ort ist Oberstdorf. Die Breitach entspringt im Kleinen Walsertal, das faktisch zu Österreich, geografisch aber noch zum Allgäu zählt. Auch die nördlichen Teile des Bregenzerwaldes werden geografisch gleichfalls noch zum Allgäu hinzu gerechnet. Die Südgrenze des Allgäus wird hier von den Allgäuer Alpen gebildet.

Wenn auch das voralpine Oberallgäu von Wiesen dominiert wird, gibt es doch auch ausgedehnte Baumbestände, vor allem in steilen und schattigen Lagen und als Schutzwald, wobei es auch naturnahe Buchenmischwälder als weitläufigste Waldgebiete des Voralpengebiets gibt.

Vielfältig ist das landschaftliche Erscheinungsbild des Oberallgäus – mit vielen „Highlights". Dazu zählt beispielsweise der Grünten, ein 1738 Meter hoher solitärer Berg fünf Kilometer nördlich von Sonthofen, der wegen seiner exponierten Lage vom Tal aus auch als der „Wächter" des Allgäus bezeichnet wird. Genauso markant erhebt sich der auch Blender genannte 1072 Meter hohe Rauhenstein als Ausläuferberg der Adelegg bei Kempten, leicht erkennbar an seinem hohen Fernsehturm auf der Kuppe. Eine Besonderheit stellt der Illerursprung dar. Nur wenig nördlich von Oberstdorf treffen drei Flüsse aufeinander, die Breitach, die Stillach und die Trettach, sie bilden hier den Beginn der Iller. Besonders schön gelegen ist der 1,9 Kilometer lange Alpsee bei Immenstadt, nicht zu verwechseln mit dem gleichnamigen See bei Neuschwanstein. Der sogenannte Große Alpsee ist 2,4 Quadratkilometer groß und bis zu 22 Meter tief, wegen seiner West-Ost-Erstreckung ist er ein beliebtes Surfrevier. Zusammen mit seinem Nachbarn, dem nur neun Hektar messenden Kleinen Alpsee, der es nur auf neun Meter Tiefe bringt, bildet er ein fast 1000 Hektar großes Landschaftsschutzgebiet. Als weiterer Oberallgäuer See findet sich der Niedersonthofner See auf halber Strecke nach Kempten im Illertal. Er bildete sich aus einer vom Illergletscher gebildeten Rinne. In der sich zur Iller fortsetzenden Rinne folgen der Oberinselsee, der Mittelinselsee und der Unterinselsee, die die Kette der Sonthofner Seen bilden. Zur Iller hin geht das Gelände in Streuobstwiesen über. Jenseits der Iller wurde die Rottach aus wasserwirtschaftlichen Gründen zum Rottachsee aufgestaut, der mit einer Fläche von 300 Hektar der größte See im Oberallgäu ist.

penkulisse weiter ostwärts fort – mit dem großen Unterschied, dass die das Landschaftsbild so charakterisierenden großen Seen des Alpenvorlands sich im ostwärtigen oberbayerischen Voralpengebiet zwischen Lech und Inn befinden. Dennoch gibt es hier grundsätzlich eigenständige Landschaften, so das Ammerseer Land, das Blaue Land, das Starnberger Fünf-Seen-Land, das Tölzer Land, den Chiemgau und schließlich den Rupertiwinkel.

Im Oberallgäu befindet sich das Zentrum der Allgäuer Almwirtschaft. Zu Beginn des Sommers wird das Allgäuer Milchvieh zusammen mit dem Jungvieh auf die Almen getrieben und verbleibt dort bis zum September. Dann beginnt die Viehscheid, wie hier der Almabtrieb genannt wird. Dazu erhält die Leitkuh den aufwändigsten Blumenkranz um den Hals. Das in den Kranz eingebundene Kreuz sorg für himmlischen Schutz beim gefährlichen Abstieg, der Spiegel im Kranz hält die bösen Geister fern. Am Scheideplatz im Tal werden die Tiere den einzelnen Besitzern wieder übergeben.

OBERBAYERISCHES VORALPENGEBIET

Mit dem Oberbayerischen Voralpengebiet setzt sich das Landschaftsbild des Allgäus, das zum kleineren Teil auf baden-württembergischem Gebiet und zum größeren Teil auf bayerischem Gebiet liegt, aus Hügeln, Bergen, Seen, Wiesen angesichts der Al-

Das Ammersee-Lech-Land

Der Lech bildet die landsmannschaftliche Grenze zwischen Schwaben und Bayern. Gleichzeitig gehört der Landesteil zwischen Lech und Ammersee noch zum Pfaffenwinkel. Das Gelände grenzt sich plateauartig vom etwa 630 Meter hoch gelegenen Lech und dem 570 Meter hoch gelegenen Ammersee ab und erreicht mit dem 752 Meter hohen Kalvarienberg

DIE BREITACHKLAMM

Die Breitach entspringt im Kleinen Walsertal und bildet nach 21 Kilometer langem Lauf zusammen mit der Trittach und Stellach am Illerursprung die Iller. Die deutsche Grenze erreicht der Fluss an der Walserschanze. Unterhalb durchbricht er das Voralpenfelsgestein in einer eindrucksvollen Schlucht, der Breitachklamm. Am Ende der letzten Würm-Kaltzeit bedeckte der bis zu 700 Meter mächtige Iller-Gletscher das Kleine Walsertal, der nach seinem Abschmelzen ein glazial geformtes Trogtal zurückließ, das unterhalb in das Illertal übergeht. Weiches Gestein war vom Gletscher abgetragen worden, in das harte Gestein darunter musste sich die Breitach mit ihrem starken Gefälle auf einer Länge von 2,5 Kilometern 150 Meter tief einschneiden.

Die Breitbachklamm war bis weit in das 19. Jahrhundert hinein nicht zu durchqueren. Erst im Zuge des aufkommenden Tourismus wurden die Bemühungen konkret, einen Zugang zur Klamm zu eröffnen. Der junge Tiefenbacher Pfarrer Johannes Schiebel nahm die Sache in die Hand und mit Hilfe von Sponsoren – würde man heute sagen – ließ er am 25. Juli 1904 eine Sprengung durchführen, die im folgenden Jahr die Begehung der Klamm ermöglichte. Damit erschloss er der Gemeinde neue Einnahmequellen.

Ende September 1995 ereignete sich ein gewaltiger Felssturz in der Breitbachklamm. An die 5000 Kubikmeter Fels und Geröll stürzten in die Schlucht, das Wasser staute sich weit über 20 Meter hoch. Im darauffolgenden Frühjahr brach das Wasser während der Schneeschmelze durch und verwüstete den Klammweg. Die Schäden konnten in den Folgejahren wieder behoben werden. Aber der Vorfall zeigt, wie dynamisch sich die landschaftlichen Gestehungsprozesse bis heute abspielen.

Jährlich durchqueren an die 300 000 Besucher die Klamm. Der obere Eingang zur Breitbachklamm befindet sich nahe der Walserklamm, der untere am großen Oberstdorfer Parkplatz. Ein 2,5 Kilometer langer Steg verbindet beide Punkte.

seinen höchsten Punkt. Auch daran zeigt sich, wie stark dieser Landesteil vom kirchlichen Geschehen durchdrungen, reich an Kirchen, Klöstern und Kapellen ist. Bauliches Kleinod der Region ist die vom Wessobrunner Baumeister Josef Schmuzer erbaute barocke Wallfahrtskirche Zur Schmerzhaften Muttergottes in Vilgertshofen. Ausdruck der tief verwurzelten Frömmigkeit ist die „Stumme Prozession", die alljährlich von der Marianischen Bruderschaft am Sonntag nach Mariä Himmelfahrt mit der Darstellung von Szenen des Alten und Neuen Testamentes begangen wird. Noch berühmter ist die Klosteranlage von Wessobrunn selbst: Prächtig sind die Ausstattung der Kirche und vor allem auch des Prälatengangs. Aus diesem Kloster stammt auch das „Wessobrunner Gebet", das älteste deutsche Sprachzeugnis mit christlichem Inhalt, das heute in der Bayerischen Nationalbibliothek in München liegt.

Das Land zwischen Lech und Ammersee ist stark bewaldet, durchsetzt mit Mooren, alten Torfstichen und Birkenfeuchtwäldern. Am markantesten zeigt sich der Engelsrieder See, der so natürlich wirkt, aber von Menschenhand angelegt wurde. Es war ein Wessobrunner Abt, der ihn Mitte des 17. Jahrhunderts zur Fischzucht aufstauen ließ. Das typisch moorige Umland ist als Landschaftsschutzgebiet ausgewiesen. Der Windachspeicher inmitten der Region ist dagegen ein in den 60er-Jahren des vorigen Jahrhunderts errichteter Hochwasserspeicher, der primär wasserwirtschaftlichen Zwecken dient.

Ganz im Süden des Ammerseer-Landes erhebt sich der Hohenpeißenberg als wahrer Panoramaberg, der sich 988 Meter hoch erhebt. Schon lange war er Ziel von Wallfahrten. Zur ersten Kapelle aus dem Jahr 1514 bauten die Augustinerchorherren eine große Wallfahrtskirche auf seiner Kuppe, um die größer werdende Zahl der Pilger aufzunehmen. In der zweiten Hälfte des 18. Jahrhunderts wurden die ersten astronomischen Beobachtungen vom Hohenpeißenberg aus vorgenommen, seither gibt es hier ununterbrochene Wetteraufzeichnungen, was den Berg zur ältesten Wetterstation der Erde macht. Inzwischen betreibt der Deutsche Wetterdienst die Forschungsstation.

Die Ammer umrundet von Süden den Hohenpeißenberg und füllt den Ammersee. Dieser drittgrößte See des bayerischen Voralpengebiets verdankt – wie die anderen auch – eiszeitlichen Einwirkungen seine Entstehung. Der

Beeindruckend ist auch das Dießener Marienmünster, ein am Ammersee gelegenes barockes Gesamtkunstwerk von größter Einheitlichkeit, bei dem alles aufeinander abgestimmt ist.

ALPENVORLAND UND ALPEN

Riß- und der Würm-Gletscher schoben sich durch die Garmischer Pforte nordwärts vor, hoben eine Mulde aus und hinterließen Seiten- und Endmoränen. Hier sammelte sich Schmelzwasser zu einem viel größeren See als heute, der sich damals bis zum Hohenpeißenberg ausdehnte. Dass der See auf seine heutige Größe von 47 Quadratkilometern schrumpfte, hat die Amper als sein Abfluss verursach. Sie grub sich in die nördlich Endmoräne ein und senkte so den Seespiegel um annähernd 30 Meter ab.

DAS BLAUE LAND

Südlich des Ammersees erstreckt sich das Blaue Land bis zu den Spitzen des Wetterstein- und Karwendelgebirges. Murnau ist das Zentrum der Region mit dem Staffelsee, dem Riegsee, dem Kochelsee und dem Walchensee. Zur Region zählen auch Oberammergau mit den berühmten Passionsspielen, die nicht minder berühmte Klosterkirche von Ettal und nicht zuletzt Schloss Linderhof, die „Königliche Villa" des bayerischen Königs Ludwig II. Das kleine Schloss war der Lieblingsaufenthaltsort des Königs – und es war das einzige seiner drei Schlösser, das noch zu seinen Lebzeiten fertig gestellt wurde.

Der Loisachgletscher formte die Mulde des Staffelsees in der Würm-Kaltzeit, der hinterlassene Toteisblock drückte die Mulde aus. Nacheiszeitlich verlor der Seespiegel zehn Meter an Höhe. Heute erstreckt sich der noch 7,7 Quadratkilometer große Staffelsee auf 650 Meter über dem Meeresspiegel inmitten eines breiten Moorgürtels des Voralpenlandes. An seiner tiefsten Stelle reicht er 32 Meter herun-

Seinen Namen verdankt das Blaue Land dem einzigartigen Licht, das sich in den Seen der Region widerspiegelt und schon vor über hundert Jahren Maler wie Wassily Kandinsky und seine Lebens- und Malergefährtin Gabriele Münter inspirierte, die sich vor dem Ersten Weltkrieg sogar hier niederließen. Und andere Maler der Künstlergruppe „Blaue Reiter" wie etwa Franz Marc fanden hier immer wieder neue Motive. Am berühmtesten sind die Bilder, die Lovis Corinth (1885–1925) vom Walchensee gemalt hat, wie der „Walchensee mit Lärche" aus dem Jahr 1921.

Die grüne Färbung des Wassers verdankt der Walchensee dem Mineralienreichtum seiner Zuflüsse aus dem Karwendelgebirge. Ohnehin ist er zweifelsohne der noch am wenigsten von Menschenhand beeinflusste bayerische See, dessen Ufer allerorten frei zugänglich sind. Am Südufer gibt es noch naturbelassene Strände, die zum Baden genutzt werden können. Die Ufer selbst sind nur wenig besiedelt, größter Ort am See ist der Luftkurort Walchensee mit gerade einmal 600 Einwohnern.

ter. Er ist längst nicht so sehr der Verlandung ausgesetzt wie die anderen bayerischen Seen, weil keiner seiner Zuflüsse aus dem eigentlichen Alpengebiet, die viele Sedimente mit sich führen, entstammt. Hauptzufluss ist die Ach, die gleichzeitig ihr Abfluss ist. Im See gibt es fünf Inseln, von denen Wörth die einzig größere und permanent bewohnte ist. Immerhin erhebt sich die 32 Hektar große Insel 33 Meter über den Seespiegel. Die fünf Bewohner der Insel haben früher Landwirtschaft betrieben, heute sorgt eine Herde von Heckrindern dafür, dass das Inselgelände nicht verbuscht. An einer noch im 18. Jahrhundert vorhandenen Brücke zur Kapelle auf der Insel, deren Pflöcke noch im Wasser stehen, haben sich Süßwasserschwämme angesiedelt, die hier eine außergewöhnliche Größe erreichen. Vielleicht liegt es am moorigen Wasser des Staffelsees.

Gleichfalls ein Toteissee ist der östlich des Staffelsees in der Voralpenmoorzone gelegene 188 Hektar große Riegsee. Er wird ausschließlich von Grundwasser gespeist und entwässert auch über den Boden. So ist der Riegsee der größte abflusslose See Bayerns.

Südöstlich erstreckt sich der Kochelsee, schon teilweise von Alpenbergen umrahmt. Seine Nordseite erstreckt sich noch in das Vorland. Auch dieser heute sechs Quadratkilometer große und bis 35 Meter tiefe See, dessen Seespiegel auf 600 Meter Höhe liegt, entstammt der Würm-Kaltzeit. Auch sein Becken hob der Loisachgletscher aus. Von Westen her fließt die Loisach dem See zu, den sie nordwärts wieder verlässt. Der Spiegel des Sees war nacheiszeitlich 150 Meter höher als heute. Mit der Absenkung verblieb der sich nördlich des Sees bis zum Staffel- und Riegsee erstreckende, ökologisch so wertvolle Moorgürtel. Dieses 32 Quadratkilometer große Murnauer Moos stellt einen der bedeutendsten Moorkomplexe im gesamten Alpenvorland dar. In diesem komplexen Feuchtgebiet findet man Nieder- und Hochmoore, Quelltrichter, Restseen und dazwischen immer wieder Streuwiesen. Hier wachsen verschiedene Seggenarten, Binsen, dazu Wollgras, Orchideenarten wie das seltene Wanzenknabenkraut, hier gibt es noch die Kreuzotter und den Wachtelkönig, der zu den am stärksten gefährdeten Vogelarten Deutschlands zählt.

Das Wasser des über 16 Quadratkilometer großen, tief grünen Walchensees entstammt der Obernach. Die Jachen entwässert den See und fließt durch das lang gezogene Hochtal der Jachenau zur Isar. Der Grat des 858 Meter hohen Kesselbergs trennt den Walchensee vom tiefer liegenden Kochelsee. Schon um 1900 begann man sich Gedanken darüber zu machen, wie man das Gefälle von 200 Metern zwischen den beiden Seen zur Energiegewinnung nutzen könnte. Es wurden Stollen angelegt, die seit 1924 durch das Walchenseekraftwerk der Stromerzeugung dienen. Um den Wasserstand des Sees aufrecht zu erhalten, wird Wasser über einen Stollen aus dem Rissbach und aus der Isar entnommen und dem Walchensee zugeführt.

DAS FÜNF-SEEN-LAND

Der Starnberger See im Südosten und der Ammersee mit seinen drei Begleitseen Wörthsee, Pilsensee und Weßlinger See im Nordwesten umrahmen das Fünfseenland. Eiszeitliche Ablagerungen haben dieses hügelige Land zwischen den tiefer liegenden Seen geschaffen. Hier wechseln sich Waldparzellen mit Acker- und Weideland ab. Bei gutem Wetter schweift die Sicht bis zur Alpenkette.

Im Norden des Fünf-Seen-Landes erstrecken sich große Verlandungszonen. Eine solche Verlandungszone stellt das Tal der aus dem Ammersee austretenden Amper dar. Es erstreckt sich mit einer Fläche von 600 Hektar bis Grafrath. Menschliche Eingriffe haben zur Absenkung des Grundwasserspiegels und damit zur Austrocknung des Geländes geführt. Hier findet man nun anstelle der moortypischen Flora Allerweltspflanzen wie die Brennnessel. Die Wiedervernässung soll die Stabilität diese Moores wieder fördern.

Östlich vom Ampermoos, nur durch einen kleinen Höhenrücken getrennt, findet man die große Verlandungszone mit den drei Begleitseen des Ammersees. Hier breiten sich Röhrichte und Seggenrieden sowie Bruchwälder vorwiegend aus Erlen und Birken aus. Zusammen mit dem Ammermoos und Ammerdelta im Süden bildet der Ammersee eines der wichtigsten Brut-, Überwinterungs- und Rastgebiete für Wiesenvögel, Sumpfvögel sowie Wat- und Wasservögel im süddeutschen Raum.

Auf einer Anhöhe des Fünf-Seen-Landes erhebt sich die altehrwürdige Klosteranlage von Andechs. Das in außergewöhnlicher Panoramalage oberhalb des Sees gelegene Kloster ist vor allem wegen seiner Klosterbrauerei mit einem der schönsten Biergärten Bayerns ein viel besuchter Ort. Der erste Gasthof an dieser Stelle wurde schon 1438 erstmals urkundlich erwähnt. Die prächtig ausgestatte Wallfahrtskirche zählt zu den größten Rokoko-Kunstwerken des Landes.

DIE OSTERSEEN

In der südlichen Verlandungszone des Starnberger Sees breiten sich die Osterseen aus, ein Komplex aus 20 moorigen und nährstoffarmen Seen und Bruchwäldern, der aus der Ostersee-Ach gespeist wird, die in ihrem Oberlauf Steinbach heißt. Ganze 16 Kilometer lang ist der Steinbach, der im Verlauf seiner ersten Kilometer noch durch hügeliges Moränenland fließt. Erst kurz oberhalb des Großen Ostersees gewinnt der Fluss den moorigen Charakter, den er bis zur Mündung bei Seeshaupt beibehält.

Das Osterseengebiet war lange Zeit durch seine natürlichen Gegebenheiten weitgehend unbeeinflusst vom Menschen geblieben. Nur einzelne Stellen wurden gelegentlich von Besuchern auf verschlungenen Wegen zum Baden aufgesucht. Doch durch die Modernisierung der Landwirtschaft im Einzugsbereich nahmen auch die Düngereinträge zu, die Wasserqualität entsprechend ab. Aus dem Geheimtipp der Osterseen hat sich seit Beginn der 1970er-Jahre ein zunehmender Besucherstrom ergeben. Die Ökologie dieses für die Wasservögel am Starnberger See so wichtigen Gebiets drohte zusammenzubrechen. Eine Verbesserung der Situation ergab sich, als das Gebiet der Osterseen 1981 unter Naturschutz gestellt wurde. Es erfolgte ein Wegegebot, Parkplätze wurden eingeschränkt und gebührenpflichtig gemacht, die Zahl der Badestellen reduziert. Heute kann nur noch am Süd- und Ostufer des Fohnsees und am südlichsten und nördlichsten Abschnitt des Ostufers am Großen Ostersee gebadet werden. Besucher werden auf ausgewiesene Wanderwege geleitet, die genaue Lage der zum Schwimmen freigegebenen Uferbereiche ist gekennzeichnet und die geschützten Bereiche wurden zudem teilweise eingezäunt. So ist ein Kompromiss zwischen den Freizeitbedürfnissen der Menschen und den Notwendigkeiten zum Erhalt der einmaligen Landschaft der Osterseen gelungen.

Neben den Wasserflächen weist das Gebiet der Osterseen auch große Schilfbestände auf. Die Weiher und Wasserflächen sind durch Kanäle miteinander verbunden, die Schilfbestände erschweren den Zugang zu ihnen.

Als landschaftliche Besonderheit erstreckt sich südwestlich des Starnberger Sees das Eberfinger Drumlin-Feld. Solchen von den Alpengletschern geformten stromlinienförmigen Höhenrücken von tropfenartiger Form begegnet man im Voralpenbereich häufiger – das Eberfinger Feld ist das größte darunter. Nordwärts setzt sich das Feld im Andechser Höhenrücken im Erscheinungsbild einer Endmoräne fort. Die zwischen den einzelnen Drumlins entstandenen Täler sind nacheiszeitlich als Feuchtgebiete verblieben oder verlandet. Die Teiche und Seen des Eberfinger Drumlin-Felds sind in der Regel künstlich zur Fischzucht angelegt worden wie etwa der Nußberger Weiher.

ALPENVORLAND UND ALPEN

Der Starnberger See ist auch ein wichtiger Winteraufenthaltsplatz für die bedrohten See- und Lappentaucher, die Pracht- und Sterntaucher (Gavia stellata – Bild), die Schwarzhals- und Rothalstaucher sowie die Eistaucher. Nicht zuletzt besteht in der St. Heinrichbucht das größte bayerische Brutgebiet der Flussseeschwalbe.

Der Starnberger See

Der Seespiegel des Starnberger Sees, dem zweitgrößte der bayerischen Voralpenseen, liegt auf 584 Meter Höhe, seine Nordspitze ist kaum mehr als 20 Kilometer von München entfernt. Während der letzten Kaltzeit, der Würm-Kaltzeit, reichte der Isar-Loisachgletscher bis zur Nordspitze des Sees. Er schob sich von den Alpen kommend nordwärts fort und gab dem typischen Zungenbeckensee am Ende dieser Kaltzeit vor 15 000 Jahren seine letzte Überformung. Seitliche Moränen begrenzen seine Breite, sodass er bei einer Länge von fast 20 Kilometern kaum fünf Kilometer breit ist.

An seiner tiefsten Stelle reicht der Starnberger See 130 Meter in den Untergrund. Durch geringen Zufluss und geringen Abfluss erneuert sich der See nur alle 21 Jahre, der Ammersee dagegen beispielsweise alle vier Jahre. Der Zufluss erfolgt im Wesentlichen von Süden über die Ostersee-Ach, der Abfluss durch die Würm im Norden. Da die Ostersee-Ach – auch im Gegensatz zu den Zuflüssen des Ammersees – keine bemerkenswertere Geschiebe- und Schwebstofffracht in den See einbringt, zeigt der Starnberger See eine außerordentlich klare Sicht mit einer Sichttiefe von bis zu 40 Metern.

Die eiszeitlichen Schottermassen, die das aus den Alpen abfließende Schmelzwasser in Richtung des Starnberger Sees führte, wurden weitgehend über die tiefer liegende Isar abgeführt. Deshalb ist der See nur mit wenig Schotter aufgefüllt worden, was seine große Tiefe erklärt. Durch diesen Tatbestand ist auch das Würmtal, das von dem über den Starnberger See abfließenden Schmelzwasser geformt wurde und als Feuchtgebiet das sich unmittelbar an die Nordspitze des Sees anschließende Leutstettener Moos hinterließ, nur kleinflächig dimensioniert. Das 180 Hektar große Naturschutzgebiet des Leutstettener Mooses ist der als Niedermoor verbliebene Verlandungsteil des Starnberger Sees, das bis zur eiszeitlichen Endmoräne reicht, die den früheren See nach Norden begrenzt. In diese Endmoräne grub sich die Würm einen Durchbruch, der sie nordwärts in die Münchner Schotterebene führt. Im Verlandungsgebiet am Südende des Starnberger Sees breiten sich die Ostersen aus.

Der Starnberger See ist heute eines der großen Touristenziele in Bayern. Segeln, Surfen und Baden, Biergärten und kulinarische Hochburgen machen den See so attraktiv, durch den S-Bahn-Anschluss von München aus ist er zudem leicht zu erreichen. Starnberg selbst und die umliegenden Orte am See entwickeln

DIE ROSENINSEL

Die Rosensinsel liegt 170 Meter vom Festland entfernt in der Feldafinger Bucht. Durch Aufschüttung und Verlandung hat sie seit den letzten beiden Jahrhunderten ihre Fläche verdoppelt. Offiziell zählt die zur Gemeinde Feldafing zählende Insel einen Bewohner, den Gärtner auf der Insel.

Die Insel hat offensichtlich schon immer die Menschen angezogen. So lassen sich hier Pfahlbauten aus der Zeit des 3. Jahrtausends v.Chr. nachweisen. Seit dem Mittelalter war sie immer in feudalen und adeligen Händen, zwischenzeitlich, im 19. Jahrhundert, im Besitz einer Fischerfamilie, die hier auch ein Gasthaus betrieb, danach erwarb der bayerische König Maximilian II. die Insel. Inzwischen gehört die Insel dem bayerischen Staat.

Die Attraktionen der Insel sind eben jenes Casino, in dem im Sommer Trauungen vorgenommen werden, und das zweigeschossige Gärtnerhaus, die Unterkunft des einzigen Bewohners der Insel, in dem ein Museum untergebracht ist. Am Casino ist ein Gartenrondell mit duftenden Hochstammrosen angelegt, das der Insel den Namen gab. In der wärmeren Jahreszeit bringt ein Fährboot bis zu 4000 Besucher monatlich auf die Insel.

Im Starnberger See gibt es eine einzige Insel – die ganze 2,56 Hektar große idyllische Roseninsel. Der bayerische König Maximilian II. ließ durch den berühmten Gartenbauarchitekten Peter Joseph Lenné sich auf der Insel ein Sommerdomizil mit pompejanischem Pavillon, dem Casino, errichten

sich zunehmend zu Wohnvororten von München, die Bebauung der Ufer nimmt zu. All diese Aktivitäten führen zu Eingriffen in eine Seelandschaft, die von überragender Bedeutung für den Vogelzug von Nordeuropa über Mitteleuropa nach Süden – und umgekehrt – ist. Im Winter werden 25 000 Wasservögel am See, vor allem Blessrallen, Stockenten und Tauchenten wie die Reiherente, die Tafelente sowie die Schell- und Kolbenente, gezählt.

DAS TÖLZER LAND

Das Münchner Voralpengebiet erstreckt sich zwischen der Loisach und dem Inn. Im Kern handelt es sich um das Tölzer Land, das im weitesten Sinn auch den Tegernsee und den Spitzingsee umfasst. Hier breiten sich die Erhebungen der Benediktenwandgruppe sowie der Tegernseer Berge und der Schlierseer Berge, die sich bis zum Inn erstrecken und

ALPENVORLAND UND ALPEN

Nördlich der Jachenau, dem Abfluss des Kochelsees, erhebt sich die bis zu 1801 Meter hohe Benediktenwand (Bild). Das nordwestlich gelegene Kloster Benediktbeuren gab ihr den Namen. Während der letzten Kaltzeit ragten ihre Gipfel aus dem Gletscher heraus, was ihnen die Schroffheit erhielt. Steil ragt ihre felsige Nordwand empor – ein Paradies für Kletterer.

den nördlichen Teil des Mangfallgebirges umfassen, aus. Der Grat des Mangfallgebirges, der auch die Grenze zu Österreich bildet, ist Teil der nördlichen Kalkalpen.

Die Tegernseer Berge erstrecken sich südlich von Bad Tölz zwischen der Isar und dem Tegernsee und bilden im Süden die Kette der Blauberge als Grat des Mangfallgebirges. Hier ist der Halserspitz (1863 m) die höchster Erhebung. Doch findet man das eigentliche Wandergebiet der Tegernseer Berge im Bereich der „sanften" Gipfel zwischen Lenggries und Bad Wiessee. Inmitten dieser Voralpen-Bergwelt erhebt sich der 1564 Meter hohe, frei stehende Fockenstein, von dem man weite Teile des westlichen Mangfallgebirges einsehen kann. Umgeben ist der Berg von Almen, so der Aueralm, der Waxelmoosalm oder der Steinbachalm. Auch der 1670 Meter hohe Hirschberg ist als „Münchner Hausberg" relativ einfach zu besteigen. Der 1605 Meter hohe Silberkopf zählt zu den weniger auffälligen Kuppen der Tegernseer Berge und ist als Ziel einer leichten Bergwanderung geeignet.

725 Meter hoch liegt der Tegernsee, der tief in den Nordabfall des Mangfallgebirges eingreift. Knapp neun Quadratkilometer misst seine Oberfläche, die größte Tiefe knapp 73 Meter. Seit der bayerische König Maximilian I. das Tal des Tegernsees für sich entdeckte, entwickelte es sich zur Sommerfrische der Münchner Hofgesellschaft, was auch Adeli-

Seit einigen Jahren gibt es in der Benediktenwandgruppe wieder eine Kolonie von Alpensteinböcken (Capra ibex). Zunächst war offensichtlich nur ein Bock zugewandert, dem man je zwei weitere Böcke und Geißen aus der Schweiz zuführte. Innerhalb weniger Jahre wuchs die Kolonie auf 100 Tiere an, sodass inzwischen gezielt Jagd auf sie gemacht werden muss, um ihnen den Lebensraum zu erhalten.

ge aus anderen europäischen Regionen anzog. Die Attraktion als eher mondänes Ziel der Muße haben sich der See und seine Orte am Ufer und oberhalb angesichts der voralpinen Alpenkulisse bewahren können.

Der Tegernsee wird von mehreren Zuflüssen gespeist, von denen die Große Weissach der wichtigste ist. Daneben sind auch noch die Rottach, die Alpach, der Söllbach und der Breitenbach zu nennen. Den Abfluss bildet die Mangfall, die in den Inn mündet. Viele Uferpartien des Sees sind mit Schilf bewachsen. Drei größere Buchten prägen die Oberflächengestalt des Sees, in dem sich eine Insel befindet. Die beiden größeren Buchten, der Ringsee und die Egerner Bucht, befinden sich am Südende des Sees. Die durch die Halbinsel Point abgetrennte Egerner Bucht wird auch Malerwinkel genannt, weil von hier gern die Kirche von Rottach als Motiv gemalt wird. Die Finnerbucht ist eine Ausweitung nördlich von Bad Wiessee.

Dem Ringsee vorgelagert ist die kleine Ringseeinsel. Diese unbewohnte Insel ist knapp zwei Quadratkilometer groß, mit Gras und Gebüsch bewachsen und steht unter Naturschutz.

Der Schliersee ist die kleine Schwester des Tegernsees. Er erstreckt sich mit einer Fläche von etwas über zwei Quadratkilometern und einer maximalen Tiefe von 40 Metern auf 777 Meter Höhe genau in der Übergangszone der Voralpenberge und den Kalkalpen. Von Nordwesten ragt die Halbinsel Freudenberg in den See. Inmitten des Sees befindet sich die 2,4 Hektar große, mit einem Gasthaus bebaute Insel Wörth. Die landschaftliche Schönheit der Insel erschließt sich vor allem von den umliegenden Höhen, dem Kirchbichl oder der Schliersbergalm, aus.

Die kleine Seeinsel Wörth ist für die Allgemeinheit zugänglich und gehört seit 1971 dem Freistaat Bayern. Auf der von Bäumen

ALPENVORLAND UND ALPEN

bewachsenen Insel befindet sich ein Gasthaus, das vom Ort Schliersee mit einem Boot erreichbar ist. Geologisch handelt es sich bei der Insel um einen Flyschrücken. Mit „Flysch" bezeichnet man spezielles Sedimentmaterial, das bei der Auffaltung von Gebirgen – wie den Alpen – entsteht. Im voralpinen Bereich handelt es sich dabei um die alten Meeresablagerungen aus Glimmer, Sandstein, Mergel und Kalk in Wechsellagerung, die mit der Auffaltung angehoben wurden und sich als erodiertes Material der sich bildenden Gebirgskette ablagerten und verfestigten. Im Alpenvorland wurden diese Ablagerungen noch durch die eiszeitlichen Vorgänge überformt und bilden heute die eher kuppenartigen Voralpenbergzüge.

Die Schlierseer Berge erstrecken sich zwischen dem Tegernsee und dem Inn. Sie fallen als weiterer Teil des Mangfallgebirges nach Norden eher sanfter ab, nach Süden bildet ihr Kamm die Fortsetzung der Grenze zu Österreich mit dem Ursprung-Pass als einzigem Übergang. Viele Attraktionen haben die Schlierseer Berge aufzuweisen. Da sind einmal der Spitzingsee und viele kleine, eher versteckt liegende Weiher in der Bergwelt, das sind die Rotwand und der Wendelstein als höchste Berge der Gruppe und beliebte Ausflugsziele und etwa die Valepp als eines der reizvollsten Täler der Voralpen.

Inmitten der Schlierseer Berge liegt der Spitzingsee, ein kleiner Bergsee auf fast 1100 Meter Höhe, umgeben von der Brecher-Spitze (1684 m) und dem Stolzenberg (1604 m) im Westen sowie der Rotwand (1885 m) im Osten. 28 Hektar groß und bis zu 18 Meter tief ist dieser reizvoll gelegene See inmitten der Schlierseer Bergwelt, die insbesondere gern als Skigebiet aufgesucht wird.

Der Abfluss des Spitzingsees erfolgt durch die Rote Valepp. Die Bezeichnung ist indogermanischen Ursprungs und bedeutet „Waldwasser".

Die Wasserqualität des Schliersees hatte sich im Verlauf des vorigen Jahrhunderts immer weiter verschlechtert. Erschwerend kam seine windgeschützte Lage und seine winterlich lange Beeisung hinzu, was den Wasseraustausch im See behindert. Sichtbar war die Eutrophierung durch die Zunahme von Burgunderalgen, die zur Rotfärbung des Wassers führte. In den 1980er-Jahren wurde dann eine Ringdruckleitung im See angelegt, eine Ringkanalisierung war schon vorhanden. Die Wasserqualität hat sich seither nachhaltig verbessert, eine Algenblüte ist nicht mehr aufgetreten.

DAS VORALPENGEBIET

Östlich der Leitzach erhebt sich das Kalk-Massiv des Wendelsteins. Hundert Meter unterhalb der eigentlichen Wendelsteinspitze auf dem Grat zur Schwaigerwand befinden sich die Endstationen der Wendelstein-Seilbahn und der Wendelstein-Zahnradbahn sowie das Wendelsteinkircherl (Bild) als höchstgelegene Kirche Deutschlands. Außerdem findet man am Wendelstein eine Bergwetterwarte, ein Observatorium und einen Sendemast.

In dem auch Valepp genannten Tal mündet die Weiße Valepp nördlich der Ortschaft Valepp. Ab hier trägt der Gebirgsfluss nur noch den Namen Valepp, um weiter südlich auf österreichischem Boden als Brandenberger Ache in den Inn zu münden. In Valepp steht auch das historische Forsthaus Valepp, das seit 1841 auch Gäste beherbergt. Im Jahre 1504 wurde an der Engstelle des Baches unterhalb der 1710 errichteten Maria-Hilf-Kapelle die „Kaiserklause" errichtet, mit der der Fluss zum Holztransport für die Schmelzöfen im Inntal gestaut wurde. Diese Funktion übernahm ab 1933 die südwärts auf österreichischem Boden gelegene Erzherzog-Johann-Klause, die heute als Gasthaus Wanderer bewirtet.

Von der Rotwand hat man einen weiten Blick über die Voralpen und die Alpen selbst. Im Nordwesten liegt der Spitzingsee, im Osten erkennt man den 1458 Meter hoch gelegenen Soin-See in einem gletschergeformten Hochkessel.

DER CHIEMGAU

Der Chiemgau erstreckt sich im Osten des Voralpengebiets im Umkreis von 50 Kilometern um den Chiemsee. Auch diese Landschaft erhielt am Ende der letzten Kaltzeit vor 15 000 Jahren ihren letzten „Schliff". Verblieben ist die voralpine Moränenlandschaft aus Hügeln,

ALPENVORLAND UND ALPEN

DAS VORALPENGEBIET

Im Mittelalter herrschten die Chiemgaugrafen über das Land, das wegen seiner großen Fruchtbarkeit auch viele kleinere Herrschaften hervorgebracht hatte, die sich alle ihre Burgen und Herrenhäuser errichteten. Schloss Hohenaschau (Bild) liegt auf einem gut 50 Meter hohen Felsrücken bei Aschau, nahe der bayerisch-Tiroler Grenze.

Eine kleinere Eiszerfallslandschaft im oberbayerischen Alpenvorland wird von den Seeoner Seen gebildet. Diese Seenplatte liegt im Nordwesten des Chiemsees. Auch hier haben zurückgebliebene Eisblöcke am Ende der letzten Kaltzeit Vertiefungen hinterlassen, die sich mit Wasser füllten. Der größte See der Region ist der Klostersee, der aus drei Becken besteht. Die Klosterinsel (Bild) inmitten des Sees ist der Standort eines der berühmtesten bayerischen Klöster. Sechs der neun Seen, die auch unter Naturschutz stehen, sind durch den Seeoner Bach miteinander verbunden, der direkt in die Alz mündet, die anderen entwässern über die Ischler Achen in die Alz.

Schmelzwassertälern, Wiesen, Mooren, Wäldern und zahlreichen Seen. Es ist das Gebiet zwischen Inn und Traun, das sich in Höhenlagen um 500 bis 600 Meter erstreckt und im Süden in den Chiemgauer Bergen größere Höhenlagen erreicht. Es ist auch eine alte Kulturlandschaft, in der Siedlungsfunde bis in die Bronzezeit zurückreichen. Kelten und Römer hatten sich hier niedergelassen. Bei Seebrück im Norden der Privinz Noricum errichteten sie einen Übergang für die damalige Salzstraße von Salzburg (Municipium Claudium Iuvavum) nach Augsburg (Augusta Vindelicorum).

Der 14 Kilometer breite und neun Kilometer lange Chiemsee breitet sich in einer Höhe von 518 Metern aus. Er erreicht eine Tiefe von gut 73 Metern. Am Ende der letzten Kaltzeit hatte der See allerdings noch eine viel größere Ausdehnung – man schätzt, dass er vor 10 000 Jahren noch bis 300 Quadratkilometer groß war. Er ist wie die anderen großen oberbayerischen Seen als Zungenbeckensee entstanden, ausgeschürft durch einen Gletscher. Wenn der Chiemsee heute auch noch flächenmäßig größer als der Starnberger See ist, so hat letzterer wegen seiner Tiefe doch ein größeres Wasservolumen. Im See gibt es neben den beiden größeren Inseln Herrenchiemsee (238 Hektar) und Frauenchiemsee (16 Hektar) noch die kleinere Krautinsel (3,5 Hektar) und die Miniinsel Schalch mit 22 Quadratmeter Fläche. Diese quadratische Insel im Geviert von 4,7 Metern wurde künstlich als Untiefenwarnung für Segler angelegt und mit einer Weide bepflanzt. Eine Absenkung des Seespiegels zur Gewinnung von Landwirtschaftsflächen zu Beginn des 20. Jahrhunderts führte zu einer weiteren Abnahme seiner Fläche um 200 Hektar.

Der Zufluss zum Chiemsee wird im Wesentlichen von der Tiroler Achen und der Prien gebildet. Vor allem der Tiroler Achen führt große Mengen an Sedimenten mit sich, sodass er am Südufer ein großes Delta bildet und zur allmählichen Verlandung des Sees beiträgt. Die Sedimentfracht ist so groß, dass sich das Delta jährlich um 25 Meter in den See vorschiebt. Entwässert wird der Chiemsee durch den einzigen Abfluss der Alz, die bei Seebruck aus dem See austritt.

Im Umfeld des Chiemsees sind große Verlandungsflächen vermoort. Diese von Quellen oder Grundwasser gespeisten Nassareale wurden durch Trockenlegungsmaßnahmen erheblich reduziert und als Grünlandflächen nutzbar gemacht. Die Flächen der Weidewirtschaft ragen teilweise weit in die Moorlandschaft hinein. Die Düngung dieser Flächen, die zunehmend auch zur Maiskultur umgepflügt werden, trägt zur Eutrophierung der Moore und letztlich des Sees bei. So sind die Hochmoor- und Niedermoorlebensräume um den Chiemsee erheblich eingeschränkt. Dies beeinträchtigt die standortbezogene Flora und Fauna, noch mehr aber die Durchzügler, die hier auf dem Weg nach Süden und umgekehrt Rast einlegen. Die 1989 fertig gestellte Ringkanalisation um den See hat in diesem Zusammenhang schon eine grundlegende Verbesserung gebracht.

Eines der geschützten Feuchtgebiete am Chiemsee ist der Achenmündungsbereich mit seinem ungewöhnlich großen Binnendelta. Es erstreckt sich vom südöstlichen Chiemseeufer knapp fünf Kilometer nach Süden. Seinen Hauptteil bildet der Unterlauf der Ache, der von einem Auenwald begleitet wird, sowie die Seefläche um das Delta

HERRENCHIEMSEE & FRAUENCHIEMSEE

Bis zur Säkularisation war die Insel Herrenchiemsee im Besitz des Klosters Herrenchiemsee. Es ist das älteste Kloster Bayerns, gegründet um das Jahr 629 als Kloster Herrenwörth. Zur Klosteranlage im Norden der Insel gehörte auch die 1158 fertig gestellte romanische Basilika. Anfang des 17. Jahrhunderts wurde die Klosteranlage im barocken Stil neu errichtet. Nach der Säkularisation ging die Anlage durch mehrere Hände, Teile wurden abgerissen, im verbliebenen Langhaus eine Brauerei betrieben, das Geviert der Klostergebäude zum sogenannten Alten Schloss umgewidmet.

Im Jahr 1873 kaufte König Ludwig II. die Insel Herrenchiemsee, die inzwischen einem Holzhandelskonsortium gehörte, für 350 000 Gulden auf und begann hier 1878 mit seinem ehrgeizigsten Schloss-Plan. Als Ludwig 1886 starb, war er durch seine Schlossbauten finanziell ruiniert, die Arbeiten waren schon weitgehend eingestellt worden. Große Teile der heutigen Anlage stehen unfertig im Rohbau, der Bau weiterer Teile wurde gar nicht erst in Angriff genommen. Auch wenn dass Schloss das von Versailles kopiert, wird ihm doch eine ästhetische Einheit im Sinne des französisch-klassizistischen Barock beigemessen. Den zentralen Raum bildet – wie kann

Das Neue Schloss Herrenchiemsee, inmitten der Insel gelegen, sollte ganz dem Vorbild von Versailles nachempfunden sein.

und das östlich angrenzende Grabenstätter Moos. 200 Hektar Seefläche und eine gleich große Landfläche nah beim See bilden die Kernzone des Deltas, die nicht betreten werden darf.

Als weiteres großes Schutzgebiet westlich des Chiemsees stellt sich die Eggstätter Seenplatte als größtes Naturschutzgebiet der Region dar. Eine Fläche von insgesamt 1000 Hektar umfasst das Gelände aus 18 Einzelseen, darunter als größte der Langbürgner See, der Hartsee und der Pelhamer See. Neben der Osterseelandschaft südlich des Starnberger Sees handelt es sich hier um die zweite große bayerische Eiszeiterfallslandschaft. Hier, an der Nahtstelle des Inntal- und Chiemseegletschers, setzten sich am Ende der Eiszeit mit dem Rückzug der Gletscher große Eisblöcke ab, die später durch

Besonders sehenswert von der alten Klosteranlage von Frauenchiemsee ist das erhaltene karolingische Torgebäude mit halbrunder Tordurchfahrt. Im Inneren sind zwei Kapellen untergebracht, hier wurden bei Restaurierungsarbeiten Fresken aus dem 9. Jahrhundert freigelegt.

es anders sein – der prunkvolle Spiegelsaal, den Ludwig mit 75 Meter Länge zwei Meter länger als den in Versailles bauen ließ. Genauso großartig wie das Schloss war auch die Gartenanlage mit einer Sichtachse quer durch die Insel vorgesehen, doch auch diese konnte aus Geldmangel nur teilweise realisiert werden. Manches von den alten Plänen wurde aber zur Gartenschau im Jahr 2010 nachgeholt, so die Aufstellung von Zitrusbäumen, wie es Ludwig gern gesehen hätte.

Die Herrenchiemsee benachbarte Fraueninsel ist wesentlich kleiner. Auf dieser Insel wurde unter der Regentschaft von Herzog Tassilo III. im Jahr 782 das Kloster Frauenwörth gegründet. Die Klosterkirche steht auf karolingischen Fundamenten, der heutige Bau stammt aus dem 11. Jahrhundert, erhielt im 15. Jahrhundert ein Gewölbe und wurde im 18. Jahrhundert barockisiert. Dazu entstanden neue Klosterbauten. Nach der Säkularisation wurde das Kloster für Benediktinerinnen unter der Auflage neu eröffnet, schulische Ausbildung zu betreiben. Bis heute betreiben sie ein Gymnasium und eine Berufsschule.

Schmelzwasserablagerungen überschüttet wurden und sich dann mit Grundwasser füllten. Seitliche Moränenhügel begrenzen das Feuchtgebiet, dessen Grenzen vom Wasserhaushalt bestimmt werden. Verblieben sind Nieder- und Hochmoore mit Pflanzengesellschaften, die noch seltene Relikte der Eiszeit aufweisen. Die Seen sind ausgesprochen nährstoffarm und reagieren deshalb – und weil sie eine nur geringe Frischwasserzufuhr haben – besonders empfindlich auf Einträge. Die Freizeitaktivitäten haben der Landschaft schon arg zugesetzt, die getroffenen Schutzregelungen wie Betretungsverbote, Vereinbarungen mit den Fischern und Bootsfahrverbote greifen aber schon.

Nicht unerwähnt bleiben soll der Tüttensee östlich des Achendeltas. Der zehn Hektar große und bis zu 17 Meter tiefe Toteissee

ALPENVORLAND UND ALPEN

Die sogenannte Lüftlmalerei ist eine traditionell-volkstümliche Fassadenmalerei in Oberbayern und Tirol, die vor allem Bauernhäuser ziert. Neben biblischen Motiven werden auch architektonische Elemente imitiert und Szenen aus dem Alltag des bäuerlichen Landlebens dargestellt.

gab Anlass zu Spekulationen, nicht eiszeitlichen Ursprungs, sondern durch einen Meteoriteneinschlag entstanden zu sein. Dieses Ereignis soll sich zwischen 1000 v. Chr. und 200 v. Chr. zugetragen haben. Die Ursache soll ein in 70 Kilometer Höhe explodierter Komet von einem Kilometer Durchmesser gewesen sein – entsprechende Gesteinsproben im weiten Umkreis des Tüttensees führten zu diesem Rückschluss. Die von den Medien spekulativ und aufgebauscht aufgegriffene These ist inzwischen widerlegt. Nochmalige Messungen des Bayerischen Landesamts für Umwelt ergaben aus der Schichtung seiner Seesedimente ein Alter von 12 000 Jahren.

DER RUPERTIWINKEL

Mit dem Rupertiwinkel setzt sich das oberbayerische Alpenvorland über die Traun hinweg ostwärts bis zur grenzbildenden Salzach fort. Er bildet einen kulturell eigenständigen Landschaftsteil, war er doch bis zur Säkularisation zum Fürsterzbistum Salzburg zugehörig. Schon die Bezeichnung weist auf den Landespatron von Salzburg, den heiligen Rupert als ihren ersten Bischof hin. So findet man auch in den meisten Kirchen des Rupertiwinkels ebenso wie in Salzburger Kirchen Statuen und Bildnisse des Bischofs. Viele aus der Zugehörigkeit zu Salzburg resultierende Eigenheiten haben sich bis heute erhalten, so vor allem auch im Dialekt und in Bräuchen. Sichtbar ist immer noch die spezielle Form der Bauernhäuser, die hier als sogenannte Salzburger Flachgauhöfe im Gegensatz zu den eigentlichen bayerischen Vierseithöfen gebaut wurden. Solche Flachgauhöfe bestehen aus einem Haupthaus, um das sich die Wirtschaftsgebäude gruppieren. Die Fassade des giebelseitig erstellten Haupthauses ist im Rupertiwinkel oft aufwändig bemalt, was wiederum auf rein bayerische Einflüsse zurückzuführen ist.

Der hügelige Rupertiwinkel, mit fruchtbaren Böden gesegnet, erstreckt sich in Höhenlagen um 400 bis 500 Meter. Der höchste Berg erhebt sich im Süden – beim Spaziergang auf den 827 Meter hohen bewaldeten Bergrücken des Höglbergs hat man einen weiten Blick über Salzburg. Überhaupt liegen die buckeligen Wiesen im Süden, in höheren Lagen überwiegt die Weidewirtschaft, in den niederen Lagen der Ackerbau in großen Schlägen. Hier leben die Menschen in den großzügigen Flachgauhöfen, die mit ihren Nebengebäuden oft burgartigen Charakter erhalten. Die im Sommer Blumen geschmückten, fast museal wirkenden Häuser der Dörfer gruppieren sich um lang gestreckte, von Linden gesäumte Dorfplätze.

Im Kontrast zu dem Heiterkeit ausstrahlenden Rupertiwinkel stehen die auch hier verbreiteten Moore eiszeitlicher Prägung. Schwarzer Moorboden breitet sich im Ainringer Moos bei Piding angesichts des Panoramas der Salzburger Alpenspitzen aus. Genauso wie hier wurde im Weidmoos am Abtsdorfer See Torf gestochen. Im nahe gelegenen Bürmoos hatte sich eine Glasindustrie entwickelt, die die örtlichen Rohmaterialien, so den Kalk vom Haunsberg, den Sand von der Salzach und eben das Brennmaterial aus dem Weidmoos, einsetzte. Auch im Schönramer Filz, dem Hochmoor, das sich an Petting am Waginger See anschließt, wurde industriell Torf gestochen. Doch das ist lange vorbei, das Moor ist heute Natur-

DAS VORALPENGEBIET

schutzgebiet und konnte somit in seinem Kern erhalten bleiben.

Im Zentrum des Rupertiwinkels befindet sich der Waginger See, eigentlich ein Ensemble mit dem Tachinger See bildend. Der weit über sechs Quadratkilometer große See erstreckt sich auf 442 Meter Höhe. Sein Zufluss erfolgt über verschiedene Bäche und den Tachinger See. Eine Verengung bei Tettenhausen trennt die beiden Gewässer. Im 19. Jahrhundert legte man den Abfluss über den Götzinger Achen tiefer, um Land für Acker- und Weideflächen zu gewinnen. Seither liegen manche Orte nicht mehr unmittelbar am See, sondern wegen der flachen Ufer etwas abseits. Übrigens ist der Waginger See der wärmste See Bayerns – er kann im Sommer Temperaturen bis 27 Grad Celsius erlangen.

Wie die anderen Seen des bayerischen Voralpengebiets lag der Spiegel des Waginger Sees am Ende der letzten Kaltzeit wesentlich höher, man schätzt um etwa 20 Meter. Seit der natürlichen Austrocknung und Absenkung sind der heutige Tachinger und Waginger See verblieben, das Schönramer Filz südöstlich des Waginger Sees ist seither verlandet. Verblieben ist weiter östlich der Abtsdorfer See. Auch er ist ein Rückzugssee des Salzach-Gletschers, auf 428 Meter Höhe gelegen, 84 Hektar groß, 20 Meter tief und weist in seiner Mitte die lang gestreckte, dicht bewaldete Insel Burgstall auf. Sein Wasser, das seinen Zuflüssen aus dem nahe gelegenen Mooren entstammt, ist dunkel gefärbt. Es ist ein beliebter Badesee, wird er doch genauso wie der Waginger See im Sommer bis zu 27 Grad Celsius warm.

Auch im Rupertiwinkel hat der Barock großartige Bauten hinterlassen. Besonders schön gelegen ist das Kloster Höglwörth (Bild) bei Anger am gleichnamigen See. Das Klosterensemble mit seiner Barockkirche ist das reizvollste der Region.

Die Alpen

Die gewaltige Gebirgskette der Alpen durchzieht als „Krönung Europas" den Kontinent auf 1200 Kilometer Länge und bis zu 250 Kilometer Breite. Der Hauptkamm im Zentrum wird von den Nördlichen und Südlichen Kalkalpen begleitet. Deutschland hat mit einem 250 Kilometer langen und bis zu 30 Kilometer breiten Streifen mit den Allgäuer Alpen zwischen Bodensee und Lech sowie den Bayerischen Alpen zwischen Lech und Salzach Anteil an den Nördlichen Kalkalpen. Die östlichen Bayerischen Alpen unterteilen sich in das Wettersteingebirge, den Karwendel, den Mangfallgrat, die Chiemgauer Alpen und die Berchtesgadener Alpen.

Aus erdgeschichtlicher Sicht sind die Alpen ein junges Gebirge. Ihre Auffaltung ist das Ergebnis des plattentektonischen Drucks der Afrikanischen Platte auf die Europäische Platte, der zur Entstehung der Alpen führte. Die Sediment- und Kalkablagerungen des sich einst hier ausbreitenden Meeres wurden mit dieser Auffaltung angehoben und ragen heute teilweise steil und schroff in die Höhe. Gerade diese Schroffheit der aufragenden Felswände kennzeichnet das geringe Lebensalter der Alpen, haben hier die Kräfte der Erosion doch noch nicht für Glättung und Einebnung gesorgt. Dennoch hat das Wechselspiel einwirkender Kräfte von Auffaltung und Abtragung seine Spuren hinterlassen, so durch Sonne und Gletscher, Wind und Flüsse, Frost und Hitze und nicht zuletzt auch durch die unterschiedliche Widerstandsfähigkeit der einzelnen Gesteinsschichten des Untergrunds. So gibt es spitze Felsnadeln, scharfe Grate, tief eingeschnittene Täler, Moränen und Seen, denn sowohl der Auffaltungsprozess als auch der Abtragungsprozess sind weiter im Gange. Allerdings hat der plattentektonische Druck nachgelassen. Hoben sich die Alpen in ihren besten Zeiten um fünf Millimeter im Jahr, so ist es heute „nur" noch ein Millimeter.

ALLGÄUER ALPEN

Die Allgäuer Alpen zeichnen sich durch eine ausgesprochene Vielfalt im Erscheinungsbild aus. Teilweise haben hier die aufragenden Felsen Neigungswinkel von 70 Grad und mehr. Durch spezielle Auffaltungsvorgänge, bei der sich ältere Sedimentschichten unter jüngere schoben und sogar kippten, kommt es vor, dass solche älteren Schichten sogar über jüngeren liegen. Dieser Tatbestand kompliziert

ALPENVORLAND UND ALPEN

zieht sich vom Schrofenpass über den Biberkopf im Südwesten, das Hohe Licht, die Mädelegabel über den Hochvogel bis zum Oberjoch im Nordosten entlang. Entsprechend sind die Seitentäler nach Westen lang gestreckt, nach Osten verkürzt, zwischen den Seitentälern erstrecken sich Seitenkämme. Westlich vorgelagert gibt es den Nebenkamm der Allgäuer Alpen mit dem Fellhorn, Widderstein und Hohen Ifen. Der sich weiter westlich als Einzelberg 1888 Meter hoch erhebende Hochgrat ist der südlichste und höchste Berg der Allgäuer Nagelfluhkette, zählt also nicht mehr zu den Allgäuer Alpen. Da sich weit um ihn herum kein annähernd gleich hoher Berg befindet, hat man von seinem Gipfel eine unvergleichliche Aussicht in das Allgäu und seine Alpen. Die Tannheimer Gruppe im Osten mit dem Aggenstein wird dann schon aus einem Riffkalk, dem sogenannten Wettersteinkalk gebildet. Noch weiter östlich schließt sich das Ammergebirge an, das über den Säuling und den Ammer Sattel hinaus nördlich von Garmisch Partenkirchen ausläuft und dessen Hauptberge sich südlich in Österreich befinden.

Der Haupt- und der Nebenkamm der Allgäuer Berge umschließen das von der Iller entwässerte Oberstdorfer Tal einschließlich des Kleinen Walsertals. Der Nordabschluss des Kleinen Walsertals wird durch das Gottesackerplateau und den sich anschließenden Hohen Ifen (2230 m) gebildet. In dieses karstige Plateau sind eine Reihe von Höhlen eingebettet, die schon in vorgeschichtlicher Zeit von Menschen aufgesucht wurden. Die Umrahmung des Kleinen Walsertals setzt sich mit dem Walmendinger Horn (1990 m) fort, dem Hausberg von Mittelberg, der mit einer Seilbahn zu erreichen ist. Der Große Widderstein (2533 m) bildet die Südflanke des Kleinen Walsertals und verhindert den di-

den geologischen Aufbau dieses Teils der Alpen. Als wichtigste Gesteinsart ist Dolomit, ein harter Kalk, vertreten, aus dem sich auch die Dolomiten der Südalpen zusammensetzen, und der den Kamm der Allgäuer Alpen bestimmt.

Der Hauptkamm der Allgäuer Alpen befindet sich nicht im Zentrum, sondern im Süden, er

DIE ALPEN

Die Allgäuer Alpen zwischen Bodensee und Lech bilden den westlichen Teil der deutschen Alpen. Sie erstrecken sich über Vorarlberg, Tirol und Bayern. Und wenn man den Schwarzen Grat der Adelegg als Alpenausläufer noch hinzurechnet, liegt sogar noch ein geringfügiger Teil der Allgäuer Alpen in Baden Württemberg. Der deutsche Anteil an den Allgäuer Alpen macht etwa die Hälfte aus. (links)

Interessant am Nebelhorn (Bild) ist, dass sein Felsgrat noch aus Dolomit besteht, der Abhang aber schon aus Flysch, jenem voralpinen Sedimentmaterial, das sich mit der Auffaltung angehoben und als erodiertes Material der sich bildenden Gebirgskette abgelagert und verfestigt hat.
Die Nebelhornbahn auf dem Weg zur Gipfelstation des Nebelhorns.

rekten Zugang des Tals nach Österreich. Das Walser Geißhorn (2366 m) ostwärts erhebt sich dann schon wieder auf der deutsch-österreichischen Grenze. Es folgt der Schrofenpass (1687 m), der den Talschluss des Stillbachs bildet. Auch hier gibt es keinen Straßenübergang, der einen direkten Zugang ins Kleine Walsertal ermöglichen würde. Der alte, 1795 angelegte Saumpfad wurde am Ende des Zweiten Weltkriegs zerstört. Er hatte ohnehin seine Bedeutung als Eselpfad längst verloren.

An den Schrofenpass schließt sich der eigentliche Hauptkamm der Allgäuer Alpen an. Nur zweieinhalb Kilometer nordöstlich erhebt sich der Biberkopf (2599 m). Unmittelbar angrenzend findet man am Sattel des Haldenwanger Ecks auf 1883 Meter Höhe den südlichsten Punkt Deutschlands, markiert mit der Steinsäule des Grenzsteins 137. Der folgende Hauptkamm-Berg ist das Hohe Licht (2651 m), schon auf österreichischem Gebiet gelegen.

Zwischen Biberkopf und Hohem Licht breitet sich in über 2000 Meter Höhe auf deutscher Seite eine Gruppe von Karseen aus, darunter der drei Hektar große und acht Meter Tiefe Große Rappensee. Ganz in der Nähe steht die Rappenseehütte, die 1895 erbaute, größte Hütte des Deutschen Alpenvereins, von hier führt der Heilbronner Steig als Teil des Verbindungsweges zur Kempter Hütte – es ist der älteste deutsche hochalpine Klettersteig. Folgt man dem Hauptkamm nordostwärts weiter, so gelangt man über den Großen Wilder (2376 m), dessen Felsgipfel steil nach Westen abfällt, zum Hochvogel (2592 m). Hier, wo der Hauptkamm schon abfällt, erhebt sich dieser Berg als Solitär, was ihm ein eindrucksvolles Erscheinungsbild gibt. Unterhalb des Hauptkamms breitet sich das Naturschutzgebiet Allgäuer Hochalpen mit einer Fläche von 20 000 Hektar aus, womit er größer als mancher Naturpark ist, und reicht vom Fellhorn bis Hinterstein, wobei das Nebelhorn mit seinen Skiliften ausgenommen wurde.

Die bis 2224 Meter hohe Nebelhorngruppe ist die höchste Erhebung des Allgäuer Seitenkamms der Daumengruppe, die des Weiteren aus dem Geißfuß, dem Großen und Kleinen Daumen sowie aus dem Wengenkopf besteht. Der Hauptkamm setzt sich Richtung Hochvogel nordwärts fort. Über das Gaishorn (2247 m) geht es zum Abschluss des Hauptkamms am Oberjoch (1178 m). Die Straße über den Pass wurde bereits Mitte des 16. Jahrhunderts angelegt und schuf so eine direkte Verbindung zwischen Illertal und Lechtal.

Ganz im Norden der Ausläufer der Allgäuer Alpen, die hier schon von den Tannheimer Bergen gebildet werden, befindet sich die Tiroler Exklave Jungholz. Das Gebiet der sieben Quadratkilometer großen 300-Einwohner-Gemeinde liegt auf über 1000 Meter Höhe und ist auf direktem Weg nicht von Österreich zu erreichen. Nur im Gipfel des 1635 Meter hohen Sorgschrofens verbindet sich die Südspitze von Jungholz mit dem Land Tirol.

Die Tannheimer Berge ziehen sich ostwärts an der österreichischen Grenze entlang. Der Aggenstein (1987 m), mit seinem weithin sichtbar aufragenden Felsgipfel, erhebt sich genau auf der Grenze. Ihm vorgelagert ist der Breitenberg (1838 m), von dem der Hindelanger Klettersteig durch die Berge der Daumengruppe zum Nebelhorn führt. Auf dem Breitenberg steht die Ostler Hütte, die einen weiten Einblick in das Pfrontener Tal bietet. Ostwärts setzen sich die Tannheimer Berge, hier als sogenannte Vilser Alpen, oberhalb des Weißensees und Alatsees fort. Einen Einschnitt bringt das Lechtal, dann geht es wieder aufwärts bis zum Säuling (2067 m). Auf dem Weg dorthin sieht man den Alpsee und den Schwansee ganz in der Nähe der Königsschlösser Neuschwanstein und Hohenschwangau. Beide Seen zählen zum Landschaftsschutzgebiet „Alpsee, Schwansee und Faulenbacher Tal", liegen auf Höhen um die 800 Meter und sind klar, sauber, aber sehr kalt.

Schon in Sichtweite erhebt sich der pyramidenartig geformte Felsgipfel des Säulings am Beginn des überwiegend bewaldeten Ammergebirges, der zu den schönsten Aussichtsbergen zählt – ihm zu Füßen breitet sich der Pfaffenwinkel aus. Unterhalb des Schlagsteins (1679 m) führt die Grenze über den Kreuzkopf (1908 m) zum Ammer Sattel auf 1118 Meter Höhe. Um ihn herum breitet sich das Naturschutzgebiet Allgäuer Alpen aus, das sich auch in Österreich südwärts fortsetzt und durch weitläufige Schotterströme in den Tälern, durch schroffe Felsgipfel und alpine Hochweiden inmitten einer faszinierenden Bergwelt gekennzeichnet ist. Mit fast 300 Quadratkilometern Fläche ist es Bayerns größtes Naturschutzgebiet.

DAS WETTERSTEIN-GEBIRGE

Das Wetterstein-Gebirge erstreckt sich südlich von Garmisch-Partenkirchen über eine Fläche von 300 Quadratkilometern auf einer Länge von 25 Kilometern zwischen Ehrwald am Fuß der Zugspitze bis Mittenwald am Fuß der Wettersteinwand. Sein Hauptkamm mit der 2962 Meter hohen Zugspitze als höchstem Berg Deutschlands bildet die Grenze zu Österreich. Als Teil der Nördlichen Kalkalpen ist das Gebirge von dem mit einem zusätzlichen Anteil von Magnesiumcarbonat durchsetzten Wettersteinkalk aufgebaut. Nördlich vor dem Wettersteingebirge breitet sich das Werdenfelser Land aus, im Kern die Talregion zwischen Garmisch-Partenkirchen und Mittenwald in Höhenlagen zwischen 700 und 900 Metern.

DIE KÖNIGSSCHLÖSSER
HOHENSCHWANGAU & NEUSCHWANSTEIN

Schloss Neuschwanstein zählt heute zu den bekanntesten Sehenswürdigkeiten Deutschlands und wird jährlich von mehr als einer Million Menschen besucht. (oben)
Die im neugotischen Stil des Historismus errichtete Burg Hohenschwangau. (unten)

Die Königsschlösser im Osten der Allgäuer Alpen weisen eine ganz unterschiedliche Geschichte auf.

Die Herren von Schwangau hatten ihren Sitz in einer im 12. Jahrhundert erstmals urkundlich erwähnten Burg am Standort des heutigen Schlosses Hohenschwangau. Nach Zerstörungen und Wiederaufbauten war die Burg längst zerstört, als König Maximilian II. von Bayern sie 1832 erwarb. Er ließ sie in neugotischem Stil neu errichten und durch den Theatermaler Domenico Quaglio ausstatten. Die Ausmalung erfolgte bis 1837 durch Moritz von Schwind. Der damalige Ausbauzustand einschließlich des zeitgenössischen Mobiliars ist bis heute erhalten.

Maximilians Sohn Ludwig hielt sich oft mit seinen Eltern im Schloss Hohenschwangau auf und sah auf zwei Burgruinen oberhalb, die einst ebenfalls von den Herren von Schwangau errichtet worden waren. Ihren Standort suchte sich Ludwig II. nachdem er zum bayerischen König gekrönt war, für den Bau seines Märchenschlosses aus. Eiferte er mit Schloss Herrenchiemsee dem absolutistischen Sonnenkönig und seinem Versailles nach, mit Schloss Lindenhof dem Typus des Lustschlosses, so sollte Schloss Neuschwanstein ganz dem Ideal des mittelalterlichen Rittertums gewidmet sein, wobei er sich durch die Opern von Richard Wagner inspiriert fühlte. 1869 wurde mit dem Schlossbau begonnen, das bis zum Tod Ludwigs 1886 nicht ganz fertig gestellt war. Die Anlage aus mehreren absichtlich unregelmäßig aneinander gefügten Bauteilen, die wesentlich von Ludwig mit konzipiert worden war, gilt als ein Meisterwerk des Historismus – so meisterlich, dass es von Walt Disney als Typus des Dornröschenschlosses in seinen Filmen und Themenparks übernommen worden ist.

ALPENVORLAND UND ALPEN

Burg Werdenfels war am Ende des 12. Jahrhunderts errichtet worden, um den strategisch wichtigen Handelsweg durch das Loisachtal über die Alpen zu sichern. Dies bescherte der Bevölkerung über lange Zeit Wohlstand, was bis heute an der lebendig erhaltenen Tradition der Lüftlmalerei noch zu sehen ist. Vorherrschend bei diesen Hauswandfresken sind religiöse Motive, aber es gibt auch Darstellungen aus dem Alltag.

Im Nordwesten des Zugspitzplatts liegen der Nördliche und Südliche Schneeferner auf einer Höhe von 2560 bis 2800 Metern. Sie gehören gemeinsam mit dem Höllentalferner an der Nordostseite der Zugspitze zu den fünf noch existierenden Gletschern der deutschen Alpen – dazu zählen noch das Blaueis und der Watzmanngletscher im Berchtesgadener Land. Zusammen machen sie noch keinen Quadratkilometer Fläche aus.

Das Wettersteingebirge setzt sich neben dem Zugspitzmassiv und dem Wettersteinhauptkamm noch aus dem Hochgewanner-Massiv mit der vorgelagerten Höllentalspitze, der Alspitze und dem Waxenstein zusammen. Eingeschlossen sind als Haupttäler das steile Höllental und das lange Reintal. Der montane bis subalpine Bergwald reicht stellenweise bis in 1800 Meter Höhe. Darüber erheben sich die Kalkgipfel, deren Schichtung bis zu 1200 Meter mächtig ist. Schuttmassen überdecken weite Teile des Basisgesteins, das jedoch in steilen Tälern wie der Partnachklamm aufgeschlossen wird.

DIE ALPEN

Die Kalkfelsen des Wettersteingebirges sind eiszeitlich sehr zerschnitten worden, was tiefe Risse und Klüfte hinterlassen hat. Großflächig breiten sich Fels-, Schutt- und Schotterfluren aus, die an manchen Stellen bis 1200 Meter Höhe herabreichen. Die sich darunter ausbreitenden Wälder haben einen hohen Fichtenanteil, Latschenkiefern gibt es an der Wettersteinwand, in tieferen Lagen auch Bergmischwälder, und am Schachen, der eigentlich kein richtiger Gipfel, sondern eher ein Aussichtspunkt im Wetterstein ist, auch Zirbelwälder. Almwirtschaft wird in den höheren, weniger steilen Lagen betrieben.

Bemerkenswert an der Fauna sind die Bestände an Alpenschneehühnern auf den Schotterflächen sowie die der Birkhühner und Auer- und Haselhühner an der Wettersteinwand. Dazu bieten die schroffen Felsen, abgelegenen Schotter und Almen Lebensraum für Gämsen, Murmeltiere, Marder, Alpensalamander, und beispielsweise auch Alpendohlen (Pyrrhocorax graculus – Bild).

DAS ZUGSPITZMASSIV

Das Zugspitzmassiv, geologisch gesehen ein vormaliges Korallenriff, besteht aus mehreren Gipfeln, die Zugspitze selbst allein schon aus drei Gipfeln. Der Ostgipfel mit 2962 Meter Höhe ist der höchste und liegt auf deutschem Gebiet. Neben dem Mittelgipfel, der 1930 mit einer Seilbahn-Gipfelstation überbaut wurde, gibt es noch den einst 2964 Meter hohen Westgipfel, der 1938 von der Wehrmacht durch Sprengung abgeflacht wurde, um von dieser Plattform den Voralpenluftraum zu überwachen. Der Plan konnte aber nicht mehr verwirklicht werden. Die deutsch-österreichische Grenze verläuft zwischen dem West- und Ostgipfel der Zugspitze. Der Gipfel ist mit der Eibsee-Seilbahn, der Zahnradbahn und mit der Tiroler Zugspitz-Seilbahn zu erreichen. Wer den Aufstieg nicht scheut, kann den Gipfel über das Höllental oder – weniger anstrengend – durch das Reintal und die Partnachklamm erklimmen. Oben auf der Spitze gibt es neben den touristischen Einrichtungen das 1900 eingeweihte Observatorium als Forschungsstation, das heute vom Deutschen Wetterdienst betrieben wird. Im unterhalb des Gipfels auf 2650 Meter Höhe 1931 errichteten Schneeferner Haus, einst Endstation der Zugspitzbahn und Hotel, sind heute Forschungsinstitute des Umweltministeriums untergebracht.

Seit 1992 ist die Trasse der Zugspitz-Zahnradbahn bis zum Zugspitzplatt auf 2588 Meter Höhe von 18,6 auf 19,1 Kilometer Streckenführung verlängert worden. Am Endbahnhof wurden das Restaurant und die Skistation „Sonn Alpin" errichtet. Vom Endbahnhof führt die Zugspitz-Gletscherseilbahn auf den eigentlichen Gipfel. Oben angekommen, ergibt sich bei gutem Wetter eine atemberaubende Fernsicht über 300 Alpengipfel in Österreich, der Schweiz und Italien, den unterhalb gelegenen Eibsee und in die vielen Naturschutzgebiete in den umliegenden Tälern. So bietet die Zugspitze jedem etwas, dem Freizeitler den Panoramablick, dem Wanderer die Wald-, Alm- und Felslandschaft und allen einen Einblick in die herrliche Natur des Wettersteingebirges, seine Flora und Fauna. Und der Wintersport wird hier ganz groß geschrieben. Das Skigebiet des

377

ALPENVORLAND UND ALPEN

Die Wetterverhältnisse auf der Zugspitze sind äußerst extrem. Das Massiv wirkt als Barriere der überwiegend aus dem Nordwesten anwehenden Winde und bewirkt einen Nordstau, der auf der Höhe für 2000 Millimeter Niederschlag im Jahr sorgt. Demgegenüber stehen die 50 Föhntage jährlich, die bei Süd- bzw. Südwestwind für klares und (relativ) warmes Wetter sorgen, denn an über 300 Tagen im Jahr herrscht Frost auf der Zugspitze.

Zugspitzmassivs erstreckt sich zwischen 2000 und 2700 Höhenmetern. Die auf der Zugspitze ankommenden Wintersportler werden mit einer großen Kabinenbahn zur Skistation „Sonn Alpin" gebracht, von wo aus den Skifahrern das Zugspitzplatt mit sechs Liften erschlossen wird. Das Gebiet bietet 13 Pisten und einen Pistenverbund auf dem Nördlichen Schneeferner.

Wenn es auch Hinweise auf eine mögliche frühere Erstbesteigung der Zugspitze gibt, ist der erste dokumentierte Aufstieg im Jahr 1820 erfolgt. Leutnant Josef Naus hatte sich mit dem Bergführer Johann Tauschl und einem Messgehilfen mit einem Vermessungsauftrag der bayerischen Verwaltung auf den Weg zum Westgipfel gemacht, den sie am 27. August durch das Reintal und über den Schneeferner erreichten. 1851 wurde ein 14 Fuß hohes Kreuz auf der Zugspitze aufgestellt, 1882 musste es, von Blitzeinschlägen demoliert, im Tal ausgebessert werden. 1993 erhielt der Berg ein neues Kreuz – das alte war nicht mehr zu reparieren, da amerikanische Soldaten es 1945 auch als Zielscheibe genutzt hatten.

Südlich der drei Gipfel weist das Zugspitzmassiv weitere Gipfel auf, die die Hochfläche des Zugspitzplatts umgeben. Auf dem Grat zum Schneefernerkopf passiert man den Zugspitzeck (2820 m). Der 2875 Meter hohe Schneefernerkopf ist nach Süden ausgerichtet und

SONNENSCHUTZ FÜR EINEN GLETSCHER
DER SCHNEEFERNER

Der Talschluss des Reintals unterhalb des Zugsptitzplatts, das von der Partnach entwässert wird, war einst vom 300 Hektar großen Plattachferner bedeckt. In hundert Jahren, zwischen 1850 und 1950, schrumpfte er auf eine Größe von 60 Hektar. Er hinterließ Schotterwälle, die als Jüngstmoränen auf der Hochfläche zu erkennen sind. Seit 1900 ist die Restfläche in den Nördlichen und Südlichen Schneeferner getrennt. Der Östliche Schneeferner ist seither ganz verschwunden. Unter klimatischen Schwankungen setzt sich das Abschmelzen des Schneeferners immer weiter fort, wozu die aktuelle Klimaerwärmung weiter beiträgt. Auch die sommerlichen Schneefälle haben mehrlich nachgelassen, die ansonsten dem Gletscher noch Schutz boten.

Der Nördliche Schneeferner hat noch eine Fläche von 30 Hektar. Aufgrund seiner Geländebeschaffenheit verringert sich seine Fläche durch die aktuellen klimatischen Bedingungen weniger als seine Dicke. Seit der Gletscher als Skigebiet genutzt wird, haben Schneekanonen zu seinem weiteren Erhalt beigetragen. Auch deckt man im Sommer Teile mit Planen ab. All diese Maßnahmen werden aber sein endgültiges Abschmelzen nicht verhindern können.

Der Südliche Schneeferner misst nur noch eine Fläche von fünf Hektar. Seine Felsumrahmung schützt ihn weniger vor der Sonneneinstrahlung, sodass er sogar noch schneller abschmelzen wird als der nördliche Teil.

Als dritter Gletscher des Zugspitzplatts hat der Höllentalferner noch eine Fläche von 20 Hektar. Er läuft sogar noch in einer richtigen Gletscherzunge aus. Da ihn die umrahmenden Felsgrate stärker beschatten, hat er auch noch eine längere Lebensdauer.

Großflächige Abdeckung aus Planen und Folien sollen den Schneeferner während des Sommers vor Sonne und Regen schützen. (oben)

wirkt von der österreichischen Seite besonders massiv. Eine anspruchsvolle Skiabfahrt führt von hier abwärts in das 2000 Meter tiefer gelegene Ehrwald. In einem ostwärts gerichteten Bogen setzt sich der Grat zur Plattspitze fort.

Der aus dem 2679 Meter hohen Hauptgipfel und zwei weiteren Nebengipfeln bestehende Berg stellt den Südostabschluss des Zugspitzplatts dar. Die Scharte des 1897 Meter hohen Gatterls stellt den Übergang zum Wetterstein-

ALPENVORLAND UND ALPEN

hauptkamm dar. Den Nordostabschluss des Zugspitzplatts wird von den Höllentalspitzen gebildet, deren mittlere 2743 Meter aufragt. Diese Spitzen sind über den nur für geübte Kletterer zu begehenden Jubiläumsgrat von der Zugspitze aus zu erreichen. Der Grat, der das Höllental vom Reintal trennt, setzt sich mit dem Hochblassen (2707 m), der Alpspitze (2628 m) zum Osterfeldkopf (2033 m) fort. Jenseits des Höllentals gibt es noch einen weiteren Grat, der bis zum 2276 Meter hohen Waxenstein reicht. Das von den Gipfeln des Zugspitzmassivs eingerahmte Zugspitzplatt selbst ist eine Karstfläche, die von Höhlen, Dolinen und Moränen durchzogen ist. Bis vor 200 Jahren war die von West nach Ost in Höhen zwischen 2600 und 2000 Metern abfallende Hochfläche immer wieder vergletschert. Seither ist diese schotterige Fläche im Sommer eis- und schneefrei. Einzig die Schneeferner sind als Firnreste verblieben. Ein direkter Wanderweg auf das Zugspitzmassiv führt vom Garmisch-Partenkirchener Ortsteil Hammersbach durch das Höllental aufwärts. Auf einer Länge von einem Kilometer haben der Hammersbach und seine Zuflüsse, die anteilig das Zugspitzplatt entwässern, eine tiefe Klamm in den harten Kalkfels des Höllentals eingegraben. Stellenweise ist die Schlucht 150 Meter tief. Seit über hundert Jahren ist sie zu begehen. Stege, Treppen und Tunnel ermöglichen den Durchgang. Begehbar ist die Klamm aber nur in der schneefreien Sommerzeit, über Winter werden die Brücken und Stege von freiwilligen Helfern der Garmisch-Partenkirchener Sektion des Deutschen Alpenvereins abgebaut.

Der Wettersteinhauptkamm

Spektakulär erhebt sich der 2744 Meter hohe Hochwanner mit seiner nordwärtigen 1400 Meter hohen Steilwand aus seiner Umgebung. Sicherlich ist er schwerer zu ersteigen als manch anderer Gipfel, aber dafür umso interessanter.

Im westlichen Vorfeld des Zugspitzmassivs erstreckt sich vor der malerischen Alpenkulisse der Eibsee. Er entstand – wie seine kleinen Nachbarseen – vor 3700 Jahren durch einen gewaltigen Felssturz. Dadurch weist der See eine sehr unterschiedliche Tiefstruktur von bis zu 37 Metern mit Mulden, unterseeischen Kuppen und Inseln auf. Der einst abseits auf fast 1000 Meter Höhe gelegene See hat sich durch seine blaue Färbung und idyllische Lage zu einem Touristenmagnet entwickelt.

Vor allem die steile Nordwand ist eine Herausforderung für Kletterer. Dennoch ist die jenseits des Reintals aufragende Alpspitze am Rand des Zugspitzplatts offensichtlich attraktiver – während dort Heerscharen auf dem Gipfel unterwegs sind, treffen sich auf dem Hochwanner nur wenige Gipfelstürmer. So kommt es auch, dass es erst relativ spät zur Erstbesteigung kam – 1870 durch Hermann von Barth. Er war es, der sich für die Erschließung der deutsch-alpinen Bergwelt eingesetzt und viele Erstbesteigungen vorgenommen hat. Als Forschungsreisender starb er 1876 in Afrika.

Auch den Hinterreintalschrofen als östlichen, durch eine Scharte getrennten Nachbarberg des Hochwanners hat Hermann von Barth, diesmal 1971, zuerst bestiegen. Sein Gipfel wirkt mit seiner nordwärts zum Reintal gerichteten, auf 2669 Meter aufragenden Felswand sehr dominant. Dieser reizvolle, von Kletterern gern „Teufelsgrat" genannte Berg steht gleichfalls im Aufmerksamkeitsschatten des Zugspitzmassivs und wird deshalb relativ selten bestiegen. Zum Aufstieg wird der Weg von der Rotmoosalm am weniger schroffen Südhang bevorzugt.

Zum Dreitorspitzmassiv wendet sich der Wettersteingrat über zwei Kilometer nach Norden, um dann wieder seine west-östliche Hauptrichtung einzunehmen. Genau an dieser Stelle erheben sich die Gipfel des Dreitorspitzmassivs. Unterteilt wird das Massiv in die Partenkirchner Dreitorspitze (bis 2633 m) und Leutascher Dreitorspitze (bis 2683 m). Beide Teilmassive bestehen wiederum aus mehreren Einzelgipfeln, unter denen die eigentliche, auch Karlsspitze genannte Leutascher Dreitorspitze der höchste ist. Ostwärts schließt sich das

Der Wettersteinhauptkamm erstreckt sich in West-Ost-Richtung mit einem kleinen nordwärts gerichteten Knick in der Mitte von der Gatterl-Scharte bis zur Leutasch-Klamm vor den Toren von Mittenwald entlang der deutsch-österreichischen Grenze. Er unterteilt sich in das Hochwanner-Massiv, das Dreitorspitz-Massiv, unterbrochen von dem Dreitorspitzgatterl sowie in das Wettersteinwand-Massiv und läuft mit den Wettersteinspitzen (Bild) aus.

ALPENVORLAND UND ALPEN

Unterhalb der Wettersteinwand an der Dreitorspitze erhebt sich im Vorland der 1870 Meter hohe Schachen über dem Reintal. Auf der Kuppe des Schachens ließ sich Ludwig II. sein „Königshaus" als Ständerbau in der Form eines griechischen Tempels erstellen. Einfach ausgestattet ist das Parterre, umso prunkvoller dafür der Türkische Saal im Obergeschoss. Fantastisch ist die Aussicht in das Reintal hinein und auf die Wettersteinwand. Hier verweilte der Monarch gern bei seinen Aufenthalten in den bayerischen Bergen Ganz am Ende des 19. Jahrhunderts wurde um das Königshaus ein Alpengarten angelegt, der bis heute zu begehen ist. Das unterhalb gelegene Schachenhaus, einst das Wirtschaftsgebäude des Königshauses, ist zur Berghütte umfunktioniert, die gern als Zwischenstation für die Besteigung der Wettersteinwand genutzt wird.

Marmorbüste des Bayern-Königs Ludwig II. im königlichen Wohnzimmer des Königshauses am Schachen.

einst vergletscherte Schotterfeld des Leutascher Platts an. Die ebenfalls wenig frequentierten Dreitorspitzgipfel sind Kletterern vorbehalten. Auch den ausgebauten Klettersteig auf den Westgipfel der Partenkirchner Dreitorspitze sollten nur geübte Bergwanderer begehen – er wurde nach dem Alpinisten Hermann-von-Barth-Weg genannt.

Am ostwärts gerichteten Knick des Wettersteingrats befindet sich die Scharte des 2366 Meter hohen Dreitorspitzgatterls. Genau auf dem Grat steht die Meilerhütte, eine urige Hochgebirgshütte, von der aus die Klettertouren zu den Dreitorpitzgipfeln unternommen werden. Durch die tief eingekerbte Scharte pfeift der Wind, sodass der Standort auf dem Grat eine recht zugige Angelegenheit ist. Über die Scharte verläuft auch der als Weitwanderweg WW801 gekennzeichnete Alpenvereinsweg.

Die Osthälfte des Gebirgszugs wird von dem 2483 Meter hohen Wettersteinkopf geprägt. Auf dem Gipfel breitet sich vor den Augen die Wettersteinalm in Höhenlagen um 1500 Meter aus, die vom tiefen Einschnitt des Reintals begrenzt wird. Die Almhütte ist als Raststation auf dem Weg zum Schachen solange für Wanderer offen, wie die Jungrinder auf der Alm weiden. Die Wettersteinalm fand schon im 14. Jahrhundert Erwähnung. Bei der Almhütte handelt es sich um die ehemalige Sennhütte. Ein mit Schnitzereien versehener Ständer der Hütte soll mehrere Jahrhunderte alt sein.

Das Reintal wird von der Partnach entwässert. Die Partnach entspringt im Reintalanger als natürlicher Abfluss des Schneeferners auf dem Zugspitzplatt. Ihr oberer Verlauf führt sie westwärts entlang des Vorfeldes der Steilwand des Wettersteinkamms, der Talboden wird auf der einen Seite von der Alpspitze, auf der anderen Seite vom Hochwanner eingerahmt. Ein Stück nimmt die Partnach hier sogar einen unterirdischen Verlauf. Bergstürze haben den Talboden häufig zugeschüttet, sodass sich der Bach immer wieder ein neues Bett suchen musste. Aufgestaut blieb über lange Zeit die Blaue Gumpe, die inzwischen aber wieder mit Schotter verfüllt ist. Unterhalb der Bockhütte knickt die Partnach nach Norden ab und durchfließt die nicht begehbaren Hinter- und Mitterklamm, oberhalb der eigentlichen Partnachklamm fließt ihr noch aus dem Ferchensee der Ferchenbach zu – möglicherweise war dieser Bach ihr primärer Abfluss, bis sie sich durch die Klamm den direkten Weg in die Loisach grub. Durch rückwärtige Erosion grub sie sich ab einer Höhe von 800 Metern immer tiefer in den Untergrund, sodass die Steilwände der Klamm über 80 Meter aufragen. Bis zu Beginn des vorigen Jahrhunderts, als noch keine Straßen in das obere Reintal führten, wurde noch Holz durch die Partnach getriftet. Hatten sich Stämme in der Klamm verkeilt, mussten Holzarbeiter in die Klamm abgeseilt werden, um mit Grieshaken, die mit Eisendornen versehen waren, die Stämme wieder freizumachen.

Der Wettersteinkamm läuft im Osten mit den Wettersteinspitzen angesichts von Mittenwald aus. Sie bestehen aus der 2298 Meter hohen Oberen Wettersteinspitze und der 2151 Meter hohen Unteren Wettersteinspitze, die auch Gemskopf genannt wird. Obwohl der Gemskopf quasi Hausberg von Mittenwald ist, wird er nur relativ selten erklommen – der Weg hinauf ist auch nur für geübte Kletterer zu empfehlen. Der Aufstieg von Mittenwald führt am Lautersee und am Ferchensee vorbei und über den bis 2000 Meter hohen Gemsanger in das

Der Lautersee (Bild) liegt in einer Talmulde unterhalb des südwärtigen Gemskopfs und des hohen Kranzbergs auf der Nordseite. Eine kleine Kapelle am Rand gibt dem Panorama vor dem Gemskopf noch den richtigen malerischen Touch. Westwärts erstreckt sich der Ferchensee auf 1060 Meter Höhe. Er wird von mehreren Abflüssen aus dem Wettersteinkamm gespeist und entwässert über den Ferchenbach.

Felsmassiv hinein. Der Weiterweg von der Unteren zur Oberen Wettersteinspitze bietet sich dann an – schon allein wegen des Weitblicks von der Zugspitze bis in das Karwendelgebirge und südwärts in die Alpen hinein.

DAS KARWENDELGEBIRGE

Das Karwendelgebirge – oder kurz „Das Karwendel" – ist ein mehrgliedriger Gebirgszug, der sich, wie die anderen Teile der Nördlichen Kalkalpen auch, im Wesentlichen aus Dolomit, dazu auch aus Plattenkalk und Wettersteinkalk zusammensetzt. Er wird von der Isar im Westen und Norden, vom Achenbach im Osten und vom Inn im Süden begrenzt. Der Gebirgsstock besteht aus vier Ketten, von denen die Nördliche Karwendelkette und das Vorkarwendel die Grenze zu Österreich bilden. Der Hauptzug des Karwendelgebirges befindet sich auf österreichischem Gebiet. Die Inntalkette ist der südlichste der vier Karwendelbestandteile – sie wird aus Innsbrucker Sicht auch als Nordkarwendelkette bezeichnet. Die Alpenauffaltung hat die Karwendelketten südwärts geneigt, sodass sich der Nordabfall als bis zu 1000 Meter hohe Abbruchkante darstellt. Die Oberfläche der geneigten Südseite ist eiszeitlich unter Hinterlassung von Kar genannten Gletschermulden überformt worden. Die stellen sich wie Amphitheater im Fels dar, die durch Grate miteinander verbunden sind.

Der „Alpenpark Karwendel" ist ein grenzüberschreitendes Projekt, in dessen Zentrum sich das über 900 Quadratkilometer große „Naturschutzgebiet Karwendel" als größtes Schutzgebiet der zentralen Alpen erstreckt. Der Schutz geht auf österreichischer Seite schon auf Regelungen aus dem Jahr 1928 zurück – dieser Teil ist zum Naturpark erklärt.

DIE ALPEN

Die Bergwiesen und -weiden des Karwendels zeigen die ganze Vielfalt der Blütenpflanzen der Alpen, so Akelei, Türkenbundlilie, Knabenkräuter, Primel, Enzian, Kreuzblume, Trollblume, Alpenveilchen und Alpennelken, um nur einige zu nennen. Unter den Tieren sind der Steinbock, die Marderarten, der Schneehase, Hirsch und Reh, die Gämse (Rupicapra rupicapra – Bild), und beispielsweise auch das Schneehuhn zu nennen. Als einzige heimische Vogelart wechseln Schneehühner ihr Federkleid im Winter.

Zielsetzung der Bemühungen ist der Erhalt der vielfältigen Landschaft, seine Flora und Fauna naturnah zu erhalten und vor weiteren Eingriffen zu schützen. Große Wälder kennzeichnen die Tallagen des Karwendels, die Bergflanken, an den Abbruchanten breiten sich teilweise mit Matten und Latschen bewachsene Schuttfelder aus, tiefe Felseinschnitte sind mit Schluchtwäldern bewachsen, die aus den Felsnischen herausströmenden Bäche nehmen ihren Lauf unbeeinträchtigt.

Nördliche Karwendelkette

Das obere Isartal zwischen Mittenwald und Scharnitz begrenzt die ostwärts gerichtete Nördliche Karwendelkette, die sich über eine Länge von 18 Kilometern erstreckt und auch als das Bayerische Karwendel bezeichnet wird. An der Engstelle des Isartals zwischen Wettersteingebirge und Karwendel wurde im Dreißigjährigen Krieg die Porta Claudia als Befestigungsanlage errichtet, die während der napoleonischen Kriege durch eine List von den Franzosen rückwärtig erobert werden konnte. Heute zeugen nur noch Ruinen von der durch die Tiroler Landesfürstin Claudia von Medici errichteten Anlage.

Der Grat der Nördlichen Karwendelkette setzt bei Scharnitz mit dem Doppelgipfel von Rotwandspitze (2191 m) und Brunnensteinspitze (2180 m) ein und verläuft als Grenze zu Österreich über die 2385 Meter hohe Westliche Karwendelspitze, den 2476 Meter hohen Wörner, die 2324 Meter hohe Raffelspitze zur 2537 Meter hohen Östlichen Karwendelspitze. Südlich des Grats verläuft der Karwendelbach, nördlich erstreckt sich dieser Teil des Karwendelgebirges bis zur Isar, die unterhalb von Wallgau einen Schwenk nach Osten vollzieht.

Die Westliche Karwendelspitze ragt als zackiger Felsblock aus seiner Umgebung empor. Er kann mit der Karwendelbahn von Mittenwald

DIE DEUTSCHE ALPENSTRASSE

Die Idee einer Verbindung der Quertäler des deutschen Alpenraums wurde Ende der 1920er-Jahre geboren. In den Dreißigerjahren begannen dann die Arbeiten, die nach dem Zweiten Weltkrieg am Sylvensteinstausee schließlich beendet wurden. Die Streckenführung verläuft von Lindau am Bodensee nach Hindelang, über den Oberjochpass, weiter nach Pfronten, Steingaden, Oberammergau, Garmisch-Partenkirchen, am Walchensee entlang, nach Bad Tölz, zum Sylvensteinstausee, über den Achenpass, zum Tegernsee und Schliersee, am Wasserfall Tatzelwurm vorbei nach Kiefersfelden, durch das Inntal, über die A93 nach Bernau am Chiemsee, weiter nach Reit im Winkel, Ruhpolding, durch die Ramsau, nach Berchtesgaden bis zum Abschluss über die Roßfeldringstraße. Über eine Streckenlänge von 450 Kilometern führt sie vorbei an den landschaftlichen Höhepunkten Süddeutschlands, so an den oberbayerischen Seen, an vielen Voralpenpässen, an so schönen Bauwerken wie der Wieskirche, Klosterkirche Ettal, Kloster Benediktbeuren, Schloss Hohenaschau und natürlich auch an Ludwigs Königsschlössern.

Bau der Deutschen Alpenstraße durch die Bayerischen Alpen, aufgenommen im Juli 1937.

aus bis auf 2244 Meter Höhe angefahren werden. Von der Bergstation führt ein mit Seilen gesicherter Pfad auf die Spitze. Der Aufstieg für Wanderer erfolgt über die Mittenwalder Hütte – hier beginnt auch der Mittenwalder Klettersteig, der über die Nördliche Linderspitze (2374 m), die Südliche Linderspitze (2304 m), die Sulzleklammspitze (2323 m) und Kirchlspitze (2302 m) in den Sattel zwischen Brunnensteinspitze und Kirchlspitze führt, um dann den Endpunkt in der Brunnensteinhütte zu erreichen.

Der Grat der Nördlichen Karwendelkette findet seine Fortsetzung im Wörner, der ebenfalls als markanter Felsgipfel weit herausragt. Es folgt die sogar zehn Meter höhere Hochkarspitze und dann die Raffelspitze, die relativ schwierig zu erklimmen ist. Für manche Jahre haben sich nur an die 20 Bergsteiger in das Gipfelbuch eingetragen. Der Berggrat endet mit der Östlichen Karwendelspitze. Ihr „gestreckter, schneidiger Gipfel" wurde von Herman von Barth, wie er ihn beschrieben hat, 1874 erstmals bestiegen.

Im nördlichen Vorfeld der Bayerischen Karwendelkette erhebt sich das Soiernspitz-Massiv. Die eigentliche 2259 Meter hohe Spitze hat eine pyramidenförmige Gestalt. An der Soiernhütte breiten sich die Soiernseen aus. Schon König Ludwig II. genoss den Blick über den See und ließ hier 1866 eine

Jagdhütte errichten, die nach dem Ersten Weltkrieg vom Deutschen Alpenverein übernommen wurde.

Das Vorkarwendel

Die Kette des Vorkarwendels – mit dem 2102 Meter aufragenden Schafreuter als höchstem Berg – setzt sich nordwärts versetzt als deutsch-österreichische Grenze jenseits des Rißtals fort. Durch seine vorgeschobene Lage bietet er einen weiten Blick über das sich nördlich ausbreitende Alpenvorland mit der Benediktinerwand, deren nördliche Abbruchkante man von hier natürlich nicht sehen kann. Unterhalb des Gipfels steht auf 1825 Meter Höhe die Tölzer Hütte, ein beliebter Ausgangspunkt für weitläufige Wander- und Skitouren. Das Vorkarwendel läuft im Lerchkogel (1685 m) und im lang gestreckten Bergrücken des Demeljochs (1926 m) aus. Nach Norden zur Isar hin, die hier zum Sylvensteinstausee, an dem die deutsche Alpenstraße entlang führt, aufgestaut sind, erheben sich noch der Kotzen (1765 m) und der Graskopf (1753 m). Für den Sylvensteinstausee musste der Ort Fall verlassen und die Bewohner in den neuen Ort Neu-Fall umgesiedelt werden.

DER MANGFALLGRAT

Das Mangfallgebirge, das sich ganz im Süden Deutschlands zwischen Isar und Inn erstreckt, ist geologisch zweigeteilt. Während der Nordteil dem Alpenvorland zuzurechnen ist, zählt der Grat, auf dem die deutsch-österreichische Grenze verläuft, zu den Kalkalpen. Der Verlauf des Grats ist mit ganz geringen Ausnahmen west-ostwärts gerichtet. Die westlichen Teile der Bergkette werden auch als die Blauberge bezeichnet.

Angesichts des Sylvensteinstausees erheben sich der Gerstenrieder Kopf (1420 m) und der Rosskopf (1401 m) als westlichste Erhebungen des Mangfallgrats. Der 941 Meter hohe Achenpass trennt den weiteren Verlauf der Kette, der sich mit dem Reitstein (1515 m) und dem Schildenstein (1611 m) fortsetzt. Ihnen folgt ostwärts der 1863 Meter hohe Halserspitz als höchster Berg der Kette. Der Aufstieg von Wildbad Kreuth durch die Wolfsschlucht zur Blaubergalm und weiter über den Grat zur Halserspitz ist eine reizvolle Wanderung. Der Grat wird im Weiteren durch die 967 Meter hoch gelegene Scharte der Neuen Klause unterbrochen und folgt, einen Knick vollziehend, zum 1810 Meter hohen Trausnitzberg. Seine Nordseite fällt felsig ab. Sein Nebengipfel, der Bayerische Schinder (1796 m), ist auf einer 30-minütigen Gratwanderung zu erreichen. Weiter östlich unterbricht wiederum eine Scharte den weiteren Verlauf der Bergkette – diesmal ist es die Klamm der Valepp, die hier auf 850 Meter Höhe die Grenze durchläuft. Östlich der Valepp geht es über den Kreuzbergkopf (1717 m) zum Ursprung-Pass. Von hier entwässert die Leitzach das Ursprungtal über Bayerischzell und verläuft durch die Schlierseer Berge, um bei Feldkirchen in die Mangfall zu münden.

DIE CHIEMGAUER ALPEN

Die Chiemgauer Alpen zeigen nur an wenigen Stellen Hochgebirgscharakter. Ansonsten sind sie kaum schroff, eher kuppig und mancherorts tragen sie Mittelgebirgscharakter – wenn man das Panorama der südwärts gelegenen Hochalpenkette „übersieht". Nur wenige Felspartien reizen auch die Kletterer – die der Kampenwand und der Hörndlwand dafür aber umso mehr. Kleinräumige Strukturen und flach ge-

ALPENVORLAND UND ALPEN

Die Chiemgauer Alpen erstrecken sich als ostbayerischer Teil der Kalkalpen zwischen Inn und Saalach. Nördlich breitet sich der Chiemgau mit dem großen Chiemsee aus. Östlich gehen die Chiemgauer Alpen in die Berchtesgadener Alpen über. Südlich werden sie vom Kaisergebirge und den Loferer Steinbergen begrenzt, die beide in Österreich liegen.

neigte Hänge charakterisieren eher die Geländestruktur und machen die Chiemgauer Alpen zu einer Domäne der Wanderer. Einst war das Gebiet mit geschlossenem Bergwald bedeckt. Die Entwaldung und Urbarmachung konzentrierte sich aber auf Talböden und Almen, doch blieben in den schwer zugänglichen Gebieten alpine Florengesellschaften an Rasen, Fels- und Schuttfluren, Quell- und Feuchtgebieten erhalten. Die über Jahrhunderte durchgeführte Waldweide hat die Artenzusammensetzung der Wälder beeinflusst und durch Holznutzung der Fichte großen Raum gegeben, dennoch gibt es immer noch subalpinen Buchenwald, ursprünglichen Fichtenwald und Kiefernmischwälder. Gerade die östlichen Chiemgauer Alpen verfügen noch über großflächig intakte Bergwälder und typisch alpine Biotope, weshalb sie seit 1954 unter Naturschutz stehen – insbesondere auch wegen ihrer Bestände an Birkhühnern.

Im Westen strukturieren die Tiroler Achen und der Prien als Zuflüsse des Chiemsees das bergige Gelände. Die Prien entspringt unterhalb des 1598 Meter hohen Spitzensteins – hier zeigt sich südwärts die Kulisse des Kaisergebirges dominant. Die Tiroler Achen entspringt als Kitzbüheler Ache südlich des Passes Thurn an der Grenze zu Salzburg, sie entwässert den östlichsten Teil von Nordtirol und passiert am nördlich vom österreichischen Kössen gelegenen 610 Meter hohen Engpass Klobenstein die deutsche Grenze. Ihre Talaue mit Resten naturnahen Bewuchses ist stellenweise unter Naturschutz gestellt.

Zwischen Prien und Tiroler Achen ragt auf der Höhe von Aschau die Kampenwand 1669 Meter auf. Weiter südlich erhebt sich der 1808 Meter hohe Geigelstein als zweithöchster Berg der Chiemgauer Alpen, durch die Dalsensenke von

Die Kampenwand (Bild) ist als lang gestreckter felsiger Kamm für alpine Verhältnisse nicht sehr hoch, ragt aber mit ihren Felsnadeln weit über die Umgebung hinaus. Der höchste Punkt ihres gezackten Gipfelgrats trägt ein weithin sichtbares, immens großes Kreuz. Besonders die steilen Südwände stellen für Kletterer Herausforderungen verschiedener Schwierigkeitsgrade dar. Die Kampenwandbahn trägt die Besucher von Hohenaschau auf die Steinlingalm unterhalb des Gipfels.

der Kampenwand getrennt. Er bietet sommers wie winters einen einfach zu erreichenden Aussichtsgipfel. Als es Bestrebungen gab, den Berg durch Aufstiegshilfen für den Wintersport zu erschließen, konnte eine Bürgerinitiative die Unterschutzstellung der Gipfelregion erreichen. Neben dem Gipfelkreuz befindet sich auch eine Kapelle auf dem Berg.

Im östlichen Teil nehmen die Chiemgauer Alpen schon eher Hochgebirgscharakter an, hier fallen die Gratspitzen nach Norden steil ab und gehen in tiefe Gräben über. Das Fischbachtal und die Kraxenbachtäler stellen solche Talfurchen dar, die den wildesten Teil der Chiemgauer Alpen bilden. Nach Süden sind die Abhänge eher flach und weitgehend bewaldet, von Wiesen, Krummholz und Zwergstrauchheiden durchsetzt. Die Oberflächengestalt der sich nordwärts ausbreitenden Berglandschaft ist stärker strukturiert, reizvolle Täler und Seenketten bereichern genauso wie großflächige Almen das Landschaftsbild. Die bekannteste darunter ist die Winkelmoosalm, die sich auf 1150 Meter Höhe angesichts der Kulisse der Loferer Steinberge erstreckt. Eine mautpflichtige Sommerstraße führt auf die Traunsteiner Hütte auf der Alm. Hier steht auch die kleine Maria-Himmelfahrts-Kapelle, in der jeweils am 15. August eine traditionelle, viel besuchte Kräuterweihe stattfindet. Bedeutend ist die Alm als Skigebiet.

ALPENVORLAND UND ALPEN

Östlich der Winkelmoosalm erheben sich das Dürrnbachhorn (1776 m), das Wildbachhorn (1691 m) und das 1961 Meter aufragende Sonntagshorn als höchster Berg der Chiemgauer Alpen. Auf das Dürrnbachhorn kann man im Sommer mit einem Sessellift aufsteigen, an dessen Bergstation sich ein Panorama-Restaurant befindet. Das Bergmassiv des Sonntagshorns, dessen Gipfelbereich südwärts leicht zur Sonne geneigt ist und daher seinen Namen Sonndachshorn hat, ist durch keine Aufstiegshilfe erschlossen und deshalb ein beliebtes Ziel für Wanderer und Skiwanderer. Im Osten schließen die Chiemgauer Alpen mit dem Steinpass ab. In einer Höhe von 615 Metern liegt er über der Saalachklamm, die am Talboden keinen Platz für eine Straße lässt – inzwischen umgeht ein Tunnel die Engstelle.

An der Nordflanke der Chiemgauer Alpen ragen noch zwei interessante Berge auf. Der Rauschberg erhebt sich mit seiner felsigen Kuppe 1645 Meter hoch und ist ein beliebter Aussichtsberg für Wanderer. Gleichfalls exponiert im Nordfeld der Chiemgauer Alpen ist der Hochfelln (1674 m). Auf seinem Plateau steht das Hochfellnhaus, keine Hütte, sondern ein Restaurant. Eine Bergbahn bringt die Gäste auf die Kuppe.

Zwischen der Nordflanke und der Südflanke der östlichen Chiemgauer Alpen zieht sich zwischen Reit im Winkel und Ruhpolding das Talsystem der Schwarzlofer hin, das über das Seegatterl in das Dreiseengebiet und in das Tal der Weißen Traun als Teilstück der Deutschen Alpenstraße übergeht. Das reizvoll in die Waldlandschaft eingebettete Dreiseengebiet aus Weitsee, Mittersee und Lödensee ist durch Abflüsse miteinander verbunden. Der Zufluss erfolgt durch unterseeische Quellen, wodurch die Seen eine ausgezeichnete Wasserqualität haben und als Badeseen aufgesucht werden. Der Mittersee und der Lödensee gehen praktisch ineinander über und entwässern unter der Geröll- und Schuttauflage in den unterhalb liegenden, kleineren Förchensee, der den Quellsee der Weißen Traun bildet.

DIE BERCHTESGADENER ALPEN

Wie einen Kranz umgeben die einzelnen Gebirgsstöcke der Berchtesgadener Alpen, das sind gegen den Uhrzeigersinn die Reiteralm, das Hagengebirge, der Hochgöll und das Roßfeld, der Untersberg und das Lattengebirge, das Berchtesgadener Becken, wobei einzelne davon auch auf österreichisches Gebiet übergehen. Mit dem bis 2941 Meter hohen Hochkönigstock im Süden des Steinernen Meers haben die Berchtesgadener Alpen sogar ihren höchsten Punkt im Nachbarland. Im nördlichen Teil zu den Talebenen der Saalach mit dem Reichenhaller Becken und der Salzach mit dem Salzburger Becken fällt das Profil niedriger aus. Die Höhenlagen reichen von knapp 500 Metern im Norden bis über 2000 Meter im Watzmannmassiv. Das Gesamte Gebiet der Berchtesgadener Alpen wird vom 1978 eingerichteten Nationalpark Berchtesgaden eingenommen, wobei die Schutzbemühungen schon 1910 mit dem „Pflanzenschonbezirk Berchtesgadener Alpen" einsetzten. Damit wird dieser 21 000 Hektar großen Hochgebirgslandschaft mit ihrer Vielfalt an Lebensräumen, die von den Klimazonen mittlerer Breiten bis zu denen der Polarkreis-Breiten im Hochgebirge mit den zwei nördlichsten Gletschern der Alpen reichen, Rechnung getragen.

Den Ostflügel der Bayerischen Alpen bilden die Berchtesgadener Alpen, die Hochgebirgsregion zwischen Saalach und Salzach mit den mächtigen Kalksteinblöcken des Watzmanns und des Hochkalters. Tief eingesenkt in die südlichen Plateaugebirge erstreckt sich der fjordartige, Königssee, zweifelsohne der schönste der bayerischen Seen. (rechts oben)

Wald bedeckt die Berchtesgadener Alpen bis in Höhenlagen von 1600 Metern, am Steinernen Meer reicht er bis in Höhen von 1800 Metern. Es handelt sich dabei vorwiegend um Bergmischwälder, wobei der Anteil der Fichte und Lärche mit zunehmender Höhe größer wird. Eine Besonderheit stellen die Lärchen-Zirbenwälder im Funtensee-Bereich des Steinernen Meeres, im Blaueistal und auf der Reiteralm dar. (rechts unten)

DIE ALPEN

ALPENVORLAND UND ALPEN

Die Hochflächen der Berchtesgadener Alpen sind mit mächtigen, flach gelagerten Kalkschichten bedeckt, dem sogenannten Dachsteinkalk. Die Sockel bestehen aus Sedimentgestein, das ein sich hier im Erdmittelalter ausbreitendes Schelfmeer in mehreren, lang andauernden Überflutungsphasen abgelagert hat. Diese Werfener Schichten genannten Gesteine verwittern leicht, wohingegen der Dachsteinkalk verkarstet. Eiszeitliche Gletscherüberformungen haben Trogtäler hinterlassen, von denen das Klausbach-, Wimbach- und Königsseetal die Gebirgsstöcke nach Norden aufspalten. Der Seespiegel des Königssees liegt kaum über 600 Meter hoch, aber der See ist 183 Meter tief – so nachhaltig hat hier der Gletscher das Gelände ausgeschürft.

Die Vegetation wird nicht nur mit zunehmender Höhe geringer, sondern hängt auch von den Bodenverhältnissen ab. Je größer der Anteil von Kalkgeröll und Kalkschutt am Boden ist, umso spärlicher wird die Vegetation. In der subalpinen Zone breiten sich Rasen und Latschenkiefern aus, Fels-, Geröll- und Schuttfluren konzentrieren sich auf die Massive von Watzmann und Hochkalter sowie auf die Hochlagen des Steinernen Meeres.

Die wirtschaftliche Grundlage des Berchtesgadener Landes bildete Salz. Salz wurde schon in vorgeschichtlicher Zeit und besonders intensiv seit dem Mittelalter in Berchtesgaden abgebaut und war der Garant der politischen Selbständigkeit der Fürstpropstei Berchtesgaden. Nach den napoleonischen Kriegen wurde die Fürstpropstei dem Königreich Bayern eingegliedert. Eine ab 1817 gebaute Soleleitung führte über den Schwarzbachwachtsattel nach Reichenhall, um dort das gelöste Salz zu verarbeiten. Die Saline ist außer Betrieb, aber eine neue Leitung bringt immer noch die Sole

Acker- und Weidewirtschaft wird im Berchtesgadener Becken bis in Höhenlagen von 1000 Metern betrieben. Vor allem die Täler mit Verwitterungsböden der Werfener Schichten bieten mit ihren Lehmböden günstige Voraussetzungen, werden aber wegen des regenreichen Klimas überwiegend beweidet. Andere Böden sind sehr steinreich. Die im oberen Waldgürtel angelegten Almen werden aus touristischen Gründen weiterhin offen gehalten.

*Ein Felssturz am Hintersee hat vor gut 4500 Jahren die ganze umgebende Landschaft des Klausbachtals mit Bergsturztrümmern übersät, in denen die Bäume sich vielgestaltig ihren Platz erobern müssen – und so eine ganz romantische Waldlandschaft hinterlassen, die man heute den Zauberwald nennt. Aber nicht nur deshalb, sondern auch wegen des Standorts der Pfarrkirche St. Sebastian an der Ramsauer Ache – wie der Klausbach unterhalb des Hintersees genannt wird – hat die Region viele Künstler angezogen. Nicht umsonst wird der Standort der Kirche am Fluss deshalb Malerwinkel genannt.
Louis Gurlitt (1812-1897) bannte den Hintersee 1836 auf Leinwand.*

nach Bad Reichenhall, wo sie zu Koch- und Streusalz verarbeitet wird.

Die Reiteralm

Die Reiteralm erhebt sich als zehn Quadratkilometer großer Gebirgsstock der Berchtesgadener Alpen westlich der Saalach und reicht dabei über die Grenze auf österreichisches Territorium. Ostwärts reicht die Reiteralm bis zum Schwarzbachwachtsattel, darüber hinaus schließt sich das Lattengebirge an. Der 868 Meter hohe Pass bildete vor der Säkularisation die Grenze der Fürstpropstei Berchtesgaden, weswegen hier „Wacht" gehalten wurde. Über den Sattel führte auch die einstige Soleleitung von Berchtesgaden nach Reichenhall. In der Fortsetzung bildet die Ramsau südöstlich des Sattels die Begrenzung, die dann von Klausbach aufwärts bis zum Hirschbichl die Begrenzung zum Hochkalter bildet.

Die Reiteralm weist an vielen ihrer Kanten Steilabbrüche auf. Die Hochflächen sind durch den Salinenbedarf stark entwaldet. Je nach Höhenlage ist das Reiteralm-Plateau mit Latschenkiefern, Weiden und Almen bedeckt. Im Norden gibt es noch Zirbelbestände und ein Hochmoor. Die Verkarstung des Plateaus zeigt sich in den vielen Höhlen, von denen die Schrecksattel-Eishöhle unterhalb des Wartsteins (1758 m) die am weitesten verzweigte ist. Sie entstand entlang einer großen Störungslinie parallel zu vorhandenen Klüften. In ihr kann man prachtvolle Eisfiguren bewundern. Weitere Erhebungen aus dem Plateau sind das Schottmalhorn (2047 m), zu der ein recht einfacher Aufstieg von der unterhalb gelegenen Neuen Traunsteiner Hütte führt, und das Stadlhorn (2285 m) als markantester Gipfel der Reiteralm.

ALPENVORLAND UND ALPEN

Die tief eingeschnittene Engstelle der Wimbachklamm im Nationalpark Berchtesgaden ist 200 Meter lang und bietet dem Besucher, der nur von unten in die Klamm eintreten kann, eine beeindruckende Zeitreise durch Millionen Jahre Erdgeschichte durch die Schichten des Dachsteindolomits mit ihren vielen Fossilien aus der Ablagerungszeit vor über 200 Millionen Jahren.

Das Hochkaltergebirge

Die Ramsau im Norden, der Klausbach im Westen, das Wimbachtal im Osten und die Hocheisspitze im Süden begrenzen das Hochkaltergebirge, dessen Zentrum vom 2608 Meter hohen Hochkalter gebildet wird. Im Zuge der Alpenauffaltung wurde die Deckschicht des Gebirges aus hartem Dachsteindolomit um bis zu 40 Grad gekippt, was ganz wesentlich zur Schroffheit seines Erscheinungsbildes beigetragen hat. Die sich südlich und westlich erhebenden Berge der Wimbachkette sind dagegen aus dem brüchigeren Ramsaudolomit aufgebaut. Diese Brüchigkeit hat immer wieder zu Felsstürzen geführt, wie sie etwa den Hintersee aufgestaut haben. Auch im vorigen Jahrhundert gab es noch gewaltige Felsstürze, die über das Donnern hinaus auch als Erdbeben bemerkt wurden.

Am Südhang des Hochkalter steht die Blaueishütte (1750 m) unterhalb des Blaueisfirns. Dieser nördlichste Gletscher der Alpen fällt unterhalb der Hochkalterspitze ab, ist durch die Nebengipfel Blaueisspitze (2480 m) sowie Kleinkalter (2513 m) umrahmt und dadurch von der Sonneneinstrahlung abgeschirmt. Kaum mehr als sieben Hektar Fläche misst der inzwischen stark geschrumpfte Gletscher, aus dem in der Mitte schon Felsen herausragen, sodass der untere Teil eigentlich als Toteisblock zu bezeichnen ist.

Das Klausbachtal war in früheren Zeiten Durchgangstal über den Hirschbichl in das Pinzgau. Die Passhöhe auf 1184 Meter liegt kurz hinter der Grenze. Die für den PKW-Verkehr nicht zugelassene Straße weist Steigungen bis 30 Prozent auf. Dort, wo der Klausbach in die Ramsau einritt, hat sich vor 4500 Jahren durch einen Felssturz der Hintersee gebildet. Da er durch das Geschiebe des Klausbachs zu verlanden droht, hat man dem Bach ein künstliches Bett um den See herum gegraben.

Das Wimbachtal stellt den tiefen Taleinschnitt zwischen Hochkalter im Westen und Watzmann im Osten dar. Poröse Schuttmengen haben das schroffe Tal so weit aufgefüllt, das sich kein See erhalten konnte, wie im benachbarten Königsseetal. Denn die Schuttmengen, die der Wimbach in das Tal eingebracht hat, haben seit dem Ende der letzten Kaltzeit eine Mächtigkeit von bis zu 300 Metern erlangt. Dieser Wimbachgries, der dem poröseren Ramsaudolomit entstammt, erreicht am Talschluss unterhalb der Trischübel-Scharte (1774 m) eine Breite von über einem Kilometer. Hier oben gibt es einen Bestand an Spirken, einer Unterart der Latschenkiefer, die ansonsten eher in den Westalpen vorkommt. Der Weg vom Talschluss abwärts führt über die Wimbachgrieshütte (1327 m) und das Jagdschloss Wimbach in die Wimbachklamm.

Der Watzmann

Das Watzmann-Massiv ist der zentrale und beeindruckendste Gebirgsstock der Berchtesgadener Alpen, der sich aus einer Vielzahl von Gipfeln zusammensetzt, die im Volksmund Großer Watzmann, die Watzmannfrau und die Watzmannkinder heißen – innerhalb dieser Bergeinteilung kommt der Watzmannwand besondere Bedeutung zu.

Wie die gesamten Berchtesgadener Alpen ist auch das Watzmannmassiv aus den Ablagerungen des Tethys-Meeres, das sich vor gut 200 Millionen Jahren in der Region ausbreitete, entstanden – sie hinterließen die Schichten des Dolomitkalks. Zudem besteht das Watzmannmassiv auch aus Plattenkalk, der in Lagunen mit höherem Salzgehalt abgelagert wurde. Darin verwesten die Lebewesen nicht und blieben so als Versteinerungen im geschichteten Gestein erhalten. Im Zuge der Alpenauffaltung wurden diese Schichten gekippt und sind heute – insbesondere an der steilen Watzmannwand – sehr deutlich zu erkennen. Auch Ramsaudolomit als Sockelschicht tritt zutage. Im Osten wird dieses poröse Material über den Eisbach abtransportiert und bildet den Schwemmkegel in der Mitte des Königssees.

Die Besteigungsgeschichte des Watzmanns reicht ungleich weiter zurück als die anderer

In den tieferen Lagen des Watzmannmassivs breiten sich Buchenwälder aus, die mit zunehmender Höhe in Bergmischwälder übergehen. Darüber dominieren Nadelbäume, wobei durch forstwirtschaftliche Aktivitäten inzwischen die Fichte vorherrscht. Über 1800 bis 2000 Meter Höhe wachsen Lärchen, Latschen – und auch hier – Spirken, darüber Heiden, Alpenrosen und die alpine Fels- und Schotterflora.

ALPENVORLAND UND ALPEN

Die Watzmannostwand (Bild) richtet sich 1800 Meter hoch auf und ist damit wohl die höchste der Ostalpen, entsprechend auch eine Herausforderung für Kletterer. Es ist die Wand der Watzmann-Südspitze, die auch Bartholomäwand genannt wird. Die Besteigung dieser Steilwand, die 1881 erstmals bezwungen wurde, erfordert Erfahrung, Kraft und Ausdauer. 1947 wurde ein Weg gefunden, der einige Schwierigkeiten vermeidet und heute als Berchtesgadener Weg am häufigsten begangen wird.

deutscher Alpengipfel. So soll der Theologe Valentin Stanig bereits im Jahr 1800, nachdem er gerade von der Großglockner-Erklimmung zurückgekehrt war, den Hocheck im Watzmannkamm erstiegen haben. Da ihm die Mittelspitze den Blick auf den Großglockner verwehrte, bestieg er diesen gleich noch mit. Die erste Überschreitung aller drei Watzmannspitzen gelang aber erst 1868.

Es sind der Hocheck, die Mittelspitze und die Südspitze, die den Watzmanngrat ausmachen. Ihre „Überschreitung" wird in der Regel vom Watzmannhaus aus vorgenommen. Diese 1888 eröffnete Watzmannhütte des Deutschen Alpenvereins steht auf 1930 Meter Höhe in exponierter Lage auf dem Falzköpfl mit weiter Sicht in das Berchtesgadener Becken hinein.

Der 2651 Meter hohe Hocheck ist die Vorspitze des Watzmannmassivs. Sein Gipfel ist mit zwei Kreuzen bestückt. Der Aufstieg führt anfangs über einen Schotter- und Geröllweg und geht dann in felsiges Gelände über. Für die Überwindung der 721 Höhenmeter benötigt ein geübter Gebirgswanderer gut zwei Stunden. Der Ausblick von hier oben ist atemberaubend. Die Watzmannüberschreitung folgt nun dem Grat. Eine Biwakhütte soll Wanderern, die vom Wetter überrascht werden, Unterschlupf bieten. Die Kletteransprüche sind auf dem Weg zum 2713 Meter hohen Mittelgipfel noch moderat, ihn erreicht man nach knapp einer Stunde. Der Grat zum 2712 Meter hohen Südgipfel bietet schon höhere Schwierigkeitsgrade, sein Auf und Ab ist durch häufige Begehungen bei Feuchtigkeit rutschgefährdet, sind doch Felsen längst glatt getreten. Doch entschärfen Drahtseilsicherungen die problematischen Passagen, die man in zwei Stunden durchwandert. Der Abstieg über den Wimmbachgries ist beschwerlich, steil und steinschlaggefährdet, der Rückweg erfolgt über das Wimmbachtal. Bis zu 15 Stunden kann die Tour insgesamt dauern, aber die Weitsicht über das Alpenpanorama bis zum Großglockner und Großvenediger und auf den Königssee belohnt alle Strapazen!

Die Watzmannfrau, der 2307 Meter hohe Kleine Watzmann, ergibt zusammen mit dem Hauptgipfel im Panorama von Berchtesgaden aus gesehen eines der am häufigsten fotografierten Landschaftsmotive Deutschlands. Der Gipfel erhebt sich solitär, ist aber wegen fehlender Drahtseilsicherung recht schwierig zu besteigen. Reizvoll ist der Aufstieg über den Nordostgrat, fern vom Trubel auf dem Hauptgipfel, aber Trittsicherheit und Schwindelfreiheit sind zwingend gefordert.

Zwischen Watzmannfrau und dem Watzmanngrat breitet sich das Watzmannkar als weiter Kessel, umrahmt von Wänden und gewaltigen Felsblöcken, aus. Die Watzmannkinder schließen das Kar umrundend ab. Der Sage nach sind es sieben Gipfel, tatsächlich fünf Gipfel in Höhen um 2000 Meter. Das vierte Kind ragt als höchster Berg der Gruppe 2270 Meter auf – und wird Jungfrau genannt. Diese Benennung geht auf die Watzmannsage zurück, der zufolge der grausame König, seine Frau und seine sieben Kinder als Gottesstrafe zu den Watzmannspitzen versteinert wurden. Nach Südosten fallen die Watzmannkinder in einer Steilwand bis zu 1000 Meter zum Eisbach, der in den Königssee mündet, ab.

Unterhalb des Watzmannkars, eingerahmt von den Watzmannkindern und dem kleinen Watzmann besteht der Watzmanngletscher. 1820 hatte er noch eine Fläche von 30 Hektar, die Massenverluste seit den 1940er-Jahren fühten dazu, dass er in einzelne Firnflicken zerfiel. Bis in die 1980er-Jahre gab es aber eine erneute Erweiterung.

Die von der Watzmannostwand herabfallenden Lawinen komprimieren sich auf 840 Meter Höhe in einer Felsspalte, aus der der Eisbach austritt, zu einem vereisten Schneefeld, das den Sommer überdauert. Da der Eisbach eine Toröffnung hineinspült, wird das Eisfeld auch Eiskapelle genannt. Die Eiskapelle kann in einer gut einstündigen Wanderung von St. Bartholomä aus erreicht werden.

Das Steinerne Meer
Das Steinerne Meer ist der größte Gebirgsstock der Berchtesgadener Alpen und umschließt als Südabgrenzung das Berchtesgadener Becken. Im Norden erstrecken sich der Hochkalter, der Watzmann und das Hagengebirge, tief eingebettet im Gebirge liegt unterhalb der Königssee. Im Süden setzt sich das Steinerne Meer auf österreichischem Boden fort und findet steil abfallend seinen Abschluss im Saalfelder Becken. Im Südosten geht das Steinerne Meer in den österreichischen Hochkönigstock über.

Ein Drittel der Fläche des Steinernen Meeres breitet sich in Höhenlagen über 2000 Meter aus, seine 50 Gipfel ragen in den meisten Fällen wenig markant bis 2600 Meter auf. Die Hochfläche ist stark verkarstet, hunderte von Karsthöhlen werden gezählt, die größte unter ihnen ist die erst 1959 entdeckte Salzgrabenhöhle oberhalb des Königssees. Ihr Eingang liegt auf 960 Meter Höhe, ist aber vergittert. Das Höhlensystem ist neun Kilometer verzweigt und weist dabei Höhenunterschiede von 265 Metern in zwei verzweigten Systemen mit großen Hallen und verschiedenen Wasserläufen auf. Unglaublich verzweigt ist das Kolkbläser-Monsterhöhle-System, dessen Eingang sich auf der Südseite des Schindlkopfes des Steinernen Meeres befindet.

Weitere Höhlensysteme befinden sich in der Erforschung, immer neue werden entdeckt, so insbesondere am Leiterkopf nahe dem

ALPENVORLAND UND ALPEN

Der Aufstieg in die westlichen Gipfel des Steinernen Meeres erfolgt am besten von der Wimbachgrieshütte an den Ausläufern des Watzmanns. Von hier kann man über das Große Palflhorn (2222 m) zum Großen Hundstod (2594 m – Bild unten links) aufsteigen. Er zählt zu den markanten Bergen des Gebirgsstocks, insofern bietet die Aussicht von seiner Spitze ein umfassendes Alpenpanorama. Sein Name rührt auch von der Watzmannsage her, wurden doch die Hunde von König Watzmann mit versteinert.

Funtenseetauern (2578 m). Dazu gehören der Schneebläser mit großartigen Gängen, der Hohe Canyon und beispielsweise der Weiße-Stein-Schacht.

Von der Karlinger Hütte am Nordhang des Steinernen Meeres führt der Aufstieg auf den Funtenseetauern. Der Funtensee liegt als drei Hektar großer Karstsee auf 1600 Meter Höhe in einer Mulde unterhalb der Hütte. Der nahe gelegene Grünsee (1474 m) und der Schwarzensee (1568 m) sind gleichfalls unterirdisch in den Königssee entwässernde Karstseen. Nördlich des Funtensees ragt die Stilljochwand steil empor, die durch einen Grat mit dem Funtenseetauern verbunden ist. Er wird aus kleinen Gebirgszuflüssen gespeist, der Abfluss erfolgt unterirdisch durch das Karstsystem in den Königssee. Die Seemulde gilt als einer der kältesten Orte in Deutschland. Drei Stunden benötigt ein geübter Bergwanderer für den Aufstieg auf den Funtenseetauern.

Das 2351 Meter hohe Alpriedlhorn stellt die Südwestecke des deutschen Teils des Steinernen Meeres und gleichzeitig seinen Abschluss dar. Die sich nordöstlich anschließenden Teufelshörner zählen schon zum Hagengebirge.

DER KÖNIGSSEE

Fjordartig ist der lang gestreckte Königssee eingebettet in die Bergwelt der Berchtesgadener Alpen. Im Westen erhebt sich die monumentale Watzmannwand 2100 Meter über den Seespiegel, im Süden umrahmen die Felsklippen des Steinernen Meeres den See, und im Osten sind es die aufragenden Berge des Hagengebirges. Der See liegt auf 603 Meter Höhe, ist 7,2 Kilometer lang und bis zu 1,2 Kilometer breit, 190 Meter tief und hat ein Fassungsvermögen von 512 Millionen Kubikmetern Wasser.

Entstanden ist der Königssee aus einem Grabenbruch, den ein kaltzeitlicher, bis zu 900 Meter mächtiger Gletscher tief ausfräste. Da am Ende des Sees beim Ort Königssee der harte Dolomituntergrund nur schwer abzutragen war, befindet sich hier heute das Nordufer des Sees. Die Gletschermächtigkeit konnte anhand von Seitenmoränen auf den oberhalb gelegenen Almen festgestellt werden. Da die den See umgebenden Almen kaum noch landwirtschaftlich genutzt werden, zählt der Königssee zu den saubersten Seen Deutschlands. Der Königssee entwässert über die Königsseer Ache und die Berchtesgadener Ache in die Salzach.

Die pittoreske Lage hat den Königssee zu einem touristischen Anziehungspunkt gemacht, aber auch schon früh Maler angezogen, die vom Motiv des Sees mit der Kapelle und den Felswänden der umgebenden Berge inspiriert werden wollten. Eine Ausbuchtung am Nordende des Sees wird deshalb – wie in der Ramsau – ebenfalls Malerwinkel genannt.

Bootsrundfahrten auf dem See dürfen aus Naturschutzgründen nur mit Elektrobooten unternommen werden. Die Fahrt geht zur malerisch auf der Halbinsel Hirschau in der Mitte des Sees gelegenen Kapelle St. Bartholomä (Bild). Hier befindet sich auch das Nationalparkzentrum des Nationalparks Berchtesgadener Land. Das Ende der Fahrt ist an der Saletalm am Südende des Sees erreicht.

Das Torrener Joch bildet den Übergang zum Göllstock. Hier erhebt sich der 2277 Meter hohe Schneibstein. Unterhalb bieten die Carl-von-Stahlhütte auf österreichischer und das Schneibsteinhaus (Bild links) auf deutscher Seite am Torrener Joch Ausgangspunkte für lohnende Wanderungen in beide Gebirgsstöcke, denn die Sicht auf den Königssee ist einmalig schön.

Hagengebirge

Das Hagengebirge ist ein großer Gebirgsstock im Südwesten der Berchtesgadener Alpen, der sich halbrund zum Salzachtal öffnet, und überwiegend auf österreichischem Territorium liegt. Die höheren Gipfel ragen am Westrand auf oder in der Nähe der deutsch-österreichischen Grenze empor. Von hier fällt das Gelände über 1500 Meter zum Königssee ab. Die Teufelshörner sind die höchsten Gipfel des Hagengebirges, bestehend aus dem Großen Teufelshorn (2363 m) und dem Kleinen Teufelshorn (2283 m). Zwischen dem Gipfelzug und dem Funtenseetauern breitet sich der Kessel der Röth am Südostende des Steinernen Meeres aus.

ALPENVORLAND UND ALPEN

Mit seiner Front schiebt sich der bis knapp 2000 Meter hohe Felsklotz des Unterbergmassivs in das Alpenvorland hinein und gibt so ein imposantes Bild ab.

Das westliche Zentrum des Hagengebirges bildet der 2351 Meter hohe Kahlersberg. In einem vorgelagerten Talkessel liegt der 100 Meter lange Seeleinsee auf 1890 Meter Höhe.

Der Göllstock

Der 2522 Meter aufragende Höhe Göll erhebt sich über der Nordspitze des Königssees als höchster Berg des Göllstocks. Er wurde auch im Jahr 1800 erstmals von Valentin Stanig, dem Erstbesteiger des Watzmanns, erklommen. Über den Hauptkamm verläuft die deutsch-österreichische Grenze in Nord-Südrichtung. Westlich vorgelagert sind der Kehlstein und nördlich das Roßfeld.

Ein weiterer Berg des Göllstocks ist das 2338 Meter hohe Hohe Brett, wie der südlich des Torrener Jochs gelegene Schneibstein ein leicht zu erklimmender 2000er. Seine Höhe ist plateaumäßig ausgestaltet. Von dort führt ein unschwieriger Weg in Serpentinen auf den Hohen Göll.

Der Kehlstein ist zwar nur 1885 Meter hoch, erhebt sich aber durch seine solitäre Lage westlich vor dem Göllstock markant aus der Landschaft. Am Obersalzberghang des Kehlsteins hatte sich die NS-Prominenz niedergelassen, nachdem Adolf Hitler, der bereits in den 1920er-Jahren am Obersalzberg Urlaub gemacht hatte, sich dort 1933 sein Feriendomizil

DIE ALPEN

Ein Naturphänomen des Untersberges wird von der Almbachklamm (Bild) gebildet. Der Almbach entspringt südlich des Berchtesgadener Hochthrons und fließt südostwärts der Berchtesgadener Ache zu. Durch sein starkes Gefälle und seine hohe nacheiszeitliche Wasserführung schneidet er sich immer tiefer in den Untergrund ein. Unterschiedliche Gesteinsschichten und -arten haben dabei letztlich zur heutigen Ausbildung der Klamm geführt. Pioniere der Kaiserlichen Armee bauten Ende des 19. Jahrhunderts einen drei Kilometer langen Steg durch die Klamm. Eine schon in den 1830er-Jahren am Oberlauf errichtete Staumauer ermöglichte durch schwallartiges Ablassen des Wassers die Holztrift durch das Tal, die erst 1963 eingestellt wurde.

„Berghof" hatte errichten lassen. Der Kehlsteingipfel wurde bereits 1934 zum Führersperrgebiet erklärt. Knapp unter dem Gipfel wurde das Kehlsteinhaus gebaut und 1939 Hitler von der NSDAP zum Geburtstag geschenkt. Der Zugang erfolgte mit einer eigens auf den Gipfel gebauten Straße oder mit einem 124 Meter langen, in den Fels eingebauten Lift. Im April 1945 bombardierten die Alliierten den Obersalzberg, trafen die Prominentenhäuser, und den Berghof, nicht aber das Kehlsteinhaus, das heute ein viel besuchtes Restaurant ist.

Die Almregion des Roßfeldes als Ausläufer des Göllstocks wird von einer mautpflichtigen Panoramastraße umrundet. Sie war in der NS-Zeit als Abschluss der Deutschen Alpenstraße geplant und noch im Krieg fast fertiggestellt worden. Der eigentliche Abschluss bis zum Königssee kam über die Planung nicht hinaus. 1953 wurde die Ringstraße fertiggestellt. Der Zugang zur Mautstelle erfolgt vom Obersalzberg. Der 1551 Meter hohe Ostabschnitt verläuft über österreichisches Gebiet.

Der Untersberg

Den nordöstlichen Abschluss der das Berchtesgadener Becken umrundenden Berchtesgadener Alpen bildet das Untersbergmassiv. Die Grenze zu Österreich läuft durch den nördlichen Teil dieses Gebirges genau über den Kalkstock des Salzburger Hochthrons (1853 m). Ihm vorgelagert ist das Geiereck (1805 m) mit fantastischer Aussicht auf Salzburg. Auf dem Geiereck befinden sich auch die Bergstation der Untersberg-Seilbahn (1776 m) und das 1883 errichtete Zeppezauerhaus (1667 m), eine Schutzhütte des Österreichischen Alpenvereins. Der mit Latschen bewachsene Hauptgrat des Untersbergmassivs, der auch die Grenze zu Österreich bildet, reicht vom Salzburger Hochthron über den Mitterberg und Ochsenkopf bis zum Hirschangerkopf (1768 m), dessen westliches Ende er bildet. Höchster Gipfel ist der Berchtesgadener Hochthron (1973 m). Nach Süden bildet sein Gipfel eine steile, teils überhängende Felswand, die zu Klettertouren animiert. Zwischen den Hauptgipfeln breitet sich das von einigen Scharten durchzogene Kalkhochplateau des Gebirgsstocks aus. Im Westen wird der Untersberg von der Bischofswieser Ache begrenzt. Im Osten fällt das Gelände nach Hallein ab. Der bayerische Teil des Untersbergs ist auch Teil des Nationalparks Berchtesgaden.

Bizarre Felsformationen bilden im Osten des Lattengebirges die Schlafende Hexe (Bild), die Montgelas-Nase und das Teufelsloch als natürlichem Felsentor auf 1580 Meter Höhe. Mystiker erkennen am Teufelsloch sogar einen Sonnendurchgang zur Wintersonnenwende.

Im Untersbergmassiv sind durch Verkarstung viele Höhlen entstanden, darunter die 1995 entdeckte Riesending-Schachthöhle, deren Einstieg sich in 1750 Meter Höhe befindet. Sie reicht über 1000 Meter in die Tiefe und ist über 16 Kilometer lang. Ein besonderes Phänomen stellt die seit 1826 bekannte Schellenberger Eishöhle zwischen dem Salzburger Hochthron und dem Hirschangerkopf dar – ihr Einstieg befindet sich auf 1570 Meter Höhe. Sie ist in eine schräg gestellte Kalkschicht eingebettet. Im Lauf der Zeit wurde der Kalkfels durch einsickerndes kohlensäurehaltiges Wasser brüchig und brach ein, so entstand die Eishöhle, in der das Eis eine Mächtigkeit von bis zu 30 Metern erreicht. Da es nach unten keinen Luftaustausch gibt, hat sich in der Höhle ein Kaltluftsee gebildet, der das Eis bewahrt. Das Abschmelzen über Sommer wird durch Eisbildung im Winter wieder ausgeglichen.

Das Lattengebirge

Das Lattengebirge bildet den nordwestlichen Abschluss der Berchtesgadener Alpen zwischen dem Untersberg und der Reiteralm. Die Haupterhebungen ziehen sich in einem westlichen Bogen entlang der Saalach, die hier zum Saalachsee aufgestaut wird, und dem Schwarzenbachtal entlang. Ostwärts fällt das Lattengebirge jenseits eines Sattels eher sanft zur Bischofswieser Ache ab. Die Hauptgipfel sind der Predigtstuhl (1613 m), als markantester Berg im Nordwesten des Lattengebirges, das Lueger Horn (1226 m) im Westen, der Karspitz (1640 m) im Südwesten, der gleichzeitig auch das Südende des Sattels bildet, und der Tote Mann (1391 m) im Süden. Der Sattel zieht sich nordwärts über den Thörlkopf (1703 m) bis zum Karkopf (1735 m) hin, wobei ein Seitenausläufer wiederum zum Predigtstuhl führt.

Der Saalachstausee wurde kurz vor dem Ersten Weltkrieg zur Stromerzeugung gestaut und erstreckt sich unterhalb von Predigtstuhl und Lueger Horn. Das Kraftwerk steht unter Denkmalschutz. Problematisch ist inzwischen die Sedimentfracht, die der Fluss in den See einbringt.

Der Karkopf ist der höchste Berg im Lattengebirge. Seine Steilwand zählt zu den eher leichten Übungen für geübte Kletterer. Durch eine sanfte Scharte getrennt erhebt sich nahebei der Dreisesselberg (1680 m), an dessen Hang sich die weithin bekannte Felsformation der Steinernen Agnes befindet. Diese durch Erosion rund geschliffene Felsnadel steht auf 1400 Meter Höhe. Sie ist durch ihre Körperform auch Anlass zur Legendenbildung: So soll es sich dabei um eine keusche Sennerin gehandelt haben, die versteinerte, um den Gelüsten des Teufels zu entgehen.

Westlich des Lattengebirgssattels breiten sich Almen aus, so von Norden nach Süden die Schlegelalm, die Röthelbachalm und die Moosenalm. Der östlich des Sattels gelegene Teil ist überwiegend bewaldet, der Sattel selbst trägt in seinen Höhenlagen über 1600 Meter alpine Felsflora.

Nahe am Gipfel des Toten Mannes im Osten des Lattengebirges steht der Hirschkaser als Berggaststätte. Von hier aus hat man einen weiten Blick zum Hochkalter und zum Watzmann. Das beliebte Skigebiet um den Toten Mann kann mit zwei Sesselbahnen von Bischofswiesen und von der Ramsau aus erreicht werden.

Der Predigtstuhl ist nicht der höchste, aber der bekannteste Berg des Lattengebirges – ein Aussichtsberg par Excellenze. Nach einem neunminütigen Aufstieg und 1150 überwundenen Höhenmetern reicht der Blick rundum in die Alpen und in das Alpenvorland hinein. Oben erwarten ein Restaurant, ein Hotel und die Teisendorfer Hütte als Selbstversorgerhütte für Wanderer die Besucher. Von hier auf de Höhe kann man das Lattengebirge durchstreifen und sich ganz dem Gipfelerlebnis der Alpenwelt hingeben!

Den Predigtstuhl als Hausberg von Bad Reichenhall kann man mit einer Seilbahn erreichen, die seit den 1920er-Jahren in Betrieb ist.

Naturräume und Landschaften in Deutschland

Natur- und Nationalparks in Deutschland

Auswahlbibliografie

David Blackbourn und Udo Rennert: Die Eroberung der Natur – Eine Geschichte der deutschen Landschaft. München 2008

Rüdiger Glaser, Hans Gebhardt und Winfried Schenk: Geographie Deutschlands. Darmstadt 2012

Leonie und Eckhard Jedicke: Farbatlas Landschaften und Biotope Deutschlands. Stuttgart 1992

Hansjörg Küster: Geschichte der Landschaften in Mitteleuropa. München 1995

Leibniz-Institut Leibniz-Institut für Länderkunde (Hrsg.): Nationalatlas Bundesrepublik Deutschland. 12 Bände auf DVD. Heidelberg 2012

National Geograhic Deutschland (Hrsg.), mit Fotos von Norbert Rosung: Wildes Deutschland. Hamburg 2007

Michael Succow, Lebrecht Jeschke, Hans Dieter Knapp und Klaus Töpfer (Geleitwort): Naturschutz in Deutschland – Rückblicke, Einblicke, Ausblicke. Berlin 2012

REGISTER

Die kursiven Seitenzahlen verweisen auf die Abbildungen

Achenbach, Andreas	*99*
Albdurchbruch	314 ff.
Albuch	297 ff.
Albvorland	282 f.
Allgäu	346-351
Alluvium	19
Almbachklamm	401, *401*
Alpen	370-403, *370*
– Allgäuer	371 f.
– Berchtesgadener	390-403, *390*
– Chiemgauer	387-390, *388*
Alpenstraße, Deutsche	386, *386*
Alpenvorland, Bayerisches	338-343
Alpenvorland, Schwäbisches	332-337
Altmark	106
Ammer	*338*
Ammersee-Lech-Land	351 ff.
Amrum	31, *33*
Andersen, Hans Christian	125
Arber, Großer	221, *221*
Arbersee, Kleiner	*221*
Austernzucht	31
Baar	275
Baltrum	*22*, 26
Bannwaldsee	*350*
Bauland	280 f.
Baumberge	*78*
Bayerische Mittelgebirge	208-221, *206*
Bayerischer Pfahl	217
Bayerischer Wald	216 ff.
Beltringharder Koog	35
Benediktenwand	*360*, 361
Bergisches Land	153, 155
Bergstraße, Hessische	255, *255*
Beuron, Kloster	*312*
Biosphärenreservate	
– Bliesaue	246
– Flusslandschaft Elbe-Brandenburg	110, 112, 113
– Flusslandschaft Mecklenburg-Vorpommern	110, 112 f.
– Mittelelbe	110 ff., *110, 111*
– Niedersächsische Elbtalaue	110, 113
– Oberlausitzer Heide und Teichlandschaft	*206*
– Pfälzerwald-Nordvogesen	*240*
– Rhön	196
– Schorfheide	130
– Schwäbische Alb	299
– Spreewald	*126*, 132 f., *133*
– Vessertal	184, 186 f., *186, 187*
Birnau, Wallfahrtskirche	*327*
Blanke Hans	43
Blaues Land	354 f., *354*
Blautopf	300, *300*
Bliesgau	246
Bodensee	322-331, *322, 324*
Böhmerwald	219
Borkum	25, *25*
Bourtanger Moor	73
Brandenburg	126-133
Braunkohle	90 f., *91*
Braunkohlerevier, Mitteldeutsches	141 f.
Breitachklamm	352, *352*
Brocken	175, *175*
Burchardiflut	24, *24*
Burgbachwasserfall	*262*
Burgwald	193
Busch, Andreas	43
Chiemgau	363-368
Comburg	*282*
Corinth, Lovis	*354*
Dachauer Moos	340
Dahner Felsenland	243
Danewerk	*52*
Deichbau	24
Dessau-Wörlitz, Gartenreich	111
Deutsche Weinstraße	245
Devon	19
Dinkelberg	270 ff.
Dollart	73 f.
Donau	*294*, 314, *314*
Donaumoos	318
Donauried	317
Donautal	313-331, *314*
Drachenfels	*94*
Dümmersee	*77*
Eibsee	*380*
Eichsfeld, Oberes	178
Eider	*46*
Eiderstedt	*44*
Eifel	145 ff., *146, 147*
Eifel-Maare	148, *148*
Elbdurchbruch	*205*
Elbsandsteingebirge	*17*, 204 f., *204*
Elbtal	17
Emsland	71, *71, 72*
Erdinger Moos	340, 342, *342*
Erzgebirge	200 ff.
Externsteine	*162*, 165, *165*
Federsee	337
Fehmarn	55 ff., *55, 57*
Feldberg	274, *274*
Fichtelgebirge	211 ff.
– Bergbau im	211 ff., *211*
Fischland, Darß und Zingst	61 f.
Flächenalb, Mittlere	296
Fläming	131
Flossenbürg	*214*
Föhr	32 f., *32*
Fontane, Theodor	133
Fossilien	*14*
Frankenhöhe	284 f.
Frankenwald	209 ff.
Fränkische Alb	302-309
Frauenchiemsee	366, *366*
Friedrich, Caspar David	*64*, 65
Frisch, Max	38
Fünf-Seen-Land	356 ff.
Gäue, Obere	278
Geestrücken	50-53
Geiseltal	*141*

REGISTER

Geo-Naturpark Bergstraße-Odenwald	253, *253*	
Geopark Schwäbische Alb	292	
Goethe, Johann Wolfgang von	53, 336	
Göllstock	400	
Göltzschtalbrücke	*200*	
Greifswalder Oie	66	
Grüne Band, das	180	
Gundelfinger Moos	319, *319*	

Haardt	241 f.
Habichtswald	192
Hagengebirge	399 f.
Halligen	35-38
Hambach, Schloss	*244*
Härtsfeld	297 ff.
Harz	168-175
Hassberge	252
Havelland	128 ff.
Hegau	331, *331*
Hegaualb	292 f.
Heidelberg	*279*
Helgoland	40 f., *42*
Herrenchiemsee	366, *366*
Hessisches Bergland	188-197, *188*
Hiddensee	62
Hochkaltergebirge	394 f.
Hohe Meissner	190 ff.
Hohenloher Ebene	280 f.
Hohenschwangau, Schloss	375, *375*
Hohenzollern	288
Holsteinische Schweiz	56, *56*
Holsteinisches Hügelland	*116*
Hotzenwald	273 f., *273*
Humboldt, Alexander von	*16*, 283
Hunsrück	147 f., 151
Husum	*49*

Jadebusen	76, *76*
Juist	25, *25*
Jülicher Börde	98 f.
Jura	19

Kaiserstuhl	231, *231*
Kambrium	19
Kampenwand	*389*
Karbon	19
Karwendelgebirge	384
Katinger Watt	48, *48*
Kaufunger Wald	190
Kellerwald	192
Klettgau	291
Knüll	193
Kölner Bucht	93 f.
Kölpinsee	119
Königssee	*391*, 399, *399*
Königsstein, Festung	*198*, 205
Kottenforst	96, *96*
Kraichgau	258-261, *258, 260, 261*
Kreide	19
Kühkopf	235
Kuppenalb, Mittlere	294 f.
Kyffhäuser	177

Langeoog	26
Lautersee	*384*
Lechfall	335, *335*
Leipziger Bucht	138-141
Lemberg	294
Leonardo da Vinci	296
Letzlinger Heide	106
Limburg an der Lahn	*160*
Lindau	*324*
Lipper Bergland	164
Loreley	152, 153, *153*
Ludwig I. von Bayern	*321*
Lüftlmalerei	*368*
Lüneburger Heide	*100*, 102 f., *102*

Magdeburger Börde	134-137, *134*
Main	252
Mainau	328, *328*
Main-Donau-Kanal	306, *306*
Mainfränkische Bergländer	248–257
Mainzer Becken	237
Mandränke, Zweite Grote	24, *24*
Mangfallgrat	387

Mann, Katja	47
Marschen	45–50
Mecklenburgische Großseenlandschaft	119 ff.
Mecklenburgische Schweiz	123 ff., *123, 124*
Mecklenburgische Seenplatte	116-125
Meer, Steinerne	397 f., *398*
Mejer, Johannes	43
Mellum	27
Merfelder Bruch	83, *83*
Messel, Grube	254, *254*
Mittelgebirge	142-221
Mittelrheintal	150 f.
Mosel	149, *149*
Münsterland	80 f., *80, 81*
Müritz	121, *121*
Müritz-Nationalpark	118-121, 120, *120*, 121, 122

Nationalpark	
– Müritz-Nationalpark	118-121, 120, *120*, 121, 122
– Bayerischer Wald	220, *220*
– Berchtesgaden	390 f., *394*, 399, 401
– Elbsandsteingebirges	*204*
– Harz	*172*, 173
– Jasmund	65
– Kellerwald-Edersee	194, *194*
– Sächsische Schweiz	*17, 207, 207*
– Schleswig-Holsteinisches Wattenmeer	41, *41*
– Vorpommersche Boddenlandschaft	62 f., *63*, 63, 65
– Wattenmeer	31, 40, *41*
Naturpark	
– Geo-Naturpark Bergstraße-Odenwald	253, *253*
– Altmühltal	*306*
– Arnsberger Wald	156
– Augsburg-Westliche Wälder	335
– Aukrug	53

– Bayerischer Wald	218	
– Bourtanger Moor–Bargeveen	73	
– Drömling	134	
– Ebbegebirge	156	
– Elbhöhen-Wendland	106	
– Erzgebirge-Vogtland	202	
– Fichtelgebirge	212, *212*	
– Fläming	131	
– Flusslandschaft Elbe-Brandenburg	127	
– Frankenhöhe	285	
– Frankenwald	211	
– Hohe Mark	82	
– Hoher Fläming	131 f.	
– Hoher Vogelsberg	195	
– Holsteinische Schweiz	56, *56*	
– Homert	156	
– Hüttener Berge	53	
– Lüneburger Heide	100, 102 f., *102, 103*	
– Maas-Schwalm-Nette	93	
– Mecklenburgische Schweiz und Kummerower See	123	
– Meißner-Kaufunger Wald	190	
– Nördlicher Oberpfälzer Wald	214 f.	
– Nossentiner-Schwinzer Heide	119, 125	
– Nuthe-Nieplitz	131	
– Oberer Bayerischer Wald	218 f., *219*, 221	
– Oberes Donautal	316	
– Oberpfälzer Wald	214 f.	
– Pfälzerwald-Nordvogesen	*240*	
– Rheinland	95	
– Rothaargebirge	157	
– Schlei	54	
– Schönbuch	278	
– Schwäbisch-Fränkische Waldberge	283	
– Schwalm-Nette	93	
– Schwarzwald Mitte/Nord	*264*	
– Siebengebirge	154	
– Solling-Vogler	166	
– Spessart	250	
– Stechlin-Ruppiner Land	129	
– Steigerwald	257	
– Steinhuder Meer	105
– Steinwald	*212*
– Stromberg-Heuchelberg	259
– Thüringer Wald	184, *184*
– Vorpommersche Boddenlandschaft	62, *62*
– Wildeshauser Geest	75
Naturschutzgebiet	
– „Urwald Sababurg"	*188*, 191
– Hakel	137
– Kalbescher Werder	107
– Kühkopf	235
– Rastatter Rheinaue	234
Neandertal	155, *155*
Nebelhorn	*373*
Neckar	279, *279*
Neckarbecken	277 f.
Neufelderkoog	*50*
Neuschwanstein, Schloss	344, 375, *375*
Neustrelitzer Kleinseenland	122
Neuwerk	29,
Niederlausitzer Seenlandschaft	132
Niederrhein	88-99, *88*
– Erdbeben am	92
Niederrheinische Bucht	92 f.
Norderney	26, *26*
Nordfriesische Inseln	29-34
Nordkirchen, Schloss	80, *80*
Nördlinger Ries	299
Nord-Ostsee-Kanal	51, *51*
Nordstrand	34
Nürburg	*147*
Oberlausitzer Bergland	206 f.
Oberpfälzer Wald	214 f., *214, 215*
Oberrhein, mittlerer	233 f.
Oberrhein, nördlicher	235 f.
Oberrhein, südlicher	227 f.
Oberrheingraben	224-237
Odenwald	250
Oderbruch	*18*, 131 f., *132*
Oldenburger Land	75
Osterseen	357, *357*
Ostfriesische Inseln	23-29
Ostfriesland	71
Pellworm	34, *34*
Perm	19
Pfahlbausiedlung, Uhldingen	326, *326*
Pfälzerwald	239 ff.
Poel	60, *61*
Pottenstein, Burg	*305*
Präkambrium	19
Predigtberg	*403*
Prignitz	127 f., *128*
Quartiär	19
Randecker Maar	*298*
Randen	291
Rastatter Rheinaue	234
Reichenau	330, *330*
Reichswald	93
Reinhardswald	189, *190*
Reiteralm	393
Rennsteig	185, *185*
Rheinbegradigung	228 f.
Rheinfall	295, *295*
Rheingau	161, *161*
Rheinisches Schiefergebirge	144–161
Rheinsberger Seenlandschaft	129
Rhön	196 f., *197*
Robbenbänke	36, *36*
Rolandseck	*94*
Roseninsel	359, *359*
Rothenburg ob der Tauber	*285*
Ruden	66
Rügen	*58*, 62 ff., *64*
– Kreidefelsen	*58, 64*
Ruhr	87, *87*
Ruhrgebiet	86 f., *86, 87*
Rungholt	43, *43*
Rupertwinkel	369 f.
Ruppiner Schweiz	129

Saargau	247	
Saar-Nahe-Bergland	244 f.	
Saarschleife	*247*	
Sababurg	191, *191*	
Sächsische Mittelgebirge	198–207, *198*	
Sächsische Schweiz	*17*, 207, *207*	
Sauerland	153, 156 f.	
Schachen	*382, 383*	
Schaffhausen	295	
– Rheinfall	295, *295*	
Scharhörn	28, *28*	
Schichtstufenland, Pfälzisch-Saarländisches	238-247	
Schlei	54, *54*	
Schleierfälle	*338*	
Schliersee	*363*	
Schluchsee	273, *273*	
Schneeferner	379, *379*	
Schopenhauer, Arthur	172	
Schorfheide	130, *130*	
Schwabenalb, Hohe	293 f.	
Schwäbische Alb	288-299	
– Geopark Schwäbische Alb	292	
Schwarzwald	262-275	
Schwenninger Moos	*276*	
Schweriner See	*118*	
Siebengebirge	94, 154, *154*	
Siegerland	153, 157, *157*	
Silur	19	
Spessart	249 f., *251*	
Spiekeroog	27, *27*	
Spreewald	*126*, 133, *133*	
Stader Geest	74 f.	
Starnberger See	358 f.	
Stechlinsee	*129*	
Steigerwald	256 f.	
Steinheimer Becken	303	
Steinhuder Meer	105, *105*	
Storm, Theodor	102	
Süddeutsches Schichtstufenland	222-309	
Südhannoversche Bergland	166	
Sylt	29 ff., *30*	
– Sylter Royal 31, *31*		
Tauber	285	
Tauberland	280 f.	
Taunus	159	
Teck, Burg	*289*	
Tertiär	19	
Teufelsmauer	171, *171*	
Teutoburger Wald	164	
– Schlacht im	164, *165*	
Thüringer Becken	176-181, *176*	
Thüringer Schiefergebirge	180 f.	
Thüringer Wald	182-187, *182*	
Titisee	273	
Tollensee	*124*	
Tölzer Land	359 ff.	
Trias	19	
Trifels	*240*	
Trischen	28 f.	
Tulla, Johann Gottfried	228 f., *228*	
Überlinger See	326	
Uckermark	128	
Ummanz	62	
UNESCO	19	
Unstrut	179, *179*	
Unterelbe	114, *115*	
Untersberg	*400*, 401, *401*	
Uracher Vulkangebiet	298	
Usedom	65, *67*	
Ville	94 ff., *96*	
Vilm	66	
Vischering, Wasserburg	81, *81*	
Vogelsberg	193	
Vogtland	199 f.	
Voralpengebiet, Oberbayerisches	351–354	
Vorgebirge	96	
Vorkarwendel	387	
Wahner Heide	95, *95*	
Walchensee	*355*	
Waldberge, Schwäbisch-Fränkische	283 f.	
Waldecker Bergland	192	
Walfang	32, *32*	
Walhalla	*321*	
Wangerooge	27	
Wartburg	*186*	
Wasgau	241	
Wasserfälle, Triberger	268, *268*	
Wasserkuppe	197, *197*	
Wattenmeer	38–43	
Watzmann	395 f., *395, 397*	
Weintor, Deutsches	*245*	
Weltenburg, Kloster	*321*	
Weltenburger Enge	319 f.	
Wendelstein	*363*	
Wendland	106	
Weserbergland	162-167	
Weserniederung	77	
Westerheversand	*44*	
Westerwald	158 f., *158, 159*	
Westerwälder Seenplatte	159	
Westfälische Bucht	79	
Westrich	242 f.	
Westthüringer Berg- und Hügelland	178 f.	
Wetterau	237	
Wetterstein	374 ff., *376*, 380 f., *381*	
Wettersteingebirge	*15*	
Wiehengebirge	163	
Wieland, Christoph Martin	13	
Wieskirche	*349*	
Wildpferde	83, *83*	
Wilhelmstein, Festung	*105*	
Wilseder Berg	104, *104*	
Winterberg	*157*	
Wustrow	60	
Wutachschlucht	271, *271*	
Zugspitze	*10, 15*	
Zugspitzmassiv	377-384, ff., *378*	
Zülpicher Börde	98 f.	
Zwillbrocker Venn	84, *84*	

Bildnachweis

Fotolia.com:
S. 2-3 (© Essaka), 6 (© GHotz), 15 (© shreddhead), 17 (© digi_dresden), 29 (© BlickReflex.de), 33 (© farbkombinat), 38 (© eyewave), 42 r. (© coehm), 44 (© osbourne28), 57 (© fredredhat), 58 (© El Gaucho), 60 r. (© so47), 61 (© fothoss), 62 (© DenZ0r), 84 (© Martina Berg), 91 (© Alexandr Vasilyev), 102 (© Thorsten Schier), 126 (© Andreas F.), 128 (© wvf1710), 142-143 (© Almuth Becker), 154 (© jewo55), 160 (© mojolo), 161 o (© Creatix), 162 (© Martina Berg), 165 u. (© nmann77), 173 (© Foto Graf), 174 (© Fotowerner), 185 u. (© palomita0306), 187 (© Henry Czauderna), 191 r. (© jewo55), 198 (© XtravaganT), 204 (© hans klein), 205 (© flashpics), 232 (© Marianne Mayer), 240 (© maho), 241 (© Torsten Dietrich), 253 (© checker), 255 (© M.Rosenwirth), 275 (© rsester), 279 (© line-of-sight), 281 (© eAlisa), 285 (© Frank), 288 (© Björn Schick), 291 o. (© Ars Ulrikusch), 291 u. (© Jürgen Fälchle), 320 o. (© Ron34), 320 u. (© Michael Tieck), 330 (© Tom), 336 o. (© hfox), 337 u. (© mk1001), 352 (© pathip), 359 (© Peter Maszlen), 388 (© World travel images), 391 o. (© WindsMedia)

picture-alliance, Frankfurt am Main:
U2/Vorsatz (WILDLIFE), S. 4-5: (Arco Images), 12 (Reiner Bernhardt), 14 (WILDLIFE), 18 (ZB), 19 (WILDLIF), 20-21 (Arco Images GmbH), 22 (Bildagentur-online/McP-Boy), 25 l. (ZB/euroluftbild.de), 25 r. (picture-alliance), 26 (akg-images), 27 (ZB/euroluftbild.de), 28 l. (ZB/euroluftbild.de), 28 r. (WILDLIFE), 30 (Bildagentur Huber), 31 (DUMONT Bildarchiv), 32 l. (ZB), 32 r. (Arco Images GmbH), 34 l. (DUMONT Bildarchiv), 34 r. (DUMONT Bildarchiv), 35 u. (Arco Images GmbH), 35 o. (Arco Images GmbH), 36 (dpa), 37 (Bildagentur Huber), 39 o. (WILDLIFE), 39 u. (WILDLIFE), 40 (Bildagentur-online/McPhoto-Schae), 41 o. (WILDLIFE), 41 u. (WILDLIFE), 42 l. (ZB/euroluftbild.de), 43 o. (dpa), 43 u. (dpa), 47 (WILDLIFE), 48 (DUMONT Bildarchiv), 49 (Stephan Persch), 50 (Arco Images), 51 o. (Bildarchiv Monheim), 51 u. (akg-images), 56 (akg-images), 60 l. (ZB), 63 (OKAPIA KG, Germany), 67 l. (akg-images), 67 r. (akg-images), 73 (dpa), 74 (Bildagentur Huber), 75 (dpa), 76 (ZB/euroluftbild.de), 78 (augenklick), 85 (Arco Images GmbH), 90 (Bildarchiv Monheim), 92 (dpa), 94 (akg-images), 96 (R. Goldmann), 103 (DUMONT Bildarchiv), 104 (DUMONT Bildarchiv), 107 (Arco Images GmbH), 111 (ZB), 121 (Helga Lade Fotoagentur GmbH), 130 (ZB), 137 (WILDLIFE), 141 (dpa), 148 (dpa), 150 (Arco Images GmbH), 151 u. (WILDLIFE), 151 o. (Arco Images GmbH), 152 (akg-images), 153 (akg-images), 154 u. (ZB/euroluftbild.de), 155 (picture-alliance), 156 (WILDLIFE), 161 u. (akg-images), 165 o. (/Bildarchiv Monheim), 167 (dpa), 171 (Uwe Gerig), 175 o. (Bildagentur Huber), 175 u. (Bildagentur Huber), 181 (ZB), 185 o. (DUMONT Bildarchiv), 190 (WILDLIFE), 192 (akg-images), 196 (Arco Images GmbH), 197 (dpa), 202 (akg-images), 203 (dpa), 206 (ZB), 210 (ZB/euroluftbild.de), 213 l. (United Archives), 213 r. (Prisma Archivo), 214 (Bildagentur Huber), 220 (WILDLIFE), 221 (ZB), 226 (dpa/dpaweb), 227 (akg-images), 233 (OKAPIA KG, Germany), 235 o. (dpa), 236 u. (WILDLIFE), 238 (WILDLIFE), 243 (Bildagentur Huber), 244 (Bildarchiv Monheim), 245 (Friedel Gierth), 248 (David Ebener), 254 o. (dpa), 254 u. (Arco Images GmbH), 256 (Arco Images GmbH), 257 (David Ebener), 258 (Arco Images GmbH), 260 (Arco Images GmbH), 265 (dpa), 269 (Bildagentur Huber), 273 (DUMONT Bildarchiv), 274 (dpa), 289 (WILDLIFE), 292 l. (dpa), 292 r. (akg-images), 302 l. (akg-images), 302 r. (dpa), 303 (DUMONT Bildarchiv), 307 (NHPA/photoshot), 308 r. (ZB/euroluftbild), 309 (WILDLIFE), 314 (Bildagentur Huber), 316 (Bildagentur Huber), 319 (OKAPIA KG, Germany), 340 (akg-images), 348 (WILDLIFE), 354 (akg-images), 358 (Hinrich Bäsemann), 359 r. (Bildagentur Huber), 360 (Bildagentur Huber), 362 (Arco Images GmbH), 368 (Süddeutsche Zeitung Photo), 369 (F. Pritz / picturedesk.com), 370 (Bildagentur Huber), 373 (Bildagentur Huber), 377 (WILDLIFE), 379 o. (dpa), 382 (Bildagentur Huber), 383 (dpa), 384 (Bildagentur Huber), 386 (ZB), 389 (Hajo Dietz), 391 u. (WILDLIFE), 393 (akg-images), 394 (botanikfoto), 398 l. (Bildagentur Huber), 402 (WILDLIFE), 403 (Bildagentur Huber), Nachsatz/U3 (Arco Images GmbH)

mauritius-images, Mittenwald:
Vorsatz/S. 1 (Jörg Bodenbender), 10 (Bernd Römmelt), 55 (Alamy), 64 (United Archives), 68-69 (ib/Kevin Prönnecke), 70 (ib/Erhard Nerger), 72 (Werner Otto), 80 (ib/Hans Blossey), 81 o. (Bridge), 81 u. (ib/Heinz-Dieter Falkenstein), 82 (Adolf Martens), 83 beide (Frank Lukasseck), 86 (Thomas Hintze), 87 (ib/Hans Blossey), 88 (Wulf Ligges), 93 (Winfried Wisniewski), 95

(Andreas Keil), 100 (ib/Carsten Leuzinger), 110 (ib/Kevin Prönnecke), 112 (ib/Justus de Cuveland), 113 (Alamy), 115 o. (ib/Christian Ohde), 115 u. (Ingo Boelter), 116 (ib/Hans Blossey), 118 (ib/Hans Blossey), 119 (ib/Michael Dietrich), 120 (Andreas Vitting), 122 ((ib/Hans Blossey), 123 (Norbert Rosing), 124 o. (ib/Mario Tumm), 125 u. (ib/Mario Tumm), 129 (Andreas Vitting), 132 (Catharina Lux), S. 134 (Andreas Vitting), 136 (Karl-Heinz Hänel), 138 (Novarc), 140 (Andreas Vitting), 144 (Alamy), 146: (Alamy), 147 (ib/Hans Blossey), 149 (Andreas Vitting), 157 (ib/Hans Blossey), 158 (ib/Ottfried Schreiter), 159 (ib/Ottfried Schreiter), 168 (age), 170 (Andreas Vitting), 172 (Andreas Vitting), 176 (Harald Schön), 178 (ib/Kevin Prönnecke), 179 (Alamy), 180 o. (ib/Franz Christoph Robiller), 180 u. (ib/Franz Christoph Robiller), 182 (Harald Schön), 184 (Raimund Linke), 187 u. (ib/Frank Sommariva), 188 (age), 191 l. (Torsten Krüger), 194 (Raimund Linke), 195 (ib/Marcus Siebert), 200 (Manfred Mehlig), 201 (ib/G_Hanke), 207 (Norbert Rosing), 208 (Bernd Römmelt), 211 (Andreas Vitting), 215 (Kabes), 216 (United Archives), 222-223 (age), 224 (ib/Daniel Schoenen), 230 (age), 231 (ib/Daniel Schoenen), 234 (Ronald Wittek), 236 (Hans-Peter Merten), 242 l. (Raimund Linke), 242 r. (ib/Marcus Siebert), 246 (ib/Bernd Zoller), 247 (ib/Alexander Schnurer), 251 o. (Raimund Linke), 251 u. (David & Micha Sheldon), 252 (Steve Vidler), 261 o. (Alamy), 261 u. (Alamy), 262 (Frank Lukasseck), 264 l. (ib/Daniel Schoenen), 264 r. (ib/jspix), 266 (ib/Martin Dr.Schulte-Kellinghaus), 268 (Alamy), 271 (Andreas Keil), 272 (Alamy), 276 (ib/Lilly), 280 (ib/Markus Lange), 282 (Hans-Peter Merten), 290 (Robert Knöll), 294 (ib/Markus Keller), 295 (Westend61), 297 (Christian Bäck), 298 (Robert Knöll), 299 (ib/Bernd Zoller), 300 (Andreas Vitting), 301 (Robert Knöll), 304 (Fritz Mader), 305 (Hubertus Blume), 306 (Udo Siebig), 308 l. (age), 310-311 (Christian Bäck), 312 (Hans-Peter Merten), 315 (ib/Markus Keller), 317 (United Archives), 321 l. (P. Widmann), 321 r. (P. Widmann), 322 (ib/Matthias Webel), 324 (Bernd Römmelt), 326 (P. Widmann), 327 l. (age), 327 r. (ib/BAO), 328 o. (Peter Lehner), 328 M. (Marcel Chassot), 328 u. (Peter Lehner), 331 (ib/Markus Kel), 332 (Wolfgang Filser), 334 (Robert Knöll), 335 (Christian Bäck), 338 (Christian Bäck), 341 (ib/Dr. Wilfried Bahnmüller), 342 (ib/Raimund Kutter), 343 (ib/Christian Hütter), 344 (Herbert Kehrer), 346 (ib/simon katzer), 347 (Christian Bäck), 349 l. (ib/Hans Lippert), 349 r. (Hiroshi Higuchi), 350 (Bernd Römmelt), 351 (ib / Siepmann), 353 (United Archives), 355 (Alamy), 357 (Christian Bäck), 361 (Bernd Ritschel), 363 (Helmut Peters), 364 o. (Christian Bäck), 364 u. (Edmund Nägele), 366 (ib/Otto Stadler), 367 (ib / Siepmann), 372 (Bernd Ritschel), 375 o. (Udo Siebig), 375 u. (John Warburton-Lee), 376 (ib / FB-Fischer), 378 (Lumi Images), 379 u. (Jörg Bodenbender), 380 (ib / Markus Lange), 381 (Uwe Steffens), 385 (ib/Reinhard Hölzl), 392 (Bernd Römmelt), 395 (Frank Lukasseck), 397 (ib/Norbert Eisele-Hein), 398 r. (age), 399 (Steve Vidler), 400 (Bernd Römmelt), 401 (Bernd Römmelt), 406 (age), 413-414 (Cusp), 415-416 (Udo Siebig)

Hans Otzen:
S. 97 (u.), 98

Wikimedia:
S. 16, 24, 52 (© Joachim Müllerchen), 54, 97 (o.), 228, 229

Bildstrecke zu Beginn des Buches:
Der Gespensterwald (Nienhäger Holz) an der Steilküste bei Nienhagen (Mecklenburg-Vorpommern); Seite 1: Blick auf die schneebedeckte Zugspitze; Seite 2: Buhnen im Wind; Seite 4: Salzwiesen im Nationalpark Wattenmeer (Schleswig-Holstein)

Bildstrecke am Ende des Buches:
Seite 414: Die Schwarzach schlängelt sich durch die bayerische Landschaft; Seite 416: Rotmilan (Milvus milvus) mit erbeutetem Fisch, Feldberger Seenlandschaft, (Mecklenburg-Vorpommern); Sandbank im Nationalpark Wattenmeer (Schleswig-Holstein)